江西方志
文化丛书

江西古桥古渡

江西省地方志编纂委员会办公室 编著

WUHAN UNIVERSITY PRESS
武汉大学出版社

图书在版编目（CIP）数据

江西古桥古渡/江西省地方志编纂委员会办公室编著．—武汉：武汉大学出版社,2018.4
江西方志文化丛书
ISBN 978-7-307-17534-1

Ⅰ.江…　Ⅱ.江…　Ⅲ.①古建筑—桥—介绍—江西　②渡口—介绍—江西　Ⅳ.K928.71

中国版本图书馆 CIP 数据核字（2018）第 030258 号

责任编辑：刘小娟　李思维　　责任校对：周卫思　　装帧设计：张希玉

出版发行：**武汉大学出版社**　（430072　武昌　珞珈山）
　　　　（电子邮件：whu_publish@163.com　网址：www.stmpress.cn）
印刷：虎彩印艺股份有限公司
开本：720×1000　1/16　印张：23.5　字数：484 千字　插页：2
版次：2018 年 4 月第 1 版　2018 年 4 月第 1 次印刷
ISBN 978-7-307-17534-1　定价：94.00 元

江西方志文化丛书

主　编：梅　宏

副主编：周　慧　杨志华

江西古桥古渡

执　行　主　编：郑晓涛

执行副主编：陈超萍　王林水（省交通志办）

编　　　辑：张志勇

"江西方志文化丛书"编纂委员会

《江西古桥古渡》撰稿名单

南昌市：陈耀武、王锋、王方、李建钦、王计

九江市：崔若林、陈文夫、张树华、胡茂盛、熊耐久、刘小林、孙家骏、黄勇、伍星雄、冯国成、郭任初、陈汉铭

景德镇市：洪东亮

萍乡市：姚萍、周菁、林志明、邓花萍、方锡萍、陈天声

新余市：黄石生、胡小勇

鹰潭市：朱仕平、张学先、雷荷莲、胡明娥

赣州市：朱祥福、陈春发、邓思喜、徐百胜、赖日金、王立之、赖春梅、胡杨华、管宝禄、瑞志、刘栋梃、曾燕、朱才福

宜春市：刘锡军、易根生、熊正秋、邹文生、晏紫春、李忠光、徐小明、黄烈花

上饶市：廖诗富、卢钢、龚炳洋、吕中、胡志刚、邱敬登、刘丕云、孙军、杜育和、许湘君、刘文庆、陈爱中、朱国爱、孙健、薛文、缪斌、刘文庆

吉安市：刘庆华、张惠民、旷喜保、刘仁志、蔡舜文、朱静、邹建峰、胡自卫、钟文高、梁亮评、邹节成、刘来兴、刘捷、邱会财

抚州市：揭小华、花卫平、胡美凤、李昌金、颜震、李山晃、曾铭

丛书序

江西古称"豫章""江右",因 733 年唐玄宗设江南西道而得名,因境内最大河流赣江而简称"赣"。

江西文化底蕴深厚,四五万年前就有先民筚路蓝缕,在混沌草莽中开创旧石器时代和新石器时代文化。商周时期创造了与中原文化交相辉映的青铜文明。两汉以后,江西"嘉蔬精稻,擅味四方",哺育出南州高士,高洁独标世表;陈重雷义,义薄云天;"古今隐逸诗人之宗"陶渊明开创田园诗派,成一代伟大诗人;"物华天宝、人杰地灵"彰显盛唐气象。两宋之后,江西古代文化更如日月之行,世所瞩目,在文学、哲学、史学、科技、艺术、教育等领域名家辈出,或开宗立派,或存亡续绝,或继往开来。诗文在此革新立派,理学在此肇始兴盛,佛教以禅宗的流行和《禅门规式》的颁布在此形成中国特色;史学名著迭出,大家涌现;千年窑火,煅烧出晶莹剔透的千古瓷都;书声琅琅、书院芳华熏染了文章节义之邦。豫章文化、庐陵文化、临川文化、浔阳文化、袁州文化等地域文化各具特色、各领风骚。近代以来,南昌起义的枪声,井冈山上的炮响,无数革命先烈前仆后继的英姿,锻造了光荣的革命传统和精神,形成了红土地上崭新的红色文化。这些,共同构成群星璀璨、耀眼夺目的江西文化。

在悠悠历史长河中,物质形态文化难免随着时间的消失而湮灭,而代代编修,被誉为"一方之百科全书"的地方志,便成为传承地方文化、载史问道、以启未来的最好载体。

地方志是中国特有的文化传统和历史资源。江西是方志大省,历代编纂的地方志书达 1190 种,位居全国第二位,保存至今的仍有 520 余种,居全国第四位。20 世纪 80 年代开始社会主义新方志编纂工作,至今编纂出版两轮省、市、县三级志书共 302 部,综合年鉴 201 部,取得了巨大成就。卷帙浩繁的志书刻录着江西文化基因和历史密码,它本身既是方志文化的物质载体，也是江西地方文化的根脉和基础。利用地方志了解地方历史文化，实现资政育人，古有韩愈索志、朱熹下轿问志的佳话，今天我们党和国家的领导人同样有重视和利用地方志的优良传统。1958年3月，毛泽东主席一到成都，立即调阅《四川通志》《华阳国志》《灌县志》等志书，并选辑其中一部分内容印发给其他领导，提倡利用地方志提高领导水平，并倡议各地编修地方志。习近平总书记身边也总是不离地方志。1985年6月，即将任职厦门市副市长的习近平借阅了道光版《厦门志》和《厦门地方史讲稿》。1989年他在福建宁德担任地委书记时曾指出："了解历史的可靠的方法就是看志，这是我的一个习惯。过去，我无论走到哪里，第一件事就是看地方志。"英国著名学者李约瑟曾说，古代希腊乃至近代英国，都没有留下与中国地方志相似的文献，要了解中国文化，就必须了解中国的地方志。同样，要了解江西文化，也必须了解江西的地方志。通过地方志，迅速了解一地之风土人情、历史文化，鉴古知今，获得未来发展的灵感是古往今来的文人、学者、官员、伟人的一项基本功。

为了更好地开发利用地方志资源存史、资政、育人，发挥地方志在传承中华文明、建设文化强省中的基础性作用，江西省地方志办公室利用地方志资源，动员全省地方志系统力量，组织编辑出版了这套"江西方志文化丛书"。全书共10册，内容丰富，资料翔实，图文并茂，用通俗、准确的语言介绍了江西最具代表性的十个方面的地域特色文化，从浩如烟海的方志文献中提炼出真实、生动的历史细节，全面展示了江西的文化成就和人文精神。山有名，水有灵；桥有史，渡有址；村有姓，镇有景；楼塔有风骨，寺观有清幽；书院有典籍，名人有故事；古窑生火，传承至今；进士及第，江西文盛。丰富的地域文化、深厚的人文底蕴，彰显了江西千年风华，体现了文化江西的磅礴气度。本套书是一部挖掘、保存、利用江西地方志资源的精品丛书，是了解江西历史、省情、国情的重要窗口，也是地方志工作者深入挖掘地方历史文化资源，服务江西经济社会发展、决战全面实现小康社会新的尝试。

习近平总书记"高度重视修史修志"的重要指示，李克强总理"修志问道，以启未来"的重要批示，刘延东广泛开展"读志用志传志"的要求，贯穿到一点，就是要发挥地方志的作用。与地方志书体量巨大、携带不便、难以寻找相比，"江西方志文化丛书"很好地解决了这些问题。它是利用地方志资源开发出来的，集中江西省方方面面特色文化，方便携带、方便阅读的一种崭新载体，是江西地方志工作者在志书编纂和年鉴编纂之外的成功创新之举。它让古老的官修志书搭载新鲜的传播形式,走近大众生活,成为干部、群众愿意看、看得懂、用得上的口袋书,是为广大干部群众特别是青少年了解江西历史和地域文化所做的一件大好事。它是江西地域特色文化的扛鼎之作,是见证当代江西地方志工作的精品。

我们相信,"江西方志文化丛书"的出版,能让更多的人了解江西、认识江西、喜爱江西,积极参与江西事业发展。希望这套文化丛书为增进广大干部群众特别是青少年对江西地域特色文化的了解,发挥应有的作用。

江西省地方志编纂委员会办公室

2017 年 12 月

编写说明

一、本丛书由《江西书院》《江西古代名人》《江西名人墓》《江西寺观》《江西古楼塔及牌坊》《江西地方戏》《江西进士》《江西古窑》《江西古祠堂》《江西古桥古渡》10个分册组成。

二、本书是"江西方志文化丛书"分册之一,主要记载民国之前江西境内保存较完整的桥梁和渡口。

三、本书分上、下篇,上篇为"古桥",下篇为"古渡"。本书中江西省按11个设区市分类,以县(市、区)为基本单位,下设"重点介绍"和"古桥名录"或"古渡名录"两部分。重点介绍的标准主要是国家级和省级文物保护单位或有较高历史价值的古桥、古渡。重点介绍的篇幅一般在1000字左右,图片1~2幅。部分名录因资料缺乏,尽可能按照现有资料进行记述。

四、本书稿件、照片主要由江西省、市、县(市、区)三级地方志工作机构提供。本书正文不署具体撰稿者姓名,以免重复,撰稿者和摄影者姓名集中于撰稿名单中。

目录

概 述

水是生命资源。大自然给了赣鄱大地以厚爱，地处亚热带季风湿润性气候区的这片土地雨量丰沛，四季分明。江西省166947平方公里的土地水域面积占10％。境内水系发达，河流纵横，湖泊、水库星罗棋布。全省共有大小河流3700多条，赣江、抚河、信江、饶河、修水等五大河流汇入鄱阳湖，经湖口注入长江，形成完整的鄱阳湖水系。富有灵性的水滋润着大地，浇灌着万物，装饰着自然，孕育着生命，也造就了如诗如画的江南水乡。

但丰富的水资源又给民众出行带来不便。江西为"吴头楚尾，粤户闽庭"，乃"形胜之区"。自古以来就是一个连接南北、沟通东西的黄金交汇处，成为中原内地连接东南沿海的"桥头堡"。在经济落后的农耕社会里，一条条河流、一个个湖汊犹如一道道天堑，阻碍了人们的交往和物资的运输。为了方便出行，人们竭尽所能地架起一座座优美壮观的桥梁，用渡船连接起河的两岸，这些形态各异的桥梁、舟楫穿梭的渡口使条条大道和小路得以贯通、延伸，这既是当时经济和社会发展的"血脉"，又蕴含了丰富的历史文化。

一、古桥

桥和渡一样，都能使人顺利通过江河，但修桥比修渡更难。

据考古发现，在旧石器时代，江西这片土地上就有人类居住。有人居住，就要克服出行难题，只不过早期修建路和桥的方式非常简单，可能就是依靠倒下的树木和搬动几块石头跨越天堑。随着经济社会的不断发展，人类才有意识地用石头、木材等作为原料建造跨度较大的构造物，桥的种类也大大增加，除石桥、木桥外，还有竹桥、砖桥、藤桥、铁桥，等等，桥的体系逐步完善，有梁桥、浮桥、拱桥、吊桥等，形成了各自鲜明的特点。

据不完全统计，民国以前，江西建有各种桥梁数千座。历史风云变幻，白云苍狗。由于兵燹战乱、自然灾害、桥梁自身寿命以及一些人为的破坏，江西到目前仅存近千座桥梁，其中有部分已列入《中国桥谱》。这些历经百年以上镶嵌在赣鄱山川脉络上的古桥造型各异，仪态万千，展示着劳动人民的聪明与智慧，体现了赣文化独特的地域特征，折射出江西文化的博大精深。

这些古桥建造时多就地取材，因而多以木质和石质为造桥的原材料。大致有以下几种样式。一是石梁（拱）桥。梁桥是以受弯、拉为主的承重构件的桥梁，拱桥则是以承受轴向压力为主要承重构件的桥梁。因取材方便，这类桥在江西省分布最广，无论在山区、丘陵还是在平原都大量存在，保存也最为完好。这类桥梁或以石板、木板平铺作为桥面，或设半月状拱券，这样既有利于丰水期过水，亦增加了桥的美感；或在较长的桥上建有廊屋，形成廊桥，以便于路人遮阳挡雨，供人休憩、交流、商贸。二是木梁（拱）桥。这类桥大都建造在江西省山区、丘陵地带的溪流之上，一般以石墩为基，加以木梁，铺设木板而成，亦有整桥都以木头为原材料的；或设以拱状，大体与石梁（拱）桥建造理念相同，此类桥保存下来的为数不多。三是浮（索）桥。浮桥又名舟桥、浮航、战桥，是以船只、竹筏用绳索或铁索连接起来，上面铺板而成；索桥又称吊桥、悬索桥，是一种以绳索、铁链为桥身主要承重构件的桥梁。此类桥大都建在水流湍急、高山深谷、河面宽广等不利建造固定石木桥的河流、溪谷之上。在江西省，浮桥保存下来的不多，索桥保存下来的极少。

江西古桥在设计上匠心独特，实用大方，可谓是中国古桥建筑中的翘楚。坐落于婺源县距城北22公里的清华镇上街村婺水河上游的彩虹桥，历经八百余年风雨，至今仍保存着宋代建筑风格，在桥梁设计建筑的理念上更是别出心裁。桥址选在水流平缓宽阔的河面上，桥墩的迎水面突出如船尖形状，桥墩之间差异分布，条石砌法紧密牢固，都大大提高了古桥抗洪水冲击的能力。廊亭中还有石桌、石凳，可在雨天供行人歇脚。桥面的木质部分，粗看结构简单，做工粗糙，榫头之间缝隙较大，长廊也不在一条直线上，细细体味，便知建桥者的苦心：不求华丽气派，只为经济实用，可有效应对温度的变化和结构的沉降变形，又便于维修，充分体现了越简单实用的工艺越容易传承延续的理念。又如古时赣闽要道重要交通桥梁之一——抚州文昌桥，其在清嘉庆八年至十八年（1803—1813）重建时，修有专志《抚郡文昌桥志》，开创了我国编写桥梁建筑专著的先河，曾被清代各地作为建桥蓝本。修建文昌桥时工匠们创造的"干修法"施工，则在我国建桥史上留下了辉煌的一笔。

江西古桥在造型上美观大方，风姿卓然，成为江西秀美山川中的一道独特景观。江西现存最古老的石拱桥——星子观音桥坐落在庐山五老峰与大汉阳峰夹峙的山麓涧壑中，气派宏伟，横跨百尺大壑，宛若天半飞虹。元人欧阳玄诗云："百尺悬潭万仞山，一虹横枕翠微间。半天云锦开青峡，九地轰雷撼玉关"，绘景传神，深得其趣。明代唐寅游历观音桥后，泼墨挥毫绘出一幅《庐山三峡桥图》，题诗"匡庐山前三峡桥，悬流溅扑鱼龙跃。羸骖强策不肯度，古木惨淡风萧萧。"迄今题咏观音桥石刻尚存20余处。此桥现属庐山旅游区的重点景观之一，中外游客络绎不绝。又如南城县的万年桥，横跨盱江，背靠武岗山麓，造型美观轻巧，桥长411米，是江西最长的古代石拱桥。设计者考虑的不仅是人员的通行，还重视桥梁与当地自然环境的和谐统一，在选址、选材、造型方面体现出鲜明的东方审美情趣，具有浓郁的地方特色。很多桥梁与远处的层层峰峦、巍峨宝塔，近处的粉墙黛瓦、青青杨柳交相辉映，犹如一幅幅意境深远的山水画。

　　江西古桥历经风雨，饱经沧桑，几乎每座古桥都有一段动人的故事和传说。透过古桥可以了解相关朝代经济社会和文化发展水平。古桥上的雕塑、碑文、诗画，围绕古桥的各种历史事件、风云人物、民间传说，也是一种文化景观，成为江西艺术宝库中的一颗颗璀璨明珠。如建造于元朝末期的宜丰县中兴村下石桥，距今已有630多年，据考证，此桥由一位陈氏寡妇筹资建造而成。传说居住在下石桥的陈氏夫人因丈夫患病早亡，她在含辛茹苦养大年幼儿女的同时，还辛勤劳作，省吃俭用，积攒了一些银两，为修善积德，她在村头建造了此石拱桥，供村民方便往来。该桥建成后，陈氏寡妇因积劳成疾，不久病故。后人为纪念这位善良的女子，称此桥为"寡妇桥"，又名下石桥。建于元大德四年（1300），距今已有700多年的宜丰县潭山镇上山田村的西坪寺桥，也有一个美丽的传说。相传宋朝末期此桥上方300米处建有西坪寺，当时该寺建造规模宏大，由三座寺庙组成，在当地算是一个大寺庙，尽管寺庙较大，但一直香火不旺，朝拜的人也不多。有一天，寺庙住持请来高僧指点迷津，高僧提议在寺庙前方300余米处小河上建造一个月牙形石拱桥，形成半月照寺庙吉祥之举。住持按照这一指点，化缘筹银两建造了此桥，此后果然香火旺盛，朝拜者络绎不绝，直到今天当地群众仍称该桥为"吉祥桥"。

二、古渡

　　渡口，《现代汉语词典》的解释是：有船或筏子摆渡的地方。中国最早什么时候有渡口已经无从考证，但可以肯定的是：自从有了能浮行于水上的舟和筏，就出现了将人摆渡到河对岸的行为。

　　渡口按性质可以划分为公渡、义渡、私渡和自渡四种。公渡又称官渡，即以官署出资为主，集纳地方士绅捐助，购置田、地作为公产出租，以租赁收入支付船夫工资及渡船维修费用，不收取行人过渡费。如南昌唐朝时就设有官渡。陶希圣在《唐朝管理水流的法令》中写道：洪州城下渡，置有渡船3艘，每船配船夫4人。比如位于南昌县长定乡的武阳渡，就是唐宪宗元和年间，韦丹任洪州观察使时拨银设立。韦丹后封武阳侯，后人感其德，故名武阳渡，长定乡也改名武阳乡。义渡是由民间兴办的慈善事业，多为当地知名人士倡议建设或里人公修。古代民间渡口多为义渡，由乐善好施者捐以舟楫、店铺或田产，或由村庄宗祠置田济渡，并成立义渡会，由义渡会管理。

如吉安义渡局成立于1917年，由邑绅发起成立，对神岗山、凌波、梅林3处渡口实行义渡，凡远近客商轿马车担及各项红白喜事，经过义渡不收分文。除公渡、义渡外，还有少数由民众自己管理的私营渡口，其称为"私渡"，主要以收取行人过渡费和两岸过渡受益群众的"河粮"，维持渡口经营。还有一种非常少见的自渡，就是将船放置在小河边，由要过河的人自己摆渡。唐代诗人韦应物在《滁州西涧》中写的"野渡无人舟自横"，估计就是自渡。

渡口，最重要的设施是渡船。远古之时，人们遇到江河湖汊，不能涉过，便扎排乘桴以济。桴就是筏。从筏子到钢船，从非机动船到机动船，随着造船工业的不断发展，渡口的摆渡船也越来越高级。

近代之前的渡船绝大多数是非机动船。在不同时间、不同地区、不同河流的渡船形态几乎没有完全相同的。简陋的渡船有排筏，分为竹排和木排两种。竹排多采用直径18厘米以上的优质毛竹刮去青篾，两端凿孔，用杂木棍串心，用子篾扎紧。艄宽底平，筏首上翘，离水面约尺许，以减少阻力。木排又有毛排、孔穿排、竹钉排等。毛排是以数十根木材用篾缆或山藤扎梢而成，孔穿排则是木兜打孔，用一根荆柴棍横穿其孔，再用篾结扎而成。竹钉排是用有孔木棍横放木梢下，上钉竹钉，再用篾缆绳结扎而成。

木船也是最常见的渡运工具。木船主要靠橹、桨、篙制动，但其体积、大小、形态差异巨大。有比较简陋的划子，也有较大的扒河船，还有帆船，包括无帆船和有帆船。木船种类繁多，各地叫法各异，光江西鹰潭就有数十种之多。1949年4月21日，中国人民解放军二野、三野和地方武装在长江南北广大人民的支持下，就是以木帆船为主要渡江工具，在西起湖口，东至江阴，长达500公里的战线上强渡长江，彻底摧毁了国民党军队的长江防线，取得了渡江战役的胜利。

机动船到近代才出现。清末至民国年间，煤气机船、木炭机船、蒸汽机船、柴油机船、汽油机船逐渐出现。从建材来分，船又有木质机动船和钢质机动船两种。机动船的出现，增加了渡船的载客量，提高了客渡效率。

尽管渡只是一种交通设施，但因为交通形态的改变，往往成为迎来送往的重要场所，也是抒发各种离愁别恨、表达喜怒哀乐的一个重要载体。很多文人雅士都在渡口留下了著名的诗篇，因而很多古渡都有各种典故和传说，有着厚重的文化沉淀。比如唐朝诗仙李白《渡荆门送别》一诗写道："渡远荆门外，来从楚国游。山随平野尽，江入大荒流。月下飞天镜，云生结海楼。仍怜故乡水，万里送行舟。"清代著名政治家、文学家李绂有一首诗《泊武阳渡》云："霜月照孤艇，又宿武阳渡。浩波不可极，欲浸前堤树。野风吹落叶，似有人来去。寂寂芦花影，渔舟不知处。"在江西省修水县漫江乡寺前村有一个于宋朝修建的来苏渡，是因苏轼过此渡去访问黄庭坚而得名。在都昌县，西河渡口曾被誉为"八景之一"。在兴盛时期，曾有诗人写道："昏鸦取次返垂杨，来往西河渡正忙。两岸苍波浸渔火，满船红树载斜阳。溪翁敲柱歌初静，水月涵空气觉凉。景物恍然图画里，秋风秋雨即潇湘。"在萍乡市，有一个著名的香水渡，世传为春秋时楚昭王渡江处。传说楚昭王在过河时，只见河面上有一样物体顺流而下，遍问群臣，莫之能识别。楚昭王于是派人带着那物体和礼物去请教孔子。孔子见了那物体惊喜地说："这是萍实，是吉祥之物，只有称雄诸侯的国君才能得到呀！"后来人们就把这里称为"萍实之乡"，简称为萍乡。北宋著名诗人黄庭坚来萍乡探望其兄时，曾写过一首诗赞美萍乡，诗中写道："楚地童谣已兆祥，果然所得属昭王。若非精鉴逢尼父，安得佳名冠此乡！"

　　白云苍狗，江水悠悠。江西省古桥和古渡既是经济发展的缩影，又是文明发展的见证。由于经济社会的发展，很多渡口因修建了桥梁而撤销；也由于水毁、战乱和人为破坏等原因，很多桥梁已经淹没在浩瀚历史中。随着时间的流逝，也许又有一批渡口会消失，一批桥梁会改造。但我们相信，古桥古渡文化不会消失，它们将为江西公路交通发展继续提供强大的精神动力和文化支撑，创造江西更美好的明天。

上篇　古桥

南昌市

南　昌　县

◎ 重点介绍

秀峰桥

　　秀峰桥位于南昌县三江镇山下村西南约1千米的城岗岭山脚下袁家东侧的抚河支流故道上，为古代通往临川、进贤、万载等地交通要道。明万历年间由山下村袁氏两兄弟出资修建。为三拱石桥，桥高10米，宽3.86米，长30米，三拱跨度7米，呈东南至西北走向。桥体用大块花岗岩石起券造成桥拱，桥面中间直铺三列长条花岗岩石，两侧则横铺条石，东南端有石阶梯数级，为上桥之路，西北端则以条石为引桥通城岗岭下，桥面两边用长条花岗岩石制成护栏。中间两桥墩分别用大块花岗岩石在迎水流方向砌成稍上翘的尖状"分水墩"（俗称"脊头"），以减少水流对桥墩的冲击力，分水墩低于桥面1.7米。至今桥身完好。1985年列为南昌市文物保护单位。

东 湖 区

◎ 重点介绍

灵应桥

灵应桥是明万历四十七年（1619）所建的石拱桥，又名"杜公桥""灵隐桥"，位于南昌市内建德观街东段，是城内南湖与北湖的分界桥，桥名蕴含禅意。桥旁南湖中有座杏花楼（又名水观音亭），因传说观音菩萨曾在此"显灵"，因此，昔时南昌人认为桥是观音菩萨应百姓渡水之需的显灵之作，故名"灵应桥"。1935年改建为整体板桥，长9米，宽8.4米。1996年，南昌市政府再次修缮，改建为钢筋混凝土拱桥。桥现长28米，宽15米，是南昌市城区的一道古韵犹存的风景。

状元桥

状元桥位于南昌市民德路东段，靠近八一公园，是东湖与南湖的分界桥，建于明万历四十七年（1619），过去是石拱小桥，不太起眼，大概是因为离佑民寺不远的缘故，被赋予佛家"普度众生"之意，人称"广济桥"。之所以后来改为"状元桥"，据说有一段颇为有趣的典故。

相传，清乾隆年间，有一位叫戴衢亨的江西省大庚县（今大余县）才子，参加科举考试，一直名落孙山，乡里人为他捐了个秀才，获得乡试资格，再度投考，一路通过乡试、府试、京试、殿试，最后高中状元。戴衢亨中了状元后，途经民德路广济桥时，感叹自己的身世，挥毫题写一副对联"三十年前县考无名府考无名道考又无名人眼不开天眼见，八十日里乡试第一京试第一殿试也第一蓝袍脱下紫袍归"。后来，知县钱志遥主持修建该桥并将"广济桥"改名为"状元桥"。清道光二十九年（1849）南昌绘城标图时称"状元桥"。1936年改建为钢筋混凝土整体板桥，长9米，宽14米，其中车行道宽9米，两侧人行道各宽2.5米，一直沿用至今。现在每逢大考，仍有家长领着孩子去状元桥上走走，希望给孩子带来好运。

观音桥

观音桥位于省级文物保护单位、南昌市南湖路29号杏花楼内，建于清乾隆五十三年（1788）。桥为石板桥，由十二块石板铺就，花岗岩雕花护栏，石柱、抱鼓石镶嵌其上，两侧刻有铭文"观音桥"和"大清乾隆五十三年监造"。

青 云 谱 区

◎ 重点介绍

定山桥

定山桥位于南昌市青云谱区梅湖之上，青云谱道院（现"八大山人"纪念馆）南面进出口处。全长16米，宽3.1米，高2米，两侧三拱两墩，均由花岗岩砌筑而成，古朴、简约、大方。桥趾、桥体保存较完好。桥面左右各有11根高0.9米的麻石护栏柱，柱头刻两道旋纹稍做装饰，10块护栏板镶嵌其中，护栏板下另有同等数量的桥面护石，部分护石凿有排水孔，以便桥面积水由孔内流入湖中。桥面两端的护栏柱有云形石鼓撑护，桥面铺设花岗岩条石，可承载5吨。

定山桥相传始建于西汉年间，历经毁修，清康熙二十五年（1686）九月，青云谱道院全真教道士周弘谦、彭清源募捐重修，属于青云谱外十景中"五里三桥"中的一景，是青云谱道院的重要附属建筑，也是连接梅湖两岸的交通要津，是南昌市文物保护单位。

进 贤 县

◎ 重点介绍

钟陵桥

钟陵桥位于进贤县钟陵街南端，桥北为街道，桥南为居民区，为县城至三里乡公路上的古桥。元大德年间进贤知县赵铨所建。明弘治元年（1488）知县褚潭重建。据传建桥时，桥边建边倒，后当地一老百姓埋一小钟于桥侧，桥才建成，故名"钟陵桥"。桥长25.9米，宽5.45米，4墩3孔拱桥，红石料。桥面呈弧形，中高4.3米，两头高4米，桥孔跨度4.55米。钟陵桥构筑精巧牢固，能通行机动车辆。1983年曾将拱券上部及桥面进行加固重修，桥面改铺水泥，桥墩、桥孔不变。1983年7月，列为进贤县文物保护单位。

池溪桥

池溪桥位于进贤县池溪街南端，桥北为池溪街，桥南为居民区。明正统年间县令张冲造，并在上面建房屋。成化末年进贤县民车銮重建。桥长29.2米，宽5.16米，高5.6米，红石料，3孔拱桥，桥身部分损坏。1965年池溪公社进行了修理，桥墩、桥孔保持原样，桥面已铺水泥，两沿增设了石扶栏。

润陂桥

润陂桥即润溪桥，位于南昌市进贤县钟陵乡下万村，跨润陂而建，故名"润陂桥"。 桥上有屋，后被水冲毁。明成化七年（1471）创建，清光绪三十四年（1908）重建。桥长46米，宽5.3米，高5.6米，5孔拱桥，红石料，为进贤县第一座大石桥。

新 建 县

◎ 重点介绍

栗木桥

栗木桥位于新建县松湖镇境内。晋朝时期，当地人用栗木树建一座木桥，明初朱元璋与陈友谅决战江西，陈友谅主将陈永杰驻扎此地，将此桥改建成石桥，长23米，宽3米，承重15吨。现袭用原名，为松湖至高安的必经之路。

安 义 县

◎ 古桥名录

黄建桥 位于万埠镇万坪村枧溪自然村南南全公路北侧30米处，始建于唐大顺二年（891），清乾隆年间重修，桥面铺架长条麻石，石砌桥台，20世纪90年代因农村建设被毁，桥两边两棵古树依存。

济圣桥 位于长埠镇罗田村，建于宋朝，筑有石墩台3座，石梁6根，至今未损。

北山桥 位于东阳镇下北山村南，明永乐年间彭毓清独资捐建，明嘉靖二十年（1541）毓青四世孙重修。桥台嵌有碑记。此桥为花岗石拱桥，长14.6米，宽3.3米，高3.3米，净跨4.3米。古时为北接黄城铺驿路，南连徐埠之要冲，今为向坪至北山的公路桥。

乌溪桥 位于新民乡乌溪村，为清代驿道桥，长42米，宽1米，高1.97米，7孔，孔跨5米，石墩、桥面铺架长条石21块。清乾隆年间村民陈会洲捐款重建。

湾 里 区

◎ 古桥名录

妙济桥　位于招贤镇东源村村口，建于清嘉庆二十二年（1817），迄今已有200多年。桥为花岗岩砌筑的单拱石桥，横跨东北至西南走向的溪流之上，含石阶引桥全长11.56米，桥身宽3.65米。1987年列为市级文物保护单位。

柘流桥　位于罗亭镇上坂村曹家自然村东侧，东西走向，横跨由山溪水汇成的南北流向的无名小河。该桥于明天启四年（1624）重建，两墩三拱，全部石构。桥面由三段并排三块大麻石（花岗岩）铺就，西南角一块桥面石一侧阴刻楷书"大明天启甲子年重修吉旦"字样。桥面距水面2.61米，桥下两墩用九层大块麻石砌筑，南北两侧做成尖状避水脊头。桥东铺有不规则石台阶，桥西与村路基本持平。2011年列为市级文物保护单位。桥下无名小河为村中重要水源，河中多怪石，桥墩基础（最底层一块巨石）底部雕凿凹槽，倒扣在怪石尖上。东西两侧的桥基亦系在怪石上，用麻石或片石堆砌而成。

九江市

浔 阳 区

◎ 古桥名录

思贤桥 位于李公堤中段。唐长庆二年（822），李渤跨湖（原景星湖）筑堤以利交通。宋代建单孔石拱桥于堤上，安有水闸，制节水位，为感念李渤德政，称此桥为思贤桥。明代多次重修，万历四十一年（1613）迁址于南薰门外。清乾隆、嘉庆年间分别重修。1964年易位改建于现址。现桥长60米，宽10米，为单孔圆形石拱桥，桥堤相连为甘棠、南门两湖中东西主要通道。

濂 溪 区

◎ 古桥名录

广济桥 亦称后桥、凸脊桥，位于赛阳中心小学北隅。明万历年间潘太监建。清嘉庆二十二年（1817）毁坏，知府朱启、知县邓文炳聚众捐建，刻碑。光绪十五年（1889）重修。桥为凸脊形，东西朝向，长12米，宽6米，桥墩为方形花岗石砌筑，桥两头各设三级长1.7米、宽0.27米的花岗石踏步，栏杆为望柱，柱头分别刻有莲花、花锤等图案。桥西的青狮、白象望柱均在"文化大革命"时被毁。另有禁碑一块，文为："奉宪谕，桥上不准打麦、堆积牛粪及污秽"。广济桥造型古朴，端庄大方，具有一定的历史和艺术价值，1986年3月被列为九江市文物保护单位。

鲁板桥 亦名隔港桥，在虞家河乡鲁板村，九（江）濂（溪）公路北侧。九江至星子公路修筑前，为九江治通往姑塘、星子古道上的桥梁。始建于明崇祯年间。今桥为清代重修。桥南北走向，长14米，宽2.4米，桥体为单拱青砖结构，桥面中为青石铺设。2004年，列为九江市文物保护单位。

清俸桥 位于濂溪马尾水景区九峰寺西北约200米处。古为九江登庐山要道，初无桥梁，行人往来不便。清乾隆九年（1744），九江关监督唐英捐薪俸建单拱石桥，时人称清俸桥。桥长12.7米，宽3.6米，拱高8米，桥面石板为66块。桥下有楷书石刻"马尾泉"3字，清代桐封寅宝题刻。此桥保护完好，至今沿用。2004年，列为九江市文物保护单位。

九 江 县

◎ 重点介绍

洗心桥

洗心桥位于九江县港口街镇九瑞公路中心桩号21.6千米处，是古代九江通瑞昌、

武宁、修水要道上重要桥梁之一。此桥全长32米，单孔，净跨15米，桥高8米，面宽6米。荷重为汽车13吨，挂车60吨。古称洗脚桥，明万历四十八年（1620）改名洗心桥。原为旧式石拱桥，1933年兴修九瑞公路时，改为木质桥。抗日战争期间两度遭人为破坏。1956年，九江县政府将其重新修通。1966年改建成钢筋混凝土双曲拱桥。1992年九瑞公路改造，将原桥拆毁改建成箱涵式桥。相传，元至正二十一年（1361），汉王陈友谅在江州与朱元璋争夺辖地。初时，因大汉王朝建都江州，实力雄厚，常打胜仗。为保安全，陈友谅将妻室转移至离江州城外30里的港口街居住。陈友谅之妻则在今港口赤湖南边山上，一边观战况，一边用钢针挑竹叶，刺破一叶朱元璋阵营内则亡一兵。并事前说好，打了胜仗一定高举大旗凯旋。某日打了大胜仗，官兵都尘土满面，回营至港口河桥边时，执旗手忘乎所以，旗未插牢，让一阵风吹倒，旗手和士兵急忙下桥洗脚。陈友谅之妻一见旗倒，错以为仗败，竟从高山茅草丛中跃身跳下而亡。如今该山上一段的茅草因陈妻身压之故，依然是倒长的。为纪念陈友谅之妻的忠贞，当时将桥改名为"洗脚桥"，山名称望夫山。明朝后，执政者闻民间传说，大为恼火。要人们洗心革面，铲除不利于明朝的邪说，故改桥名为"洗心桥"。

沙河桥

沙河桥位于九江县沙河街镇双瑞线中心桩号5.375千米处，横跨沙河东西两岸，是双瑞公路中重要桥梁之一。此桥现长28.6米，单孔，净跨25米，桥高4.5米，面宽9米，两侧人行道均为1.5米，荷重为汽车20吨、挂车100吨。

沙河桥，清代前期，初为浮桥，后为木板桥。每遇山洪暴发，水冲桥毁，累冲累毁，累毁累建。清乾隆四十二年（1777）由地方绅士蔡某发起，沙河街大小商家老板60余人积极响应捐款捐物，费银万两建成三墩四孔石梁桥。刻碑桥西头，以示永纪。"文化大革命"时碑毁。后又累遭水冲毁，毁后水退，人们又将石板抬上桥墩，恢复通行。1954年发大水，石桥遭大水冲坏，人们采取降低河岸，让汽车从沙河滩中行走的方式。1959年，沙河街政府与公路部门协作，改建成临时木质公路桥。1965年改建钢筋混凝土板桥，第二年洪水将桥墩冲倒。1978年在原桥上首10米处建钢筋混凝土架拱桥，建成又冲垮，直至1981年10月建成。

传说清两广总督李鸿宾（沙河街人）与沙河桥有两则小故事。一是李鸿宾于清嘉庆六年（1801）赴京赶考时，刚上沙河桥，当时桥下是石墩，上是木板木栏，且围栏陈旧，李鸿宾长衫被栏杆腐木刺破，李鸿宾认为出师不利，转身返家，不愿赴考。其母刘氏闻情，笑曰："旧桥坏了修新桥，蓝衫挂破换紫袍。"鼓励儿子继续赶考，莫误前程。李鸿宾果然中了进士。二是李鸿宾在任两广总督时，沙河两岸乡绅贤士提议重新修一座牢固的石桥，并派当地绅士刘某远赴广州找到李鸿宾，李鸿宾见家乡绅士远道而来，十分热情，设席招待。酒席中，刘某说明来广意图，再三申述沙河桥重修的重要意义，说修桥铺路是积福积德的善举，提出"李兄官高三品，为本邑大人物，乡民想：钱由你出，百姓出力，不知兄意如何？"李鸿宾听后面露愠色。申述自己再不走沙河桥为由，只肯出一半。刘某回到沙河将李鸿宾不肯出钱修桥的话做了传达。乡里人闻后认为李鸿宾小气，不出全资就分文不要。决定在沙河街开展募捐活动，不到一年新修了一座五孔石桥，并在桥面关帝庙墙角嵌一块青石碑，上刻捐资人姓名及钱数。道光十五年（1835）李鸿宾告老归故里，非得从沙河桥上过。乡民闻讯坐守桥头，不让李鸿宾从桥上走。李鸿宾自知理亏，只得脱鞋卷裤，涉水淌过沙河。李鸿宾少壮因桥而出仕，归根因桥而出洋相。

蓝桥

蓝桥位于九江县沙河经济开发区蓝桥村北约500米处。原名麻河桥，为四墩五孔石梁石墩桥，桥长27.2米，宽1.65米，高2.77米，南北走向。有菱形桥墩4个，长3.75米，宽1.5米，船形，两头分水，上有鹊台。桥面由15块青石梁铺就，每孔3块并铺，石梁长4.6米，宽0.5米，厚0.35米。

明弘治年间建，清乾隆五年（1740）重修。1984年7月山洪冲垮北端第二墩，1987年村民捐款按原貌修复。

相传乾隆帝下江南时，路过此地，正遇山洪暴发，河上小木桥冲断，只得在山村民孔原和家借宿。皇帝住在山野村民家中，虽是微服私访，却难住了孔原和。孔家生活条件一般，原也接待过过往不便或因风雨阻隔的商贾客人。孔原和总感觉

到今天的客人不一样，说是商人无商语对话，说是官家无傲气。且自备餐食，不饮民家水。随从穿戴整齐、彬彬有礼、唯唯诺诺，直至深夜不寝。孔原和想无论是什么人，让他好好休息，自己带着妻小到邻家借宿。乾隆帝在孔家因思虑百姓之苦，一水隔断其生路而夜不能寐。回京城后，下旨拨专款修通此桥。桥为清代官道上的要桥。青石梁面尚留官车民轮印痕。此后，桥两头商铺顿起。蓝景耀南北杂货铺是桥两头商业大户，以诚待客，口碑较好。后将桥改称蓝桥，将街改为蓝桥街。桥上首称上街头，下首称下街头，清末至民国初年有店铺60余家。

娄湾桥

娄湾桥位于九江县狮子镇住岭社区娄家湾。南北向，单孔石拱桥，面长12.66米，宽3.65米，净跨6米，高3米，桥身用400块青石错缝叠砌，河床铺600块青石。拱顶厚0.3米。桥面高出路面，两端各有石阶5级。清乾隆十一年（1746）始建，同治五年（1866）重修。光绪二十七年（1901）被山洪冲毁，光绪二十九年（1903）由娄蓝田等组织13姓人捐资重建，翌年桥成，碑记犹存。

娄湾桥是大岷山通城门古道上的要桥。相传某夜娄湾富庶之家娄蓝田得一梦，梦里西边有一犀牛将路过娄湾河，而牛爱洁，不愿淌水，托当地名贵修桥铺路以保路畅，保娄湾大发。第二天，娄蓝田之梦，族人为之好奇，立即组织族众商讨此事，众口一言，修桥铺路是积德行善的大好事，有钱出钱，有力出力。不几日银两基本到位。开山炸石，人挑车运。不到

三个月时间，娄湾桥修成。就在竣工的当天晚上，雷声大作，风雨交加，人们从闪电光中果见一赤色犀牛从东南而至路过此桥。第二天，人们跑到犀牛走过的桥面一看，石桥面竟留下一只牛脚印，感到非常惊讶。牛脚印至今犹存桥面。此事已过260余年，30余户娄家湾人安贫乐道，衣食无忧。虽无大福大贵之高官，却也培养了不少治国安邦的优秀人才。不知何故，娄家湾虽位于路边，但匪患不沾娄家湾，日军到许多村庄烧杀掳掠，唯娄家湾没有日军的身影。

吴家铺桥

  吴家铺桥又名铜泉桥，位于九江县新塘乡铜泉村吴家铺屋场右前侧。为实腹式单孔圆弧弓形石拱桥，清末建，东北至西南走向。长5.6米，单跨3.1米，宽2.7米。高2.65米，梁厚0.5米，桥身由21层条石错叠，合券处4层条石，边沿用月弯形条石护砌。是目前保存较好的一座石拱桥。是新塘铺通往长山四华、紫荆的要道，亦是货物进出的重要通道。传说清末某一天，新塘铺做棉纱生意的张老板装一车（独轮车）货过此桥，一阵狂风将车、人吹入河中，货被山洪卷走，张老板差点送掉老命。自此，张老板发誓再不过此桥。有童谣唱：张老板，错怪桥，不走此桥，生意萧条。果真不到一年，张老板店前无客影，只好关门。后来凡往来商贾、外出求学求职者，都觉得不从此桥上走，事则不顺；常走此桥，商则发，农则丰。当地人把此桥传为神桥。

杨家桥

  杨家桥位于九江县岷山乡政府北面，距离春华王村500米。因此处有杨姓农家数十户，故名。为实腹式单孔圆弧弓形石拱桥。清雍正十二年（1734）重修，桥拱上方刻"大清同治四年"6个大字，系1865年后人再修桥面时而刻作纪念。东西向，长6.3米，净跨4.2米，宽2.4米，矢高1.5米，梁厚0.7米，由19层石块错叠而成。桥台护脚石砌，八字形。桥身已下沉数十厘米。桥西立有《重修杨家桥碑记》。因年久风蚀，文字无法辨认。据当地老人讲，碑文主要记载维修人员姓名、人员出资数额及修桥之意义等。杨家桥是古代岷山、黄老门等地通往九江、南昌驿道的重要桥梁之一。

相传，清康熙末年，杨村杨木林老汉喜添一子。该童自幼聪明，是个读书郎，人称神童。故取名杨中秀，意盼日后中秀才。杨中秀年少时，要到2里外黄村私塾读书，天天路过此桥。而那时桥已年久失修，基础已被冲垮，桥面摇摇欲坠。一日他过桥未留神，跌入桥下。土地爷爷见是神童，忙说："中秀，中秀，日后中了秀才，桥要重修。"果然不到10年，神童中了秀才，继而为官，重修了此桥。应了中秀重修的谐语。

◎ 古桥名录

纸坊桥 坐落于新合镇址坊村。桥为实腹式单孔圆弧弓形石拱桥。始建年代不详，重修于明嘉靖七年（1528）。桥长8.6米，净跨5.35米，宽4.4米，矢高2.1米，梁厚0.55米。青石条错缝叠砌。东侧刻"纸坊桥""嘉靖戊子岁季冬月吉旦重修"等字。1982年公布为九江县重点文物保护单位，保存完好。

戴山桥 坐落于涌泉乡戴山村，为实腹式单孔圆弧弓形石拱桥。清同治八年（1869）戴洪直等倡建，为德化、德安两县通道。东西向。桥长8.7米，净跨5.4米，宽3.1米，高5.2米，梁厚0.32米，跨度与高度相等。桥身由39层石块错砌筑成，每层4块半，每块长75厘米，宽40厘米，厚25厘米。两端各有石阶8级，第六层起券。保存完好。

官埠岭桥 又名铁板桥。坐落于岷山乡文桥村一组。因官埠岭而得名。为实腹式单孔圆弧弓形面拱桥。长10米，净跨4米，宽3.4米，高2.2米，梁厚0.3米。用条石130余块横竖交错叠砌券顶，计22层。拱券外加用扇形面稳固。建于明末清初，1984年公布为九江县重点文物保护单位。

神仙桥 位于岷山乡黄老门集镇东北隅山边,离南浔铁路80余米。东西向,桥面长6.4米,宽2.6米,净跨3.1米,矢高2.8米,桥身由20层青石错缝叠砌,石灰浆黏结。拱顶厚0.55米。两侧刻有"神仙桥"3字,各用5块弯形石横向压护。为清初建筑,是岷山通往南昌、九江驿道上的重要桥梁之一。2013年,因京九铁路扩建,将古桥夷为平地。

瑞 昌 市

◎ 古桥名录

双港桥 位于洪一乡。明隆庆元年（1567）,当地僧人募建。清咸丰六年（1856）被洪水冲毁,邑监生曹茂勋等倡捐修葺。该桥为石拱桥,三道拱券并砌而成,长20米,宽6.3米,高11米。1985年瑞昌县人民政府公布为县级文物保护单位,一直沿用至今。

双下桥 位于南阳乡。始建于明成化年间,清乾隆五十三年（1788）修复,1946年陈宗弼等合族共建。该桥为石拱桥,以八道拱券并列而成,长17.5米,宽4.58米,高6.2米。1985年瑞昌县人民政府公布为县级文物保护单位,1998年被洪水冲毁。

北涉桥 位于武蛟乡。明代浮屠募资始建北涯大石桥,清代曹次尧重修南涯小石桥,乾隆十一年（1746）周若旦等募修中石桥。北涉南桥、中桥、北桥原均为石墩木桥,1969年改建,中桥筑坝废止,南、北桥改建成钢筋混凝土桥梁。南桥长10米,宽7米,高5米,北桥长30米,宽7米,高5米,沿用至今。北涉桥位处省道交通干线,曾起着重要作用。

武宁县

◎ 古桥名录

步云桥 在罗溪乡联村境内。据《叶氏宗谱》载，宋天圣初年（1023），叶顾言进京会试，经此过小溪。他于天圣五年（1027）丁卯科进士及第后，捐资于渡水处建桥，名"步云桥"，取其"过此及第，平步青云"之意。桥长5米，宽3.5米，高2米，砖石结构。至今尚存。

福寿桥 位于船滩镇黄沙村境内。为清乾隆十八年（1753）修建的一座单孔石拱桥，全长16米，宽4米，高5.5米，桥侧有石刻碑记。桥体保存完好。

水口亭桥 在石门楼镇镜源村村口。清乾隆四十四年（1779）修建，单孔石拱桥，长21.68米，宽4.55米，高8米。桥上建封闭式桥亭5间，亭高3.1米，砖砌瓦盖，硬山顶，桥亭左右各开三扇石格小窗，亭出入口处为砖砌圆拱门，亭口石柱各刻对联一副，其一为"镜朗水明光一色，源远流长达三江"。 1984年，武宁县人民政府将其列为第一批文物保护单位。

万福桥　位于船滩镇黄沙村福寿桥西北。清乾隆五十八年（1793）修建的一座单孔石拱桥。桥起孽龙山脚，跨向东北的无名山下，全长12米，宽4米，高5米。桥的西端有碑，碑用条石框护。碑面文字大部分剥落，仅碑额"万福桥"尚清楚可见。桥体保存完好。

永济桥　在上汤乡洋深村境内，当地人称洋深桥，古代为武宁通湖北通山的交通要道。清乾隆六十年（1795）赖奎旺捐建，1962年重修。长40米，宽6.67米，高8.33米，用大块岩石建成，拱形平面，上建凉亭三间，两边各砖砌方柱两根，上承木架，顶盖青瓦，高4.06米，长10.5米；柱间下部凿孔穿长木凳，围木栏杆。亭出入口处有砖拱门，横额书"永济桥"三字，亭内西南角置一块青石碑，四周用条石栏护，碑上刻《附建茶亭记》，字已剥落不清。现桥存，茶亭废。1984年，武宁县人民政府将其列为第一批文物保护单位。

三港口桥　在罗溪乡坪源村境内。清道光二十年（1840）修建的一座单孔石拱桥，长18米，宽4米，高10米，两旁有高0.5米、由圆头方体望柱20根中嵌石板的石护栏。桥下出土铁剑1把，长6厘米，剑柄圆形，剑身扁平，一面刻有"道光二十年庚子岁五月浣日立"，一面刻有"剑戟凌空杀气高"，现收藏于县文物管理所。1984年，武宁县人民政府列为第一批文物保护单位。

五福桥　位于船滩镇南岳村孟舍源五显庙下。清同治年间修建，单孔石拱桥，长约4米，宽约3米，桥面距水面7米，拱跨约6米，东西两端各有台阶4级。桥东竖石碑两块，额镌"万福仪同"，下述建桥缘起及捐资人名、数目。立碑时间为清同治十一年（1872）。桥体保存完好。

夏家桥 在鲁溪镇荷洲村境内，跨荷洲港。由清光绪三年（1877）宕里和克洋畈自然村夏姓族人捐资修建的石拱桥，三孔净跨5.5米，全长24米，宽2.9米，高5米，桥面铺青石板，桥两头各有两级浅台阶。2012年10月，个人捐款3万元，浇注3.8米宽水泥路面及栏杆。

修 水 县

◎ 重点介绍

香花桥

香花桥位于修水县渣津镇龙安山下兜率寺前，相传此桥即将落成之际，兜率寺高僧惠宣打坐时仿佛看见大殿的香炉绽开一朵鲜艳的莲花，后惠宣大师取"香结莲花，寺开新运"之意，将桥定名为香花桥，桥成之后寺中香火更加旺盛，因而又称香火桥。宋元祐四年（1089）始建，清乾隆十五年（1750）重修。桥跨龙安山溪水，麻石条砌块结构，单孔圆拱，桥长4米，宽2.8米，高3米。桥拱下方刻有"皇宋元祐四年二月二十六日住山僧慧宣识"和"皇清乾隆庚午十月十九日住持沙门六庵重建此桥"等文字。2006年于桥头挖掘出长80厘米、宽60厘米石碑，碑刻文字："皇清乾隆庚午年丁亥月乙未日，兜率住持平阳五世沙门六庵监院晓尘、副寺翠岩古来芳华、剑客永度静安、主寺长学宗禅师、明易大师、化主慎师、明宗大师同回龙佛灵诸山等，请匠迁建本水口香花石桥一所，永镇古刹道场，永远兴隆佛法等事"。清代诗人徐心如有诗赞曰："非关太乙驾银黄，似有金莲落泽梁。千载问名桥伴过，留题犹带墨花香。"

距香花桥150米处另有一古桥，同为麻石砌块结构，单孔圆拱，桥长5米，宽1.9米，高3米，风化严重，始建年代无文字考证，可能与香花桥同时竣工。桥南山坳为兜率寺僧仙逝后的火化场，火化意为升仙，故称升仙桥。

香花桥的作用虽然已被现代化桥梁所替代，而作为兜率寺众多古迹之一，在寺院恢复重建中得到维修和保护。2006年列为江西省重点文物保护单位，2007年列为修水县重点文物保护单位，并于桥侧立有重点文物保护标志。

香花桥后的兜率寺始建于隋开皇末年，原称龙峰山兜率院。兜率寺在宋代为黄龙宗重要弘法道场，黄龙宗在此创立"兜率三关"，宗风远振，兜率寺为当时修水县六大禅院之一。元代由日本高僧龙山德见住持17年。自元以后几废几兴，清康熙年间蛤庵禅师中兴祖庭，受到朝廷恩赐，称龙安报国堂。民国有鼎新禅师恢复重建寺院，住持兜率，传承香火。2002年释法照禅师募巨资重建，已建成占地近20公顷，建筑面积近10万平方米的佛寺建筑群。2007年江西省民族宗教事务局将其列为全省重点寺院。

湾里桥

"一重关复一重关，一步难于一步难。地僻林深晴亦湿，山高风猛夏犹寒。断崖云影挂枯树，劈涧雷声走怒湍。不信世间陵谷变，野樵犹识旧衣冠。"此诗为南宋右丞相章鉴感叹过东南出境古驿道毛竹山段的艰险而作。其时修水为分宁县，隶属洪州，一条自县城经湘竹、黄沙、沙窝、南坪，上毛竹山抵靖安、奉新界达州城南昌的驿道，是修水出境的重要官道。有路必有桥，在这条穿行于崇山峻岭、沟壑纵横的官道上修建了不少各式桥梁，较为著名的有城南罗桥、湘竹护仙桥、黄沙桥、毛竹山姑嫂桥，而建造年代最早的当属黄港镇南坪村的湾里桥。

湾里桥又称南坪桥，位于修水县黄港镇南坪村，建于南宋淳祐元年（1241），桥跨坪港水，东西走向，麻石砌块结构，单孔圆拱，桥长16米，宽5.9米，高6米。现保存完好。2006年列为江西省重点文物保护单位，2007年列为修水县重点文物保护单位。

明洪武九年（1376），分宁县县丞谢文宗在桥东50米处建东埠铺，正德二年（1507）改名南坪铺，为当时通府要路邮递线上县内九铺之一。弘治十六年（1503），宁州知州叶天爵在南坪铺旁建南坪公馆，为当时官道上的重要驿站。

王亚桥

　　王亚桥位于修水县城鹦鹉街西口，旧县治通远门外，东西走向，跨鳌溪，故旧称跨鳌桥。县治之北有凤凰山，逶迤至鳌岭，中有鳌溪涓流不息，合众壑之流，沿凤凰山西麓经城西流入修河。当时全县设八乡，城西有五乡，西行之路直通湘鄂，而鳌溪桥为西行交通要喉。明天顺年间，宁县知县朱永安首修跨鳌桥，石木结构，一墩二孔，条木为梁，木板桥面，长11米，宽4.5米，高4米。明成化年间知县郑惟南重修，改两堤土岸为石砌堤岸，桥上加盖5节青瓦廊亭，桥头为一半月门形，当时为县城一景。明嘉靖十八年（1539），跨鳌桥毁于洪水，嘉靖二十年（1541），宁州知州陆统重修，改木石平板桥为青条石垒砌，一孔圆拱桥，恢复桥上亭廊。万历十三年（1585），再次被洪水冲毁，封君陈汪源重建。清康熙六年（1667），桥石倾塌，桥屋被火焚毁，义宁州知州徐永龄捐俸重修。嘉庆六年（1801），州绅士陈奉珪再次重修。1968年桥上廊亭被拆毁。2007年9月列为县级文物保护单位。

◎ 古桥名录

程山高桥　位于宁州镇范塅村程山，一孔横连石拱桥，麻石砌块垒砌，无石灰浆勾缝，拱下端无架眼。桥长12米，高10米，宽4.4米。相传唐代禅尖寺高僧持缘修建时，仙人助其成，故又名神仙桥。清乾隆十九年（1754）整修时石碑尚存。1981年在高桥上侧修建一座宽4米的公路石拱桥，原桥仍保存完好。

西摆桥　又称西摆渡口桥。位于城西摆老渡口鸡鸣山溪水和严家冲溪水汇合处，单孔圆拱，青石条垒砌。桥长6米，宽2.4米，高4米，桥下渡水沟用不规则石板铺底，保护桥基。桥拱顶阴刻"大宋宝祐四年丙辰岁建"。清代在桥南延伸又建单孔石拱桥，长6米，宽1.36米，高4米。桥拱顶阴刻"大清同治甲戌龚纯闿建修"。1986年列为县级重点文物保护单位。

宝善桥 又名广济桥、杭口桥，位于杭口镇杭口村杭口老街上街头，历来为县城西行之要道。南宋右丞相章鉴始建于南宋咸淳十年（1274），称广济桥。明弘治十八年（1505），章鉴后裔章克容为首重修。清乾隆三十二年（1767），乡绅陈密募资修缮，并易名为宝善桥。此桥跨杭口水，石拱2墩3孔，长50米，宽6.5米，高10米。1980年修建茅坪至双井公路时，用水泥铺桥面，增设栏杆，作公路桥使用。

跨浦桥 位于城南崖南山寺前（山谷公园内），南山寺僧明德始建，年代不详，明弘治十八年（1505）僧圆亮重修。明代周季麟撰有《跨浦桥记》。桥为单孔圆拱，麻石垒砌，长18米，宽5.1米。桥头有鸳鸯树两株，躯干粗长，枝繁叶茂，古桥奇树，互相映衬，为南山寺一景。后在山谷公园建设中得到维修，现保存完好。

汤桥 位于黄沙镇汤桥村，桥头南岸河下有温泉，故名。建于清雍正八年（1730），3墩4孔，长35.5米，宽1.32米，高5米。用麻石垒砌，墩上安置挑石，每节桥面以3根长条石平铺。万承风撰有《长茅汤桥记》。

石坳桥 位于黄港镇金盆村石坳，石拱1孔，长12米，高8米，清乾隆三十六年（1771）陈云门兄弟子侄修建。乾隆三十八年（1773）陈玉孙裔在桥上修建凉亭，桥拱及凉亭上有建桥铭文。1986年列为县级文物保护单位。

艾城桥 位于渣津镇司前上街。以桥西古艾侯国都城命名，又名步冈桥，跨杨津水，为县西通往县城要道。清乾隆年间建，为双拱桥，麻石结构，长25庹（1庹约合5尺），宽、高各5庹。知州高蟠《艾城桥记》称："易名步冈，盖以通龙冈而之楚、之蜀、之黔、之滇者所必由，亦以寿兹桥有如冈之永也。"民国二十三年（1934）洪水北孔垮塌，民国三十三年（1944）乡绅捐资重建，桥址上移，改为10墩结构平板木桥，1981年司前公社在原桥石墩上改建钢混桥面，长52米，墩距6.5米，桥宽4.1米，高6.7米，可通机动车辆。

万福桥 位于漫江乡杜家庄上街，跨山口水，长44米，宽1.5米，5墩6孔平板桥。清乾隆五十九年（1794）里人捐建。同治八年（1869）乡耆鄢树芳、职员温佐勋、罗育才复修。

景云桥 位于上奉镇观前村。跨观溪水，4墩5孔，长25.5米，宽1.2米，高2米，桥墩用条石垒砌，桥面每节用3根长条石平铺。清嘉庆十六年（1811），州绅张凤翔捐建，费金5700余两。嘉庆二十四年（1819）张凤翔后裔续修。张凤翔字景茂，号云亭，故名景云桥。

福星桥 位于渣津集镇下街，建于清道光二十六年（1846），分南北二桥，全长240米。南桥跨东港、上衫水，16墩17孔，长132米，宽2米，高7米。北桥跨噪口水，13墩14孔，长108米，宽2米，高7米。桥墩由麻石砌块垒砌，墩距6.6米，长条花岗石铺桥面，每孔六块麻石（每块长6.7米或5.7米，宽0.33米），两侧有石柱木栏杆。堪称"修江古道第一桥"。现南桥仍保持原石桥风貌，北桥改造成钢混结构4米公路桥。2007年列为修水县重点文物保护单位。

查林桥 位于上杭乡查林桥村。2墩3孔圆拱，条石垒砌，长24米，宽2.58米，高5.2米。桥西立有石碑，上刻清同治十三年（1874）查东林、陈居仲裔重修桥序。

纱笼桥 纱笼原称黄陂，相传李自成率部由湖北崇阳高枧进入港口黄陂，因夏季暴雨水涨，无法渡黄陂河。闯王自叹"天数已尽，人入纱罗帐，如鸟入囚笼……"后黄陂改称纱笼。纱笼桥位于修水县港口镇纱笼村，清同治十年（1871）由乡绅35人捐资建成。3墩2孔，长24米，宽5.4米，高8米，石墩木架梁，桥面铺木板。桥上设金字水青瓦重檐的9节桥廊，长廊两侧设木栏杆、木板凳，两端为砖砌门楼飞角，额书"纱笼桥"，两门对联有："纱窗点月珠垂海，笼岫云封瑞拥桥""纱帐色妍还夺锦，笼鹅书好再题桥"。桥头有同治十年碑刻《纱笼桥序》。

回坑廊桥 原名善述桥。位于新湾乡回坑村中塅，清光绪二十九年（1903）回坑善士车舜廷父子募建。4墩5孔，长28.7米，宽4米，高4米，两层，硬木桥梁，上铺木板。桥上建亭，两边9节18柱，有18条木板长凳，可乘凉避雨，桥头用青砖垒砌山墙、垛子和洞门，并建有桥堡。顶棚有主梁、棚方、脊檩、椽板、

青瓦屋面、九节桥梁，中节雕有八卦图案，各节分别刻有"光绪二十九年癸卯二月立""回溪善士车舜廷父子建立"和"一桥千古镇山溪，力挽狂澜德与齐，驷马高车无病涉，有谁能作相如题"等。中节设有祀奉桥神之祭台，每逢初一、十五由护桥者焚香点烛祭祀。2007年列为修水县文物保护单位。

德 安 县

◎ 重点介绍

罗汉桥

罗汉桥，距德安县城南面3千米，位于德安县城东风大道西侧，现于蒲亭镇桂林行政村14组罗汉桥村庄境内。此桥长13米，宽4.2米，单孔拱形，由近百块花岗岩砌成，砌桥石块用公母榫衔接，并以铁塞缝。罗汉桥是江西省仅存的数座宋代桥梁之一，2006年被列为江西省文物保护单位。

罗汉桥是北宋熙宁元年（1068）德安本籍人刘克敬所建，至今已有950年。桥洞上方有文字，有当时建桥执事人的名字和纪年。因此处地名罗汉港，故定名罗汉桥。罗汉桥是宋代单孔拱形桥梁，对研究中国古代桥梁建筑具有重要意义。

罗汉桥下的水系是县城金带河向南的一条支流进入博阳河的通道，因金带河分南北两支，如带状环绕县城，故称金带河。金带河的源头是从木环河与箬山河相交后汇集于大西门而后进入金带河的。那时每到夏季，金带河两岸的荷花、菱角花茂密盛开，游玩观赏的人络绎不绝，好一处美景。明朝时，本籍著名绅士周振对此美景赞叹不已，题诗曰："碧染蒲塘曲曲湾，望中一线绕襟山。源分紫洞岩泉里，流向沧浪瀚海间。雨过池心增织縠，风生波面响鸣环。溯洄莫怅伊人远，吟罢兼葭对月闲。"到了清朝，此处美景依旧，德安本籍人诗人罗秉伦诗："古树横斜水一湾，积阴深处有鱼闲。河边茅屋

藤萝锁，遮莫无人门不关。"金带河流是德安历史上的八景之一。

罗汉桥坐北朝南，跨罗汉港两岸。在桥的西面有座寺庙，叫罗汉寺（净土院）。五代后梁龙德元年（921），由和尚志本建造。"旧宗罗汉院"里有南唐铁罗汉五百座。寺院被废后，罗汉像扔到井里，看到的人把罗汉像从井里捞起来，寺院又在原址上重建。宋大中祥符年间改为净土院，北宋书法家、文学家黄庭坚在寺院的石碑上题写了诗，石碑已不存在。元朝，净土院被毁。明成化年间，和尚明通重新建立净土院。清咸丰四年（1854）被毁。清朝，德安本籍诗人罗秉珪题诗曰："散步荒郊外，乘闲坐法堂。性原不耐热，寺觉自生凉。到眼皆诗意，沾衣有稻香。争如赤脚汉，都肯学羲皇。"

今罗汉港已经淤塞，金带河流支流改道，罗汉桥还存在，在污泥水中，桥面上长满了青草，四周杂草丛生，已是废桥，无使用价值，只能作为遗址供观赏。桥的北、东、西三面都建满了私房，南面是罗汉村居民的蔬菜地。

◎ 古桥名录

种德桥　今名樟榆桥，位于邹桥乡堰头行政村。清乾隆四十七年（1782），何步蟾等人捐资修建，4墩5孔，长50米，宽3.5米，高7米，南岸立有建桥石碑。

石岩桥　石岩桥位于磨溪乡石岩梨树下村。建于清同治年间，石拱，四孔。1970年补修，可通汽车。德安古桥除种德桥（樟榆桥）外，此桥最大。

王家桥　位于蒲亭镇附城土桥王村。建于清朝末年，麻石条，长4米，宽1米，2孔。

赵家桥　位于林泉乡小溪山东。清嘉庆三年（1798），乡人张达四捐资建造，为石拱桥。

李家桥　位于德安县工业园区田塘园通坂东北，清朝末年建造，桥面麻石条，2孔，长8米，宽1米。

陈家桥　位于爱民乡港口陈村。清朝末年建造，石拱，长13米，宽2米。

聂家桥　位于聂桥镇，县西北30里，石拱，义民聂孟常建造。明嘉靖二十七年（1548），乡人聂季义捐稻谷三百担，招募泥工重新建造。

聂桥镇高桥　位于聂桥镇栗坑堡，明朝李化雨建造，后被水冲毁，李修教再重新建造。

共 青 城 市

◎ 古桥名录

折桥　位于江益镇红林境内，长约30米，宽约1.5米，此桥全体均由麻石建成，桥墩麻石、桥面麻石条均4米长，现仍是红林村境内的主要交通古桥，保存较好。

观音庵桥　位于江益镇爱国村境内，长约8米，宽约2米，桥体均由麻石建成，保存完好。

梅花桥　位于江益镇跃进村境内，是一座石砌的拱形桥。全桥长约10米，宽2米，高约8米，汛期桥孔内可行船，现仍是村民的主要交通要道，保存完好。

清明桥　位于江益镇跃进圩内，桥长10米，宽2米，桥墩三级，均由麻石条砌成，桥面也由长4米的麻石条铺成，现仍可供行人通行。

星 子 县

◎ 重点介绍

观音桥

观音桥位于星子县，又名栖贤桥或三峡桥，因清末有人在桥头建了一座观音阁，时人便改称古桥为观音桥，此名一直沿用至今。观音桥建于北宋初年，至今已有近千年。它是一座石造单孔桥，长24.4米，宽4.1米，高10.7米。桥面铺以大石，两侧砌有石栏，桥孔内圈由七行长方形石首尾相衔，凹凸榫结，渐弯呈弓形。在桥孔正中石块上刻有当日造桥的能工巧匠的名字："江洲匠陈智福，

弟智汪、智洪"。桥用105块各重一吨、规格相同的大花岗岩相互扣锁而成。桥身巨大空灵，构思精巧，寓秀逸于雄伟之中，榫式结构，显得既雄伟奇拔，又坚韧古朴，称"江南第一古桥"，为古代桥梁建筑佳作，被列为全国重点文物保护单位。桥下有一圆形深潭，潭水碧绿，深不可测，名金井。桥前有一如中流砥柱的硕大巨石，上镌"回溯""水哉"等字样。苏东坡曾有诗赞曰："深行九地底，险出三峡石。长输不尽溪，欲满无底窦。跳波翻潜鱼，震响声落飞。清寒入山骨，草木尽坚瘦。空蒙烟雨间，鸿洞金石奏。弯弯飞桥出，激激半月毂。玉渊神龙近，云雨乱晴昼。"

古桥气势宏伟，如长虹飞跨断壁悬岩之上。桥两端古木森森，藤萝垂幔，桥下怪石嵯峨，激流涌过，睹水观桥，令人赞叹不已。宋大中祥符七年（1014），当阳（现江西省九江市）石匠高手陈智福、陈智汪、陈智洪三兄弟，经过千辛万苦，精心设计，终于在涧上架起了一座"石彩虹"，使天堑变通途，出现了"百尺悬潭万道山，一虹横枕翠微间，半天云锦开青峡，几地轰雷撼王关"的神奇景象。这座"石彩虹"就是名垂千古的三峡桥。

观音桥畔，秀林葱翠，景色如画。桥的南端，傍山矗立着石造小亭，亭内有一眼清泉，俗名"招隐泉"，为唐代茶神陆羽品题的"天下第六泉"；另一头可拾级至桥下刻有"金井"二字的巨石之上，石下鉴深百丈，激流穿石，怒涛飞溅，动人心魄。宋代诗人王十朋漫游观音桥触景生情，感慨讴歌，挥笔写下"三峡桥边杖履游，此身疑已到夔州。题诗欲比真三峡，深愧词源不倒流"的诗句。

千百年来任凭桥下"银河倾泻，起蛰千雷"的三峡涧水狂奔撞击，桥身却安然无恙，至今经受汽车重压仍岿然不动。难怪游人观赏古桥，遥想当年陈氏兄弟凭着勤劳的双手凌空飞架巨桥，无不拍手称赞"神施鬼没，巧夺天工"，誉其为"南国桥梁建筑上的一颗明珠"。

◎ 古桥名录

玉涧桥 位于城以北5千米，坐落在白鹿镇五里村胡家垅自然村。该桥始建于北宋初年，至今已有近千年，比庐山市观音桥晚建17年，是一座石拱桥。桥宽约1.5米，因罗汉寺而建，据传该寺庙鼎盛时期有和尚100余人，如今该寺庙在"文化大革命"期间全部被毁，已不复存在，胡家垅水库坝外只留遗址。玉涧桥被列为江西省文化遗址，2014年，星子县文化局已启动对该桥的修复工作。

湖 口 县

◎ 重点介绍

苏官渡桥

　　苏官渡桥位于湖口县鄱阳湖湖汊南北港伸向湖口境内。涨水季节,两岸相距1.5千米;涸水季节,相距200米,两岸居民雇舟楫往来。明景泰三年(1452),一苏姓官员在两岸靠船处,建墩修路,设固定渡口,故名苏官渡。涸水季节,又率众修堤,中间建桥通水,桥名苏官渡桥。高水位时桥身没入水中,两岸来往用渡,涸水时用桥。渡、桥、路为湖口至景德镇的主要通道。天顺五年(1461),湖口知县董绂对渡和桥进行加固维修;嘉靖年间,知县蓝淦、沈诏再次维修。万历年间,知县林翘楚加固苏官堤,并沿堤植柳。清同治五年(1866),知县梅毓翰倡修县城街道及苏官渡桥。光绪八年(1882)夏发大水,苏官堤决口三四处,桥塌。光绪十年(1884),湘军水师湖口镇总兵丁义方重建苏官渡桥,翌年乃成。

　　苏官渡桥位于湖口县马影镇石山村水稻原种场西北1.5千米,北距县城5千米,桥东200米处为1999年建成的九景高速公路高架桥,桥南为珍珠养殖场。桥身为石灰石块砌成的三孔拱桥,南北走向,故又名三眼桥。桥长22.5米,宽5.38米。中孔跨度5.4米,离水面高1.5米;两边卷孔跨度3.8米,离水面高度1.3米。南头桥孔两侧有"清镜明月"铭文，中间桥孔西侧有"苏官桥"字样，东侧有"光绪十年春月重建"铭文和"阴阳八卦"图。湖口举人张宿煌作《重建苏官渡桥碑记》，碑今不见，文辑入《退思堂集》。

1934年，国民政府修筑景湖公路，改道另建公路桥。初为木质桥，1979年改为石拱水泥桥面。原苏官渡及桥均弃用。水位低时仍见残桥，两边桥孔严重损坏，中间桥孔较完整。

曹均桥

曹均桥位于湖口县文桥乡均桥村曹大屋自然村西10米处，西边500米处为九景高速公路。曹均桥所处地名古时称河公埠。未建桥前，枯水季踏石过港，汛期靠小木船或竹筏摆渡。明洪武年间，当地人曹均祥（1342—1398）带头捐资，领族人共建石桥，名曹均桥。清道光丁未年（1847），被洪水冲坏，曹氏村民重新修复。桥东西走向，花岗石结构，六对鹭鸶脚，七个接段，桥面用35根长3.9米、宽0.3米、厚0.21米的花岗岩石条块铺设而成，桥身通长24.6米，宽2米，桥高3.5米。民国二十三年（1934），修建湖口至景德镇公路，于曹均桥港上另修公路桥，此桥便为村民便桥。2009年7月，山洪暴发，桥毁。2012年，曹大屋村民集资重修钢筋水泥梁桥。中间一处桥墩为钢筋水泥结构，桥身长28米，高4米，宽3米。

曹均桥港是湖口境内直通鄱阳湖的重要水道和商贸集散地，又是湖口通往景德镇必经之路。明清时在此设递铺，称曹均桥铺。民国时期有私营商店十来家、居民100余户、500余人。随着曹均桥所在地的繁荣，桥名代替了地名，一直沿用至今。

流芳桥

　　流芳桥位于湖口县流芳乡流芳村南300米，为花岗岩结构梁桥，横跨流芳港南北两岸，是流芳乡重要的交通桥梁。桥长26.5米，宽1.7米，高4.5米。设"八"字形石支架（宽厚均为0.48米、长6米的石条）8个，每个支架上横一根花岗岩条块（厚0.32米，宽0.68米，长2.4米）。桥身由9节共45块花岗岩石条铺成，每节5块，长2.79米（中间1块宽0.37米，厚0.23米；余4块宽0.32米，厚0.23米）。北面第一个桥墩刻有"清道光十二年冬月重修纠首周万九嗣孙"字样。

　　流芳桥始建于元大德年间，由刘、方两姓合建，石桥墩，木质桥身。汛期桥身易被洪水冲垮。元至正十九年（1359）周姓迁居桥北。次年，周姓与刘、方两姓协商筹资，重修石桥。明代，屡遭水毁，翻修多次。明成化年间，桥身为三块长方形花岗岩条石，桥身为七节，设"八"字形桥墩6个，高3.5米。清道光十二年（1833）七月，再次被洪水冲垮。当年冬月，周万九为首筹资重修。1989年被列为县级文物保护单位。流芳桥两岸已成为繁华集市，住户多为周姓。1963年，湖口县交通局在桥东面另建公路水泥桥，行人仍使用石桥。

◎ 古桥名录

劳家渡桥　双钟镇五桥村和文桥乡坝桥村隔港相距2.5千米。相传当地人劳伯贤在此办义渡，故名劳家渡，后废。清康熙年间建石梁桥，乾隆二年（1737），废梁桥建石拱桥。乾隆末桥塌，嘉庆年间修复，同治五年（1866）再加固维修。劳家渡桥为东西走向的5孔石拱桥，属县内现存规模最大的古桥。全长91米，宽4.5米，最大卷孔跨度5.5米，高5米。每年5—10月，桥没于水；涸水季节，仍可行人。

西洋桥　位于武山镇西桥村西桥街南50米处的湖口至景德镇古道上，东西走向，西头为西桥街，东头为沈家坂。西洋桥为石质单孔拱桥，全长30米，宽5.55米，高4.5米，卷孔跨度7.6米，桥下可行小舟。主桥采用花岗岩卷砌，引桥用青砖垒砌。元代为木桥，明洪武三年（1370），沈城山秀才带领民众修建石桥。因修筑景湖公路于西桥港上另建新桥，石拱桥仅供当地行人过往。

赵家桥　位于文桥乡枫树村柳德昭自然村西南500米处，为彭泽古县城的遗迹，汛期桥没于水。为南北走向的石梁桥，全长23.25米，宽0.94米，桥墩宽3.26米，设船头形桥墩3个，"八"字形桥墩2个。桥面用长4.35米、宽0.34米、厚0.25米的花岗石块铺成，并列3根，计15根。赵家桥建于清代，至今保存良好。民国十九年（1930）五月初五，中共湖口县革命委员会在此处召开都、湖、彭三县万人大会，悼念周赓年等烈士。

坝桥　位于文桥乡坝桥村夏櫶湾自然村东北50米坝桥港上，为东西走向梁桥。桥长25.3米，高约2.6米，宽1米。桥面用花岗岩石条铺砌，并列3根，计21根（其中长5.88米、宽0.33米、厚0.28米的18根，长1.55米、宽厚相同的3根），设"八"字形桥墩6个。坝桥始建于明景泰年间，弘治年间曾修护，嘉庆十年（1805）重修。桥西水口石潭上刻有"胡关口上"四字。20世纪90年代，在北侧建钢筋混凝土石块新拱桥，此桥停用。

赵新桥　又称下湾桥，东西走向，位于流芳乡联合村赵家堤自然村前200米处赵家堤港上。梁桥为花岗岩结构，长27.1米，宽1.5米，高3.8米。桥面用长2.4米或2.9米、宽0.26米、厚0.22米石块铺设。明永乐十一年（1413）建桥，初为竹浮桥，正统三年（1438）改为木桥。清康熙七年（1668），赵氏为首，周边其他姓氏出资出力，修建石桥。道光六年（1826）被洪水冲垮，次年三月重修，有碑记。

下石潭桥　位于文桥乡南港村蛮王嘴自然村北300米北港湖南侧，南北走向，桥长72米，宽4.1米，共6节，桥墩为船形与"八"字形相间，各3个，船形为石灰石块石砌成，"八"字形为花岗岩条石，桥面用并列4根花岗石铺成。建于明永乐十六年（1418），主要由朝廷拨款兴建。桥南为南港村樵郎山，北面为双钟镇胜利村。每年5—10月，桥没于水。涸水期为村民交通便道。

大池桥　又名太池桥，位于湖口县泊洋湖中，桥长1.5千米，49孔。清乾隆年间建，同治三年（1864）重建。民国二年（1913）重修。今废弃，其遗址可见。

马影桥　位于湖口县马影镇袁家湾西南300米马影至县城的必经之路上。东西走向，花岗岩条块铺面。桥长32米，宽5米。明正德年间，乡贤张世达、孙缓、吴孟文建。万历年间，御史张科重修。1998年、2003年、2008年，进行较大规模维修，桥身下部维持原桥风貌，桥面改为混凝土，便于车辆通行。

文桥　又名大文桥，位于湖口县文桥乡文桥集镇内的景湖公路上，距县城南15千米。大文桥始建于宋淳熙年间，清顺治十三年（1656）重修。原为石梁桥，1964年11月，改为钢筋水泥桥，长26.7米。

江桥　位于江桥集镇南端，距县城11千米，系湖口至流芳、东庄、舜德三乡的主要公路桥梁之一。明初为木板桥，万历年间王一德砌石墩，崇祯年间村民架石梁，清嘉庆二十年（1815）修为石梁桥。1954年，改建为长25米、宽4米、限载10吨的木桥；1974年，重建为长30米、宽10米、限载20吨的钢筋水泥桥。

聂家桥 位于流泗镇红星村聂润自然村东侧40米处聂家港上。西距流泗镇3500米，聂家港从南向北注入彭泽芳湖。桥为东西走向花岗石梁桥，桥身共4节，每节3根，全长13.6米，宽1.3米。全桥由12根长3.3米、宽0.4米、厚0.3米石条铺成，桥墩3个，为"八"字形。桥为湖、彭两县分界点，东为彭泽县，西为湖口县。由于年久失修，桥体保存较差，西头一节改为水泥预制块。

西仓渡桥 位于城山镇富源村李卫公自然村西700米处的南港湖中，建于清代。为东西走向梁桥，长30米，高4.8米，宽5米，共5节，桥墩用花岗石及青石块砌成船头状，桥面用并列5根花岗石块平铺，西头有引桥。旧时为湖口通往景德镇的主要商道。每年4—10月，桥没于水中，行人需绕道15千米达到对岸。

都 昌 县

◎ 重点介绍

徐埠桥

　　徐埠桥位于都昌徐埠镇，徐埠镇历史上曾为都昌县名镇之首，集落于元末明初，成埠于明末清初。徐埠河穿镇而过，将镇埠分为东西两区，徐埠石桥东西横架，将镇埠上、中、下街连为一体。徐埠石桥为清代所建，虽多次遭洪涝侵袭仍保存较好。最近一次维修是2012年下半年，现仍保持原貌，为县级保护文物。石桥7墩6孔，用花岗石砌成，桥墩高约10米，呈船的形状。每孔桥面均用5根35厘米见方的花岗石铺架，桥两侧架设有35厘米见方的花岗石护栏。桥长44米，宽约1.8米，高10.4米。登上徐埠桥，首先映入眼帘的是宽而高的石头码头台阶，从元代开始，祖先世世代代踏着它搬运、挑水、洗菜、洗衣。

千眼桥

千眼桥位于鄱阳湖都昌水域的湖底，东起都昌县多宝乡蒋公岭，西至鄱阳湖主航道，与庐山市隔江相望。此桥总长2930米，桥面宽1米有余，远远望去，犹如一条青龙穿越鄱阳湖，很壮观。

多宝乡蒋公岭是古时都昌至星子去浔阳的重要驿站，明崇祯四年（1631），都昌的父母官钱启忠刚上任时就亲身徒步感受过这条驿道，并当即领倡捐俸集资，筑坝修堤，买石购木，历时两年，在湖滩最深的洼泽中建起了一座约500米长的石木桥。为纪念他的功德，后人亦称此桥为"钱公桥"。到了清嘉庆二年（1797），时任浙江绍兴府山阴县令的刘达桂丁忧返乡，亲眼看见"徒步涉水冻毙者"，于是联络星子县（今庐山市）名宦黎世序等人，捐俸集资，成立"永济会"，亲自主操石桥修建工程。历时五年，终于建成一座约2500米长的石木桥，与"钱公桥"连成一体，成为如今人们看到的"千眼桥"。据史书记载，桥身共有泄洪孔983个，故号称"千孔桥"，因孔与眼意思相似，当地人遂称其为"千眼桥"。现在千眼桥的很多地方已经损坏，有的麻石条（花岗岩石条）已经严重错位，桥面部分的麻石条和桥墩已分离。千眼桥的建筑风格较普通，是古代乡村中最为常见的板凳桥，桥身石材全部采用麻石条，每个桥墩由10根松木构成，这些松木大柱立于湖泥中用于支撑桥面，而墩与墩之间由3～4块3米长的大理石铺成桥面，连成一线。但它长达3千米的长度为同类桥之最，可以说是鄱阳湖第一座跨湖大桥，在全国也是一座非常特殊的水上建筑。

从宋代至清朝，南康府衙设于星子县南康镇，当时的南康府管辖都昌、湖口、星子三县。因此，古时多宝乡蒋公岭是都昌县至星子县去浔阳的重要茶桑驿道，也是沟通都昌、星子两县沿湖民众便捷往来的主要通道。2006年12月，千眼桥被列为江西省第五批文物保护单位。

马涧桥

马涧桥位于都昌县鸣山乡马涧村西南200米处，横跨马涧港，纵贯南北大路，为古时通往饶州的要道，即九江通往景德镇的必经之路。马涧桥原名鸣山桥，系元延祐年间都昌县人李善庆所建，历经清乾隆癸丑年（1793）众姓重修。咸丰二年（1852），县人五品顶戴李春晖等倡议再次重修。该桥为古质单拱桥，虽然年代久远，距今已有700多年，但桥身仍然稳固。青石砌成，除宽敞的走廊外另设有寺庙，桥上原建有歇山顶，重檐亭屋，分为三层，亭屋内上置观音菩萨，中间设十八罗汉，下有三尊大佛，整个楼亭飞檐翘角，画栋雕梁，气势雄伟，具有较高的艺术价值。马涧桥曾多次毁于战火，亦多次重修，距今最近的一次毁坏是在1940年5月，整座桥及桥上的楼亭全被日军焚毁殆尽，只剩石桥。战争胜利后重修成一层砖木结构亭屋，共5间，全长18米，宽5.3米，高4.3米。为都昌县内唯一保存的桥亭合造的古代建筑。1984年都昌县人民政府将其列为重点文物保护单位。2009年对马涧桥实施保护性维修，现在的亭屋为砖混结构，长18.5米，宽6.3米。

马涧原本不叫作马涧，叫作鸣山涧，是因元末明初的一场战争而改名的。在那次战争中，南汉王陈友谅在鄱阳湖上大败明王朱元璋，落败后的朱明王一人一马，慌不择路，策马东逃，过向桥，穿排山，径直来到了大鸣山下这一处几丈宽的幽深涧谷之前，直吓得坐骑高高扬起前蹄，生生刹住了去势，朱元璋惊得出了一身的冷汗，心中暗道好险。眼看着前有深涧后有追兵，并遥遥传来"活捉朱和尚"的呼喝声，情势十万火急，无奈之下的朱元璋拼着一死，挥马跃涧，狂叫一声："天亡我大明矣。"说来也怪，朱元璋这一闭目策马纵跃之间似有神助，只听得耳旁风声瞬间停歇，战马已稳稳地落在深涧对面。待得转回头看时，汉军已追至对面，并有几名来不及勒住马的军士摔下深涧之中，一命呜呼。

从此之后，朱元璋为了纪念这次挥鞭跃马跳涧逃出生天的经过，遂敕封此涧名"马跳涧"，后人遂习惯性地称其为马涧。

◎ 古桥名录

十八高桥 位于土塘镇东偏南0.5千米处，为清顺治年间刘金玉捐款建造。是一座在墩平桥和叉脚引桥相结合的石桥，全长60米，宽1.6米，高2.5米，两段叉脚引桥较长，共18孔，叉脚与横梁均为花岗石构成，上以红条石拼成桥面。

石嘴桥 位于北庙湖（新妙湖）上游，靠近一石山嘴所建的十一孔桥，故名"石嘴桥"。该桥并排用5块长6米、宽0.4米、厚0.3米的巨大麻石铺作桥面，桥墩为麻石砌成，桥体坚固，历经数百载至今完好。其中一孔用厚木作活动桥面，以便过往船只通行，桥（含引桥）总长80米。

谭家桥 位于蔡岭镇东平谭家村东边，横跨谭家港东西两岸。清乾隆年间，谭昌议带头筹资修建墩式谭家桥。原桥是8墩7孔，由3条宽33厘米的青条石平铺做桥面，青条石长4～5米；桥墩是由青石块砌筑而成。历史上进行过多次维修，最近的两次是：1954年大水后进行了一次维修；1998年大水后进行了一次维修，由政府出钱，蔡岭镇水管站具体组织实施，并改窄了港道，缩了西头一孔，现在是7墩6孔，桥长28米，桥面宽1米，高3.5米。

土门桥 位于大港镇大山深处土目村前。此桥初建于明朝，清光绪年间重修，用本地开采的青石砌成的单质石拱桥，桥长16米，宽4.5米。桥上建有锁溪亭，亭长7.5米，宽4.5米，高4米，2011年对该亭进行了维修。

大沙桥　位于大沙镇，据明正清年间《南康府志》记载，此桥始建于元代，全长11米，宽1.65米，高4米，通体以粗长的麻石条构成，下部用两块条石作"人"字形插入水中作叉脚，顶部横置块石，然后纵贯条石五根拼成桥面。全桥两叉三孔，两端以石砌式墩承托。

洞门寡妇桥　位于蔡岭镇洞门村老街〔原叫王市，是唐高祖武德五年（622）设置都昌县后的150年左右的县治所在地〕旁，由一名寡妇捐款建造，是一座墩平桥和叉脚引桥相结合的石桥，全长50米，宽1.6米，高4米。桥面是五条长条石（麻石条、青石条）平铺而成；6个花岗岩石砌的主桥墩，桥墩下是松木桩，5个桥孔，主桥长30米；4个叉脚（下部用两块条石作"人"字形插入水中作叉脚，顶部横置块石）顶起的引桥，有4孔，长20米。此桥经过多次维修。

景德镇市

乐平市

◎ 重点介绍

阳岗桥

阳岗桥坐落在众埠镇倪家村西口约200米处，位于乐平市南端，与弋阳、德兴、万年三县结邻。自古以来，此处便是万年、弋阳、德兴三县往来的主要通道。

该桥建成于清乾隆年间，为三孔拱形结构石质桥。通体用方形大石块砌成。全长约42米，分有主桥、引桥。主桥长30米，宽6米，高出地面3米。两端引桥呈约40°斜坡接地，斜面各长7米，桥面铺设青石块。平坦、宽敞，可容两辆汽车并列行驶。桥面两侧设置桥栏，栏高0.7米，用厚度0.25米、面宽1.2米的同式长方形大石块拼接而成。因年长日久，加之石块之间只相接而不相衔，已略有歪斜，不大正置。桥拱跨度约7米。上、下流桥两侧用石块筑砌有"八"字护坡，上流桥墩正面砌有突出菱形状分水尖，用以减轻水流对桥的冲击力。该桥之所以能绵长几百年，至今仍稳固、无损，除用料考究与桥自身壮实以外，当时工匠这一富有科学性的设计是主要原因之一。

桥西端有一座与桥相通、浑然一体的桥亭。亭高4米，长6米，与桥同宽，八根方形石柱立地，顶部为木质结构，泥质灰瓦，亭内右侧中位镶嵌着两块高2米、宽1米、厚0.1米、面部平整光滑的青石大桥碑，碑上除铭刻着建桥年代、建造师名、立碑者名等要纪外，主要铭刻有捐资者名。

桥碑铭文记载，该桥建于清乾隆四十四年（1779）。迄今有两百多年。建造师：弋阳邑吴子尚，桥碑者，工务段鲍昕胜敬立，建桥费资来自民众捐资及合族会捐资，民众捐银者303人。最高捐资达三百两纹银，捐资族会14个，最高达四百两。据铭文统计，建桥资约在一万五千两。

该桥横架于乐安江支流——阳岗水河，故称阳岗桥。自古以来，桥东左侧设置水墩一座。当地百姓用以椿米或作碎物之用。西岸古木成林，水流亘古不息。风景十分秀丽，桥身两侧，青蔓萦绕，古朴雄浑，气势轩然。

该桥是乐平市境内唯一有铭刻年代，且保存较好的一座古桥。1983年10月列为县级保护单位。

金坊桥

金坊桥位于乐平市涌山镇车溪村境内，坐落在车溪村西南面2里处车溪粮站左旁侧，建成于清嘉庆年间，距县城35千米。该桥横架于乐安江北来支流下，水面宽阔，源远婺源。车溪位于县境北端，与景德镇、婺源、德兴三县市毗邻。自古以来，此处便是几县往来的主要通道之一。

该桥为五孔石质结构拱桥，全长70余米，宽8米。拱跨径达11米，墩宽4.5米，通体由平滑如磨的长方体灰岩大石块砌成。桥面铺设大清石板。上游桥墩的护桥分水尖十分显赫，长约7米，宽4.5米，宛若五只船并排。《朱氏安庆宗谱》"金坊桥记"中载："桥距两岸二十有四丈，广二十一尺，五水门，皆三丈四尺，护桥石墩长一丈九尺，宽减四尺"，桥上原盖有木质结构亭宇，内分二十余间，一壁四柱三间式，木柱共计一百余根，中间为一长廊，供人、车、马通行，中柱间安长凳式横木，可供过往者在亭中憩息就座，上亭下桥，浑然一体，亭亭玉立于水中，宛若长龙，风姿奇异，别具一格，《朱氏安庆宗谱》"重建金坊桥"中载："然前人创之，后人守之，且不惟之已耳，必将推广其意而修葺，加增之以彰其美，于习湮传其盛，于飞替而后，可岁已已，大水衔激，护洞石墩为之倾圮，西颈岸脚亦崩塌变，爰集三宗绅耆公商以石墩脚固簿属急务，桥面板石，车马辐辏损坏殊多，亦宜早更易，以无后患，比有以助工，力程浩大，费货甚矩，为难者，不如造桥上编建亭宇，既可以免天雨，缶摩漏，又可以便行人小憩，较为工巧而价廉，此议一出，众称日善，于是木料侧取之于忠公祠后，石料则探自程子卓傍山，共计亭二十五间，东西两头用厚砖紧砌门户，托者经管田产。"由此可见，桥与亭不为同期所建，桥上亭宇乃是金坊桥后修葺时增建之物。

该桥桥身迄今依然十分稳固、正置，但因年长日久，桥面青石块破碎较甚。中华人民共和国成立后，此径改成公路，用砂石覆盖了青石板，亭宇荡然无存。据当地人们反映，1958年"大跃进"期间，因建新山村需要木料，将亭宇拆除。

桥上中部亭旁立一石柱，柱高近5米，八方面，柱径约0.4米，顶端饰一尖状胡芦顶盖，背面阴刻"大清乾隆五十八年嘉平月吉旦立"，其七面上方均有一尊闭目合掌坐连如来佛像浮雕，七尊佛像大小相同，其神态大同小异，像下分别阴刻："南无阿弥陀如来""南无甘露王如来""南无离怖畏如来""南无广博如来""南无妙色声如来""南无宝腾如来""南无多宝如来"。

该桥地处要道，工程宏伟，气势轩然，古朴雄浑。《朱氏安庆宗谱》"金坊桥记"中载："我三宗之有金坊桥也，创议于嘉庆己酉告成嘉庆丁巳纪其始终八历寒暑，亦綦艰点，工共七万三千零六十六钱七百八十万八千二百九十三文。"

从宗籍记载中可得知，金坊桥创建于大清嘉庆时期。可见桥上清乾隆五十八年（1797）所立的石柱，该桥之所以取名"金坊桥"，据说是因为桥南岸原有一座"金坊殿"。桥上石柱很可能是金坊殿中之物，很大程度上因金坊殿毁而移至桥上，以壮其观。1983年10月列为市级文物保护单位。

◎ 古桥名录

普乐桥　位于双田龙珠村南1千米处香炉山下，乐安水支流潘溪水河上。桥长25米，宽6米，高10.5米，五孔石桥，单孔跨度4.5米。桥面用五根石杆等距铺设。旧是地，是乐平北乡人进城唯一的官马大道必经之处。根据桥碑记载，此桥建于清康熙十三年（1674），桥体至今保存完好。

港下桥　位于双田港下村旁，乐安水支流潘溪水河上，桥长23米，宽1.8米，高7米，五孔石桥，单孔跨度4米，建于清代中期。桥面迎水雕刻有龙、狮、羊、狗及暗八宝，背水雕刻琴、棋、书、画，雕刻图案十分精美，石桥整体保存完好，堪称桥中极品。

翁村桥　位于翁村南面，沟通了翁村与鹅湖、翁村与小港嘴的交通，拨开杂草依然可见古道的石板。翁村桥建于民国十年（1921），是一座单拱石桥，用材考究，石料为花岗岩，无任何杂石。且花岗岩加工精细，块块尺寸相同，单拱跨度为3米，宽为3米。两边均用花岗岩砌成阶梯，桥与两边阶梯构成"S"形，站在桥上以及桥的两边阶梯均可看到水的落差，十分养眼。在桥拱的两边，均用楷书刻有阳文"翁村桥，民国十年建"字样，至今保存完好，此桥至今没有遭到损坏，与建造时没有异样。

浮 梁 县

◎ 重点介绍

罗家桥

罗家桥位于浮梁县洪源镇罗家滩东1000米处西河上，全长42.5米，宽6.65米，为三联拱桥，兴建于清乾隆四十二年（1777）。史书载罗家桥由湖北省罗氏捐资修建。

然而，附近没有叫罗家的村庄，也没有罗姓人家，为什么叫罗家桥呢？

原来，160多年前，洪源的大演港程家村与查家村之间的西河上，有一座古老的多孔青石拱桥，被一场洪水冲毁后，仅剩下几个桥墩。而这里又是鄱阳、都昌、湖口等地的人们到浮梁景德镇的必经之路，本属赣东北地区的交通要道。桥被冲毁，又无资金修复，只好用木船乘渡来往行人。

一日，从鄱阳来了一个贩猪客，赶着一群小猪正在过渡。他见一个汉子正在拆桥墩上的青石准备运回家去。好管闲事的贩猪客便叫道："老表，不能拆桥墩。拆交通要道的桥梁，是犯法的！"那个汉子不仅不听贩猪客的劝告，反骂他是"狗拿耗子多管闲事"，并说："你既然那样懂法，还来卖猪？有本事，去找大演港程仁德。"贩猪客不与他争论，却把他的话牢记在心里，决心要惩治一下这个不知天高地厚的臭小子。

贩猪客回鄱阳后，便到饶州府衙控告："浮梁大演港程仁德破坏交通要道的桥梁。"知府差人逮捕了程仁德，过堂时被告程仁德供认不讳。知府按照"拆除交通要道桥梁者可判死刑"这条刑律，判处了程仁德死刑，待来年秋后处斩。

这一宣判，程仁德懵了。他原以为拆几块废弃桥墩的石头，大不了也就是赔几个钱，谁知这么严重。原告贩猪客也懵了，他没有料到官府小罪重判，他自己害了一条生命，深感内疚。又记起，那日拆桥墩石头的人是一个五短三粗的后生，讲起话如同打雷；今日受审的人说话斯文，年纪较大，莫非抓错了人？可他自己又供认不讳。他带着几分疑惑，前去探监，问道："请问你可真是程仁德？"程仁德不语，又说："那天拆桥墩石头的是个后生，说话粗鲁，不像你。"程仁德答："那是我的小弟程义德。他自小被父母溺爱，目无王法，以致闯出如此大祸！"贩猪客又说："程兄代弟受过，令张某佩服！你我没有冤仇，原想杀杀令弟的威风，谁知官府判重刑。事已如此，我亦不能撤诉。小弟是个生意人，走南闯北，听说浔阳道台大人比较贤明，量刑准确，请程兄派人去彭泽，请一位绰号叫石惊天的讼师指点，也许能够起死回生，我也心安了。"

程仁德即刻写信，并拟状词，吩咐二弟程道德火速去彭泽，找到石惊天讼师请其指教。石讼师看了申诉状，便在状纸上加上"拆旧建新，劝募修造"。程道德持状纸到浔阳道，道台大人准诉，行文到饶州调原告、被告到堂复审。张某证实他只是拆了几块废弃桥墩的石头。道台想了下，若能将交通要道的桥梁重建，也是一件好事。便判："程仁德死罪可免，但须削发为僧，外出劝募，限定十年将桥建成。否则，维持原判。"

程仁德回家后，即到附近的旸府寺借来几部经书，日夜钻研，又派二弟程道德去浮梁景德镇买来几十斤猪肉将它烤干，研成粉末以作干粮。准备就绪，他一身苦行僧打扮，手拿木鱼，沿途化缘。一日，到了安徽凤阳县，听说有位罗员外，家资颇丰，且又乐善好施，于是去罗府，盘坐大门口，手敲木鱼，口念弥陀。数日后，罗员外听门人说，门外有位和尚，多日不食，数夜未眠，举止斯文，高深莫测。便出来看看，见僧人四十多岁年纪，慈眉善目，心神宁静，数日不食不卧，精神仍然矍铄，觉得稀奇，认为他是位得道高僧，于是大开中门迎接程仁德入内。程仁德对罗员外说："贫僧来自江西饶州宝积寺，寺西不远处，有座多孔石桥，早年被洪水冲毁，仅剩几个桥墩。有位老人的独生子，不懂王法，拆桥墩的石头，被人告发，判处死刑，那位老人与洒家师父交往很深，来寺哭哭啼啼哀求救命。洒家师父精通儒、佛，就给他写下'拆旧建新，劝募修造'状词，官府免其死罪要他外出'劝募'，

若桥建不成，仍要问斩。'劝募'，本是僧人的事，他若出家，双亲无人待养，贫僧恻隐，心想救人一命胜造七级浮屠，况且造桥、修路功德无量，自愿代其外出化缘。久闻罗员外乐善好施，救困扶危，特来相求。若将此桥建成，也算'再造七级浮屠'。"他这句半真半假的话，说得入情入理。罗员外便问需要多少银两。他答："五千两纹银"即可把桥建成。罗员外解囊相助。

就这样，在罗员外的全力资助下，在1830—1840年之间，动工兴建此桥。为了减小洪水冲力，将桥址下移数百米，选在水流较缓又靠近山嘴处。桥竣工后，为宣扬罗员外捐款建桥的功德，程仁德给此桥取名为"罗家桥"。

状元桥

湘湖镇位于浮梁县南部，是景德镇市的东大门，镇的东南部有个村子，叫洞口村，距镇政府20千米，距景德镇市26千米。村子不大，依山傍水而成，青山拱立，绿水环绕，风景秀丽。在村边有个著名的水龙洞，洞边有条小河，河上有座普通的板形石桥。桥为一整块巨大石板。长5.5米，宽2.4米，厚0.5米，重约数吨，历久而不损，桥两侧有一樟一柳，守护着石桥，当地百姓称它"状元桥"。它与宋英宗时的状元郎彭汝励大有渊源。

彭汝励，祖籍饶州鄱阳，家住现昌江丽阳乡小源坞村（原属鄱阳）。彭汝励少年时期，曾去他舅舅家办事（汝励的舅舅家在湘湖的洞口村，两地相距近百里），当时交通极为不便，连接各地的都是青石板铺就的小路。到了寿安的长山都（今寿安乡宁村）。天黑了，只能看见村庄住户家里透过窗户射出来的微弱的灯光。于是彭汝励找了一户人家的廊檐下，靠着廊栓和衣而卧。夜半时分，风云突变，电闪雷鸣，下起了大雨。大户的主人叫宁锡，是长山都的一个富户，也是一个忠厚的长者。当日夜晚，睡梦中的他，梦见一条五彩祥龙，盘绕着他的房屋。正惊讶间，一声炸雷把他从睡梦中惊醒，而梦里的情形历历在目。于是，宁锡披衣而起，点亮油灯，开门巡视。一眼就看见廊檐下的彭汝励，被雷声惊得用手紧紧抱着廊柱，惊愕地望着外面的狂风暴雨。宁锡大为惊异，将其接进屋里，并吩咐家人烧水给他洗脸洗脚。知其尚未吃晚饭，又赶紧叫家人煮了一碗鸡蛋面条给了彭汝励吃。经过交谈，宁锡更加觉得彭汝励年少志高，谦虚好学，与众不同。

　　第二天一早，宁锡安排好早餐后，对彭汝励说："今天，你先去舅舅家办事，完事后来我家里，我去和你父亲商量一下，让你在我家里住下来读书，所需费用，我来承担。"以后，彭汝励和宁锡儿子宁洵一道师从桐庐的倪天隐。湖田都（今竟成湖田村）的西涧草堂就是他们的读书之处。

　　经过几年的刻苦努力和老师的精心栽培，彭汝励的学识、能力犹如芝麻开花节节高，宁锡是看在眼里，喜在心头。于是与彭汝励的父亲商量，要把自己的女儿嫁给彭汝励，招他为婿。彭家自然是欣喜，彭汝励也无二话，成了宁家的一员。

　　宋英宗治平二年（1065），彭汝励以浮梁籍子弟的身份参加殿试，取得进士第一，即高中状元。彭汝励喜上眉梢，终于鲤鱼跃龙门，成了人人钦羡的状元郎。喜讯传来，彭家、宁家以及他舅舅家，皆大欢喜，乐不可言。宁员外在欣喜之余，不禁又回想起多年前那夜的梦境，当梦境成真，宁锡心中更感神奇。

　　彭汝励高中状元后，衣锦还乡，披红挂彩，回家省亲。在拜见、感谢完父母双亲和岳父岳母之后，提出要去洞口舅舅家登门致谢。派人捎去口信，说是两天内就到。接信后，洞口村的舅舅家可炸了锅，一家人忙得不亦乐乎，舅舅一天说上好几遍："我的外甥是状元郎，是天上的文曲星下凡。我该怎样接待呀？"村民们听说新科状元要来洞口，大家也跟着高兴，这是他们都认识的状元啊！于是全村动员，有钱出钱，有力出力，帮忙张罗。有个年轻的小伙子说道，村里的水龙洞是状元郎小时候常去的地方，这次回来一定会去那里再看看的。可是河上的小桥是用木板搭成的，状元郎要经过那里的话，应重新修一座桥才合适。于是全村人齐心协力，买来一块石材，请来好石匠，一日之间，在小河上神奇地架起了一座石板桥。至今，看见这桥的人都不解，这么重的石块是怎么运来的？那时可没起重机呀！彭汝励来到洞口，拜见了舅父、舅母与村子里的长辈们。少年时的玩伴随着彭汝励重游水龙洞。乡情、乡音让他感慨万千，于是他提笔赋诗一首：

屏山聚仙洞

大松十里几多圆，晓日朝霞五色衣。

幽后静闻猿一啸，奇峰时见鹤双飞。

花开洞口春常在，人令瀛州夜未归。

家近武陵常入梦，白云深处采山薇。

　　从那以后，这座石桥就叫"状元桥"。石桥虽经历千年，如今依然完好。

鲤鱼桥

　　鲤鱼桥位于湘湖镇东安村，是一座元代单拱石桥。长23米，宽约6米，又名"寡妇桥"。相传一名穷寡妇捐资一铜钱，桥因此而得名。后人因桥名不吉利，改名为

"鲤鱼桥"。从桥的结构和制式来看，此桥在建成时应为一座"房桥"，在桥的西端桥头堡的基座历历在目，可见当时木结构的桥头堡应该是气势不凡。桥身处石上留有的榫口，说明整座桥上都有木结构的房屋，既可用以遮风避雨，亦可休憩观赏，凭栏眺望江景，那便是"秋水共天长一色"。

桥两头的台阶呈"八"字形，所用石料均为花岗岩，历经岁月的洗礼，那石阶上独轮车碾压过的痕迹仿佛述说着这座桥的沧桑历史。桥的另一端通往婺源的古官道仍依稀可辨，而随着岁月的流逝，在东安村这端的古官道已被房舍和公路所取代。

桥的北面在石拱顶端刻有阳刻楷书"安福"二字，南面阳刻楷书"鲤鱼桥"三字。

这座桥经历了近800年的风风雨雨甚至战火的洗礼，依然雄姿不减，不禁令人感叹。时至今日鲤鱼桥仍然是东安人出入的重要通道。

元代时，此地村庄密集，人口稠密，一河阻隔，交通甚为不便。为此村民纷纷解囊捐资建桥。而在东安有一户人家是孤儿寡母，家境贫寒，日子过得紧巴巴，母亲咬着牙把仅剩的一枚铜板捐出，心想哪怕明天母子挨饿也要尽一份绵薄之力。在一旁读书的儿子看见母亲的举动，噙着泪花露出了笑容。而组织者却勃然大怒，斥道"打发叫花子！"随手将铜钱扔进了江里，"明天你必须按份子凑齐，少一厘也不行！"话语刚落，只见江面上跃起一条鲤鱼，竟将这枚铜板衔去。

入夜，这位母亲搂着儿子说，"崽呀，建桥是造福乡里，方便众人，我们应该出力呀，可我们家一贫如洗，从哪里可以凑齐这笔钱呢？"母亲忧心忡忡，儿子道："我们家还有一筐红薯，明天我们把它捐出去吧！"望着儿子懂事的脸庞，母亲不禁潸然泪下。

翌日，组织者入户催缴，此时忽听有人大喊："鲤鱼吐钱了，鲤鱼吐钱了！"人们纷纷赶到江边，只见一条金色的鲤鱼跃出水面，嘴里不断地吐出一枚枚铜板，片刻工夫，岸边便有了一小堆铜板，人们细数一下，刚好是这户孤儿寡母家应凑份子之数。于是人们纷纷议论，本来就不应该让人家孤儿寡母捐这笔钱，他们已经够艰难的了，这下连菩萨都保佑他们，看，鲤鱼都给送钱来了……

于是这座桥始称为"寡妇桥"。话说这户人家的孩子几年后考上了举人，也是这村子里当时唯一的一位举人，再加上鲤鱼吐钱的故事，人们便将此桥改名为"鲤鱼桥"，寓意鲤鱼跳龙门之意。

永济桥

永济桥位于湘湖镇乔麦岭村旁，始建于清朝，是一座三拱石桥。时因修桥资金困难，村民们纷纷捐资，永济后人，故称"永济桥"。桥长40余米，宽6米，高8米。桥为三拱石桥，均为花岗岩材料，三层卷棚拱，每拱跨度为10米，石料结缝紧密，长52米，宽9米，高10米。整个制式工艺比较精细，施工质量较好，用材上乘，有着近200年的历史。今景白公路途经此桥，永济桥作为公路桥仍发挥其作用。

旧时，南河在此处拐个弯向小港嘴流去，南河的左侧地形为燕子形，右侧则像蛇形，从左进入婺源的官道，从右侧入小港嘴。相传，在燕子矶上有一个较大的村庄，人口超过千烟，居住的为陈姓，称"陈家畈"。陈家畈有一大户人家，只育一子，名陈大。陈大是一位游手好闲之人，吃喝玩乐样样涉及。某年年三十，他偷偷从家里跑出，唤来渡船，要过河去会一女子，艄公道："大年三十，家人团聚，像你这样从家里跑出来的人，不渡。"艄公拒载。其闷闷不乐，发出狠话："你不载，我叫你失业，我要在此处造一座桥。"说完便悻悻返回家中，家中正要吃年夜饭，家人都在着急地找陈大，陈大却入得门来，于是一家给祖宗上香，入座，共享天伦。席间，家人的亲情使陈大略有所思，幡然醒悟，自己老大不小，已娶妻生子，却不务正业，觉得对不起家人。自己虽对艄公说了气话，但也的确出入不方便，造一座桥一是永济世人，二是作为自己"浪子回头金不换"的见证。酒过三巡之后，他站了起来，举杯对家人说出了自己想造桥的想法，其父见儿子终于悔悟，走上正道，欣然同意。

由陈家独资建桥的一项工程开始了。这陈大真的是浪子回头金不换，他要建一座当时在浮梁境内规模制式最大的桥。而且他亲临工地主持施工，对选材、施工质量要求甚严，他和工匠们吃在一起，睡在一起。工匠们问他，为什么要造这么大的桥呢？他说，那些"南土"（瓷土，当地人称为"南土"）运输都是独轮车，到此处转换成船，费时费力，我造一座大桥，可以用更大的架子车运输，这不更好吗？

桥造到将近三分之二时，仅凭陈家一家之财力已所不能及了。他正在犯难，他的岳丈大人翁氏（浮梁湘湖翁家村人氏）见其姑爷已浪子回头，打心眼里高兴，说自己当初将女儿许配给他，没有看走眼，虽然当时很多人反对，说其是一个浪荡公子，自己却坚持己见。如今见姑爷犯难，便慷慨解囊，帮助其将桥顺利建成。

翁婿联手，永济世人，成为一段佳话。此三拱石桥被命名为"永济桥"。

万岁桥

万岁桥建于宋代，位于鲤鱼桥村与余村之间，现已毁，不见任何遗迹，被深埋于地下。万岁桥虽已毁，但关于桥的故事至今仍口口相传。话说元朝末年，朱元璋与陈友谅大战鄱阳湖八年，朱元璋的军事实力不如陈友谅，初始常常兵败。一次战役，朱元璋兵败，溃逃至浮梁湘湖，身边只有几位轻骑，而后有追兵，前有南河，心急如焚，难道天要灭他……

朱元璋的随从突然发现，就在河边不远处的山丘有一洞，朱元璋等急忙向山洞奔去，隐匿在山洞之中。在山洞中的朱元璋已听得马蹄声响，心想，完了，今日成了瓮中之鳖！正在此时，忽见一硕大蜘蛛，从山洞口的上面顺丝垂吊下来，竟在洞口吐丝结网。须臾，一张大网在洞口结成，蜘蛛端坐在中间，在河风中，蜘蛛网随风摆动，甚是悠闲。

追兵至洞口，望江面无船无人；看洞，洞口却有硕大蛛网随风摇摆。奇了怪了，那朱元璋往何处逃去？这洞内绝不可藏匿，要进洞蛛网必破……追兵略一思索，便顺江往东追去。洞内的朱元璋听得马蹄声渐远，方从洞中出来，对着残破的蛛网，纳头便拜，"今日能逃此劫，多亏您布下了八卦阵，倘若我能得天下，在我王土之内任尔逍遥！"蜘蛛在山野，在居室场所吐丝结网，拜朱元璋所赐，这是后话。

此后，村民为方便交通，便在山丘旁建了一座桥，因为有这么一出，朱元璋又得了天下，成了当今的皇上，于是便将此桥命名为"万岁桥"。

德元桥

　　德元桥位于浮梁县蛟潭镇梅源村彭家畈樟家桥村，建于明朝末年，距今500余年。该桥为报德寺一掌门和尚募捐而建，故以和尚法号立桥名为"德元桥"。

　　德元主事时期，报德寺"何仙姑"菩萨灵气四扬，八方求拜，香火十分兴旺，庙堂积蓄丰厚，光买下阮家棚山地就有96亩，德元和尚提出实现"96亩不过断"，便在庙堂山地管域主道上，兴建9座小桥，遇有山泉溪流就变分为合。又有传说，9座小桥是庙堂以9个小和尚名义修建。

　　德元和尚为行善积德，流芳百世，特募捐大笔银两，在梅源村樟家桥桥址新建一座石拱桥。拱长跨度14米，高足3丈，这座拱桥建成，使蛟潭到胡宅、蛟潭到兴化、蛟潭到东港、胡宅到礼芳、礼芳到兴化的交通要道得到改善。该桥设计科学、合理，十分牢固，拱桥上方有一块方石倒悬于拱顶桥体。数百年来，历经洪水冲袭，依然完好如初。

◎ 古桥名录

　　四连石拱桥　位于蛟潭镇梅源村路上，此桥为四联砖石拱桥。桥长约30米，宽约6米。此桥最为特色的是桥西侧尖锥形砖石防水墙面设计，为了减少水对桥的冲击力，设计师巧妙地运用了物理原理。离桥身越远处砖石越狭小，反之越大，直至与桥身持平成尖锥形。此桥对研究中国砖石拱桥的设计有着非常重要的实物借鉴意义。

　　毓秀桥　位于臧湾乡仓下村李家组，始建于清代年间，是一座青石单拱桥。桥长15米，宽5.4米，高3.2米，桥拱中间的青石刻有"毓秀桥"3个大字。此桥是当地村民筹资所建，方便东北两乡行人来往。

梅岭桥　位于瑶里镇梅岭村，是该村外出和通往瑶里镇的必经之路。桥为单拱廊桥，长10米，宽3米，桥亭保存完好，结构稳定。

储田桥　位于经公桥镇储田村附近，是座青石结构的单拱桥。桥长约10米，宽约3米，是当地居民筹资捐建而成，此桥因此而得名。

铁索桥　位于湘湖镇进坑村，南河水从村口潺潺流过，河对面是塘坑、寿安，应该说这里是交通要道。唐时，在南河南岸建起了一座木板桥，沟通了进坑、塘坑、寿安之间的往来。此桥虽说桥身的材质是木

料，属简易便桥，但在河两岸分别用花岗岩砌起了两个桥墩。桥墩为梯形，大大减小了水流对桥墩的冲击。虽然桥身的木板换了一茬又一茬，但桥墩依然承担着载重负荷，饱经沧桑，挺立如初。春夏之交，南河年年此时涨水，村民用铁锁链将木板桥身锁住，以免被洪水冲走，因而取名为"铁索桥"。

护秀桥　位于程村内钱村黄河组南面，是一座单拱廊桥，始建于清乾隆二十年（1755），重建于道光九年（1829），该桥属石桥，长18米，宽4米，高6米。桥上刻有"里人吴廷仁裔孙材重建"。

黄金桥　位于荞麦岭东北4千米处，始建于唐末，通古道。此桥为单拱石桥，通简易公路。唐末时，金民迁居此地，无子嗣。育有一女，招黄氏为婿，生有二子，长子随父姓，次子随母姓。故二子一姓黄，一姓金。二子长大成人后，见此处无桥很不方便，于是兄弟二人合资建造此桥，故名"黄金桥"。

步云桥　位于湘湖镇前程村黄沙坑组凰源古道的北面，是一座单拱石桥，建于清光绪二十四年（1898）。其结构形式与建造方法仿制护秀桥。

双源桥　位于湘湖镇前程程家村，建于清道光乙未年（1835），是一座亭桥合一的廊桥。桥上建有双源亭，亭内梁上写有"国泰民安　风调雨顺"。由工程师德英、齐任胜建造。

大花桥　位于湘湖镇东安村白竹山西北，始建于宋代，是一座单拱石桥。长约8米，宽约3米，高约4米。相传此地形似美女献花，故取名为"大花桥"。

郎树桥 位于湘湖镇双凤村郎树村小组。长22米，宽4米，是一座单拱石桥。始建于宋末元初时期，清末胡氏从乐平搬迁于此，此村因桥而得名。

富春桥 位于江村乡严台村南部富春山脚，是座明代的单拱廊桥。桥身长17米，宽5米，高5米。桥面由青石堆砌而成，桥两侧中央刻有"富春桥"三字，并署有明弘治十五年款，即1502年。此桥是是古代祁门进入严台的唯一通道。

儒嘉桥 位于经公桥镇新田村附近，是一座明代建造的青石单拱桥，建造时间应不晚于明万历九年（1581）。旁碑刻2通，其一为修桥碑，其二为金家村禁赌禁丐碑刻。由当地村民出资、王大源主建、洪文进石匠建造的桥，后人称之为"儒嘉桥"。现保存良好。

和济桥 位于榔树村，原为景白公路桥，后因弯道太大，公路改道，废弃不用，但仍为村民往来的必经之路。此桥建设于清代，为单拱石桥，卷棚拱只用块石卷一层，两边桥墩为片石砌成。2012年8月10日被水冲毁，成危桥。

昌 江 区

◎ 古桥名录

判官桥 位于丽阳镇丽阳老街下端，是连接通往鄱阳皇岗、金盘岭的故道。桥为石拱，宽约3米，长10余米。清道光年间《判官桥记》载："桥之建尚早矣，丽阳

镇有判官桥，相传名上市桥，不知建自何代。"

永济桥 位于丽阳镇山田水村，为古代鄱阳通往浮梁驿道上的重要桥梁。旧名道观桥，为木桥，以其旁方寸观得名。清嘉庆甲戌年（1814）重修，为三拱石桥，始称永济桥。清咸丰年间再次重修。1954年修建山田水库（今名月亮湖），桥身没入水下，为方便当地群众出行在桥上再建两拱石桥，形成五拱双层叠桥。

大原桥 位于荷塘乡陈湾村口，桥面宽约4米，长约15米，独拱石桥，建于清光绪己未年（1907），现存古道300米。

珠 山 区

◎ 古桥名录

五龙桥 位于珠山街道御窑社区五龙桥弄中段，由数块麻石条组成，地下为古代通往昌江河道的沟汉，在民国时期曾砌筑砖蓬，也是景德镇老城区的地下排水通道。据当地老人说，中华人民共和国成立初期桥上还有过路亭。

护源桥　在前程黄沙北面，凰源古道铁炉岭石道上，有一座制式与护秀桥相同的单拱廊桥，建于民国庚申年（1920）。凰源古道是当地直达天宝的唯一通道，全长7500米，青石板铺就。

喜秀桥　位于灵安大港埠，始建于清雍正十三年（1735），后被水毁。此处盛产南土，往来商人与瓷工颇多，是运输的交通要道，也是陶瓷和陶瓷原料、燃料的集散地之一。

　　有位胡石匠省吃俭用，几年下来，有了些积蓄，便在原址上开始造桥。胡石匠本身是石匠，带着几个徒弟用了不到半年的工夫，竟把桥造好了，桥完工时是民国二十二年（1933）。整个桥用材为石料，系单拱石桥，长3米，宽3米，用料精细，工艺上乘，卷棚拱采用梯形块石，严丝合缝。胡石匠只育一女，取名喜秀。人们便以其女儿的名字命名此桥，故称为"喜秀桥"。

双溪桥　位于竟成镇银坑村枫树山林场南山分场，长11米，宽3.3米，高3.9米，面积36.3平方米。桥拱嵌青石碑，上刻楷书"乾隆癸丑冬月立　双溪桥　刘承乾鼎力重口"字样。

天宝桥　位于竟成镇银坑村口吕（蒙）湖（田）公路上，为乱石堆砌单孔跨桥，长12米，宽5米。承载重量13吨。该桥清代由浮梁景德镇刘承乾建造，至今仍在使用。

攀高桥　位于竟成镇银坑行政村潘家桥自然村，长11.6米，宽4.1米，高3.7米，面积47.56平方米。桥拱为方形与长方形青石砌筑。桥拱上嵌有青石，上刻楷书"乾隆六十年孟冬月　榖旦　镇市都刘承乾重建"字样。

萍乡市

安 源 区

◎ 重点介绍

萍实桥

萍实桥，即现今南门桥，位于城区跃进路南端，为3孔石拱桥，原桥长48米，桥宽9米。

自明洪武六年（1373）知县李顺英重建后，后曾经十次重建，现存建筑为清同治三年（1864）所建。1984年被列为市级文物保护单位。此桥以楚昭王得萍实之传说而命名，是萍乡市始建年代最早的桥。《萍乡县志》记载，该桥早在三国吴宝鼎年间，由邑人李熺修建，原为木板桥。初建时"墩址不及实地，植松为桩，松以横木，垒石于其上"，因频遭水患和日晒夜露，年岁一久，水浸木朽，多次毁，多次兴，几度"桥全塌"。数百年来皆为木质板桥。至明洪武六年（1373），知县李顺英重建，天顺年间圮；弘治年间又圮；知县何孔时建，万历十六年（1588）被洪水冲坏；万历二十年（1592）知县陆世勘倡建，崇祯七年（1634）城南谭姓重建，后圮；至清乾隆二十一年（1756）知县沈廷标，本邑附贡叶应祥等重建，始以石桥取代板桥；乾隆三十年（1765），叶应祥建石栏、石柱，将其修缮一新，乾隆三十六年（1771）圮；职员文集栞等重建，乾隆四十九年（1784）李振桂等建石栏八十九柱，道光十五年（1835）文煃等重建；同治三年（1864）年官民筹资重建，为三孔石拱桥，长61米，宽6.55米，高10.1米，跨河44.5米。现存之桥覆之以水泥桥面，1987年又加固加宽21.4米，增建水泥柱、铁栅栏杆，南北走向，仍维持原貌跨萍水河。1998年12月修路时在桥头出土一只石狮，上刻有"萍实桥，大清同治甲子三年立"，是目前所见文献中记载萍乡城始建年代最早的石桥。

萍实桥古时就是吴楚商旅必经之孔道，陆路连接湘赣，水路可达湘江。康熙年间，萍乡知县辽东人尚崇年赋诗《题萍实桥》：

迢递沧洲田板桥，闲听渔夫话前朝。

昭王未辨威吴策，萍实先兴霸楚谣。

草木有情青山在，河山无恙翠华遥。

行人日暮多秋思，谁向津亭倚洞箫。

清邑人罗淳祚亦作《萍实桥忆古》描绘古城与古桥之韵味：

客到桥南别有情，吴时萍实晋时名。

群山树色平依槛，一道江流曲抱城。

浅渚静余春草碧，水鸥闲逐暮云轻。

共谁细数千年事，隔岸商船笑语声。

诗人妙笔生花，只寥寥数句，萍实桥悠久的历史、安静的江南小城、萍城独具的风景、优美的自然环境，就已生动地跃映于眼帘。"一道江流曲抱城"，萍水蜿蜒自北绕城经东南而西去的景致，勾画出小城古朴的韵味，令人陶醉不已。

历经时代变迁，风雨洗礼，现今的萍实桥桥墩、桥面、桥栏已焕然一新，全无旧时踪影。原来桥头刻有的"萍实桥"，清同治甲子三年（1864）立的两个石雕狮子早已不知去向。20世纪70年代，一些"乃古"（小男孩）一到夏天就在桥下洗冷水澡，胆大者从河边水中爬上至桥面上，然后攀爬到距水面足有两丈之遥的桥墩之上，这些后生纵身一

跳，跃入水中，一曰"跳墩"，一曰"射入水"，甚是刺激，引得路人驻足观看。特别是春、夏、秋三季，南门桥是民众纳凉嬉戏的好场所，有的端坐竹椅，一把蒲扇；有的躺在竹床之上，一杆烟筒；有的一根竹笛，声鸣清脆；有的一把二胡，悠扬断肠……人们悠闲自得，细语闲谈，仿佛夜风袭来，可吹去生活中的烦恼，拂去劳作时的疲乏。现今，桥南在城市改造中开辟出休闲空间，唱歌的，跳舞的，下棋

的，打牌的……好不热闹，古老的大桥，见证这岁月的变迁。如今，桥屹立，功能在。此桥仍是南门通往东路和南路的出口，人们惯称之为"南门桥"，原名"萍实桥"却已经淡忘了。

亨泰桥

亨泰桥，今名东门桥，古称馆埠桥。北宋宣和时立木桥，元毁，明朝建为五拱石桥，清乾隆四十九年（1784），萍乡知县胥绳武认为此名不雅，重建改名为亨泰桥，取意为"亨者嘉之会""履而泰然后安"。胥绳武作《亨泰桥记》，道光二年（1822）石栏圮，同治十三年（1833）重修。这是一座五拱石桥，至今仍然是连接东路、南路的桥梁之一，也是老城区疏散的重要通道。据记载：北宋宣和年间，就任萍乡知县的郑和曾在此建立木桥，至元代时毁。明朝知县窦时用将其建为五孔石桥。万历年间知县常自新、陆世勷屡修，后又毁。清乾隆三十年（1765），职员宋藏圣重修。乾隆四十九年（1784）知县胥绳武率监生胡庆简等重建，改名亨泰桥，胥绳武作《亨泰桥记》，道光二年（1822）桥栏圮，知县甘恪任率邑人修，同治十三年（1874）重修。

亨泰桥全长54.8米，宽6.85米（后加宽至16.5米），桥身高7.75米，东西走向，跨萍水河。为五孔石拱桥，四个分水墩用花岗石砌成金刚雁翘形（俗称分水尖），石墩迎水面和背水面都是尖状，拱券用楔石块对组砌成，使用桐油石灰填缝。石墩迎水面和背水面都是尖状，以减小流水对石桥的冲力。1984年10月，亨泰桥被列为市级文物保护单位。目前仅石栏部分损坏。1984年被列为市级文物保护单位。

亨泰桥是城区内古石桥中现存古韵最好的桥，虽然是连接凤凰池往东门下街的唯一通道，但由于不是主要的交通要道，亨泰桥经过几次改造，变化的只是桥面和栏杆，其桥墩、桥身基本未

动，还是那么古朴、庄重。那一块块厚重的麻石组成五个相同的弧形大孔，仿佛向世人炫耀自己所经历的风霜雪雨、急流的冲击，桥两岸的民居已大片拆除，弯曲的小街难觅，游走的商贩已经不再，取而代之的是宽路高楼，但是人们依然能感受到亨泰桥特有的古韵。

通济桥

通济桥，即如今的北门桥。桥长40.7米，宽28米，东西走向，横跨萍水河。《昭萍志略》记载："通济桥在县北门外，古为舟渡。宋绍兴年间，知县郭涛始建石桥，后圮。明成化年间，邑人李仲本等重修，后毁。清康熙二十五年（1686）姚荣成、黄茂椿等重建。嘉庆四年（1799），姚大受与黄茂椿两族募资合建，移数十武改造三拱大石桥，坚实宽敞"。1931年，乡人姚惠中、姚汝发、施瑞九、叶青波等主持募捐重建通济桥，次年竣工。所建新桥，西北两岸桥身各有七级台阶，桥面宽约5米，两边安有石栏杆，整座桥三拱两墩。两岸桥头下皆砌麻石码头。

旧时通济桥陆路由萍乡可至宜春、浏阳、醴陵。水路民船过麻山，入浏市，出湘东，进金鱼石到醴陵渌江后可直达湘江，古时是萍乡出入湖湘的重要通道。1938年，著名文人、漫画家丰子恺为躲避日寇侵略，逃难留寄萍乡。小住两个月后，就是在此登船从水路赶赴长沙继续逃难的。

丰子恺对萍水通衢印象深刻，虽然萍乡河道并不辽阔，但山水纵横，两岸翠绿，一派南国韵味，故发出了"不知身在水萍乡"之叹。通济桥旧时西北两头都有楹联，西头联："宋代肇兴名最古，募资重建事原同"。此联介绍该桥历史沿革和当时建桥时的情景。北头联："通达于赣湘流域，济人免溱洧乘舆"。该联上句为通济桥通达之去向，下联为本邑民众免乘舆渡船之难，溱水与洧水都在河南。

民国时期，萍水河道通畅，一般商船可上溯赤山，其中以小船为主。那时因无公路，更无机械的大型交通工具，陆路运输主要靠土车和高车。两种车都是木制独轮车，土车主要是运货的，高车不但可运货，还可以坐人。但由于车小，装载货物少，因此，水上舟船成为当时的主要交通运输工具。

近年来萍乡城区不断向北扩展，城区人口剧增，特别是萍乡经济开发区发展快速，旧时古桥已不堪重负，而城市规划者将北桥外新开辟的主干道路与老石桥对接，老桥已不能承受大型货车穿梭碾压，2000年对大桥进行脱胎换骨的改造，原石柱桥墩全面拆除，更换为水泥钢筋，桥墩、桥面也两次加宽，整座桥与原石桥相比，已是面目全非，古桥风采荡然无存，传承下来的只有那以方位定名的北门桥了，或简称之为北桥，而对于"通济桥"三字，只存在于史料当中了。2003年改建为宽28米的四车道钢筋水泥桥。1984年被列为市级文物保护单位。

香溪桥

香溪桥古为义安渡，又名芎溪桥、仙桂桥。位于萍乡城小西门外，为4孔跨径6.5米的石拱桥，桥长51米，宽4.15米。

宋崇宁年间时建桥，名为仙桂桥。开禧年间，县尉赵彦輗改建石桥，更名为香溪桥，联通鳌洲。当时流传民谣："金鳌洲撑香溪桥，玉带不离朝。"意思是说河水分流之处的河洲，像是金鳌隆起的脊背，因而此洲名为金鳌洲，洲上撑起香溪桥，萍乡会出身佩玉带的朝廷命官。明万历二十四年（1596）知县陆世勣重建，后倒塌。清乾隆二十二年（1757）附贡叶充辉等人重建，后圮。乾隆三十六年（1771）改建石桥。嘉庆二十五年（1820）增建石栏。当

时的贺禧撰写《香溪桥记》，文中说自宋代更名为香溪桥后，明代初期有一个萍乡人简迪赴京考试成绩优异，被任命为监察御史，后因患眼病告假还乡，自称芎溪老人。此事印证了建香溪桥的民谣所传，萍乡果然出了朝官，真乃地灵人杰。香溪桥延续使用至20世纪70年代前期，1976年韶井公路大桥建成通车后，桥废弃未用。香溪桥是城郊一处名胜，与洲上的鳌洲书院享誉乡里，五拱石桥悠然横跨在西门与两河之中的洲上。后金鳌洲上改建为公路局，修建办公大楼和职工宿舍，其对岸为橡胶厂，一为国家行政机关，一为大集体企业隔岸相望。1990年该桥自然倒塌，未

修复，萍水河修砌堤岸护坡后，已不存遗迹。因香溪桥年久失修，1992年在一次不小的洪水中，轰然倒塌。

◎ 古桥名录

永镇桥　俗称五陂下桥，位于安源区五陂镇红旗分场，该桥南北走向，始建于清雍正年间。至今有400多年，全长80米，宽7米，是由3个麻石桥墩组成4孔的石拱桥，原桥面为石块桥面，后改为水泥钢筋结构，1976年将其整修加固。该桥对研究安源的桥梁史具有参考价值。

东门小桥　古名迎外恩桥，俗称东门小桥，因桥侧曾建有"迎恩坊"得名，桥长25.6米，桥宽4.55米，为4孔麻石桥，清嘉庆初年修建，咸丰十年（1860）遭水毁，同治元年（1862）萍乡知县倡导邑人重建，初为石墩木板桥。1972年对桥基加高加固，修建为钢筋水泥桥。2003年在原址修建单墩钢筋混凝土桥，长26米，宽9米。

湘　东　区

◎ 重点介绍

善州桥

　　善州桥坐落在萍乡市湘东区麻山镇小桥村境内，横架于流经境内的萍水河上，距萍乡市区8千米，原是萍乡城通往麻山方向的主要通道。该桥于清康熙二十七年（1688）由监生叶之芬始建，乾隆十七年（1752）知县沈廷标扩建，乾隆五十年（1785）修缮。现存桥体为光绪年间重建。

　　善州桥为七拱石桥，全长约81米，宽9.2米，高7米，是萍乡境内现有最长的石拱桥。1984年10月，被列为市级文物保护单位。

芦 溪 县

◎ 重点介绍

宗濂桥

宗濂桥又名五拱桥，位于芦溪县县城城区，横跨袁河，是古代赣湘孔道上的一座重要桥梁。现桥为5孔石拱桥，长68米，宽7.8米。该桥外观朴实厚重，雄伟壮观，2006年列为县级文物保护单位。

在芦溪袁河之上自古就架有桥梁，自有史料记载以来名为宗濂桥。桥名缘于宋庆历元年（1041）周敦颐在芦溪任监税。周敦颐（1017—1037），字茂叔，号濂溪，人称濂溪先生，湖南道县人，被称为理学鼻祖。在任芦溪监税期间，工作之余为袁州地区很多学子授学。此后世人对其非常崇仰，在他工作过的芦溪，建有濂溪祠、濂溪书院，芦溪街被命名为濂溪书院街，所建之桥被命名为宗濂桥。

宗濂桥始建何时，无详考，但自明代以后，历次兴修则有史料记载。宗濂桥初为一处，在明洪武年间、万历六年（1578）、万历二十一年（1593）分别由时任萍乡知县的李英顺、常自新、陆拾勣组织过重修。至清代，乾隆四年（1739）桥毁，绅士许国鸿等重建。此时清朝政权稳定，社会经济有了极大发展，过往宗濂桥的人车数量众多，从天亮至傍晚川流不息，于是在老桥下方80米处增建一新桥，为免两桥称呼相混，就将老桥加一"古"字，称古宗濂桥，新桥则称宗濂桥，一直沿袭到今天。从此芦溪的宗濂桥就有两处，上方一处为古宗濂桥，下方一处为宗濂桥。乾隆四十九年（1784）两桥又被洪水冲毁，遂将两桥改建成木桥，此后，两桥屡毁屡修。同治七年（1868）两桥冲毁后，又将古宗濂桥改建为石墩木梁桥，有石墩三座。光绪元年（1875），将新桥也改建为石墩木梁桥，有石墩五座。民国二十四年（1935）开始建石拱桥，于民国三十二年（1943）冬全面竣工，并举行了隆重的竣工庆典。古宗濂桥就由石墩木梁桥改成了石拱桥。石拱桥初期也只是供行人和人力车通行。但到了1959年石拱桥就成了320国道在芦溪袁河处的公路桥了。1986年320国道改道，石拱桥又复为人行桥，恢复石拱桥原貌。

◎ 古桥名录

东桥 位于芦溪县芦溪镇东桥街，始建于宋宣和年间，清咸丰八年（1858）由肖姓重修。该桥为三孔石拱桥，全长19米，宽3米，高3米，古代为宜萍驿道上的桥梁之一，主要担负人行车马的通行，今为人行景观桥。2011年11月被列为县级文物保护单位。

思永桥 又称虹桥，位于芦溪县宣风镇虹桥村沂河汇入袁河的交口处，为9孔石拱桥，长155米，宽6.5米。此桥始建于宋建炎年间，由邑人刘荣倡建。元代、明代有过多次毁修。清乾隆十六年（1751）副贡易嗣临重建，改名思永桥，当地人仍称虹桥。该古桥为宜（春）萍（乡）古驿道的大型桥梁之一，1933年宜萍公路修通其成为公路桥，1949年6月国民党军队南逃时被炸毁。1959—1974年为320国道公路桥，1974年在其上方新修公路桥后复为人行景观桥，保存至今。

同善桥 俗称五瓮桥，位于芦溪县南坑镇南坑村，横跨南坑河。清道光年间修建，为5孔石拱桥，全长63米，宽4.2米。曾用作芦南公路桥，至今保存完好。

乐善桥 位于芦溪县南坑镇双凤村，横跨南坑河。该桥建造时间不详，为4孔石拱桥，全长40米，宽4米，高5米，其作为人行景观桥保存至今。

双鹤桥 位于芦溪县南坑镇双凤村，横跨南坑河。清咸丰七年（1857）由甘姓人等修建，为4孔石拱桥，全长35米，宽4米，高3米。今在桥面两侧安装了护栏，成为公路人行两用桥。

永安桥 又名水湾桥，位于芦溪县新泉乡市上村，横跨新泉河。清光绪十一年（1885）由易积昌等修建，为5孔石拱桥，其中1孔高4米，其他4孔高3米，全长68米，宽5.5米。1961年萍万公路修通其用作公路桥，1994年在其下方新修新泉公路桥后复为人行景观桥，保存至今。

月形桥 位于芦溪县麻田乡熊岭村。清光绪十八年（1892）修建，为3孔石拱桥，高3米，全长35米，宽4米。1961年始用作公路桥，保存至今。

康灵桥 位于张佳坊乡三江口村，清乾隆三十五年（1770）修建。邹遇章始建石桥，乾隆五十年（1785）圮，邹峻重修。该桥为双孔石拱桥，全长20米，宽4米，高5米。作为人行景观桥保存至今。

贡元桥 位于芦溪县万龙山乡下村，清乾隆四十年（1775）修建，因修桥当年村中有名叫谭仕枚的考取贡生而得名。该桥为单孔石桥，长15米，宽4米，高5米。作为人行景观桥保存至今。

永新善桥 位于芦溪县万龙山乡麦坪，民国初年修建，为6孔石墩木梁桥，全长40米，宽2米，高4.5米。作为人行景观桥保存至今。

上 栗 县

◎ 古桥名录

栗江桥　位于上栗镇北街，为5孔石拱桥，全长62米，宽5米。明嘉靖二十年（1541），由杨永贞设计，荣廷浩负责募集捐款动工修建（白银数千两）。嘉庆二十二年（1543）正式修通。1982年整修。

石板滩桥　位于上栗镇菜场村一组，又称上游桥，旧名普济桥。为4孔石拱桥，全长55.5米，宽2.7米，高3.5米。于宋宝庆元年（1225），由僧普照募建。清乾隆十七年（1752）县人柳文郁等修。乾隆二十六年（1761）例贡胡湛重修，改名上游桥。

莲 花 县

◎ 重点介绍

琴亭桥

琴亭桥原名莲花桥，位于莲花县琴亭镇永胜街西南，横跨琴水，两墩一拱，长5.55米，宽2.56米，砖石结构，灰砂砌制。今尚完整，桥上琴亭已毁。

《莲花厅志》记载："琴亭在厅城小西门外。跨琴水上即莲花桥亭。相传姚相崇尝于此操琴，后人构亭，志怀思焉。里中贺姓世修。明万历初，永新知县陈三省书姚相琴亭匾。后圮，清乾隆二十四年（1759）同知李其昌捐俸重建。东题旧额，西题'莲花桥'亭中，右颜'琴水'，左曰'唐姚相操琴处'。光绪八年（1882）亭圮。里人复建。"

相传唐开元宰相姚崇为布衣时，曾随母寓邑中，爱元阳洞状殊，遂卜居于侧。读书数载，尝于莲花桥临流抚琴，以抒胸怀。琴声与水声相和，洋洋乎有高山流水之感。业成而去。位登台辅，后人思慕，构亭其上，名曰"琴亭"。今日莲花县琴亭镇之名，即源出于此。

1984年公布为莲花县文物保护单位。

秀莲桥

秀莲桥位于莲花县城东南1千米的东沙江旋水滩上。建于清道光四年（1824），青石砌成，有六墩五拱，宽6米，长63米，高7米。连接陇山口通往永新县。据《莲花厅志》所载：秀莲桥在东沙江旋水滩之上，路通龙山口往永新。明万历年间朱宗诗捐田租为冬建木桥，夏造渡船之费，清道光六年（1826）洪水冲

崩。道光七年（1827）雄莲捐资独修。第二年春溃于雷雨，仍鸠工独资建复，号秀莲桥。清咸丰四年（1854）又被水冲坏，其子玉辉重修。

《莲花厅志》李志记载："朱雄莲字俊秀，龙西乡第三都莲花村人。性耿直，好施予。尝延师课子弟，厚其膏火。凡邑有义举，踊跃相助，独建明丛堂，修秀莲桥，陇山口大路及倡修桥路等处，共用万余金。清道光丁酉年（1837）厅尊吴公家瑛闻其事于宪台，如例清议，奉旨议叙同知取衔。"

2004年公布为萍乡市文物保护单位。

◎ 古桥名录

荷花桥　位于荷塘乡庙下村，是通往洲上、神背耕种的交通要道。桥身为三拱券，长27米，宽4.8米，砂石结构。据调查，该桥系庙下村村民吴承华、吴汝松等于民国十年（1922）捐资所建。由于建桥时间不长，故桥梁基本完好，没有大的破损。2004年公布为莲花县文物保护单位。

双亲桥　位于荷塘乡长曲湾坊下村，是长曲湾村村民出入要道桥，建于清咸丰六年（1856），全桥为三拱券，全长36米，宽5.2米，砂石结构。《莲花厅志》记载："咸丰六年，贺耆女盛姑，李惟丙母金氏捐资同建，故名。"现在桥基本完好，由此桥可登至登云塔。2004年公布为莲花县文物保护单位。

新余市

分 宜 县

◎ 重点介绍

万年桥

　　万年桥位于县城南约8千米江口水库中（即分宜老县城钤阳镇东门外），横跨袁河，是蜚声全省的石料拱桥，由明代严嵩捐银万余两建造。明嘉靖三十五年（1556）九月动工，嘉靖三十七年（1558）六月告竣，所用石料大多从江苏吴洲运来。当年在吴洲征匠买石，用舰船载运，一路溯江入湖，行至樟树镇（今樟树市），因滩水浅涸，只好搬卸载入数百小舟，逆行到达分宜，但石料数量不够桥用，将再往吴洲采买。一日，乡民来告，洋江有一座山，植被土层下面有层裂状之石。于是，往穴数处开采，开挖越深石质越硬，果获所需坚石，足够派用。全桥10墩11孔（其中一孔被炸毁），长174米，宽8米，10个桥墩和2个桥台都用长方形大青石垒成。石缝用石灰拌糯米汁胶合，极为坚固。桥墩上部有吸水兽嵌于桥身，桥墩迎面建有分水金刚雁翅。拱券也用青石砌成，砌法是立竖一排，横摆一排，是一种较科学的连锁式砌法。桥孔跨度最大为14.4米，桥面铺大青石板，两侧有坐柱，桩间嵌栏板，栏板上雕刻着龙、虎、狮、象、白鹤、凤凰等珍禽异兽及海棠花瓣、缠枝牡丹等奇花异卉，刀法雄健，雕刻精细，造型生动，具有很高的艺术价值。雕刻在栏板上的珍禽异兽和奇花异卉都是佛教故事中的名物，从中也可见当时社会的风土民俗。桥的南北两端各有石狮2座，矫首其踞，栩栩如生，更为人瞩目。桥北竖石碑一块，高2米，刻有严嵩所撰《万年桥记》全文，供人浏览，知晓建桥始末。桥南近百步，建有延福道院，祀真武，以镇桥，祈神以福，御灾捍患。

清顺治十三年（1656），严嵩曾孙（参将）云从重建碑亭。乾隆七年（1742），桥东首石栏倾陨，介桥严氏合族修缮，民国十年（1922），第三拱桥圮，全县集资重修。

1934年始修安福至分宜公路，万年桥为公路桥梁。抗日战争时期，安分公路遭破坏。1954年修复后仍为公路主要桥梁。1958年修建江口水库，县城搬迁，万年桥被淹于水库中，但逢枯水期，残弃桥孔至今历历可见。鉴于此桥结构精美，气魄宏伟，被新余市、分宜县人民政府列为重点保护文物。

◎ 古桥名录

杨桥桥 位于杨桥镇东约350米处，即新楼村与庙上村来往的杨桥河上。老桥由青石砌成，4墩5拱，长48米，宽5.43米，高6.5米，承重约为12吨。此桥系市级文物保护单位，始建于明朝。清顺治四年（1647），大水冲毁修复。嘉庆十七年（1812）首拱倒塌，架木以济。嘉庆二十年（1815），各村绅老捐资重建。1939年，首拱被国民党士兵炸鱼致塌，1940年修复。杨桥集市人口密聚，宜春至分宜、万载至分宜皆通过此桥，人来车往，川流不息。1997年在距桥6米处新建一座水泥公路桥。新桥通车后，1998年6月拆除石拱桥，以利泄洪，石块运存于镇政府机关院内。

状元桥 位于杨桥镇湖垱自然村以西，即今湖垱村委会对面的小江上，唐中和二年（882）建造。这年，状元卢肇逝世于吉州任上，灵柩送回分宜观光老家时，路过此地，当时建桥尚未竣工，村民听说是卢肇灵柩，临时架板通过，为纪念卢肇，取名"状元桥"。此桥为单拱石桥，属古道桥，长6米，宽3.4米，高3.6米。桥东侧有石雕太极图图案，西侧刻有"状元桥"三字，1984年列为分宜县重点文物保护单位。

翔龙桥 位于杨桥镇新楼村委会以南200米处，横跨观光水。原为木桥，旧称"小杨桥"。清乾隆元年（1736）改建为石桥，因结构不坚固，没过几年，被大水冲毁。乾隆十一年（1746）由武举黄宣中、廪生黄廷瑾等募捐鼎建。乾隆十三年（1748），一天雷雨大作时，有龙现身于江，《翔龙桥记》载："祥云旋转，云内吐烟，如带直下江中，江水飞沫腾波，盘旋奔驰，上与云应，由江而桥，回翔桥上，移时而灭。"一村众人聚观，因名翔龙。此桥为3拱石桥，全长50米，跨度33米，宽5米，高6米，历时5年竣工。

观澜桥 位于分宜县杨桥镇建陂村东北方向300米处，跨杨桥河上游，清雍正十年（1732），由村民黄鼎高等募建。此桥2墩3拱，全长40米，宽5.9米，高6.5米，花岗岩石结构，后覆亭其上，当地群众称亭子桥，是建陂村通往潭乡、夏塘、高岚方向的民间桥梁。桥亭废于1968年。1970年后作为村级简易公路桥梁。2004年在离桥不远的水泥公路旁建一新亭。2014年5月，因受暴雨洪灾冲击，石桥倒塌一拱，通往园背自然村的公路中断，亟待修复。

桃源桥 位于分宜县操场乡上松村以西300米处，"桃源洞天"山麓，跨桃源水，系石质单孔拱桥。全长11米，宽4米，高4.3米。桥头立有《桃源桥碑》。清嘉庆十一年（1806）建造。1983年被分宜县人民政府列为县级文物保护单位。

活石桥 又名滑石桥，位于杨桥镇泉邱村东南约400米处，属窑砖灰混石桥，有2墩3孔，长23米，宽3.85米，拱高3.6米。建于明洪武十七年（1384）。此桥是泉邱村通往潭乡、顾村等村的民间路桥，因桥墩建在江底活石上而得名。此桥对研究我国的桥梁技术提供了实物资料，1983年被分宜县人民政府列为县级文物保护单位，至今保存完好。

神恩桥 又名八字桥，建于清光绪元年（1875），位于分宜县洋江镇纽村自然村窑前杨溪河上，东西走向，横跨杨溪河，无桥栏，全长60米，跨水34.8米，宽6.2米，拱高6.3米，为3拱石桥，有桥碑记。

登瀛桥 位于分宜县钤山镇防里村南面30米处，建于元朝，为单拱青石桥，横跨小溪之上，南北走向，长19.5米，跨度5.5米，宽3.4米，拱高4.3米，无桥栏，为拱图并列砌量，桥面青石铺垫，是防里村通往安福县的重要交通要道。元欧阳玄（号圭斋）常游其上，明周述、袁廷瞻、赵济有诗咏题。

福星桥 位于分宜县杨桥镇文江村文字自然村南面300多米处，清道光十九年（1839）建，横跨一条小江，无桥栏。全长21米，跨度9.2米，桥宽5米，高6.7米，东南桥头靠田塝，桥侧刻有"福星桥"三字；西北桥头靠山脚，有一棵数百年古樟，枝叶覆盖其上，桥头基于片状活石之上，桥侧刻有乾坤八卦图案，两头由石阶通往桥面。此桥虽为单拱青石桥，但设计科学，造型精美，结构坚固，气势雄伟。由全村筹资合力公建，并有易炳晃、袁荣、黄陶诸人碑记。

万福桥 位于分宜县杨桥镇卷山村新居自然村，跨杨桥河下游卷山江。清嘉庆十年（1805），由里民黄承恩等募筹资金建成。为三拱青石桥，无桥栏，长40米，宽5.4米，拱高6米。两个避水墩上原各雕有牛头，桥两侧刻有缠枝花纹。系民间古道桥，现为村级公路桥。

渝水区

◎ 重点介绍

蓉泉桥

蓉泉桥位于渝水区水北镇排江村东面。始建于明万历八年（1580），桥为东西向，跨蒙河支流排江水，单跨石拱桥，桥长7.2米，宽2.1米，拱跨4.4米，矢高1.7米，拱券以长方形花岗石纵联砌置，桥面铺石板，桥端两岸四面筑有三合土护坡墙，延伸长3～4米，桥拱券中心龙门石镌刻有题诗"排江之东，蓉泉流带，月石中隆，永世咸赖。"系楷书竖读阴刻，落款为"万历八年简叔铬题"。

排江村位于水北镇北面，东北面与高安接壤，西北面与上高毗邻，是渝水区北部与上高、高安三县区交界地。《简氏家谱》载："北宋哲宗元祐三年，由高安白沙徙居渝北之谐康（排江），因村处丘陵地，山涧小溪汇合流入蒙河，将水排出，得名排江，村亦因江而名。"排江村四面山地，西北丘陵连绵，只见一溪江水从山涧潺潺流出，自北入村，旁村绕东向南环流。排江水属小溪流，宽为5～8米。

蓉泉桥为单拱石桥，根据桥体结构、地形情况，其营造技术采用的应是干修法砌筑两岸墩台基础；用水修法在水中打木桩立拱架，优选花岗岩石料进行加工，利用尖拱合龙技术并联砌筑拱券。由于拱桥是在桥墩台之间以拱形的构件来做承重结构的，拱形构件于垂直荷载作用下，在墩台上产生垂直反力的同时，还产生水平推力，拱形构件受弯又受力，且常以受压为主。蓉泉桥设计建造的是圆弧形拱，拱跨取圆周上小于半圆的弧段，即拱中角小于180°，这种扁圆弧拱可加大拱跨，按拱高与拱跨的比值来说，圆弧的高与扁程度的比值愈小，拱形愈扁，拱的推力也愈大。因此，蓉泉桥选用天然石料建造，采用圆弧形拱设计是材尽其用、因地制宜，其砌筑法既十分合理又科学。这是新余市至今唯一发现的一座最早镌刻有诗文、年号款和带有纪念性意义的石拱桥。2005年，列为江西省第四批文物保护单位。

蓉泉桥是一座既带有纪念意义的民间标志性构筑物，又是一座村民出行的主要交通设施。在排江村的东南面一带分布着大片农田，居住有本家简姓的官陂和慕江等村村民，乡民日常农业生产、走亲访友等都要经蓉泉桥出行，古往今来已成为排江村东门水陆两路重要交通要道。根据桥中心龙门石题刻的十六字诗文分析，其诗意包含了蓉泉桥地理位置、环境、形状、建桥目的、铭记等，蓉泉桥是为纪念简霄而建，"蓉泉"是简霄的别号，建桥者与诗作者简叔辂系兵部尚书简霄的侄孙，从诗的字里行间可看出简叔辂用暗喻的手法表露出对其伯父的追思之情，修桥善行，造福乡里，让子孙后代永远铭记。

排江村历史悠久，村内保留有明代建筑简氏祠堂、明兵部侍郎简霄官邸（祠堂式天井院建筑，面阔三开间，三进二天井，占地面积510平方米，砖木抬梁式木构架，两面夹山墙，内有月梁、托峰、柱头拱、雀替等构件）、传统民居、古井以及村南葬有简霄父母墓与祖坟地（有石雕狮子、龟、猪等）。周边人文景观主要分布于东、南部附近的村庄、河流、丘陵等地，在4平方千米范围内有：官陂村明代祠堂，慕江村晚清建筑简炳生民居，明代官溪桥（市级文物保护单位），全国文物保护单位拾年山遗址（新石器时代—商周），清代礼部文史简壁墓，始建于元代、清代重建的升平桥，元代创建、清代重建的檀步桥（市级文物保护单位），清康熙年间重建的四墩五孔大型石拱桥缑陂桥，清代水南桥，明代牌楼骢马门（市级文物保护单位），明代祠堂廷尉第，明代都宪第祠，明代攀龙坊祠，清代胡育典公祠等以及20栋左右传统民居，其民居大部分集中在水北镇集镇行政中心的水北村，桥梁建于蒙河主干或支流上，建筑与构筑物基本保存完整，形成一道独特的风景线。

简霄（1481—1560），字腾芳，别名蓉泉，又号一溪，邑庠生，以诗中明弘治十七年（1504）乡试，正德九年（1514）进士及第，正德十年（1515）初授湖广荆州府石首知县，正德十一年（1516）调任湖广黄州府黄冈知县，正德十四年（1519）擢为山西道监察御史，嘉靖六年（1527）升为大理寺右寺丞，嘉靖十二年（1533）改补大理寺左寺丞，并提任都察院右副都御史巡抚河南，升为南京都察院右副都御史提督操江、兼管巡江，擢升南京兵部右侍郎，嘉靖十八年（1539）奉命保护慈孝献丘后梓宫南祔显陵有功，赏银20两，贮丝2表里，乞休回籍。嘉靖三十九年（1560）病逝，卒赠兵部尚书。著有《历官奏议》《政要》《蓉泉漫稿》等。

青云桥

青云桥位于渝水区魁星阁路（魁星阁南面）袁水河上。唐大历八年（773），县治迁至虎瞰山后，渝水无桥，行人和物资只能依靠渡船。宋淳熙十四年（1187），县令李景和提出废渡为桥，并主持建桥工程。淳熙十六年（1189）秋，浮桥建成通行，地址在水河门（南门），取名"平政桥"。嘉定三年（1210）知县徐澄扁曰"秀江桥"，工部尚书谢谔题额；嘉定七年（1214）户部尚书章颖改题曰"云津桥"。明洪武二十一年（1388），复建桥于云津门，明末桥毁于兵祸。乡民靠渡船往来两岸。清康熙六十年（1721）三月，渡船失事，淹死乘客数十人，知县张景苍当众宣告，愿将年俸捐出，重建浮桥，不到10天，全县士民捐献数以万计。当年7月动工，3个月后桥即建成，改名为"青云桥"，邑民又称之为"张公桥"。历代名人题有：《宋杨万里新喻县新作秀江桥记》《宋章颖云津浮桥记》《明梁寅重修秀江浮桥记》《清陈复其重建云津浮桥记》《清晏体仁张公桥记》《清黄之晋重修云津浮桥记》。青云桥系木质平梁浮桥，南北向，横卧袁河水，主桥十二厢，每厢三舟（小船）浮于水面，上架木梁，木梁上铺木板，两侧置木栏杆，厢与厢之间用铁链串为整体，组成长条形浮桥，从平面看，形似蜈蚣。每厢两头制有铁链拴铁锚抛于水中固定，全桥使用长铁锁钩环串联，栓于两岸大石柱。桥长124.6米，宽3.3米，卧铺于水面，矢高1.1米。民国时设有浮桥局（民间组织），浮桥局有水田1600多亩，每年所收租金作浮桥维修之用。民国三十四年（1945），浮桥被日军焚毁。1950年6月6日由县人民政府建设科主持修复通行。1986年12月重造浮桥通行。1998年浮桥舟船由木质改为铁质，2004年9月因袁河新建大桥及两岸公园建设而拆毁。

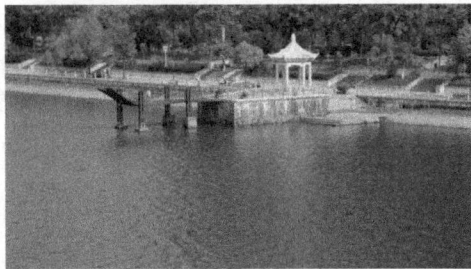

◎ 古桥名录

八百桥　位于渝水区良山镇八百桥村北面。元至正七年（1347），里民李义肃建造，明景泰三年（1452）章久敬重修，清乾隆年间李茂业重修，清道光二年（1822）李颜倡捐募资重建。桥系2墩3孔石拱桥,南北向跨周宇江水。桥长29.7米,单孔跨6米,宽4.1米,矢高4.5米。拱券以长方形花岗岩石纵联砌置,桥面铺石条板,桥墩雕刻蜈蚣图案。2005年被列为新余市第二批文物保护单位。

江东桥 又名万福桥。位于渝水区下村镇江东村北面。明崇祯元年（1628）,里民张左川、黄毅斋建造,清雍正元年（1723）重修。单跨石拱桥,南北向跨龙塘江水,桥长14.3米,单拱跨5.5米,宽4.7米,矢高3米。拱券以长方形花岗岩石纵联砌置,拱券东面有砖饰。

八斗桥 位于渝水区下村镇江东村东面。清嘉庆年间,乡民捐资兴建。高跨孔单跨石拱桥,东西向跨龙塘江水,桥长11.2米,单拱跨6米,宽3.5米,矢高4.3米。拱券以长方形花岗岩石纵联砌置,桥面铺青石板,桥两头铺设有石板路面,长32米,宽1～3米。2005年被列为新余市第二批文物保护单位。

江南桥 又名白梅桥。位于渝水区欧里镇白梅村西南面,清咸丰五年（1855）荥阳太守习凿齿四十九世孙习子功、习芳圃捐资兴建。4墩5孔石拱桥,东西向跨汾水,桥长49米,宽4.28米,单孔跨5.8米,矢高4米。拱券以长方形花岗石纵联砌置,桥面铺石板。桥首东侧建有镇水砖塔,三层六边形密檐式,通高3.5米,塔顶已毁。

鹰潭市

贵溪市

◎ 重点介绍

仙人桥

　　仙人桥位于贵溪城信江南岸约 1000米处，有一巨岩，下空，似桥高架于山坞中，因其空如月，故称月桥岩。月桥岩东西走向，西部陡峭处，壁立10余米。东部山势呈坡形，可爬行直抵岩顶。顶部高穹圆整，约20平方米。立于岩顶，可一览贵溪城貌。在岩西5米处有一奇石，高

4米许，其状宛如一正襟危坐老人守护着月桥岩，故又称仙人桥。石壁上曾有遗句："此处神仙迹，神仙到此么？山花常带笑，野鸟自来歌。"因它离城不远，风景独特，早已成为人们观光、游玩的好去处。

　　明朝著名文学家徐霞客曾游历贵溪，他在游记中对仙人桥大为赞赏："复西向行八里，将至贵溪城，忽见溪南一桥门架空，以为城门与卷梁皆无此高跨之理。执途人而问之，知为仙人桥，乃石架两山间，非砖砌所成也。""溪南诸胜，一览无余。而仙桥、一线二奇，又可以冠生平者，不独为此中之最也。"

浮桥

浮桥原址在贵溪城西门口。南宋绍熙三年（1192）知县李正通为便于人们过往信江而建立，桥长900尺，舟70艘，名上清桥。后毁改渡。清道光二十年（1840）邑侯徐大勋复建，改名再造桥。桥旁须溪口旧有石堤御水，徐大勋加固堤坝，名徐公堤，并在桥头设局置田管理桥堤。民国二十六年（1937），浮桥移至大南门（信江南岸中航渡村），并将城南一庙房拨给桥工住用。民国三十年（1941）浮桥局新置船只13艘，造价4120元。后浮桥数次冲毁。中华人民共和国成立后，设浮桥管理所，后改桥渡管理所，负责浮桥管理，洪水季节拆散浮桥改为船渡。1963年6月暴风骤起，洪水猛涨，冲散浮桥。1976年1月洪水急退，浮桥搁岸达16天。1980年贵溪信江大桥通车后，过往浮桥的人和自行车渐少，浮桥通行压力减小，但后因经费短缺、维修不及时、船只破损严重，至1995年浮桥告废。

◎ 古桥名录

左家桥 位于贵溪市东门街道雄石村委会浮桥头左家小组。此桥建于清代，《贵溪县志》记载："清道光二十年邑侯徐大勋复建，名再造桥。"据考此记述是指浮桥，但左家桥位于浮桥头是人行车往的必经之路，故众人称之为浮桥之桥，由此推断，此桥为清代邑侯徐大勋加固堤坝时所建。该桥长32米，宽5米，高5.5米，南北向，是由大块红石砌成的三孔石桥。此桥对于研究清代桥梁结构及建造工艺有一定价值。

珠岭张家桥 位于贵溪市泗沥镇珠岭村委会张家村小组。此桥建于清代，为麻石结构，东西向。7孔石拱桥，长80米，宽3米，原有桥石栏杆，现已无存。桥墩逆水面为棱形，上有避水兽三尊，现该桥仍能行人通车。此桥对于研究当时的造桥工艺有一定价值。

满坑桥 位于塘湾镇东港村委会。此桥建于清代，为麻石结构，系单孔石拱桥，长7.2米，宽3.2米，高3.8米，建筑面积33平方米，南北向。据当地村民介绍，始建于当地村庄始迁时，至晚为清代初期所筑。此桥对于研究当时道路交通状况及桥梁结构有一定价值。

徐家大桥 位于贵溪城北、县道神前线9.5千米处。建于清光绪五年（1879），原为红条石拱桥。1987年古桥风化剥落禁止通行，1989年投资100万元重建。今桥7孔，净跨8～9米，桥高7.5米，桥长108米，宽5米，载重8～10吨。

游家店大桥 位于贵溪罗河镇与雷溪乡交界处，横跨罗塘河之上，建于清光绪年间。旧为赣闽通衢。此桥以红石砌成，全长121米，共16孔，是贵溪跨度最大的古石桥。由于古桥已毁3孔，汽车不能通行。后罗河与雷溪联合筹资，在古石桥南边复建一座钢筋水泥桥，称"新游家店大桥"。

金屯桥 位于贵溪至塘湾公路20千米处，原桥系明清时期修建的老石拱桥，建筑式样为乱石拱。桥长98米，高8米，面宽7米，5孔，跨径15米。民国贵塘线、1958年贵塘公路通车均过此桥。1961年大桥被洪水冲倒，交通中断。1970年经上级批准重建金屯桥，1971年8月建成通车，载重13吨。

塔桥 位于贵溪志光镇塔桥村东北约0.5千米处，始建年代不详，重建于清乾隆九年（1744）。桥为平面石拱桥，长50米，宽4.9米，4墩3孔，以青麻石砌成。桥侧20余米处原有一座七级石塔，故桥名之"塔桥"。今石桥坚固，可通汽车。

成安桥 位于贵溪城北原县第四百货公司前侧（古称仁惠坊）。相传桥成民安，始建年代不详。明永乐丙申年（1416）毁于水，朱得宝募修。崇祯十年（1637）知县林钟秀重建。清康熙十年（1671）僧运真募化再建。今桥无，存涵洞。

上坊桥 位于贵溪城东新泰坊，始建年代不详。原桥洞下石刻道："大元元统元年癸酉邑人郑茂之、叶子润、张德华重建，明嘉靖丙申新泰坊樊阿陈氏重修。清乾隆十三年知县彭之节再予重修。"中华人民共和国成立后，此桥因县电影院建宿舍、河沟桥洞全部填没，仅存出水涵洞管口。

赤石桥 位于贵溪城北20千米，今泗沥镇湖陵溪上。明成化十一年（1475）白云梵僧偕赤石杨姓首士倡建。为历代要路，旧桥圮。民国三年（1914）重建，桥长42米，宽4米，7孔石桥，今存。

云隐桥　位于贵溪南部35千米连霞港，今上清林场前侧。明里人涂氏率道士高文辉捐金、谷建成。明代道士、诗人、画家张宇初（第四十三代张天师）题匾曰："云隐"，故称云隐桥。

花桥　位于贵溪南部文坊镇，距城45千米，为明代张大骥捐资千金而建，石拱结构。今桥仍固。

三官堂桥　位于贵溪市上清镇桂州村委会西头，圩桂路南侧20米处，明代建筑，单孔，南北走向，长30米，宽4.7米，高5米，面积141平方米。三官堂桥以麻石为料，原为泸溪河上附近居民及金溪通往上清镇的主要桥梁。明代嘉靖年间，首辅夏言筑坝堤，将上清溪（现名泸溪河）改道，三官堂桥成为上清溪古道上的一座桥，村民田地劳作仍需通过此桥。

方义桥　位于贵溪市塘湾镇江坊村委会。方义桥建于清道光年间，长28.1米，宽1.7米，高3.9米，南北走向横跨江坊河上，3墩2孔，麻石建造。方义桥碑为青石板结构，宽0.7米，高1.2米。该桥为研究清代建桥工艺提供了实物资料。

余 江 县

◎ 古桥名录

邵武桥　位于余江县马荃镇管坊村委会璜塘姜家1千米处，是明弘治年间姜桂之妻花氏为怀念远在福建任邵武知县的丈夫而建的，因此取名邵武桥。呈南北走向，麻石建造，单孔，长16米，宽4米，高3米，桥孔用麻石券叠而成，桥面中间直铺长条形花岗岩车道，横跨傍山溪水，原是通往金溪县的要道，后因公路改造，原路已废止，现是村民下田劳作的便桥。对研究明代桥梁建筑有一定的参考价值。

张公桥　位于余江县马荃镇杨柳村委会（张公桥良种场北侧）。建于清乾隆庚戌年

（1790），呈南北走向，由麻石建造。桥身长114.6米，宽8.5米，跨青田港，无墩迎水尖头均置有石刻动物形象，如狮虎龙凤之类，桥形美观，结构坚实，桥墩为麻石建造，桥面原是麻石结构，现改为公路桥，混凝土桥面，桥面上有栏杆。据县志载，古有此桥，但何时建已无可考，此桥是清乾隆庚戌年（1790），由授布政司理问吴国璋等五人捐款重建，历时14年，用银29000两，竣工后桥头立碑彰公桥，但先已无存。中华人民共和国成立后重修此桥，但桥墩仍是原来的。该桥对研究清代桥梁建筑具有一定的参考价值。

汤家画桥 位于余江县画桥镇画桥村委会汤家村，建于清乾隆六十年（1795），桥呈南北走向，横跨万年河。由麻石建造，单孔，桥面青石板铺就，两侧竖石板石柱为栏杆，长6米，宽3.5米，高3米。栏杆高0.7米，有花边，较为精致。

新兰桥 位于余江县锦江镇立新街居委会，原名兰溪桥。据县志载，此桥始建于明代成化至万历年间，由知县郑修选重建。后因洪患几经修缮，直到1920年10月又在原基上重建。中华人民共和国成立后，又扩建桥面，改为公路桥，该桥系麻石结构单孔桥，东西走向，横跨兰溪江。桥身长43.1米，宽6.3米，高4.5米。

月 湖 区

◎ 古桥名录

桥西桥 位于月湖区白露街道倪家居委会桥西村东部，属五孔石拱桥，桥西村因之而

得名，传为康熙朝所造。该桥东西向，跨于桥东、桥西两村间，桥西侧约500米处为白露河，桥全长约50米，路面宽约4米。桥身两侧原有石栏杆，桥端石柱上有圆雕，端柱外抱鼓石有雕刻图案。历来为交通之要道，现有龙虎山大道，使用较之少。抗日战争时，为阻止日军入侵，人为拆除了两个桥孔，后经当地人出资修复。

詹家桥 位于月湖区童家镇嘴上村委会嘴上詹家东南角，距村祠堂约30米远的童家河上。小桥建于清朝中期，全长23米，宽3.85米，为全石结构的三孔拱桥。桥面平坦，桥中心有独轮车道车辙明显。南北走向，曾是贵溪至余江官道上的必经桥之一。

赣州市

章 贡 区

◎ 重点介绍

赣州古浮桥

　　赣州古浮桥，学名叫惠民桥，又称东津桥、东河浮桥、建春门浮桥。浮桥长约400米，连接贡江的两端，由100多只小舟板并束之以缆绳相连而成，始建于宋乾道年间，至今已有800多年。整座浮桥分为33组，用缆绳把它们连接起来，然后用钢缆、铁锚固定在江面之上。赣江水运繁忙的时候，每天早上9:00和下午4:00都要开启一次，让船只通过。

　　该浮桥前身是在南宋乾道年间由知军洪迈在贡江上架设的惠民桥。主持建造建春门浮桥的洪迈是南宋著名的文学家，也是一位有民族气节的历史人物。他在代表朝廷出使金国时，金国人要他行陪臣的礼节，他坚决不服从，金国人就把他关在使馆中，不给饮食，饿了他三天三夜。他宁愿饿死也要维护国家尊严，金国人无奈，只好把他放回。

　　洪迈学识渊博，一生写了大量的涉及历史、文学、哲学、艺术等方面的著作，

其中最为著名的是他的《容斋随笔》，直到今天还是畅销书。后来南宋朝廷派洪迈到赣州担任知军。据史书记载，他来到赣州做官后，"重视教育，建学馆，造浮桥，便利人民"，受到老百姓的称赞。我们走在洪迈建造的建春门浮桥上，都很敬佩这位能为老百姓办实事的古代文学家。

近千年的浮桥成为赣州市人的骄傲。每当踏上浮桥，不仅能强烈地感受到其悠久的历史，古老的赣州人民勤劳智慧、追求科学创造、崇尚发明创新的精神，还可以在桥上欣赏到河边的洗衣女、钓鱼翁的英姿，城里人、乡下人进进出出，骑摩托车的、推自行车的、挑担的、背小孩的、走亲戚的、上学的人交织在一起，形成一幅美轮美奂的图画。这座800多年的浮桥，不知经历了多少腥风血雨、战火硝烟。新桥变旧，旧桥换新，修修补补，历尽沧桑，似一位不屈不挠的老人，昂首屹立在赣江边，并与市内的古朴透迤的古城墙、壮观秀美的八境台、雄伟沉重的涌金门一道伴随着赣江的涛声，造福赣州人民，成为连接城乡的纽带，成为赣州市一道特有的风景线，被誉为赣州的一绝。

赣州古浮桥是赣州众多名胜古迹当中的别具一格的一道风景线，每年都有大量海内外游客来到这里观光，目睹赣州这一特有的人文景观。1965年，郭沫若来赣州时曾经作诗写道："三江日夜流，八境岁华遒。广厦云间列，长桥水上浮。"

◎ 古桥名录

永安石拱桥　位于章贡区水西镇永安村圩场附近，横跨永安河，始建于清代。该桥由永安村清代举人朱进带头捐建，是座大型单孔石拱桥，桥长12.1米，宽3.68米，高5.35米，至今完整无缺。永安桥两岸翠竹摇曳多姿，桥侧野生藤蔓垂落如帘，桥下流水汩汩、游鱼相戏，使人流连忘返。1988年12月7日列为赣州（县级）市文物保护单位。

赣 县

◎ 古桥名录

五云桥 位于赣县五云镇圩边，105国道旁。坐落在五云墟南偏西1千米处的南小公路上。为红条石构成的五孔石拱桥，长60米，宽5米，高6米，载重20吨。始建于明代中叶，清乾隆年间重修。中华人民共和国成立后于1956年复修。原名五眼桥。当时广东主考官王懿修偕夫人路过此地，看见"五眼桥"3字，认为"五眼"粗俗，有意改之。遂立桥仰望，头顶正有五色彩云，因改名五云桥，并作诗一首："五云桥畔看花时，独发春荣富贵姿。玉树瑶林原有种，双飞紫燕占高枝。"后因桥面窄，桥头路线弯曲度大，不便高速行车，于1982年在桥下游100米处，另建一座新式钢筋水泥公路桥，亦名"五云桥"。原桥遂为便桥。有趣的是，缘于桥名，圩名叫"五云圩"，区域名乡、公社、镇亦与"五云""联姻"，并沿袭至今。

鹅坊石拱桥 位于赣县南塘镇圩东2千米的鹅坊村桃溪。始建于明成化六年（1470），采用红条石砌成的单孔石拱桥。桥长6.6米，宽3.3米，桥孔直径5.3米，孔高2.78米，弧顶厚0.48米。当时，桃溪河阻碍鹅坊村两岸村民来往，影响生活、耕作，在王姓村民的倡议下，捐资建起此桥，一直使用至今。1983年列为县级第一批文物保护单位。

长兴桥 位于赣县江口镇优良村，是从323国道通往兴国必经之地。明万历二十七年（1599），吉埠绅士王胜爵捐银600两倡建，明崇祯三年（1630），又助银500两倡修。嘉庆二十四年（1819）己卯恩科进士周步骧（安徽金寨人）在《长兴桥记》中写道：桥横二丈五寸，长十六丈，桥后建有观音大士阁，桥右建有真君

庙。清道光四年（1824）邑人（县民）重修。1958年在原址上重建新桥。

王龙庙大桥　位于赣县王母渡镇大坡村。始建于唐（具体年代不详）。有10个石砌桥墩，8段木桥连接而成。桥长62米，宽1米，高3米。以桥头王龙庙得名。庙宇于中华人民共和国成立初期拆毁。1974年又在此桥下方约30米处建成一座三孔石拱桥。

文天祥桥　位于赣县田村镇绍坤世家黄元米果产业园区旁，系二孔石拱桥，横跨下海河，是通往天南山（山岭名）庵堂的重要桥梁之一。始建于南宋咸淳九年（1273），桥长24.9米，宽3.6米，高5.2米，因少年文天祥曾在天南山就学，当地百姓建桥纪念他，命名："文天祥桥"。

南 康 区

◎ 重点介绍

四眼桥

　　四眼桥原名舒家桥，后改名安舒桥，又因桥四孔改名四眼桥。位于南康区城区西北1公里，蓉江街道莲花村跨赤土河上。原是南康城区通往朱坊乡、上犹县等地的必经之道。为区境至今尚存的一座最长的古桥，也是境内的古建筑之一，

桥势雄伟壮观、坚实、工艺精良。全长47.7米，宽4米，4孔，跨径7.5米，拱矢度1/2，拱券厚40厘米，全部由厚20厘米、宽40厘米的长短不等的红条石相间交错砌筑而成。桥下设立呈斧状护桥石墩3个。民国三十二年（1943）曾进行局部修理，1958年，蓉江至赤土莲塘公路建成通车，当时桥仅荷载重8吨汽车。1966年，拱券产生裂缝，南康县人民政府投资加固整修。1976年8月，江西一糖厂拨款修建，为南康城区至稍江县乡公路主要桥梁。但是因年代久远，桥体局部石料已严重风化剥落。1993年2月列为南康县文物保护单位。

明成化年间义民蔡斐安、王琏中等人建造，知府张弼把旧名舒家桥改名安舒桥。后来被水冲坏，弘治十七年（1504）知县赵灿委托僧人缘化募助重新修建，在桥上修建瓦屋，南、北面各竖一座坊。嘉靖二十五年（1546）此桥毁于火灾，知县胡希颜带领民间人士刘东潮、王贯、昂琼等人捐款重修此桥，全部都用石头砌成。嘉靖三十一年（1552）知县高弩、典史章永科为首完成了重修工程，高弩写了《重建安舒桥记》。

又相传，古代一个姓舒的寡妇捐款建造此桥，故名舒家桥，后改安舒桥，因桥四孔又改名四眼桥。

◎ 古桥名录

永安桥 又名暗桥，位于南康区北部的坪市乡，是古时广东、大余、南康、唐江等地商家通往遂川县和湖南省境内的主要桥梁。以象征旅途平安而取名"永安桥"，又因桥覆以廊瓦不同于一般露天桥，当地人们都习惯称之"暗桥"。该桥原系木桥，民国二十三年（1934），当地钟屋村钟闪先等人发起募捐集资建桥。桥长14米，宽3.5米，三墩石桥。桥两侧置高1.06米的木栏标杆和木凳（后人被毁），方便行人休息。并竖有呈八角形麻条石柱二根，桥两端设石拱门，桥面由宽0.2～0.4米、厚0.3米的10根麻条石铺筑而成。1965年和1976年分别进行了修缮。该桥结构坚实，古朴幽雅，具有浓厚地方特色。是区内保存较好的建筑之一，现仍为一座主要的乡道桥。2005年1月列为县级文物保护单位。

荷包陂桥 位于南康区麻双乡东排村，是清朝时东排村邓氏建造的，已有三百年

历史，在唐隆公路、大广高速修建以前，是原麻双乡通向横市镇的主要车辆通行桥梁。1970年为了维护古桥，修建了荷包陂水坡，避免了流水冲刷损毁古桥，现在古桥保存完好。2013年村里对古桥进行过一次加固，不过现在已经基本丧失了交通通行的功能。

景福桥　位于南康区大坪乡上洛村东村口。原是南康县城经横市、大坪通往万安、遂川等县的一座重要桥梁。建于清光绪三十二年（1906），桥长9米，宽3米，高4米，麻条石拱桥结构，单孔，跨径7米，两端有石阶梯，呈约45°斜坡，北端原立有石碑1块，刻录捐赠钱物者、造桥者的姓名、数量及桥梁建造年代，保存较好。1993年2月被列为南康县文物保护单位。

倒桥　位于东山街道东偏北1.5千米金鸡村，跨小溪，因原是木桥常被洪水冲倒，故名；是南康通往赣州（县）古驿道上一座必经的主要桥梁。桥长30余米，宽4米，高5米，红条石料，2孔。原桥北建有庙宇，1958年被拆除。该桥始建于明代，清光绪年间重修。1975年水毁一孔。由于105国道改线，该桥附近地段已建公路桥梁，原需通过倒桥出行的改由公路桥通行。

月下桥　位于唐江镇北1千米，横跨沙溪河，因桥址在唐江镇章石村的月下而得名。系3孔红条石拱桥，长44米，宽3.5米，净跨8米，拱矢度1/2，拱券厚30厘米，桥下建有呈斧形护桥石墩2个。桥建于清末，始建时间不详，是古代南康县城往北经唐江至赣县、内潮等地的一座中型桥梁。中华人民共和国成立后政府拨款整修2次。1983年，第二孔因破损改建成钢筋混凝土平板，不能通汽车，现仍为乡村道路桥。

鹅坊桥　位于麻双乡麻双圩东南2.5千米的麻双河上，因桥址建于麻双乡鹅坊村而得名。清道光年间始募造木桥，时有田40余亩，年收利谷90余石作为基金。该桥是麻双通往十八塘等地的一座简易便桥，桥屡坏屡修。1982年，木桥霉烂残缺，摇摇欲坠，行人不敢通过。赣县政府派员实地考察后，于1983年拨款改建成长118米、宽1.6米、高5.16米、9孔、净跨12米的简易钢筋混凝土桥，可供轻型车辆通行。

潭口石拱桥　位于潭口镇潭口村，始建于清道光年间，具体时间无考。桥长13.7米，宽3.5米。

信 丰 县

◎ 重点介绍

玉带桥

玉带桥位于距信丰县城约50千米的虎山乡中心村，即在隘高至龙州的虎山河上。因其弧形如玉带飞跨于崇山峻岭之间，故名。清乾隆五年（1740），玉带桥为当地富翁余凤歧募资建成，故又名"凤歧桥"。玉带桥历时200余年，桥体依然坚固，但桥楼已有破损。1932年，村民余福先首次集资维修桥楼。1954年政府再度维修。2005年修葺一新，全面恢复古桥旧貌神韵。玉带桥为江西信丰县通往广东兴宁、和平的交通要道，以结构奇特、气势雄伟而闻名于赣、粤，有诗赞曰"远近闻名玉带桥，两岸峻峰入云霄。奔腾河水泻千里，玉带飞锁两山腰。"1983年，玉带桥被列为县级文物保护单位，2006年省政府批准为省级文物保护单位。

中国桥梁专家茅以升先生所编《中国桥梁史》写道："未见有类似桥梁记载，为国内罕见。"玉带桥雄伟的气势和奇特的结构吸引了众多专家、学者参观。

玉带桥是江西现存最长的弧形廊桥，为2墩3孔层楼式拱桥，桥体不成直线，而是以圆弧形横跨两山之间，两墩立于骤弯直下的激流之中，其一紧靠河岸，护住河堤，其一形如驳船，高出水面5.7米，拱跨14.3米。墩拱全用青条石砌成，桥身成弧形，弧长81.45米，弦长74.44米，弧弦最大距离为10.84米。桥面宽3.8米，用小卵石铺平，上建高3.2米的廊屋。廊屋为木石结构，分为23段（间），两端各建有4.2米高的瓦房桥头堡，当中建有4.6米高的凉亭兼神庙，其长5.1米，宽3.8米，内分前厅和后殿，供人休息和祭祀。亭内东西上方各书"神泽汪洋""龙驾远波"8个大字，左右两根石柱上分别刻有"海阔江深登岸不须舟与楫""功高德大固桥是赖圣偕神"的对联。桥面边沿砌有1.2米高的矮墙替代扶栏望柱。

玉带桥有段颇富传奇的故事。传说虎山河水，奔腾咆哮，水急浪高，真像只猛虎挡住行人的去路，不知有多少人葬身河底。余凤歧每念及此，不觉惊叹流泪，于是他决意在这河上建座大桥。为此，他节衣缩食，努力耕种，一有空闲便登山伐木，时间一晃就过了两三年。清乾隆五年（1740），一个和尚对他说，八月十九是黄道吉日，到这天开工，届时河里有几个大红鸭浮起的地方可建桥墩。老和尚一本正经的样子，说完头也不回就走了。余凤岐满腹狐疑。等到那天，河里果真浮起几只红鸭来，余凤岐兴奋之余，就按照老和尚的意思，请了能工巧匠展开兴建工程。

施工两个月，料尽财竭，余凤岐便把家里的牛、猪、鸡、鸭、粮食、田地、房屋都拿去卖掉，但钱还不够用。因此，他只得忍痛把独生儿子卖去，叫妻子四方乞讨以集资建桥。虽如此，桥还是无法竣工。余凤岐心如火焚，万分惆怅，他攀登香山去求助那个和尚。和尚告诉他，靠自己的力量是不可能的，要靠众人力量。于是余凤岐将一根几十斤重的锁链背在身上，三步一跪，五步一拜，径向隘高古城，请求众人帮助。

精诚所至，金石为开，隘高人被凤岐建桥精神感动了。不久，大批木材、砖石一下子运到了桥边，桥很快就落成了，余凤岐的夙愿已偿，次日便仙化到南安府戴员外家再世。然而他一生下来就日夜啼哭，搅得家人坐卧不宁。可是奇怪，当一个讨饭婆到戴员外家门口乞讨时，这孩子却转哭为笑，员外只好把这女人收留下来抚养他。三岁时这孩子便能与大人语，很得员外喜爱。员外询其为何见讨饭婆便不哭，他把前世在信丰修桥的经过详尽地诉说一遍，原来那讨饭婆是他前世之妻。十八岁后，他高中状元。后来，民间为纪念他修桥的功绩，便命此桥为"余戴桥"。又因此桥犹如玉带飘浮于水上，故又改名"玉带桥"。

嘉定桥

嘉定桥位于嘉定镇东面，横跨桃江东西两岸，是信丰县最早建立的一座大桥。素为赣州通向龙南、定南、全南和安远、寻乌5县的主要桥梁，也是县境东西片区城乡人民往来的交通要道。

北宋景德年间，县令倪千里始建桥，初名"平政桥"。南宋淳熙年间，县令赵师侠重修，改名为"桃江桥"。南宋嘉定十七年（1224），桥被洪水冲毁，县令张爚在原址上重修新桥，以当时宋宁宗赵扩的年号"嘉定"而定名为"嘉定桥"。这是这座桥被称为"嘉定桥"的缘由，此后多被沿用。

这座桥常毁于水火或兵燹，历代屡有修建。明弘治年间，县令倪俊改建为浮桥，以梭船20艘连成，能开能合，称为"通济浮桥"。此后改为砌石墩架梁为桥。万历十八年（1590），中丞甘士价首创石桥，历经10余年始成，但不久即倒塌，又修为浮桥，并恢复原名"嘉定桥"。清康熙二年（1663），县令张继抡倡修，和尚日御募修为瓦桥，新建石墩10个，各高3丈，架木为梁，上覆以瓦，并在桥的两边加建店房，历时8年而成。雍正十二年（1734）冬毁于火灾。乾隆五年（1740）县令李翔鳞重修，宏丽如旧。乾隆十一年（1746）夏毁于火灾，冬又修，两侧不再建店房。因为木质桥梁易霉烂，所以桥的寿命不长。自乾隆十二年（1747）到嘉庆二十四年（1819）72年中，嘉定桥大修就有5次之多，平均8年多就大修1次。咸丰六年（1856）秋，太平军攻城，清统治者顽抗，连年战火，城外庐舍化为废墟，嘉定桥亦因此被毁。同治八年（1869），王树人等劝募集资兴修，利用10个旧石墩，将桥面重新构造为双面亭式瓦桥，颇为壮观。直至民国早期桥仍为瓦桥，桥架用大木凿榫结合，斜穿直套，纵横交错，结构非常精密，上覆玻璃厚瓦，两边靠栏设凳，桥上摆有货摊，行人络绎不绝。民国十九年（1930）初夏，中国工农红军第四军主力从井冈山进入赣南，信丰反动派为了拦阻红军，用火将桥烧毁两孔，第二年又毁去两孔，两岸人民只得使用渡船过河。民国二十四年（1935），国民党第一集团军第一军进驻信丰，军长余汉谋将嘉定桥新建为比较先进的钢筋混凝土公路桥。桥长百余米，宽约五米，桥身浇有一层水门汀，两侧立石柱，间以花栏。当年4月动工，11月落成。

民国三十四年（1945），日寇侵扰赣南。1945年6月8日，国民党司令长官余汉谋下令将这座结构坚固的大桥炸毁，仅剩下中间一个石墩。后来历次建桥，这个石墩均被利用。民国三十五年（1946），江西省公路处决定重建这座大桥。由公路处在修复通往三南公路工程的节余项目下拨款1000万元（国民党法币），作为重建桥的经费，不足之数由地方筹补。江西省公路处先后共支付建桥经费700万元，并拨给钢筋一万余斤，县政府调集29个乡镇民工协建，2月开工至8月建成。桥分9孔，在石墩上架钢筋，桥面铺厚木板，定名为"中正桥"。中华人民共和国成立前夕，桥又被溃逃的国民党军炸毁。中华人民共和国成立前，为了支援前线，曾架设一座简便大桥，以应解放军进军大西南之急需。1950年，县人民政府召集有关单位，组成建桥委员会，领导管理建桥事宜。建桥经费除县人民政府拨给和区乡筹募外，还有县工商联劝募5000万元。1951年建成，名为"桃江大桥"。1957年，县人民政府又将桥修建一新，更名为"水东桥"。桥长152米，宽6米，8个高大的石砌桥墩矗立在江中，稳稳地托着桥身。桥的东西两端为百尔式钢架；桥面先铺枕木，再在枕木上架板，桥面两侧各设一道与桥同长、宽0.8米、高0.2米的人行道，中间铺两道一米宽、与桥同长、与车轮等距离的厚板作车轨，以便汽车行驶。中共十一届三中全会后，为适应改革、开放的需要，县人民政府于1981年又对这座桥进行一次大修建，把原来钢木结构的桥面，换成永久性的钢筋水泥桥面。两端还各建一座桥头堡，犹如守卫在桥头的哨兵，修建后恢复"嘉定桥"的原名。

嘉定桥不但是信丰的交通要道，而且给信丰山河增添了不少的风光。昔日南宋进士罗椅于咸淳七年（1271）来县任知事，盛称信丰山青水秀，景色宜人，留下了"水流东北交虹去，山自西南拥翠来"的诗句，其中的"虹"就是指雄伟壮丽的嘉定桥。站在桥上凭栏远眺，只见城乡并峙，山水相依，一派风光。每年春秋，风和日丽，不少城区居民和外来游客在桥上游览、憩息。特别是夏秋季节的夜晚，每当皓月当空，普照江面，但见波光云影，美不胜收，微风吹来，令人心旷神怡。

大 余 县

◎ 重点介绍

中山桥

中山桥又名"横浦桥""平政桥""平川桥"，位于大余县城东门小学门前的章江河上。现桥重建于1983年，利用原桥的4个桥墩再铺建为钢筋混凝土桥面而成，横跨章江，长75米，宽4米。

横浦桥是大余最早的桥梁，为"南安之襟喉，天下之通道"，初建无考。元延祐三年（1316），章江发特大洪水，大水自府城西门入东门出，将城破分为二，之后在河上建浮桥一座以利通行，桥名"平政桥"。元至正二十二年（1362）冬，南安路总管府总管张元祚（元末明初山西大宁县人）率民夫用片石砌筑桥墩，伐巨木架设桥梁，取代平政浮桥，名"平政桥"，后改名为"横浦桥"。

明成化十年（1474），横浦桥被大水冲毁。南安知府姚旭（明天顺进士，今安徽省桐城市人）想修却被调离，继任知府章纶刚修好又被水冲毁。成化十四年（1478），张弼（明成化进士，今上海市松江区人）到任南安知府，他对章江的水运状况作了详细考察，查明了横浦桥屡建屡毁的原因。后来，在修桥之时，先开沙洲，使江面既阔，水流平缓。桥中流之墩，悉实以巨石，灌以石灰四周鳞缝，嵌以生铁。两岸石埠与中流五墩既成，先架木为薮，随架巨梁，梁上加亭，亭覆以瓦，亭下护梁甃以石。建成后的桥长三十丈，阔一丈八尺，与旧桥相比，在高度上增高了一米，在宽度上也增宽了一米。桥上有梁有亭，十分壮观。为解决桥梁的维修资金，将桥亭开辟为店铺，计有店铺30间，出租店铺的收入全部用于对桥梁的维修。同时，禁止在桥上用火，防止发生火灾。

明嘉靖六年（1527），横浦桥又遭大水冲毁，知府吕律（明嘉靖进士，今江苏省武进县人）在捐出自己的俸银后，倡导重建，有钱的出钱，无钱的出力，将桥墩改为四墩，桥建成后，两涯忽通，一川自平，士庶甚便，舟航可废，遂名"平川桥"。嘉靖二十一年（1542）府城遭火灾，焚毁民房3000余间，平川桥也被大火烧毁。嘉靖四十年（1561），南安知府吴炳庶（嘉靖进士，今浙江省仙居市人）与大余知县文体义（嘉靖举人，今广西桂林全州人）倡建水南城，复建横浦桥。水南城建成后，使南安府形成"双城对峙，一水中流"的景观。

清康熙三十年（1691），横浦桥再次被大火烧毁。乾隆七年（1742），鉴于横浦桥屡遭冲毁的状况，知府游绍安（清雍正进士，今福建省福清县人）于距旧桥百余步远、下游河面较宽、水流较缓处重建横浦桥，桥墩增为7个，桥上左右两侧有商铺32间。道光四年（1824）大余知县石家绍（道光进士，今山西省翼城市人）翻修桥梁，换石墩3个，架木为梁，桥面左右建造商店52间。咸丰、同治年间，桥梁多次冲毁又多次重修。

民国三年（1914）夏，章江发大水，桥墩倾颓，桥尽毁。民国五年（1916）重建，为两桥墩桥梁，桥上两侧仍建店铺52间。民国十三年（1924）"二次北伐"，北伐军进驻大余，北伐军前线总司令谭延闿（今湖南省茶陵县人）改横浦桥名为"中山桥"，并亲书桥匾。

◎ 古桥名录

梅岭接岭桥 位于大余县的梅岭北坡山下，原名"礼锡桥"，始建于唐开元四年（716），是梅岭驿道自关楼到大余县城的第一座桥梁。桥为青石条砌筑，单孔石拱桥，南北走向，长8.5米，宽3.65米，拱跨4.5米，拱高3.3米，是国家级文物保护单位，是梅关古驿道中的一个重要古建筑，也是梅关景区的一处名胜古迹。

梅岭广大桥 是梅岭驿道自关楼到大余县城的第二座桥梁。始建于唐开元四年（716），初为木桥，明改建为单孔青石板桥，长10.1米，宽3.65米，拱跨5.1米，拱高3.6米。无栏杆，桥面平整，与桥畔古梅可连景入画，保存完好，是国家级文物保护单位——梅关古驿道中的一个重要古建筑，也是梅关景区的一处名胜古迹。

池江小汾青石桥 位于池江镇板棚村的小汾，距县城约25千米。清光绪年间由村民黄良尊捐资兴建，为四孔石拱桥，长35米，宽2.4米，拱高3.6米，拱跨6.9米，拱间距1.6米，桥墩迎水面建有尖嘴，以缓解洪水冲击。主要是方便小汾河两岸村民通行，是大余县现存最长的一座古代四孔石拱桥。

唐开元四年（716），弃官归养的张九龄奉旨督率民工开大庾岭路，使拔地千仞、危崖百丈的梅岭山隘成为一条"坦坦而方五轨，阗阗而走四通"的官道。桥初为木桥，屡毁屡建，明成化十六年（1480）南安知府张弼大规模整修驿路时对沿路桥梁进行了全面维修，使驿路成为庾岭两广往来襟喉，外国朝贡也要从此经过。一时间商贾如云，货物如雨，好不热闹。行人只要踩着驿路上的鹅卵石，即使是没有手臂平衡或喝醉了酒，都不会迷路。明弘治十六年（1503）冬，县人朱君华捐款重建，改木桥为单孔石拱桥，并于桥畔建"息肩亭"，以供行人休息。清道光三十年（1850）又对驿路及桥梁进行整修。1934年余雄公路（即323国道）开通后路废桥存。现桥无亭及栏杆，桥梁主体保存完好。

内良白井石拱桥 位于内良乡白井村的大山口，建于清代，是古代山区民众通行往来的一座便民石拱桥，东西走向，跨山涧小溪，用青石条和砖石砌筑，单孔。桥长11.8米，宽2.8米，拱跨4.8米，拱高3.2米，现保存较好。

上　犹　县

◎ 古桥名录

石崇桥 位于社溪石崇圩，跨社溪河，清乾隆六年（1741）邝昌明、徐绍洲捐建木桥，长46.6米。2008年，道路扩大，毗邻石崇桥另建一座新桥，替代通行。

福寿桥 位于蓝田竹口村，建于清乾隆七年（1742）夏，系单孔石拱桥，共三阶，长13米，宽4.7米，跨蓝田河。北面桥头有一青石桥碑，高1.5米，宽0.84米。碑文标题"竹口福寿桥"，内容为建桥经过，并列有数百名捐款者姓名。

三星桥 位于双溪乡高洞村。清嘉庆二十三年（1818）由黎启柱、黎启浩、黄达英倡建，长23.3米，宽6.3米，系石拱桥，跨寺下河。

隘前桥 位于金盆乡隘前村，跨洞头河。清嘉庆年间，村民合建，长约20米，宽约3米，石拱桥。

卢阳桥 位于上犹县双溪乡卢阳村口，跨寺下河，为单孔石拱桥。桥面宽2.5米，高7米，跨度6米。清嘉庆初年，由黎超邦、黎焕元父子倡建。

崇义县

◎ 重点介绍

章源桥

　　章源桥位于聂都乡，距聂都圩500米，东西向跨聂都河，清乾隆十四年（1749）建，古为湘赣间一交通要道。桥长34.8米，宽4.1米，高5米，桥身全用麻石拱券，分三孔。河中两个分水墩上各置一长0.9米、宽0.3米的镇水兽，桥面两端各有4级总长5.2米的斜面台阶，桥孔间建有船形石墩，桥底石上镌有"清朝乾隆十四年罗若圣首事建造"14个楷书大字。桥面两旁设有54块花板、56根石柱。全桥拱岩为花岗岩石结构，桥面大理石，所有建筑雕刻精制而成，列入我县第一批县级文物保护单位，是章江源头的第一座古桥。两侧各有28根浮雕石柱，每柱间夹着镶有浮雕图案的青石花板，图案刀工平整，图形各异。桥头原有碑记，刻有碑联："路通楚粤行人笑，桥架章源舟子羞"，碑已毁。2009年7月，聂都乡遭遇特大洪灾，一个桥拱被冲毁。2012年，以县财政局、县文化局等有关单位资助，企业赞助、民间捐助的方式投入资金90余万元重新修复。

　　该桥已列为县级保护文物。

◎ 古桥名录

永镇坦东桥　　位于聂都乡龙西村东南5千米，建在聂都白马庙下侧地处深山峡谷的龙西河面上，东西向跨坦东水，清乾隆元年（1736）建。桥长10米，宽3.3米，高18.4米，为单孔石拱桥。桥基建在崖陡壁12米处，与陡壁混为一体。桥身为花岗石铺砌。在桥南端6米处路边，立有高1.15米、宽0.68米、厚0.11米的石碑一座，楷书阴刻横排，碑额："永镇坦东桥"，并刻有捐助者姓名、金额，落款"大清乾隆元年岁次丙辰春月"，至今完好，已列为县级保护文物。

桥头单孔桥　位于关田镇桥头村，明嘉靖时兴建。桥长22.5米，宽4.2米，高8米，用麻石条砌成。该桥建筑牢固，桥身至今完好。桥面有木质凉亭，可避风雨，因年久失修已基本霉朽。现因修公路改道，该桥已很少有人通过。

长江石桥　位于现思顺乡长江村，清乾隆三十七年（1772），部分村民为方便大家外出，便筹集资金，请来石匠和擅长砌桥的泥匠，选择一有利地势建起该桥。桥长9米，宽3.3米，高5米，系麻石单孔桥。桥头立有石碑，刻有捐资建桥人姓名。该桥至今仍可使用，但随着公路桥梁的建设，村民外出基本走新桥。

九龄江拱桥　位于崇义县丰州乡丰州圩附近，清咸丰四年（1854）建造。该桥长20米，宽3米，高7米，系麻石构成单拱石桥。该桥为古时丰州乡部分村民通往县城的交通要道。桥身至今完好。但随着公路桥梁的建设，村民到县城或外出办事，基本走新桥。该桥基本停用，很少有行人通过。

安 远 县

◎ 重点介绍

永镇桥

　　永镇桥原名五渡水瓦桥，位于安远县城西部的新龙乡江头村。清同治《安远县志》记载："五渡水瓦桥，名永镇桥，在里仁堡，顺治九年僧欧阳融六募造瓦桥茶

亭，……后洪水冲圮。乾隆十四年邑人募石重修，同治丁卯被毁。"后又在民国十七年（1928）重修。

这是一座怎样的古桥呢?它是座古驿道上的瓦桥。

永镇桥，是一座石墩木面三拱长廊式木构瓦桥，造型别致，古朴典雅，结构奇特。桥长38.5米，面宽4.33米，桥面距正常水位8米。桥下部为三孔二墩二台，中孔跨度10米，北孔4.83米，南孔5.1米。墩台用花岗岩条石、石灰砂浆砌筑而成。桥墩平面为船形，迎水面砌成分水尖（俗称鹅胸），此法建造坚固，久经山洪冲刷而不损。桥上设置木质栏杆和重檐廊屋，墩上用三排杉木纵横交错组成悬臂梁，以减小纵梁弯曲程度。桥面用杉条木纵向平铺，上筑29.8米长廊，悬山屋面，为二坡及重檐。设叠梁式屋架8个，分长廊为9间，每间架两根内柱、两根檐柱，利用穿插梁、抱头梁伸出作排椽木，屋脊距桥面4米，并作飞檐鸥吻，脊正中设宝葫芦，背墙设神龛，内安放欧阳融六雕像（早毁），前墙设圆形天窗，廊两侧用杉条板建高为2米的栏杆，既是安全设施，又起装饰作用。檐内柱之间安放杉条木坐凳，以矮秆小梁纵横拉结，既方便过往行人在木板凳上小憩，又利于加强廊上部的稳定性。桥之两端各建有瓦桥堡，堡端门额上书"永镇桥"三楷字。此桥在建造上桥与房舍融为一体，别具一格，它在石质桥墩上架于杉条木，多层横跨桥孔，而别于一般石拱桥，是我国古建木作技术在石拱桥中的巧妙应用。它远眺彩虹飞渡，近看亭阁生辉，为秀丽的山水增添了许多奇妆异色。

永镇桥位于安远县的古驿道上。从前信丰、安远、于都乃至兴国部分地区

的商贾都是在这条驿道往来于广东和江西的。而永镇桥又恰恰坐落在五渡水与古驿道的交汇点，是当时水陆交通的重要枢纽。在这静静的古驿道旁，一条新开通的安江公路曲折迂回而过。人们再不需要负重去攀缘古驿道了，也需要踽踽而行经过此桥去广东交易原始的农副产品了。它的存在连接了两个不同时代、不同规模的商品经济时空，给人们以沉思和遐想。特别是从文物的角度上讲，永镇桥建筑宏伟、结构科学、造型独特，充分显示了古代安远能工巧匠的高超智慧和创造力，是研究赣南古代木构瓦桥建筑艺术不可多得的珍贵实物资料。1987年12月，被列为省级文物保护单位。2013年5月，被列为国家重点文物保护单位。如今永镇桥已成为安远县重要的旅游观光景点之一。

◎ 古桥名录

鹤子圩石拱桥 位于县城南43公里的鹤仔圩东侧约20米处的镇江河上。此桥始建于清乾隆辛酉年（1741），桥长84米，桥面宽5.8米，高9.3米，为二台三墩四孔石拱桥，全桥用青岗条石砌筑，分水尖平面呈船形。此桥原为廊桥，在安定（安远至定南）公路开通时将廊桥面上的全部木构件拆除，改为公路桥梁，该桥至今保存完好。

龙头石拱桥 又名"福安桥"，位于安远县城西15公里的车头乡龙头村龙头街西侧，东西走向横跨在龙头河上。

　　古时此桥是安远直通省城、赣州府的必经桥梁之一，全长为52.8米，桥面宽4.3米，整座桥采用青岗条石叠砌而成，结构为六墩五拱。中三孔跨度各9米，拱高距正常水位7.7米，边孔跨度6.7米，拱高距正常水位6.3米。墩宽3.1，长4.7米，分水尖长3.6米，平面呈船形。

　　《安远县志》载："龙头桥，在龙头堡，石墩六，石拱五。康熙丁卯合邑募建，通省府大路。乾隆庚午洪水冲圯，架木以渡，至甲辰，邑人士欧阳菊芳、郑禹薰、欧阳克明……十八人，平捐银共二千余两，重建石拱桥，长十五丈，横阔丈余，高三丈余，又联桥会，买租数十余桶，永瞻。"

龙头桥是安远县保存完好、规模宏伟、历时长久的石拱桥。1983年被列为第一批县级重点文物保护单位。

文凤桥　又名迳背桥，位于安远县城北55公里的龙布镇镜溪迳背，始建于清康熙年间。桥身用条石浆砌而成，桥总长40米，桥面宽4.84米，桥高7米，一墩二台三孔。此桥初建时为石拱，为当时龙布通往重石的必经之桥。民国八年（1919）当地居民发起重修，"添砌条石，另护层檐"，将石桥改为瓦桥。桥瓦上方描龙画凤，金碧辉煌，桥两侧设条石护栏，护栏内边设固定长条板，供过客休憩。1971年，为修通牛犬山至龙布公路，桥面上瓦面、护栏等全部被拆除，文凤桥成为一座通行汽车的公路桥。2006年，因公路改道，桥被弃用。2013年，在当地村民的努力下，重修了桥上的瓦面、护栏、长凳等，使其面貌基本恢复到民国时模样。此桥设计科学，气势宏伟，虽历经300余年，至今仍坚固如初。

含光桥　位于安远县高云山乡沙含村围岗。此桥为长廊式瓦桥，为一墩二孔，桥总长22米，面宽6米，为南北走向，始建于清乾隆四十九年（1784），后被洪水冲毁，于嘉庆二十三年（1818）重修。该桥设计独特，现保存基本完好，对于研究我国廊桥的建造工艺提供了珍贵的实物资料。

龙安桥 位于安远县镇岗乡龙安村，距县城15公里。始建年代不详，曾被洪水冲毁。明嘉靖四十三年（1564）知县李多祚谕居民骆龙等募资重建。今坚固完好。

田心村高桥 位于安远县新龙乡田心村岗背，距县城7公里，石墩三、石拱三。清嘉庆二十四年（1819），欧阳砺亭、翠亭、达邦、一敬、苍辉、鸣余、汉广、巨典、翔鸣、翠柏、翔乔、名秦、石庆、吉庆、唐继颐、继立、均信、成章、伯成、谢胜瑞、元宾、元献、文锦、绪元、汪源会、薛鸣阳、何登纯、龚桂轩等共二十八人捐建，费银八百二十六两。该桥由青岗条石和石灰浆砌建，桥面两旁设0.15米高石栏。桥长30.7米，宽3.76米，高5.1米。今坚固完好，仍在通车使用。

水口桥 位于安远县鹤子乡大峯村水口，距县城50公里。建于清乾隆年间，为木结构瓦桥。长8.7米，宽4.5米，桥面距正常水位10米。1孔2台，台以条石桐油石灰浆砌建。今桥梁已下陷，但仍可通行。

龙 南 县

◎ 重点介绍

太平桥

太平桥位于杨村镇车田村塘尾自然村边的太平江上，东连岚岭嶂，西接水口岭，横跨太平江。为两孔三墩、四拱双层重叠组合石拱桥，全长50米，面宽4米，通身高17.2米。太平桥始建于明正德年间，迄今近500年。重建于清嘉庆年间。1982年，列为县级重点文物保护单位。2013年5月，列为第七批全国重点文物保护单位。

相传，太平桥（古桥）的修建与王阳明（1472—1528，浙江余姚人）"平三浰"（上浰、中浰、下浰，今广东省和平县浰源乡）有关。明正德元年（1506），粤赣边境有支农民起义队伍，以池大鬓、池大升为首领，驻营于距杨村圩约20千米的三浰。在其影响下，正德七年（1512），龙南境内也有一小股农民起义，以黄秀魁、赖振禄等为首领，在龙南各处迂回活动。后来两支队伍合并，扩大到5000余人，威震朝廷官吏。皇上敕令官军进剿多次，终难扑灭。正德十二年（1517）三月，王阳明奉旨任南赣巡抚，坐镇龙南等地指挥进剿。次年正月，连破上、中、下三浰，斩杀2000余人。随后，在下浰建和平县。太平境内（明清朝代称太平堡，包括今杨村镇、夹湖乡及武当镇的横岗村、九连山林场部分地域）赖振禄等部同被剿灭。王阳明为纪念胜利，在杨村兴建太平桥。今仅存蚀空斑驳的桥址，位于今桥上游300米处。

清嘉庆年间，以族正赖懋杰为督理，重建太平桥（今桥）。桥造型奇特，用工精细，四拱重叠组合，为砖木和砖石双层结构。桥面为龟背状，中间建有砖木结构的四通凉亭，以供览胜和憩息。凉亭全部用青砖砌筑，侧面大拱跨8.4米，高8米，拱肩落于桥面下的两拱拱顶之上，东、西两面为小拱拱跨2米，墙厚1米，上盖灰瓦，顶有3对飞檐，翘角昂首，门楣上有赖懋杰手书楷体"太平桥"三字。桥面以下为三墩两孔，均用精磨花岗石为料，桐油、石灰、红糖、糯米浆为灰浆，精工砌筑而成。拱跨分别为11.9米和12.9米，拱高6.2米。桥南迎水面的桥墩做成尖状脊头，微上翘，往下内收成船头状。从南面看，桥上、下层的三拱形成"品"字，显得华美而又古朴。

　　重建太平桥的经费来自通堡缘款，大桥落成后的余额，兑换成金条，窖藏桥体，意即留给后人修桥之用。有句窖语"三箕柴撒烧千年"即喻金条。据传，此窖金条于20世纪80年代被人破解窖迷后秘密取走，挖窖的痕迹及谢窖的爆竹纸都留在现场。

　　新桥选址有段故事。在古桥之下十余米处的江中，显现出一块巨大的奇石，形同卧伏的母水牛，村民视为神牛。传说它能随着洪水涨落而浮沉，夜间还会到广东连平县的上坪寻食禾麦。当地流传着一首咏石水牛诗："可惜江边一瘦牛，迄今不知几春秋。洪水滔滔推不动，细雨霏霏作汗流。纵多嫩草难下口，铁鞭任打不回头。过往君子牵不起，天地为栏夜不收。"后来，广东一位风水先生揣测评说："牛要在栏内，怎可在栏外？神牛在桥下，必往外地爬。神牛在桥上，保得太平旺。"神迷心窍的乡民，几经酝酿，以族正赖懋杰为督理，在石水牛下游100余米处，重建了一座太平桥。据说，还为这头石母水牛配对，精凿细雕了一头石公水牛，至今放置在车田村老围门口。

全 南 县

◎ 重点介绍

万载桥

　　万载桥位于陂头镇陂头村岔口村民小组西南，曾经是县城至江口及通往广东南雄道路上的一座重要桥梁。此桥为南北走向，单孔石拱，桥体长18米，宽4.38米，高6米，跨径12.6米。桥面呈梯形，全部用紫红条石浆砌而成，荷载量为15吨。桥面两侧竖有石柱扶栏，石柱正面刻有楹联："本容驷马、高照七星，万里横雁、载路垂虹"，桥拱上刻有"万载桥"字样。该桥整体造型别致，结构坚固合理，是目前县内保存完好的古桥之一，已列为县级文物保护单位。

该桥建造于清道光九年（1829），陂头镇杨溪村钟本高始建。相传钟本高家境贫寒，成年累月靠当挑夫为生。有一天傍晚，他从广东南雄挑担回来，走到陂头村岔口放下担子，来到河边洗洗手脸、歇歇脚，想要方便。当他方便后，随手拔起一把草，想用来擦屁股，不想草篾一掀开便他吃了一惊：原来草底下有一缸白花花的银子。这时他想起一句古训，有道是"路边便宜莫乱捡"。于是，他又把草篾盖回去，心里想，假如这笔钱财真是上天赐给自己的，那么明天返回来也会在。

第二天，钟本高挑担又路过此地，他翻开草篾一看，那缸银子果然还在。心想，这真是天赐给自己的了，于是趁天黑与妻子一道将这缸银钱抬回家。

忠厚本分、心地善良的钟本高捡到银子后，就想着要用这笔外来之财为当地做件好事。派什么用场好呢？他想起春夏之间，只要黄田江水一涨，冲了木桥，往来于赣粤边贸的生意人和挑担走脚的人们及当地村民都过不去，生产生活方面受到很大影响。于是他决定要把这笔钱用来修桥筑路，在捡银子的岔口河边造一座坚固的石拱桥。他这一想法也得到了贤惠大度的妻子的理解。

钟本高要在岔河上造桥的消息传开后，当地的财主钟发财便讥笑钟本高说："你这个靠挑担走脚度日的人也讲造桥，真是不知天高地厚！假如你真的敢缴本造桥，请工的伙食我一概包了！"钟本高听了问道："此话当真？"钟发财傲慢地说："君子一言，驷马难追。不过，如果你造不起桥，你家所有的房屋田产都要归我！"钟本高说："口说无凭，要立字为据。"当即，钟本高和钟发财立下字据，并请当地长者作证。随后，钟本高开始行动，请来多位造桥工匠，有打石的，有清基的，还有砌石的……由于人多，拱桥工程大，造桥时间长，结果桥造好了，钟本高的银子花尽了，那位财主的家产也被吃空了。这个故事一直流传至今。

如今万载桥虽经近二百年的风雨沧桑，仍依旧屹立在岔口小河上。2013年，县交通部门在改扩建上汶线县级公路中，裁弯取直在该桥不远处新建了一座公路桥，万载桥的通行功能已被替代。

◎ 古桥名录

深坑粮桥　位于金龙镇兆坑村深坑小岐河上，系当地人士刘魏东于清乾隆四十年（1775）仲春捐建。该双拱桥为西北朝东西走向，长27米，宽3.7米，拱高8米。桥中柱基脚为船头形，桥体用花岗岩砌成，占地面积近100平方米，是县内保存较完好的古桥之一，已列为县级文物保护单位。

星光古龙桥　位于陂头镇星光村新田组西南，始建于1924年，历经三年完工。桥为东北往西南走向，该桥4墩3拱，全长31米，宽3米，拱高4米，拱形跨度8.3米，由麻条石砌成。桥造型独特，坚固耐用，是民国期间陂头、龙源坝与龙南县域通行的必经之路，至今保存完好。

定 南 县

◎ 重点介绍

天成桥

天成桥位于天九镇九曲村，横跨九曲河，建于清同治三年（1864）。全长84米，桥高8米，宽4米，5孔，每孔跨径12.3米，为石拱桥。桥拱、桥台、桥墩及分水尖均选用坚硬石料，结构严密，配以碎瓷粉末拌桐油石灰浆勾缝，十分牢固。桥两端及中央各有一亭，东端亭门横刻"险阻既远"，两侧刻对联"天道堪成裕后事，成功之日赞前贤"。中央亭内有观音像，西端亭门横刻"天成桥"，两侧刻"天缺竟能浆水补，成梁何须架鼋为"。该桥由定南县商人张发燕和张本成倡捐兴建。建桥时恰遇大旱，对建桥十分有利，三年建成，故取名为"天成桥"。天成桥是定南县境内工程最为浩大的古代桥梁。现桥亭不存，主桥完好，可以通车。

关于这座桥，有一个动人的传说。很久以前，天九镇有一张姓人家，世代经商，生活富裕，在当地很有声望，可是中年仍未得子。一天两口子到九曲真君庙烧香求子，回来后，妻子做了一个梦，一个鹤发童颜的白胡子老头双手捧着一个胖乎乎的小男孩站在眼前，笑盈盈地把孩子交给她，她连忙下跪，虔诚地伸出双手要接过孩子，就在这时，眼前忽然出现一条大河，把老头与她隔开，她急得大喊："我的孩子……"正在这时，梦醒了，她急忙唤醒丈夫，把梦里的情景告诉他，而丈夫也告诉她，做了一个同样的梦。后来，两口子到九曲做买卖时，看到这里生意十分红火，但来往都是靠船只，遇着洪水只好中断，两人心有所悟，决心建一座桥造福百姓。于是，联合另一家姓张的商人，四处募捐并捐出自己的全部家产，亲自带领匠工，苦干了三年，三年内滴雨未下，十分顺利地把桥建好。大家认为这是苍天保佑，于是取名"天成桥"。桥建好后，两口子生下个大胖小子，满足了多年的愿望，至今传为佳话。

初石桥

初石桥位于鹅公镇柱石村，横跨柱石河，东南面是广东龙川县，北面与江西安远县相毗邻。建于清同治十二年（1873），为典型的客家建筑风格。桥为单孔石拱廊桥，底层为单孔石拱构造桥，上层为抬梁式木结构重檐桥廊，桥廊中部的上方依次构建有木结构"观音阁"和砖结构"万寿宫"。桥全长16.4米，宽4.8米，从水平面至塔刹高度为16.4米。桥拱宽度6.9米，桥拱高度5米。木构桥廊为重檐结构，高5.2米。观音阁高度4.2米，平面为方形。观音阁的上方系砖结构塔式建筑的万寿宫，万寿宫平面为八角形，高度为3.5米，顶部筑有塔刹。因该桥地处交通要冲，所以在桥的两端形成圩市街道，并构筑有民房。

相传，古时此地有孽龙作祟，真君许逊与孽龙斗法，降服孽龙后，将龙须化作初石桥，供人行走，造福乡里。因此，乡民在桥上建造万寿宫以作祭祀场所。在廊桥上建造神庙，是客家建筑的特色，而初石桥不仅构筑有常见的观音阁，且在观音阁之上还构筑了万寿宫，并且建筑形式别致，外观独特，具有很高的艺术价值、科学价值、文化价值、实用价值，是当地客家人心目中的风水宝桥。初石桥上佛教、道教两种宗教文化同时表现于同一桥上的建筑形式在客家地区所见的廊桥中，是绝无仅有的。

初石桥结构精美，艺术高超，是县境内仅存的桥亭综合建筑物。

◎ 古桥名录

细迳桥 位于三亨乡细迳（今岿美山镇），清嘉庆十六年（1811）由江西、广东民间人士捐建。桥长26.5米，宽4.5米，高9.2米，跨径14米，料石单孔拱桥，是县境内古桥中孔径最大、桥孔最高的石拱桥，雄伟壮观。

下马石桥　位于鹅公乡（今鹅公镇）大风村下马石，建造年代不详，清同治七年（1868）曾被洪水冲坏，第二年当地民众修复。桥长32米，宽4.5米，高6.5米，为2孔料石拱桥，跨径8米。桥上盖有瓦亭，1958年大修公路时用作公路桥，将桥亭拆除。桥梁坚固良好，至今通车。

珏坝桥　位于车步圩北1千米（今历市镇车步村），清乾隆三十一年（1766），八十岗（今历市镇中圳村）进士钟一诚倡修，因桥址古时候叫珏坝，所以被称作"珏坝桥"。桥长43米，宽4米，高5.1米，为3孔料石拱桥，跨径9.5米，桥上盖有瓦亭。因河床变位，此桥南端桥岸曾多次被洪水冲毁，桥基已部分空塌下沉，中华人民共和国成立前后经几次修复。现桥存，仍可通车。

兴　国　县

◎ 古桥名录

文溪桥　位于高兴镇文溪村，南北横跨潋水，原是木桥，明万历年间塌坏。清康熙四十五年（1706），县人刘鼎玉捐资倡建5拱石桥，乾隆七年（1742）塌坏。乾隆二十一年（1756）康国泰（又名康世玖）捐银4600两建9拱石桥，后又增修为11拱。桥长30余丈，高2丈余，阔丈余。嘉庆二年（1797）水冲毁5拱，仅存6拱。现桥为康氏后裔于道光年间修复。桥长155米（含引桥），宽4.5米，采用纵连砌法，以长条红石构成，跨径最大11.7米，最小11.3米，当时桥高8米多，可过帆船，为县内古代石拱桥最长的一座。河床历经淤高，现在桥墩大部分已被流沙淹没，南拱高4.9米，北拱高3.8米。历240余年，桥上仍可通行汽车。

慈恩桥　位于县城东北部59千米的古龙冈乡店山村大潭。大潭地处兴国至于都的古道上，每逢春夏之际，山洪暴发，交通阻隔。为便于行旅往来，当地人曾魁点之妻廖氏捐金，于清乾隆二十五年（1760）建石拱桥一座，名曰"慈恩桥"，且立碑于桥端，教谕黄世俊作记。今碑仍存，可惜已毁坏，碑文难辨。

慈恩桥两端直抵小河两岸山麓，由大小不一的麻石条块拱砌而成，长31米，宽5.5米，2墩3拱，左中2拱跨度6.55米，另一拱稍小，桥面中段略高。桥墩的迎水面砌成三角形。因年代久远，桥墩几乎被泥沙淹没，虽历时200余年，但基本完好。

宁　都　县

◎ 古桥名录

拱辰桥　又名接龙桥。位于县城北拱辰门外龙边溪，是古代县城通往北部乡镇的必经之路。该桥由知县赵不低于南宋淳熙年间倡建，后遭洪水灾害，屡毁屡建。现存桥梁为清嘉庆三年（1798）建筑。桥身总长55米，高5.6米，宽6.15米。拱桥有三眼桥孔，均用麻条石拱券而成，桥孔之间有两个船形似的石砌桥墩，用以分散水流，减轻洪水对桥面的冲击破坏。桥面南北配有斜坡，坡上设置石级15～16级。该桥结构坚固，形态美观，至今仍安然无恙，是县级文物保护单位。

红迳桥　位于湛田乡井源村西0.5千米处的梅源河上，始建于清代，为三孔石质拱桥，衬砌式结构。

于 都 县

◎ 古桥名录

九板桥 位于葛坳乡牛颈村西处，南北走向，飞架在深不见底的石龙漂上。桥与古驿道相接，连为一体。在当地，九板桥又称"九股桥"，桥身由九条长6.48米、宽0.49米、厚0.7米的红麻石条排列而成，桥名由此而来。该桥始建于明弘治三年（1490），重修于清乾隆元年（1736），至今桥身上仍刻有"乾隆元年岁次丙辰三月重修"铭文。桥两侧设有木栏杆，顶部盖有青瓦。桥连接的古驿道用鹅卵石铺成，是古时于都前往宁都的官道，以桥为起点向北延伸，原有十八个台阶，现废。1984年列为县级文物保护单位。

双桥 位于贡江镇东门外东二段，始建年代不详，因桥面原本并排建有两座单拱桥，俗称"双桥"。桥长15.8米，宽5.4米，高6米，桥身为红麻石砌成，单拱，跨东溪河，东西走向。桥为本县人士吴标捐建，后毁，陈序昭重修，清道光壬寅年（1842）又遭遇洪水冲毁，陈序昭第四世孙监生陈宗岱再次重修。因历史上屡遭洪水冲毁，后来重修时，原本的两座单拱桥仅留存一座，但在民间仍习惯称之为"双桥"，现仍保存完好。此桥是研究于都古代城市建设及桥梁建筑史的实物资料，1984年5月列为县级文物保护单位。

瑞 金 市

◎ 重点介绍

云龙桥

云龙桥位于瑞金城区南面沿江路旁，横跨绵江河南北两岸。此桥现长177.52米，宽5米，高9.3米，石栏高1.13米，有桥墩12个，瓮门11个。

云龙桥历史悠久，具有很高的艺术价值。云龙桥是赣南最长、最高的古代石拱

桥，也是瑞金曾经的南北交通要道。其设计精，选材优，建造巧，经过四个多世纪的兵灾、水患，经修缮乃保存至今。其雄丽绵亘，可与江苏宝带桥、福建万安桥、潮州广济桥几座名桥相媲美。

云龙桥宋代为浮桥，名"绵福桥"。明嘉靖十九年（1540）改作石墩木梁桥，因"桥界青云坊而跨龙池"，故更名"云龙桥"。清康熙三十六年（1697）改成十二墩十一孔的红条石拱桥。第二次国内革命战争时期，云龙桥是红都瑞金通往福建各苏区县的枢纽通道，毛泽东、周恩来、刘少奇、朱德、邓小平等开国元勋都曾频繁往返该桥。20世纪50年代中期，县人民政府曾拨款维修桥墩、桥面、桥栏。1962年夏，受瑞金特大洪水冲击，桥南第四瓮局部坍塌。1988年，瑞金市文物主管部门与部分离退休干部，发起修复坍塌多年的云龙桥的倡议，并按原貌修复，历时三年，耗资60余万元，于1991年竣工，并于桥南建坊，桥北建亭。时任国家副主席的王震对修复云龙桥非常关心，亲笔题写"瑞金云龙桥"五个字作桥名。

古往今来，云龙桥不仅是连接瑞金城区绵江南北两岸的重要纽带，而且是登高览胜、抒怀写意的好所在。登桥四望，"瑞金古八景"有四景收入眼帘，东有绵水、贡水两支流交汇之双江浸月，南有笔架凌霄三座宝塔，西有浮波烟艇、龙珠塔，北有深陇观梅，组成江山如此多娇的迷人胜景。清康熙四十年（1701），瑞金知县田愈倡议重修云

龙桥。竣工时，率文人、学士欢聚桥畔之亭，把酒临风，竞相唱和，留下云龙雅集、翰图联吟的佳话。1960年，重游云龙桥，情不自禁赞道："绕郭绵江自在流，云龙桥上好凝眸。"著名教育家周邦道游云龙桥后触景生情，写下了"赣闽岭峙连一塔，绵贡江流第一桥"的千古佳句。钟辉将军回到阔别多年的故乡，也咏吟一联："云卷云舒犹忆红都开新宇，龙潜龙出又见古桥展新姿。"

双清桥

双清桥即北门桥，位于云龙桥上游600米处，横跨瑞金绵江东西两岸，古时为通往长汀、宁化、石城的重要通道，也是县城凭栏览胜之所。

双清桥原名"太平桥"，为木桥，遇暴雨即被洪水冲毁。该桥屡建屡毁。清康熙

四十九年（1710）乡绅刘芳圣、蓝弼襄等募资建设，建立石墩九个，上面架设树木作为桥梁，桥身两边建有栏杆，上面建起瓦片覆盖的桥屋，以保护桥梁，同时也起到遮阳避雨、供人休憩、聚会交流等作用。整座桥跨江二十八丈七尺，横阔一丈二尺五寸，屋高二丈八尺，并更改桥名为"双清桥"。道光三年（1823）修成石梁桥，红石砌成九墩八瓮门，即现存石拱桥。桥长95.67米，高9.33米，宽10.83米（连墩），石栏高0.65米。

双清桥是一座大型石拱桥，设计精巧，原两岸密植垂柳，浓荫蔽日，成为"瑞金绵江古八景"之"双清柳渡"。清康熙二十二年（1683），瑞金知县朱维高曾作诗一首"柳色参差阴碧溪，枝枝交影拂长堤。两行翠幕云常护，一带仙源棹不迷。谱典只应和玉笛，垂阴正好听黄鹂。柔条漫许渔郎折，阿绪风流重品题。"赞美双清柳渡美景。

该桥由于历经数百年的风雨沧桑，破损严重，曾于1984年和1996年进行过局部维修。2001年8月4日，东起第五瓮门南侧发生坍塌，并有多处瓮门出现裂缝，红石风化剥落，整座大桥岌岌可危。

2006年，市委、市政府倡议捐资修复。维修工程从2009年5月开始动工，按照清道光三年原貌进行维修。2010年9月完工，修葺成廊桥，成为瑞金观光休闲的新景点。

◎ 古桥名录

下罗溪桥 又名"罗口桥"，位于泽覃乡浮田段与墓岭岗交界处，横跨罗溪河下游南北两岸。桥长30米，宽5米，高10米，2孔，由凿条石、三合土、砂石构成，桥面两边各建护栏。明崇祯十五年（1642），生员杨明璋之母谢氏捐资首建三墩并架木梁桥。清顺治四年（1647），洪水冲毁后，由县人陈让率众增高石墩四尺并复架木梁桥。康熙四十五年（1706）大水冲塌，次年重建石桥。1968年、2004年又先后进行了维修，至今仍可行人通车。

安治桥 原名"金鹊桥"，位于泽覃乡安治村竹园岭背庵子前，始建于清乾隆三十六年（1771）秋季，1774年春季竣工，由当地危彩霞、邓帝佐、刘文政、危云月、顾文鼎等人倡建。清道光四年（1824）塌于水，道光十一年（1831）开始改建石墩木梁桥，道光十四年（1834）春新桥竣工。1930年4月，邓希平成功领导安治村农民暴动，在此桥头竖立了全县第一面武装斗争的红旗，是瑞金人民革命打响第一枪的地方。现该桥全长62米，宽4.1米，高8米，长条麻雕石水泥混石结构，三拱，桥头建有功德亭，配有石狮一对。

大布桥　位于沙洲坝镇大布村，明隆庆四年（1570），由瑞金知县吕若愚募修，长50米，条石拱桥。万历十四年（1586）被大水冲毁。万历十六年（1588），知县区大宪捐资重修，后被水毁。清康熙四十年（1701），知县田俞劝募重建，雍正十年（1732）重修。1933年改为公路桥。

武阳围桥　位于武阳镇武阳村，明代建筑，由县人钟仪霄、危孟纪创建。明正德八年（1513），知县叶继本重修，后毁。嘉靖十年（1531）重修。清道光年间废。

壬溪桥　位于壬田镇壬田圩，明代建筑。明万历二年（1574），县人朱齿发捐建，名为"万墩桥"，桥长60米，万历二十三年（1595）火毁。明天启元年（1621），知县潘舜历捐俸同朱善卿重建。明末毁于福建的匪患，后重建。乾隆年间倒塌，后由大学生张世瑜个人捐银2000余两建成，并更名为"彩虹桥"。今改为钢筋混凝土结构桥。

会 昌 县

◎ 重点介绍

步云桥

　　步云桥位于县城东门口（原双清门外），横跨湘江，似飞虹卧波，将老城与城东连为一体，为会昌县城第一座大桥。该桥古朴厚重，屡毁屡建，八墩九孔，桥墩和桥拱用大麻条石砌成，桥墩呈菱形，墩厚5米，每孔跨度11.4米，桥长180米，宽8.05米，桥东两侧古榕参天，桥下湘水潺潺，桥上车辆川流不息，构成一道美丽

的风景。

步云桥建于明万历十一年（1583），由士绅欧舜雍倡建，始建桥时竖有石墩九个，横木为梁，名"抑洪桥"。万历十四年（1586）夏，桥被洪水冲毁，知县崔允升捐俸修复，增高二尺，更名"步云桥"，后又被水毁。万历四十一年（1613），知县冒梦龄照旧墩重建，明朝末年桥又毁。

清康熙三十七年（1698），富绅欧有骏倡募重建。不料至第三年，桥尚未完工，又被冲塌。翌年冬，士民继续重建。康熙四十七年（1708）四月，桥才基本建成，六月洪水陡发，桥又毁。雍正十一年（1733），知县范兴谷立簿劝捐未就，仅存桥墩。道光十九年（1839），城郊水东慈善家欧阳斯济（1792—1878，会昌大慈善家）捐款"三千余金"倡修，将桥墩、桥拱改用大麻条石垒砌，桥面围以石栏。此次重修工程浩大，共费黄金万余两，历时四年，于道光二十三年（1843）秋竣工。此后在咸丰七年（1857）及同治五年（1866）进行两次整修。

1932年5月，邓小平就任会昌县委书记，为维护城内百姓的生命财产安全，邓小平经常在晚上身佩驳壳枪巡逻于步云桥东，及时派赤卫军剿灭城外散兵游勇的国民党靖卫团。

中华人民共和国成立后，因桥面车辆来往频繁，承压过重，于1965年在桥面上加铺钢筋混凝土，拆除了原有的石栏杆，代之以水泥栏杆，古代风貌不复存在。1991年12月—1992年10月，县委、县政府对步云桥再次进行了大规模整修，加固了桥墩、桥拱，拓宽了桥面，改建了引桥，总投资110万元。步云桥桥东有两棵古榕树，遮天蔽日，虽历经沧桑，仍长势良好，夏日立于树下，人们采风纳凉，顿感心旷神怡，步云桥是县城居民休闲的好去处。

◎ 古桥名录

莲塘山下桥　　位于小密乡莲塘村莲塘水阁西南方100米处，建于清道光十五年（1835），系莲塘钟氏宗祠水口桥，主要功能是风水学上的"把水口"，而交通功能次之。桥长20米，宽4.1米，拱宽7.5米，高4.5米，用数百块麻条石砌成，瓮拱严密，纹理美观，至今保存完好。1957年长春电影制片厂拍摄影片《红孩子》时，该桥选为取景拍摄点之一。

震龙桥 位于汉仙岩"壁立万仞"景点处。景点往北过天河支机石、定中门，石阶之上即为震龙桥。此桥单拱石砌，高3.7米，宽、深各4米，实际非渡人之桥。桥上方正面石壁镌刻有"天子万年"四字，传为文天祥于梅州起兵路经此处时所刻，后南宋皇帝闻报，以为此处要另出天子，遂命建此桥以镇龙身，故又名"镇龙桥"。

龙头桥 位于筠门岭镇龙头村下北坑，寻乌至会昌古驿道上的下北坑小河上。自古驿道为寻乌入会昌的唯一一条主干道，因此该桥曾经发挥十分重要的作用。桥为单拱石砌，长10米，宽3米，高4.5米，拱宽7.5米，整桥完好，清代初期建，至今历时近400年。

福寿桥 位于站塘乡水明村水口江社公墩河。清道光四年（1824）由当地人饶迪增捐建，长9.2米，宽3米，高4.8米，拱宽7米。1988年，桥基础出现塌陷，水明村委会当即组织施工队进行保护重修，依桥画出图纸，对每块石头做好标记，拆除后重新清基，按原样重建，至今保存尚好。

寻 乌 县

◎ 古桥名录

宁远桥 位于桂竹帽镇高头村,建于明万历四年（1576），是寻乌现存建造年代最早的一座古桥。桥东西横跨高头河，长33米，宽6.8米，高7米，以花岗岩条石砌成一墩双拱，逆水方为船形墩，桥面用河石铺成。1965年修建桂竹帽至留车公路时，宁远桥

辟为公路用桥，桥面两边有一米高的石灰墙护栏。

该桥布局完整，结构稳定，对研究明代交通状况和桥梁建筑技术具有一定的历史价值和科学价值。2012年8月列为县级文物保护单位。

功德祠桥 位于澄江镇汶口村南面1500米处，原名"耷勾嘴桥"，初建年代不详。清咸丰年间由汶口蓝梅兄弟捐资维修。同治初年（1862）由汶口蓝其峰等集资添造。光绪三十二年（1906），蓝姓再次集资修建，于民国十五年（1926）竣工，并用余款在北面200米处建功德祠，故名"功德祠桥"。桥身长125.7米，宽4米，高9米，南北横跨澄江河，用花岗岩条石砌成5墩6拱，逆水方为船头墩，拱跨13米，墩高5.5米，宽3.5米，桥面设有栏杆。

1935年辟为公路桥梁，1956年重修加固。该桥保存较好，为寻乌境内现存最大的石拱桥之一。2012年8月列为县级文物保护单位。

老鸦桥 位于文峰乡石排村，原名"乐丰桥"，清同治十一年（1872）春动工新建，光绪二年（1876）竣工。桥东西横跨寻乌河，以花岗岩条石砌成两墩三拱。桥上原建有瓦房长廊，西端建有崇义祠、茶亭、旅店，今已毁。1953—1954年，开辟寻乌县至广东省平远县八尺公路时，该桥被辟为公路桥梁。桥身加高一米，桥面筑石碟栏杆，两端延伸31米。现桥长72米，宽5.3米，高16米，拱跨16.9米。逆水方置两个船形墩。

该桥布局完整大气，为寻乌境内保存较好的石拱桥之一。2012年8月列为县级文物保护单位。

圳下石拱桥 位于吉潭镇圳下村东500米，建于清乾隆四十六年（1781），桥南端砌有十八块捐钱施田碑。桥身南北横跨圳下河，花岗岩条石砌成一墩双拱，一大一小，大拱高6米，小拱高4米；桥长35米，宽3.6米。桥墩以河石、三合土夯

筑砌成，原桥面筑有石栏杆，今已毁。该桥中间高出两头2米，在寻乌境内较为罕见。该桥仍在使用。2012年8月公布为县级文物保护单位。

石　城　县

◎ 重点介绍

永宁桥

永宁桥位于高田镇上柏村水口，建于清乾隆三年（1738），迄今近300年。同治五年（1866）在桥上增建亭阁，称廊桥。该桥为单孔石拱桥，纵贯南北通道。桥长34米，宽5.2米，拱跨10.6米，拱高4.4米。桥上廊阁分为12间，中部两间为二层亭阁，左右各5间为单层桥廊，廊与阁均为穿斗式梁架木结构，木构建筑，以木柱承重。柱上分别安插地栿、额枋，柱顶安穿枋式木屋架，以承屋面。廊阁的木结构上布有彩绘及木雕，有荷花、兰花、牡丹等各式花木图案，并配有镂空花雕，技艺精湛，栩栩如生。廊外用木板围护，以挡风遮雨，廊内两边设木凳靠栏，供人憩息倚坐。桥中部亭阁为歇山顶，比两边桥廊高一尺左右，靠两边桥身处用青砖封砌。桥上建筑面积176.9平方米。

永宁桥桥廊合一的建筑风格省内少有，整座廊桥与桥身珠联璧合，浑然一体，坚实牢固，古朴大方，为南方山区客家人特有的桥梁建筑风格，对研究客家桥梁建筑艺术具有重要意义。2000年7月列为省级文物保护单位。

由于年代久远，永宁桥桥体风化剥蚀现象较为严重。廊桥桥梁、廊柱、靠栏、木凳等设施部分出现朽腐。2004年，县文化部门按照"修旧如旧"的原则，对廊柱、靠栏、木凳、瓦桷、风板进行更换复原，重新矫正楼阁、廊桥的木架结构，并对桥墩和引桥进行了全面修复。古桥再现古朴大方之神韵，重现昔日之光彩。

永宁桥不但体现了独特的桥梁建筑艺术，而且维系和承载了重要的历史文化价值。如今，这座客家古桥吸引着越来越多的游人对客家桥梁建筑文化进行寻访和探古。自晋朝末年开始不少中原汉人南下迁徙江西石城后，形成了早期客家民系。后来部分汉人继续东进或南迁，经过此桥翻过武夷山，结集于福建省长汀、建宁、宁化一带。这座客家建筑古桥之所以取名叫"永宁桥"，是因为其体现了客家人期盼太平盛世、永享安乐宁和的心愿。

永宁桥是上柏古村的水口桥，它和桥端的武圣庙及桥侧的社神坛构成村落水口的风水标志。过去，桥除了给行人提供方便，还是村民们的主要文化活动场所。每逢重大节日，村里的农民剧团就会在桥上鸣锣演戏。桥端的武圣庙中央供奉着节日的主角、忠义的化身、山里人的保护神——关云长，周仓奉刀、关平托印，站立两旁。柱头上的楹联诠释了供奉关公和过漾节的意义："大义在春秋慷慨一言成骨肉，丹心悬日月艰难百战识君臣""偃月宝刀斩妖除怪人民受福，镇武演法搜邪捕精保卫和平"。

往昔，山里人在茫茫的大山包围之中劳作，在蛇行狼啸的恶劣环境中生活，这丹心悬日月、大义在春秋的关公给予了他们心灵以多少的慰藉和祈盼！上柏村是一处保存完好的客家古村落，古祠堂、古民居、古驿道、古戏台、古粮仓、古书堂和永宁桥共同诠释出一个传统村落的古韵遗风。每年农历五月十三日，上柏村的"过漾"活动就从永宁桥的武圣庙开始。这个独特的民俗活动由庙会、戏会、宴会等内容构成，既像感念天地的感恩节，又像祈求平安的平安夜，既像纵情嬉闹的狂欢节，又像温馨浪漫的情人节……这一独特的传统民俗为这座古桥增添了别样的灵动和精彩。

◎ 古桥名录

瑞昌桥 位于石城县城西南小溪河，为该县现存最早的一座古桥。单孔，长4米，南宋淳熙年间知县林震建。明成化元年（1465），典史宋斌重修。万历四十年（1612）、崇祯十四年（1641）两次塌坏，复募建。清康熙十七年（1678），知县王锡九改此水从小西门汇合青源庙前水，离桥百步处内架木而过，遂成干地。此桥现仍正常通行。

卧虹桥　　原址位于琴江大桥附近，城南关外三十余步处，旧名"迎恩桥"。具体始建时间无考。旧传桥长二十丈有奇，高二丈有奇，上构屋为市。明洪武年间，县丞张大有重修。永乐年间毁。石墩七座俱高一丈六尺。弘治元年（1488），知县闻韶拆石以甃河堋。此桥几度兴废，后为木桥代替，1977年琴江大桥建成后，木桥弃废。

高贤桥　　位于高田圩镇东北，初建于民国五年（1916）。桥上原建有杉木结构的长亭，并设有寺庙，祀有神像，后均毁于洪水。民国八年（1919）此桥重建，以条石为拱，五孔六墩，长约50米，坚固宏伟。此桥曾发生几次翻车入河事故，但每次都是车坏人无伤，故称该桥为"福桥"。

宜春市

袁 州 区

◎ **重点介绍**

广润桥

广润桥系建桥伊始皇帝赐予的桥名，是该桥的正式名称。清康熙十年（1671）时又名获鹿桥，后又几次易名，但当地人习称为长桥。该桥坐落于老宜春城东10公里，现袁州新城东3.5公里处的下浦集镇东街口，东河（又称新坊河）流入秀江河交汇处，横跨东河上。始建时间为明嘉靖二十五年（1546），相传为明朝宰相严嵩捐建。

因严嵩系分宜县人，从袁州府地回家走下浦境内官道（青石古道）是必经之近路，亦是宜春经分宜的主要通道。严嵩在现下浦街道境内同时建造了两座桥（一为此桥），另一座建在龙家、冯家两个自然村的南河（又称南庙河）上，因是一国之相捐资建造的桥梁，地方官员奏请朝廷为桥赐名，皇帝给这两座桥赐名同称"广润桥"，意思是朝廷命官重臣"广施仁政、润泽天下"，让老百姓在方便出行中感受到皇恩浩荡、朝廷恩惠。该桥因比南河上的"广润桥"桥体更长、工程更大、气势更宏、人脉更旺而更知名。此桥初建时为全木结构。广润桥建桥至今已有468年历史，期间先后倒塌过五次（大修一次），但屡塌屡建。历经125年风雨侵蚀的漫长岁月，该桥于清朝初期倒塌。清康熙十年（1671），袁州知府李芳春重新修建。民间传说重建此桥时，有天晚上一头野鹿跑到桥上，因惧怕河水而蹲在桥上，被人们捉捕，李知府闻听此事遂命名此桥为"获鹿桥"。因该桥是连接宜春、分宜两县的主要通道，过往人员多，承载量大，桥体损坏严重，康熙四十三年（1714），知府胡应麟，知县张伦、江为龙将此桥改建为石墩、编木结构，桥名仍称"获鹿桥"。雍正二年（1724）再次倒塌。嘉庆二十年（1815），例贡生徐钟贤携其子国学生徐汝亨独力捐资，将此桥修建为石桥，桥墩、桥身全部用青石条垒砌而成，并将第三次重修过的"获鹿桥"更名为"好义桥"。50年后的一次大洪水，将桥再次冲毁。第四次重修是同治四年（1865），因募集资金不足，只是在原址上暂时修了一座浮桥。同治九年（1870），本地人易言飏、卢嶽等人募资，将浮桥建为石桥，将第五次重修的"获鹿桥"改名叫"慈善桥"。52年后，因河水侵蚀，桥体破烂不堪。民国十一年（1922）作最后一次修建，为防止桥梁倒塌，第六次大修时采用坚固耐用的拱券石纵联砌置法，即五个青石垒筑的桥墩拱撑桥身，四个半圆形泄洪孔使慈善桥成了一座工艺较为先进的半圆形拱桥。每个破水墩顶部翘端处雕刻一个青石鹤首，背身凿刻一条90厘米长的蜈蚣，桥东第一瓮刻有"文王访贤"图，桥西第一瓮有"姜太公钓鱼"等刻像。

广润桥东西走向，全长56延米，宽6米，桥高5.6米，跨度50米，底宽9米，桥墩南北各凸出3米，桥栏50厘米。精湛的造桥技术，体现了当时的科技水平，人物、飞禽、爬虫镌刻桥墩，寓意仙鹤踏水镇邪，蜈蚣降压洪魔，护佑过桥之人顺畅吉祥。

因广润桥是下浦境内最长的一座石拱桥，而且是建在两条江河的交汇处，每当涨洪水时，当地男女老幼纷纷聚集在广润桥上观看两河交集、山洪暴发时那种波涛汹涌、排山倒海的气势，也只有在广润桥上才能近距离感受到这一自然景观。该桥现保存完好，仍在发挥它应有的作用。

◎ 古桥名录

沙陂桥 位于城西水墨江南小区旁，原名司溪桥，横跨清沥江。为南宋嘉定十七年（1224）州守越篯夫建造。明成化年间倒塌，知府刘懋重修，更名"广惠桥"，徐汝亨改建为石桥，名沙陂桥。该桥六墩七瓮，长84.2米，宽6.1米，有桥栏。20世纪90年代拆旧建新，2013年并排再造了一座桥。古老的沙陂桥现成为一座四车道的现代桥。

万福桥 位于城东北8公里渥江镇东北200米处的渥江河上，是袁河北面通往分宜的古桥之一。两墩三瓮，青石半圆拱桥，长36米，宽5米，高6.5米，每瓮跨渡7.2米，桥端各有石桥五级，无栏杆，桥墩凸出4.2米，底宽2.5米，墩顶翘刻1.8米的蜈蚣，两边刻宝剑，现整存。

砥柱桥 有两座，一座在城南12千米南庙乡中村东北200米处，建在南庙河上，四墩五瓮，花岗石半圆形拱桥，长56.5米，宽6米，高6.3米，瓮跨8.5米，墩底宽3.5米，高0.55米，有桥栏，桥头立一清光绪三十年（1904）碑刻，记载迁移、重修年代及原因，今保存原貌。另一座建在金瑞镇淇村，初建年代无考，监生晏世爵续建，单孔石桥，2007年拆旧建新。

一寺桥 建在城西北9.4公里湖田乡一寺街的北端瓦江河上，原名武郎桥。俗称浒浪桥。近代称呼从其地名，南宋嘉定年间建造，花岗石半圆单拱桥。长12.85米，高3.18米，宽4.75米，跨径5.75米，刻"犀牛望月"图，另刻卷草花纹，桥侧有举头相望的蜈蚣图案。该桥现仍保存原貌，较为完好，供行人过往。

南村桥 又名连栋桥。建在宜春城北47千米寨下镇与马南芳村500米处的荒田河上。是一座青石半圆形单孔桥。桥长20.2米，宽4.27米，高4米，跨径10.7米，明进士袁鲁训于成化癸巳年（1473）年建，清顺治八年（1651），袁一忠改建为二瓮，乾隆六十年（1795），袁起汝等募众重修，现存为单孔。南村组发现两块残缺不全的建桥碑，记载了建桥的历史。桥现完好。

流芳古桥 建在城西60里的西村镇巉塘村。系清嘉庆十一年（1806）本地一个名叫刘荣隆的邑庠生（邑是文人对县的称呼，庠读xiáng，庠是旧时的学校。庠生俗称秀才，正式称呼是生员，也就是府州县学的学生，邑庠生就是县学"生员"）携老婆彭氏、儿子鹤翔一家捐资建造的一座单孔石桥。现存。

湛郎桥 此桥在唐代就已存在。位于城东曹家岭西麓，现宜春五中旁，横跨珠泉河，旧名赤板桥。此桥有关于唐朝袁州区第一个进士彭伉与第二个进士湛贲的一段佳话。彭伉，今袁州区下浦街道厚田村人，出身世家，宜春著名隐士彭构云之孙，历官石泉令（今陕西省石泉县县长）、岳州录事，《全唐诗》存其诗三首。唐贞元七年（791），彭伉考中进

士荣归故里，家中贺客纷至，厅中高朋满座，鼓乐齐鸣，客人逐一道喜，彭伉笑逐颜开。而彭伉连襟湛贲则受到冷落。因湛贲出身低微，当时在宜春衙门做个小官吏，被彭伉这个中了进士的高傲自大之人所看不起。他将湛贲夫妇二人安排在后厢房用餐。湛贲有些唉声叹气，湛妻张氏好言相劝，并激励他说："大丈夫应自振励，不应长困辱如此。"此后，湛贲发愤苦读，终于于贞元十二年（796）高中进士，并名列前茅，比彭伉考得更为出色。捷报传到家乡，亲友邻里奔走相告。正骑着毛驴路过赤板桥的彭伉，听闻湛贲考上进士，自惭曾羞辱过湛贲，自责狂妄过甚，顿时悔恨交加，不由惊叹一声从驴背上滚落下来。由此，"湛贲及第，彭伉落驴"的佳话在宜春传开。好事者索性把赤板桥改称"落驴桥"，还将城东一条巷子取名"落驴巷"。为纪念励志苦读的志士湛贲，后将此桥更名为"湛郎桥"并沿用至今。该桥东西走向，长12米，

高3米，宽4.1米，跨度4.65米，无桥栏。清乾隆十四年（1749）胡安荣捐资翻修。20世纪70年代政府复修。20世纪90年代在原址拆旧建新。

高桥　位于临江镇彻埠村委刘家村境内，跨萧江而建，距临江镇约2500米。明嘉靖十七年（1538）临江知府李易兴建。整桥为砖石结构，无护栏，桥身为三孔，桥高、宽均约4米，长20米。桥体现保存完整，桥面现为水泥路面。

大观桥　据清乾隆《清江县志桥渡》载，大观桥始建于明朝，清道光年间重修。该桥位于永泰镇左侧，跨淦水，是当时永泰通往洋湖的一座重要的石拱桥。桥长10.7丈，跨径3.2丈，3孔，中间有两个半船形破水墩。桥高1.2丈，桥面净宽1.75丈。昔时桥上建有长亭。支撑长亭的八根支柱分两竖排在桥两边的边沿上。支柱上下均有横木连接。下面的横木离桥面约1.5尺，正好供行人歇息。桥上四道砖墙将长亭分成三段，墙中间有拱门，车马行人从拱门中通过。长亭两头上方，均有"大观桥"三个大字，是明朝吉水学者罗洪先状元写的。长亭中间北边修有小庙，安放关公塑像。西边桥头建有普济庵，庵内有观音菩萨和四大金刚像。由于年久失修，普济庵早已倒塌，1983年整修大观桥时，桥上长亭亦被拆除。传说大观桥本应建在下边30多丈远的地方，由于得罪了风水先生，风水先生蓄意报复，将桥址移到现在的地方。此处有福地，有只金鸡婆，是福神，能确保周围村民水上安全。大观桥一动工，金鸡婆不得安宁，一天深夜，"呷"的一声飞跑了。村民为了免遭灾祸，就在桥上修关公庙，桥头建普济庵，并且经常朝拜，祈求菩萨保佑。清邑人钱时雍有诗《大观桥》：出山数里即平畴，空阔凭教豁远眸。寥廓大观延野色，祇陀普济瞰溪流。即今还忆升仙境，该古仍牵掷杖游。顾仰名贤遗墨在，漫从茅舍小勾留。

大桥　位于大桥街道大桥村前，距市城区4公里，跨芗溪河上，是城区至观上、店下等地的主要桥梁。明末清初系木架梁一字桥。传说清道光三年（1823）的一个晚上，该处傅家村一商人夜归时，由于木桥腐烂而跌入芗溪河中溺死。其妻傅皮氏率媳傅熊氏、嗣孙方忠，捐资建此扁壳石拱桥。桥长32米，宽8.2米，高8米。分三瓮。采用花岗石纵联砌置拱券，各孔内空宽6.65米。半船形墩，水下墩基以松木为桩，排列密集，迄今未朽。桥面铺石纵列，两侧条石为栏。建造甚为坚固，用作公路桥多年，结构无损。桥头原立有小庙，已废。所在村、乡均因此桥而得名。但贺新辉主编的《宋词鉴赏辞典》第1185页，辑入了宋代吉安诗人刘辰翁之子刘将孙的一首词《沁园春》，对大桥有另一种说法。词前有序文曰：大桥名清江桥，在樟镇十里许，有无闻翁赋《沁园春》《满庭芳》二阕，书避乱所见女子，末有"埋怨姐姐、衔恨婆婆"，语极俚。后有螺川杨氏和二首，又自序杨嫁罗，丙子暮春，自涪翁亭下舟行，追骑迫，间逃入山，卒不免于驱掠。行三日，经此桥，睹无闻二词，以为特未见其苦，乃和于壁。复云"观者毋谓弄笔墨非好人家儿女"。此词虽俚，谅当近情，而首及权奸误国。又云"便归去，懒东涂西抹，学少年婆"，又云"错应谁铸"，皆追记往日之事，甚可哀也。因念南北之交，若此何限，心常痛之。适触于目，因其调为赋一词，悉叙其意，辞不足而情有余悲矣。刘将孙的《沁园春》词云：

　　流水断桥，坏壁春风，一曲韦娘。记宰相开元，弄权疮痏；全家骆谷，追骑仓皇。彩凤随鸦，琼奴失意，可似人问白面郎？知他是、燕南牧马，塞北驱羊？啼痕自诉衷肠，尚把笔低徊愧下堂。叹国手无棋，危途何策，书窗如梦，世路方长。青冢琵琶，穹庐笳拍，未比渠侬泪万行。二十载，竟何时委玉，何地埋香。

　　上述史料表明大桥在宋代就有，且述序文故事又言极俚。清江桥，在樟镇十里许，为交通要道，丙子暮春，即1276年暮春，词的上阕写一群弱女子自涪翁亭下舟行，全家逃到清江桥，无路可走，被元兵掳掠蹂躏的惨状。下阕写作者对这惨状的感受，叹国手无棋，危途何策，书窗如梦，世路方长。词最后作者写道："二十载，竟何时委玉，何地埋香。"表达了作者对这些落难女子的同情，记述了二十年前发生在大桥的悲剧，同时也表明此桥的历史悠久。

梅花桥　　鸣水桥北及十步，一座小石桥横卧小溪，这便是充满传奇色彩的"梅花桥"。梅花桥原是一座无名小桥，传说葛玄到山结庐后，各路仙人常到阁皂山与仙翁论医辩道、采药炼丹。一天，葛玄陪同仙人们上山采药归来，途经这座小桥时，跛脚大仙在桥上差点滑倒，引得众仙哈哈大笑。众仙的笑声使葛玄猛然醒悟，忙向众仙谢罪道："贫道在山修炼，实为济世惠民，桥石光滑，行人不便，贫道之过也。"说毕，随即到桥下用手捧水含在口内，提气运功将水喷向桥石面上，石上立现许多犹如斧凿出来的梅花痕迹。后来这座小石桥便叫作梅花桥。志书云：桥面梅花因受仙气感染，春季常会发出悠悠清香。明徐颖诗云：侧闻咳唾成珠易，惊见梅花噀石难。香气久寻寻不得，一蓑风雪过梅寒。

　　桥南有"噀石亭"。清末蜚声海内外的一代名医，曾用"飞针"为慈禧、袁世凯和英、法、意、德等外人治过病的"神针"黄石屏，青年时曾在阁皂山从道人习运针气功，常在梅花桥上练功。成名后，捐资建此噀石亭，以颂仙翁所传阁皂道众精湛内功。

车埠桥　　位于永泰镇车埠村委沈家村旁，跨龙溪河而建。砖木结构，长10余米。始建年月不详，整桥现保存完好。

樟 树 市

◎ 重点介绍

鸣水桥

　　鸣水桥，位于樟树市区东南34公里，阁皂山凌云峰峡山口，四周崇山峻岭，翠竹苍松，壑深流急，环境清静雅致。其建于北宋政和元年（1111），历经900余年风雨，桥拱至今保存较好，是江西省现存的三座北宋时期石桥之一。该桥为研究宋代山区石拱桥建筑提供了宝贵的实物资料，既有历史意义，又有科学价值。

　　鸣水桥上原建有鸣水台，又称鸣水亭。《阁山志·八景记》载："阁水源出九龙，依势西流，至凌云峰口，冲岸直泻，咆哮如雷。水上横卧一石桥，系宋政和年间所建，曰鸣水桥。""桥上有亭翼然，木石相构，清静雅致，状如斋室，曰鸣水台，为宋代开禧孙方丈所建。"因台建于桥上，桥台合一，旧志多称鸣水台或鸣水亭，未提桥名，但实为一体。历代名人周必大、朱熹、文天祥、何中、吴澄、解缙、罗洪、施润章等曾在此邀游题咏，有"鸣扬万壑，水击千岩"和"水流激石如飞雪，树影连山欲化云"等佳句。元何中《阁皂山鸣水台》诗云：

　　　　　两山扼一峡，几丈落寒水。

　　　　　蜀滩春涛壮，吴江夜潮起。

　　　　　静听得天韵，冥参洞无理。

　　　　　遽得还未能，淹回成自喜。

　　　　　幸滋有台亭，绿荫极清美。

　　　　　霏霏林生香，郁郁山光委。

　　　　　本非尘土胸，偶此一流憩。

　　　　　所闻尽心闻，我耳毋烦洗。

　　该桥建于峡山口悬崖之上。凿崖为基，以长条石砌桥座，用长0.58米、宽0.44米、高0.34米方石7块，自左至右砌为单拱，自上游纵向并列砌17道拱券，联为单瓮。石桥内空高2.5米，宽2.6米，桥身横砌长条方石，拱上再覆盖两条条石。桥面系用等边方石成对角菱形铺砌，桥长7.3米，宽6.8米。桥上两侧设栏杆，由望柱、栏额、华板、地袱相构。望柱雕刻莲花瓣头，栏额、华板、地袱均为素面。桥瓮内，东岸基石上17道拱券，每圈的第一块拱石，顺溪流镌刻楷书铭文"大宋政和元年辛卯岁阁皂山道众化缘信"，西岸逆流方向刻有"人财物建此石桥至四年冬至日毕工谨题"，字大如斗，清晰可识。

鸣水亭在清初焚毁，民国二十三年（1934）阁皂山住持欧阳明性重建一亭，1958年因修公路上山拆除。清江县（今樟树市）人民政府于1979年冬季至翌年春季对鸣水桥按原貌进行整修，并采取了迁公路保护古桥的措施。

1957年7月1日，江西省人民政府公布鸣水桥和一天门为第一批省级重点文物保护单位。2006年5月25日，国务院正式公布鸣水桥为第六批全国重点文物保护单位。

◎ 古桥名录

萧州桥　位于樟树市临江镇庙前村委境内，高清公路线上跨萧江而建，距临江镇约2000米。始建年月不详。1958年重修高清路时将其拆除进行改造，原桥已毁。

丰 城 市

◎ 古桥名录

鲁班桥　位于丰城湖塘东荆村黄家巷口。明万历三十年（1602）建，又名大明桥。桥身横跨溪水，造型特异。桥墩架未用木桁架结构，以7个"∏"形石桁架为桥墩柱，上铺长条麻石为桥面，桥柱为6面棱形，架梁和直柱，采用榫卯契合结构，横梁两端各开圆孔，直柱上端开楔口，另凿"T"状石榫（上圆平，下扇平），自圆孔下插，使梁柱牢固卯合，再压直梁5条，相衔并列，7架9孔，每架用长2米、宽0.3米麻条5根，构成桥面，长18米，宽1.5米，高2.5～3米，第4桥架直柱上篆有"大明万历三十年"款刻，字迹半露水面。因建桥技艺精湛，倍受群众称赞，誉为"鲁班桥"。为县（市）级文物保护单位。

洛溪桥　位于丰城湖塘洛溪村村头。明嘉靖十六年（1537）由吕氏倡修。桥长8米，宽2.4米，跨径1.8米，深4～5米，单孔拱券，青石铺砌，桥面宽平，墩基坚实，两端各码八字形护岸石墩。桥头立有"重修洛溪石桥记"石碑，碑载："溪之源出华山，合瑞水，原为木桥，于明嘉靖十六年（1537）由吕氏倡修"。桥碑为青石镌刻，高2米，宽1米。桥旁村头有水井，井圈亦刻有嘉靖年款。为县（市）级文物保护单位。

靖 安 县

◎ 重点介绍

西岭花桥

西岭花桥位于省靖安县城以西70公里处的中源乡茶坪村刘家自然村村口，原属西岭乡，两乡合并后归中源乡管辖。远离尘嚣，花开花落，200多年过去了，花桥，依然古树林立，山泉清泻，古朴幽静。花桥横卧于白云峰峡谷。倚桥而立，有如身在仙境；举目四顾、山峦叠翠、古树参天、修篁竞舞。下瞰深洞，发源于白云峰下的溪水在幽谷中奔流，中穿桥拱而下，泻落在桥下的岩石上，形成瀑布，蔚为壮观。

花桥是江西较为罕见的单拱石桥。因桥上建有的亭楼绘有各种图案，且桥栏杆两厢均有石刻浮雕图案，故取名花桥。始建年代和目的不详，清乾隆五十七年（1792），居住于此的刘氏家族捐资重修。花桥是靖安县人民政府公布的第一批重点保护文物。1987年列为江西省文物保护单位。

花桥为亭楼式单拱石桥，拱发券于对峙溪流两岸的峭石上，拱结构为"横联砌置"。桥面平坦无阶，宽4米，长20.6米，通高9.96米，总共占地110平方米。桥用花岗石、亭楼用杉木所建。桥亭里立石柱12根、木柱12根，分三高二低成五间建筑。正中一间最高，桥面到顶端5.8米，两层结构，上层为楼台，内有石凳，传说系仙女绣花之座。桥亭为歇山顶，重檐翘角。桥栏两厢镶嵌0.83米×0.42米浮雕石刻花板16块，均雕刻有吉祥图案，如麒麟、狮、象、马、鹿、荷花等，形象逼真。

桥体前面镌刻有当时监修、捐款人和每一房捐款的记载。如"贤相为监修，刘福圆修。刘良士房助钱十千、楚二公助钱十四千、文三堂助钱十乙千、红六房助钱八千、震钱公助钱七千、七公助钱七千、三堂九千、红太房八千、思一公五千、颜衍堂八千、士常助钱四千、晏十堂助钱七千文"。另20根石柱上刻有资助人家姓名，如靠右前面石柱上镌刻有"刘以松修"；靠右后面石柱上镌刻有"刘山堂修"；东边石柱镌刻有"刘胜秋全侄孙受衔修"；西边前面石柱镌刻有"刘士斐兄弟修"；东边前面石柱镌刻有"刘凌一堂修"；两旁的小石柱也都镌刻着资助人姓名，除后面靠东柱子上镌刻有"刘阿罗全男受大助修和刘阿序全男央洗助修"外，其余字迹都模糊不清。

另有文字石刻两块，一块刻重修集资人姓名。有"重修洞桥资助花名册人员85位与清乾隆五十七年八月"字样。另一块刻有"刘府诸位先生修洞口石桥告竣恭呈俚言一律：偿粟兴功自古传，幸逢洞口仿前贤。插天螾蛛昭奇迹，跨海鲸鲵布福田。题柱有资非我业，赋诗在此是君诠。双亭更壮山溪胜，磐石功垂亿万年。通邑领修，石匠□□□题镌（石匠姓名被铲除）。乾隆五十七年仲秋月谷旦"。

花桥在1980年由当时的茶坪大队出资维修过一次，后来县文化局博物馆曾于20世纪90年代拨款2000元再次维修。

茶坪花桥是我国悠久的古建筑历史文化中的一个组成部分。它的存在弥足珍贵，并以其独特的结构、无法估量的历史价值而同所有古建筑一样，在中华民族悠久的发展史上占有特殊的地位。

青湖桥

青湖桥又名青湖廊桥，原名清湖港大石桥，坐落于靖安县县城西面城郊（现为双溪镇大桥村桥上组与桥下组分界处），大桥村、桥上组、桥下组以及县城青湖广场、青湖农贸市场、青湖花园、青湖社区均因此桥而得名，现属靖安县城规划区。

此桥横跨青湖河，贯穿城乡，是1949年前连接水口、高湖以及山上片乡镇与县城的"官道明路"，该桥始建于南宋隆兴年间，为靖安舒姓四始祖归隐官吏舒邦佐、其子舒选、舒逸和舒逸"义媳"分别捐资建造，后经明清两代两次重修，现为靖安县首批重点文物保护单位。

青湖桥的两次重修。第一次重修：南宋青湖桥，原名清湖港大石桥，在明正德七年（1512）南昌知府李承勋在靖安"进剿"农民起义军胡雪二时，毁于战祸（据地方志记载）。直至嘉靖三十八年（1559）由始建者舒逸公第十二世玄孙、舒纯德（纯德字孔器，号清湖）之妻张氏重修。据传，纯德公当时已故，所遗三妻、五子、二女，其四子一女均未享天年而夭，仅第二妻（妾）田氏所生第二子朝芳成人立业（舒朝芳字天桂，号秋宇），其时舒逸公，即叔义祖支，几近凋敝，其妻张氏，行牛八（牛八为鬼名）为祈家族兴隆，人丁兴旺，得一游方道士点化，遂捐资三百两官银（约合人民币5万元）雇用技工重修清湖大石桥（由于清湖之称犯纯德公号讳，故改名为青湖桥，青湖桥之称自此始）。可能是巧合，此桥重修后，其所遗一子朝芳公，开枝发叶，家财逾万，至元末明初，叔义祖支已成为当地第一望族和靖安县城第一大姓氏，靖安县城至今仍有"舒家舒半边"的说法。第二次重修：清雍正十年（1732）冬月，又由纯德公第五世玄孙（靖安舒氏第二十一世孙）舒斯山罩重修。由于距第一次重修后，历时170余年，年深日久淤堵残破，加之当时重修时建筑工艺水平较落后，其时桥面木廊已全毁，斯山罩公，虑之该桥为宗功祖业、彰显德化之桥，为使其不至于残骸尽毁，遂与家人合议筹资二百八十两纹银（约合人民币3万元）对此桥予以重修。现在看到的青湖桥即舒斯山罩第三次重修桥之体貌。

青湖桥全用花岗石砌成，有11墩10孔，桥面每孔以5块长4.8米，宽、厚各0.48米的条石架设，桥长62.5米，桥面宽2.4米。桥面左边镌刻有"嘉靖庚申逸技孙舒绳德妻张氏重修，牛行八"。右边刻"雍正癸丑岁仲□月重修，玄玄孙斯峰重修"。同治九年《靖安县志》载："清湖桥在县西一里，宋邑人书逸建。"

青湖桥在20世纪50年代以前，桥面由"两倒水"人字飞檐、二十根立柱、二十块廊橙及扶栏构成土木砖瓦结构的桥面亭廊，以供行人遮风避雨、旅途小憩。其建筑风格极具江南园林楼榭特点，使之远近闻名。青湖桥结构简朴、大气，设计科学，既起到了牢固稳定作用，亦符合我国古代南方民众平和美观的审美意识，是古代劳动人民的智慧结晶。其桥体重修后，经数百年风雨洗刷仍旧岿然傲立。

青湖桥无论是石块的组成数还是尺寸的组合，以及桥墩、桥柱、桥洞，其数字均含十、九、六、五奇偶数，暗合天圆地方、十全久长、逢六则顺、五子登科的寓意，均寄托着建设者对其家庭、宗族、乡邻的善意祈祷和良好愿望，亦合我国儒学中庸思想。桥面亭廊毁于20世纪五六十年代的"破四旧"，现今仅存石桥体貌。

◎ 古桥名录

役婆桥　距"清湖桥"西北约百米处，建于南宋淳祐前后，二墩三孔，长14米，桥面为单块巨石，桥下断流。桥中心一孔梁石外边刻有"身穿两脱，婢使修迹，荣于家主；头戴乌纱，官府□□，罪及子孙"对联一副，落款为"舒牛八刊记"。在另一梁石上刻有"舒逸义媳刘氏修"七字，"义媳"即干儿子或男仆的妻子。现桥面部分被水泥封盖。

南港桥　位于县城南郊，南宋嘉泰三年至嘉定六年间（1203—1213），本邑乡贤舒邦佐及其妻闵氏捐资倡建。此桥10墩11孔，长47米。桥面梁石刻有"治政太刑蝇虎恶，刻舟求剑楚人愚"的对联，上下联字体笔迹有别，凿刻深浅不同。在上联之尾刻有与下联笔迹相同的"舒宋公刊记"五字。另一梁石上刻有"盂兰会补修"五个小字。桥下无流水，桥身横卧于水田中，现仅作田间道路。南港桥古时列入"双溪十景"之首，美称"南桥明月"。曰："南桥距城半里许，周围平旷，流水潺湲。清秋月夕，游人临眺，辄生旷怀。"

登高桥　位于县城东郊，南宋绍定年间，舒邦佐第二子舒选捐建。此桥6墩7孔，长33.6米。

浮桥　位于靖安县城关头潭。自古至中华人民共和国成立初期，关头潭一直设有渡口，群众渡船过河。1958年，因渡船无专人看管，被洪水冲走，无船过河，两岸行人不便。1960年县人民委员会决定，在关头潭建一座浮桥，1961年建成通行。浮桥由14

只小船组成，每2船为1节，共7节，船面铺上木板，桥两边做有安全栏杆。浮桥建成后，一直由徐本生看管。后关头潭修建人与汽车同渡的大型木质筏船，1970年7月靖安大桥（老大桥）竣工通车，浮桥和筏船被拆除。

龚巷石桥　位于靖安县双溪镇河北村龚巷组南面，清道光年间所建。石桥三孔两墩，桥长约15米。桥面用9块（每块长4米，宽0.5米）青石铺成，桥面石刻"五甲远田保余在位捐修"字样。石桥南连县城北岸古渡口，北接通往雷公尖樵山坳口古驿道，是仁首、宝峰居民通往县城的必经之途，今石桥尚存。

箭阁桥　位于靖安县仁首镇棠港村境内，横跨田边水渠。由三块略带紫红色石板组成，中间砖砌桥墩，将桥分为两节，一节整石板，另一节由两块石板拼成，似一把宝剑。桥长约6米，宽约0.7米。处于靖安至永修、德安等九江方向古驿道上，几百年来为主要交通要道。传说，境内和尚岭乌牛精作怪，危害庄稼，许真君为镇牛精，在牛背上放三箭，遗下乌牛石，箭飞入今箭阁桥下，箭阁桥由此得名。

崖洲下石桥　位于靖安县仁首镇周口村崖头组村南约300米崖口港上。桥长约12米，宽约1.2米，由3根青石条平铺拼成，两节共6根。4块长约4米青石条竖于港中间，设为桥墩，沿港两岸用石块、青石条混建两个副墩。桥北侧是宝峰太梓崖至周口官道。石桥主要为方便群众过港劳动而建。

洞下村古石桥　位于靖安县，距中源乡洞下村廖家南偏西约0.3公里，在由茶坪、云阳山山洞汇集而成的小河上，连接廖家至茶坪的古驿道，现仅剩一小段通往田间。石桥有桥墩4个，高3.5米，上游一方为三角造型，顶端呈昂首鸟头状，下首桥墩为长方形，整个桥墩由条石砌成。桥面由3块平铺的巨大条石拼成，两节共6块。桥面宽1.2米，长112米。桥面右侧石雕凿有"道光二十八年十月日立，廖文元公修"等文字，距今有167年。

奉　新　县

◎ 古桥名录

三板桥　位于石溪桃源村北100米处，东距奉新县城70千米。桥面由3块大小一样、形状一致的花岗石桥梁铺成，为单孔板式石桥，桥长2.85米，宽1.56米，高1.8米。北宋元祐七年（1092），乡绅王诚捐建。1984年，县人民政府公布其为第一批重点文物保护单位。

青草莴拱桥　位于柳溪店下村500米处的古柏丛中，东距奉新县城75千米。北宋年间始建，桥长11.3米，宽4.4米，高5.4米，涡拱孔跨度7.7米，桥体均为花岗石料。1930年7月,国民党在此枪杀20余名赤卫队员，故又名"红军桥"。1984年，县人民政府公布为第一批重点文物保护单位。

界竹桥　位于奉新县城西北5千米的干洲岗前村西。清顺治十三年（1656），乞丐陈富十捐终生行乞积蓄300余吊钱修建，为举世罕见的义举桥。

石元桥　位于澡下镇，系5孔4墩石桥，长20米。

金溪桥　位于澡下镇感古坳，为6墩石桥。

金湖桥　位于赤岸镇沿里村，清乾隆三十七年（1772）合众捐款修建，为18桥墩石桥。

南津桥　北宋景德四年（1007），邑人胡仲尧创建，桥址位于县城潦河上游；宋文学家杨亿撰《南津桥记》，以志其盛。古往今来，屡毁屡修。2003年11月,奉新上桥（南津桥）竣工；桥长265米，宽12米，是连接县城潦河两岸的名桥。

义济桥　明弘治十七年（1504），邑人徐金捐银千两创建。桥址位于南津桥下游200米处，桥长169.5米，高1.95米，铺梁46道，用工2万余个。后屡毁屡修。1983年7月1日，奉新大桥（义济桥）竣工；桥长334.64米，宽8.5米，高10.04米，是连接县城潦河南北、畅通县内外交通的重要公路桥梁。

高 安 市

◎ 古桥名录

通真桥　位于高安市区筠西近郊。桥身2孔，长约30米，宽约5米。为古代高安筠西出入城区必经之桥。明嘉靖三十六年（1557），锦河筠西水暴涨，行人丧生。洞山僧陈光显与众僧侣募款捐修，次年修成。明万历六年（1578）和清同治六年（1867）复修。桥墩由寨山条石堆砌而成，原有石狮四只，今佚。桥迎水面有纪年款石刻七块，存"通真桥""明嘉靖三十七年""明万历六年""南无阿弥陀佛""洞山僧陈光显募修""大清同治六年丁卯筠西乡绅重修"等字样。1987年曾维修。2007年大修，被列为省级文物保护单位。

仁济桥　横跨流经高安城区的锦河，为连接县城南北二城的重要桥梁。始建于南宋淳祐十年（1250），初名惠政桥。木石结构，桥墩为方形，石块砌成。后几经修复，结构未变。元大德十一年（1307）重修，桥上架屋45间。时瑞州路为皇太后汤沐邑，

赐名仁济桥。明正德九年（1514）改为全石结构。清康熙六年（1667）和道光四年
（1824）两次大修。民国二十八年（1939）侵华日军进犯高安前夕，高安人民断桥
抗日，胜利后修复。1949年7月，国民党军败退时炸桥1孔。1949年11月，高安县人民
政府组织重修，铺设钢筋混凝土桥面和栏杆，两侧加挑梁兴建人行道。桥长202米，2
台10墩11孔，高13米，桥面行车道宽7米，两侧人行道各1.5米，两端各建桥亭1座，
成为连接今高樟公路与320国道的公路桥梁。为防洪需要，1995年拆除仁济桥，在原址
新建高安大桥。

高安浮桥 位于高安市城区大观楼前，古称永安桥、迎仙桥、锦江桥，是城区锦河
南北两岸的人行通道。五代后唐天成三年（928），始建于城隍庙前，为木枋结构，
共十三枋。北宋元丰元年（1078），增为十五枋。南宋咸淳年间，增为二十四枋，
并在桥头两岸筑石阶码头，自此桥位固定。抗日战争时期，浮桥被焚。民国三十六年
（1947）修复。中华人民共和国成立后，于2008年对浮桥进行改造，木枋改为铁枋，
桥面仍为木板，36枋，长161.85米。

碧落桥 位于今高安市村前镇社前梅田村。为古代高安、奉新往返上高的必经之桥。
清康熙六十一年（1722）动工兴建。雍正元年（1723）朱轼回乡庆贺母亲八十大寿，
以雍正所赐余资捐助，次年竣工。有墩13，瓮14，长二十四丈，宽可容并马。旁有功
德碑、石碑、化钱炉。后经六次维修。2001年，由当地人朱志桃主持重修，在原桥墩
桥梁基础上，加高桥墩，加宽桥面，两边设石梁人行道，中间钢筋混凝土主车道，新
建护栏159米，主桥全长80米，宽4.8米，北端新建憩息台，立有功德碑，碑刻朱轼撰
《碧落桥记》和重修碧落桥赞助单位及捐款人士名单。

上 高 县

◎ 重点介绍

普济桥

普济桥位于上高县城西约5公里的锦江镇斜口村西南50米、江口水与锦江汇合
处，是一座7墩8孔梁式石桥，麻石叠砌桥墩，并排4根长条青石架梁，全长73米，宽

1.6米，高5.13米。

五代十国时，后晋天福五年（940），上高县城由徐家渡镇的三十里铺迁今址敖阳，设立上高至万载的驿站与驿道，这条驿道沿锦江南岸达斜口，过江口水后通往新官桥，然后三十里铺到白土、东边，再西进抵达万载。斜口村与破圹村就是这条驿道上的驿站之一，而新桥村（又名接官村），就是古代上高的县官们迎送上级官员的地方。普济桥就是这条驿道上一座重要桥梁，也是最长的一座桥梁。普济桥头原有一座寺庙，叫"普济寺"，桥以寺名，故立碑冠名"普济桥"。

同治《上高县志》记载：普济桥在"南宋淳祐元年，知县江湘重新修葺。"故此推测：北宋年间，普济桥曾经被洪水冲断过。江湘县令将重修后的普济桥改名为"惠政桥"。惠政桥于明洪武二十七年（1394）又一次被大水冲毁。次年，县丞杨从礼主持修葺桥墩，架上木梁，石梁桥变成了木梁桥。不久，桥又倒塌，只好改设渡口，用木船过渡。直到康熙二十五年（1686），生产力得到很大提升，全县捐款重建石桥。乾隆二十九年（1764），山洪暴发，桥梁又被冲毁。乾隆四十八年（1783），县绅捐款，在原址下方十多丈处，选址重建石桥，并在桥头重建"普济庵"，桥改用旧名，称"普济桥"。今天的普济桥实际上是1783年修造。清同治五年（1866），桥再次重修。1983年公布为县级文物保护单位。1997年因山洪暴

发，两个桥墩倾斜，石梁倒塌，已不能通行。2005年，桥中间两座桥墩倒坍。桥头的普济寺，早在20世纪50年代初期就不复存在了。

中华人民共和国成立后，随着交通运输现代化水平不断提高，斜口附近的公路线上出现了两座钢筋混凝土大桥。古老的普济桥通行功能退化，成了一座人行便桥，是人们凭吊历史，探索、欣赏古代建筑风采的文物桥。

金锁桥

金锁桥俗名梅沙桥，位于南港镇梅沙村东北方向的村头，上高至分宜公路东侧。横跨江口水上，是一座桥面建有长亭的三孔石拱桥。始建于明洪武二年（1369）。清同治《上高县志》记载："梅沙桥上有亭，蒙山、袁岭、上梅诸水经此。"现在凉亭正梁上留有遗墨："大清光绪六年造"。现在的金锁桥是清光绪六年（1880）重修，距今也近130年。

江口水发源于上高蒙山，由蒙山上的多股清泉汇集而成，流经梅沙村时，又融入袁岭溪流和梅湖溪流，几度迂回环流后，变成一条小河，再流向北面，在斜口村头汇入锦江。古时，上高到分宜县的驿道经过梅沙村，金锁桥就是沟通这条驿道的重要桥梁。清末民初，金锁桥设有驿馆，立有石碑，现都荡然无存。金锁桥全长65.9米，宽5.38米，高7.18米。全桥用青石纵联拱券，2墩3拱。分水墩长3.3米，高3米，墩呈船形，长方形块石叠砌而成。三拱跨度由西向东分别为11.6米、9.7米、9.7米。桥上建有凉亭，亭长39.45米，高3.85米，支柱48根，栅栏木360根，亭两边各设一排长凳，供过往行人憩息之用。桥面青石板铺就，桥两端各有青石阶梯上桥，东面砌石阶23级，长16.27米，西面砌石阶22级，长10.18米，两端石阶梯都与古驿道石板路相连，东端通向田野，西端进入上梅村。

分宜县自古出产煤炭，高安、上高一带用煤，便要通过这条路、这座桥以肩挑手推的运输方式取得。如今桥阶、桥面石板上那一道手指深的辙痕，便是当年手推独轮车的铁圈长年累月磨出来的，那一块块光溜溜的石板，便是当年挑夫们的草鞋摩擦蹭亮的，它既见证了亭桥历史的久远，也透析出一代代挑夫们运输劳作的艰辛。

如今，古驿道早已失去交通要道的作用，仅仅是梅沙村民劳动和生活出行的一条便道，桥亭上仍有不少过往行人歇息，尤其是炎炎夏日的傍晚，村民们携带着孩童，不约而同地来到桥亭上纳凉。

1983年8月，金锁桥被列为县级文物保护单位，1995年被列为市级重点文物保护单位，受到良好的保护和利用。

跃锦桥

跃锦桥又名浮桥，旧名通济桥，横卧锦江，南宋开禧二年（1206）重修，易名浮桥。自宋开禧至明初，浮桥四次修建，四易其名，明嘉靖癸丑年（1553），迁于跃锦门前，定名跃锦桥。此后屡坏屡修。清嘉庆十三年（1808），桥已朽不能行，同年十月初六，县民捐资重建，于十二月十六日竣工，桥用六条重三千余斤的铁索连接，系于两岸石柱上，以增稳固。该桥有义田153.1亩，所收租谷为修桥之资。

1941年3月15日—4月9日上高会战期间，上高县城的青阳桥被日军飞机炸断，浮桥成为县城唯一的南北通道，也处在日军飞机的轰炸之下。上高民众在中共地下党的带领下，通过浮桥把粮草、弹药源源不断地送到锦江北岸的抗日前线，极大地鼓舞了士气，振奋了军心，为上高会战的胜利作出了重要贡献。

1947年8月5日，上高县城各商店、乡镇各保共募捐2824万元（法币），修建浮桥。中华人民共和国成立后，成立了专门的管理机构，管理、维修浮桥。每隔2年小修1次，耗资2万余元。每11年大修1次，耗资4万余元。敖阳大桥建成后，1981年7月，跃锦桥被拆除。

儒里桥

儒里桥位于芦洲乡儒里村北，为三孔料石拱桥，净跨9米，全长42米；桥高6米，桥面宽度4米。该桥始建于元泰定年间（1324—1328），由翰堂李姓众人捐资修建。明代倒塌，清康熙十二年（1673），李群玉捐资修建石墩木梁桥，后倒塌，1956年修建上分公路时重新修复，仍为三孔料石拱桥，现状良好。

官桥

官桥位于泗溪镇官桥村，跨漳河。该桥建于清乾隆二十四年（1759），由宁泰、景行两团乡民捐资修建，结构为8孔料石拱桥，全长55.8米，高5.8米，桥面宽3.4米。1961年，江西省交通厅拨款维修加固，现通车能力较差。

永济桥

永济桥位于泗溪镇淋溪村北青溪水上，是上高通往高安古道上的一座桥梁。清乾隆二十四年（1759）二月，由淋溪人吴光应、胡光润、吴良泰等人倡首募捐兴建，乾隆二十五年（1760）二月建成五墩，因资金不敷，石梁无着。吴光应诸人四处劝募购买石梁，于同年十一月全桥修竣。该桥为石梁桥，三砂（砂石、黄土、石灰）墩，6孔，净跨4.4米，桥高4米，宽1.2米，全长35米，现状良好。

青阳桥

青阳桥位于县城青阳门外，始建于明万历年间，原为浮桥，称下浮桥。浮桥建成后，县人晏以清等首倡改建石桥，并购石砌建，因财力不支，仅成桥墩，遂架木为桥。此后300余年，官绅多次议建石桥，都因工程艰巨而未着落。1929年6月，本县平民廖正才募捐建桥，于同年11月10日正式动工兴建，经六年零两个月的时间，于1935年12月24日竣工，耗资16万银元。新建的桥为9孔料石拱桥，每孔净跨15米，全长215米，桥宽6.2米，高13.5米，拱顶厚度0.5米，这是上高有史以来修建的最大料石拱桥。青阳桥的竣工，开创了上高县在锦江建大型石拱桥的历史。1941年3月，被日军飞机炸毁北岸第一拱、南岸第二墩嘴。同年7月，县府集资动工修复，于1942年3月竣工，耗资48万元（法币）。1949年7月12日，国民党军败退时，炸毁南岸第三孔。上高解放后，刚成立的上高县人民政府令徐南公路总段用木材修复。1951年12月，上高工务段用石料修复。1952年，南岸两孔下沉开裂，上高养路工区拆除重建。1969年6月27日晨，青阳桥被洪水冲毁，经鉴定无恢复价值。另建上高大桥代之。

万子桥

万子桥又名万墩桥，位于上高县泗溪镇墓田村头漳河的一支溪流上，是座2墩3拱石桥，建于清乾隆二十一年（1756），由墓田村冷嵩伦出资建造。桥全长17.7米，宽2.3米，高3.57米，青色麻条石砌成，桥上布满青藤，两端古木参天。

冷嵩伦，号秀溪，墓田村岭上自然村人，秀才出身，是清代三朝帝师、内阁大学士朱轼的母舅。朱轼，字若瞻，号可亭，现为高安市村前坡山之良溪里人。朱轼出身贫苦，幼年时因生计所迫，随父母寄居在岭上村外婆家。朱轼的父亲是个锯匠，在官桥一带锯板谋生，母亲替人纺纱、织布，朱轼给人家放牛，和母舅同在官桥书院里读书。朱轼生性聪明异常，深得先生喜爱。

朱轼到及冠之年，同父母返回良溪老家，回到高安赶考，一考就中了秀才。尔后进南昌乡试又得头名。清康熙三十三年（1694），进京会试、殿试，高中进士。进入官场以后，朱轼因才华过人、处事果断坚决、勤勉深得皇上器重，屡受升迁，官至文华殿大学士兼吏部尚书。

一年，朱轼为母亲做六十大寿，本是件喜庆的事，母亲却不高兴，坐在房里生闷气，不吃不喝不出来。一问才知道，母亲是为母舅没来庆寿而生气。原来，母亲几个月前收到她弟弟冷嵩伦的家书。冷嵩伦在信中责怪外甥翻身忘本，没有给他一官半职；责怪家姐独享荣华，忘了娘家人。朱轼母亲读信后，觉得对不起娘家唯一的兄弟，但又觉得难以说动自己的儿子，便借做寿的机会，逼朱轼给母舅封个官做，了了这份人情债。

朱轼是个孝子，为母亲做六十大寿，文武百官纷至沓来贺寿，而母亲却不出厅堂。朱轼没办法，只好答应母亲，这才使母亲出来接受贺拜，在百官面前顾全了自己的脸面。

不久，冷嵩伦就接到吏部的委任，到陕西陇西县任知县。冷嵩伦在陇西六年，依靠外甥的权势中饱私囊。回乡时，财物车载船运，十分富有。冷嵩伦前脚离任，后脚就有官员将他告到朝廷。皇上传旨，着令都察院派监察御史到江西上高查实法办。

朱轼见母舅惹下大祸，便出面周旋。一面在皇上面前说情，假称冷嵩伦带去的钱是自己为家乡修桥筑堤的，是朝廷拨给的一点救灾款，委派冷嵩伦办理而已；一面派出亲信，火速通知母舅赶紧修桥筑陂，花钱消灾。冷嵩伦接信后，丝毫不敢怠慢，立刻动工在漳河上修了一座桥，筑了一座陂。陂取名"百丈陂"，桥取名"万墩桥"。等监察御史大人一到，冷嵩伦又殷勤给钦差把酒接风，歌舞款待，接着把钦差请到河边察看他修的桥和筑的陂。钦差大人早已醉得稀里糊涂，加上坐的轿一颠一颠，颠得钦差大人昏昏欲睡，到了河边已经打起了呼噜，口吐胡话："不用看，不用看，百丈陂百丈有余，万墩桥万墩无疑。"

钦差揣着冷嵩伦打点的银两，回朝复命。奏报皇上："冷嵩伦爱民如子，兴办了浩大的水利工程，拿出自家钱财修桥筑陂，帮助当地发展生产。"皇上听了，碍着朱轼的面子，不再深究，事情就这样不了了之。"百丈陂"和"万墩桥"的故事也被人们当作清朝官场的笑话流传至今。不过，200多年来，"百丈陂"确实解决了下游数千亩农田的引水灌溉，在农业抗旱方面至今发挥着巨大功效；"万墩桥"方便了村民的生产、生活，方便了过往行人，现今仍在使用，仍受到后人的称道。万墩桥明显与事实不相符，当地村民便把"万墩桥"更名"万子桥"。

下陂桥

下陂桥位于上高县野市乡明星村下陂桥自然村石洪桥水上，距离上高县城东约3000米。桥的具体建造时间等相关内容已无从查考，只是在清道光三年（1823）重修的《上高县志》卷二"山川"第26页载："石洪桥水发源自上夫山，东流合西团及下陂桥水，下陂桥水出新昌之二十一都柘溪，至东团之下，首合沙溪水至甘罗渡及下狮子石（现称狮子垴）下入蜀江（现称锦江）。"由此可见，下陂桥在道光三年就已存在了。

下陂桥因1941年3月15日—4月9日上高会战中的下陂桥战斗而名扬天下。下陂桥，是日军由高安进犯上高县城的必经之路、中国军队阻击日军最壮烈的地方、上高会战胜负的转折点，如果下陂桥失守，日军便可直趋进入高安县城。下陂桥西南有聂家山，为中国军队迫击炮阵地，其南有大青山，高约200米，为中国军队下陂桥阵地指挥中心，延西山岭亘绵，均布重兵防守，工事极坚固，治南高山巍立，蠚林四围，为天然屏障。日军于3月22日首犯聂家山，与我方军队争夺阵地。我方军队以迫击炮猛烈射击，日军死伤惨重，遗尸遍地。此后白昼间，日军飞机结群，频繁狂炸我方军队阵地，弹如雨下，窟窿随处皆是。我方军队退守大青山附近阵地后，利用该山树林掩护，山洞防御曾苦斗达36小时之久，后进袭聂家山，与日军展开白刃战，日军又一度放弃，随后争夺尤烈，形成拉锯，山路足迹在战后仍然可见。大青山最高峰为一高原，日军曾数度爬山争夺，与我方军队血刃甚伙，高原北缘日军尸骨与衣杂物呈现日军惨败之状。据王将军谈此处我方军队某排曾抱必死决心，固守阵地，卒至全排壮士壮烈牺牲。罗卓英将军撰写的《上高会战概述》载："1941年三月二十二日，……敌仍在飞机三十余架轰炸下，集结最大兵力，向我下陂桥阵地猛犯，演成上高核心区最激烈之争夺战，是日一日间，全线敌我伤亡均在四千以上。本部为加强各级决心及增援第一线兵力，于午刻令本部特务营开赴第一线参加作战。"又第十九集团军［民国三十年（1941）3月15日—4月9日］的《上高会战战斗详报》"会战经过"载："三月二十三日，……锦河北岸敌大贺师团，本日仍全力向我核心区阵地猛犯，其主力五六千，自拂晓起向我聂家山、下陂桥、徐楼线上阵地猛攻，一部向白茅山攻击，我军屡行逆袭并常集中迫击炮轰击，予以重创，十时敌机三十余架，猛烈轰炸，掩护其步兵再度猛冲，发生肉搏战，往返冲杀，下陂桥失而复得有三次，血战至十六时许，卒将顽寇击退，转危为安，这时向白茅山进犯之敌，同时被我一七一团逆袭痛击，攻势顿挫，入夜，敌复倾全力猛冲，炮火之烈，得未曾有，我官兵浴血抗拒，激战彻夜，时敌便衣队百余乘夜暗向下陂桥附近，钻隙潜入我上高城东北约二里处之隘路口附近，放火鸣枪，企图扰乱，我第一线官兵，始终沉着应战，未为所扰，放经我五十七师派学兵队，将其全部歼灭；三月二十四日，……锦河北岸之敌酋大贺，以全师攻我上高不克，颜面攸关，迷梦不醒，次日晨起，复将锦河南岸被迫北窜之池田残部约三千加人增援我上高核心阵地全线猛攻，企图最后一搏，双方短兵相接，肉搏冲杀，敌机五十余架，更加猛烈狂炸，掩护其步兵向我五十七师下陂桥阵地猛犯，该师步兵指挥官李翰卿亲率领预备队出击，将敌击退，毙敌二千余名，我亦牺牲甚巨，副团长张泽霖，身先士卒，负重伤。"过去的下陂桥，因敌我双方的战斗遭受炮火的轰炸而被毁。1954年，为了改善地方交通条件，县人民政府在原下陂桥旧址上重建新桥，仍名"下陂桥"。

宜 丰 县

◎ 重点介绍

逢渠桥

逢渠桥建于北宋绍圣五年（1098），距今已有近千年，是江西省境内第三座宋代古桥，系同安张仲舒之妻雷四十三娘与其子裕禧用拾稻穗之积蓄捐资，为经念良价禅师于此悟道而建的。此后，当地的张雷两姓人丁兴旺，人才辈出，雷四十三娘嫡玄孙官至左丞相，都传说其是为捐建洞山逢渠桥得福荫。桥拱底有"绍圣戊寅岁，同安张仲舒妻雷四十三

娘，男裕禧舍此桥，住持沙门梵言句当。惠耸题"。桥拱另一侧的石头上又写有"张仲舒妻雷氏舍此桥，愿罪孽消除，福寿圆满"。此外，桥基上还有几十个字，主要记

载张氏子孙在明嘉靖年间重修此桥的捐款数量。其"逢渠桥"三字，是当时县令钱鍪根据良价初来洞时，在此涉水相逢自己倒影所作的《逢渠偈》而题写的。

逢渠桥位于江西省宜丰县同安乡洞山村的洞山百步岸以上300米处。逢渠桥，它内涵丰富，不仅具有桥的建筑艺术底蕴，还有宗教文化底蕴。桥的构造颇具特色，桥身用11块石料卷成一个单拱，共77块矩形石块组成七个单拱，7个单拱排成7列，又组成一个大的承重拱板，每列纵向与横向石缝都相通，像是棋盘格。拱肩上面有2个石雕武士为护桥神。石块与石块之间采用"无浆干砌"法，没有用桐油石灰勾缝，也没有用糯米胶粘，也没有榫

卯相连，就像搭积木，靠相互的摩擦力支持着。桥全长15米，桥面宽4.7米，桥拱净跨4.2米，拱矢高2.1米，矢跨比2∶1，属陡拱。桥面底部石拱上刻有建桥年月及捐建人、主建人名等。另外，桥拱侧东西各有一信士和掌作揖，一脸虔诚。

"逢渠"就是"与他相逢"的意思。相传当年良价禅师从吉安回到宜丰，在这里涉水渡过山溪时，忽然看见水中倒映着自己的影子，顿悟到"当不是渠，渠不是汝"的真正含义。于是，写下一首《逢渠偈》："切忌从他觅，迢迢与我疏。我今独自往，处处得逢渠。渠今正是我，我今不是渠。应须恁么会，方得契如如。"大师在水里看到自己的身影就得到了禅的真谛，认为"人有知觉，有情欲，只要脱离了生灭的概念，就能达到无我、忘我、六根清净的境界，无烦恼，无苦念"。据有关典籍记载，良价禅师圆寂于唐懿宗咸通十年（869），当时的唐懿宗下旨加封其为"悟本禅师"并将其塔名为"慧觉"，可见良价禅师在当时的影响之大。良价禅师八岁出家，到后来创立曹洞宗，成为一代宗师，可谓修成正果。200多年之后，当地平民还在此修桥纪念他，到现在，日本曹洞宗的僧侣与学者、禅师还常常来此参拜、诵经，禅师的善缘可谓久远矣。

◎ 古桥名录

东门双石桥 位于宜丰县天宝乡辛会村，明成化二十年（1484）建，为单孔石桥梁。

靖节桥 又名"我公桥"，位于宜丰县澄塘镇秀溪村西侧。宋绍兴年间由陶渊明后裔建，明天顺年间重修。系石墩4孔梁桥，每孔梁石5条，花岗岩质。桥长20米，高7米，宽4.5米，墩的迎水面为分水尖形。桥头石壁上原嵌有碑记两通，刻"我公桥乐助"与《重修我公桥记》。桥面现加铺混凝土，立有栏杆，可通机动车辆。

平政桥 位于宜丰县城西，横跨耶溪。同治庚午《新昌县志》载：平政桥在县治西门外，初为浮桥，名惠政，宋宝庆后，木桥屡建屡毁。绍定时更名太和，咸淳时复名惠政。明崇祯庚辰年（1640）始建为石桥，至清乾隆三十二年（1767）五月被洪水冲毁，乾隆三十四年（1769）重建，至乾隆三十八年（1773）落成，费银万余两。

桥长94米，高10米，拱跨14.4米，船形桥墩4个，拱券为长短交错叠砌而成。清至民国初，桥面铺石板，两端有牌楼，各有石阶17步。桥上有木结构桥亭。1941年3月18日，15架日本飞机轰炸宜丰县城，桥的第二拱券被炸塌一半，桥亭焚毁。1946年修复。1952年10月，因宜丰至铜鼓公路通车，将桥亭拆除，填平石阶。1974年改混凝土桥面，1976年桥面两旁用钢筋混凝土挑出，扩建人行道，桥面由原宽6米扩大到9米，桥上安装路灯。1983年9月，被列为宜丰县第一批重点文物保护单位。

西坪寺桥 位于宜丰县潭山乡南溪村西南面入山水口。此地原有西平禅院，今废。为单孔石桥，横跨西溪。元大德四年（1300）建。桥长8.5米，宽2.74米，高3.4米，跨

4.46米,拱矢比为2∶1。桥拱花岗石砌,结构为纵向分节单券并列砌券,横向12条缝线并行,纵向石缝线呈弓形,拱顶部中央用榫卯石条搭连。全拱13层石块,单数层6块,双数层7块。硚石上分别题刻"西平院东堂□徐绍基命匠修此石桥……便益往来……万世常存□大德四年十月时记",并有建桥共费"工食抄四百五十贯正"字样。

凌云桥 在宜丰县敖桥陂下凌田村口。清乾隆四年(1739)建。为2墩3孔连拱桥。长21米,宽3.5米,高5米。整个桥梁从桥基至桥面以及步阶、护墙皆用三合土筑成。正中一拱顶端两侧各嵌一石,刻有"凌云桥""乾隆四年邹氏修"字样。

藤江桥 位于宜丰县天宝乡滕桥村,明正德十年(1515)建,为双孔石拱桥,纵向横联分节并列砌券。

鸦溪桥 位于宜丰县天宝乡鸦溪村,明成化十三年(1477)建,为纵向横联分节并列砌拱。

宜阳桥 位于宜丰县天宝乡辛会村,明成化二十年(1484)建,为单孔石梁桥,由11根巨石梁架成。

敖仙桥 位于宜丰县敖桥梅溪村,宋嘉定年间建,清乾隆年间重修,为双孔石梁桥。

上石桥与下石桥 位于宜丰县潭山"上石桥"村与"下石桥"两村村旁的溪流上。古县志虽记建于明初,但对这两座桥梁结构特点的考察,可认定初建于宋,明初仅维修而已。确为宋建明修的桥还有天宝杭桥,今称"长桥"。

杭桥 位于宜丰县天宝乡长桥村,明成化二年(1466)建,6孔,2孔为拱券,4孔为挑梁石。

官桥 位于宜丰县桥西乡曹溪村,明正德六年(1511)建,3条石梁横搭两岸。

桂冈桥 位于宜丰县同安乡鹅颈村,明天启五年(1625)建,单拱石桥,桥面高耸。

撷雪桥 位于宜丰县黄岗乡汪家槽村五峰山水口,建于南宋咸淳年间,桥长7米,宽2.6米,跨4.5米,拱矢比2∶1,由花岗石砌成。桥拱结构为纵向单券并列砌圈,每一道单券有石11块,5单券组成一大拱,是进五峰山必经的桥梁。桥底两面,以自然岩石为基,东西侧垒石为台,桥台与桥拱石刻字甚多,但皆漫漶,难以辨认。

五峰第一渡桥 位于宜丰县黄岗五峰山下进山之水口。据古县志云,建于南宋嘉定年间,系二墩三孔石梁桥,长10.2米,宽1.4米。墩为双边船形,利于破水减阻与消除漩涡冲刷墩基,墩面设置"伸臂",叠石条两层,加强对梁石的承托力,缩短梁石的悬空长度,增添了梁石的抗折力。桥面并列三条长石,每条长达3.2米,梁石两头横置"工"字形锁石,夹紧石梁不致松动与移位。这种伸臂与锁石结构的设置,堪称古石桥的一种创新。

铜 鼓 县

◎ 古桥名录

永宁桥 位于铜鼓县永宁镇定江路东端。建于清雍正十二年（1734），乾隆年间被洪水冲毁。嘉庆十年（1805）重修，为花岗岩砌两墩三拱桥。桥长54.7米，宽5.1米，高11.7米，拱跨12.2米。桥面两侧架设石栏杆，两端铺设踏步，南端17级，北端12级。桥墩平面有刀刃形分水墙，上部带有装饰性顶爪。同治十一年（1872）《义宁州志》载："永宁桥在武乡铜鼓石……，本里诸耆绅捐费银六千两"；又《永宁桥志》记载："桥成义举，宁人宁国，永垂不朽，故名永宁。"县城永宁镇也由此得名。1983年12月列为铜鼓县第一批重点文物保护单位。

东浒桥 位于三都镇东浒村。清乾隆二十七年（1762）袁姓偕里人公建。系花岗岩石拼砌的单拱桥，长15米，宽3.8米，高8米，跨度8米。桥面两侧有九柱七格的石栏杆，中间三格内嵌刻着各种花纹的浮雕青石板。桥拱以拱券石并列组成。同治十一年（1872）《义宁州志》载："东浒桥在武乡二十六都，为州治与铜鼓通衢"。1983年12月列为铜鼓县第一批重点文物保护单位。

赐福桥 位于排埠镇排埠村赐福墩自然村。清光绪年间建，建材为花岗岩,桥长10米，宽4米，高8米。单孔石拱桥，拱券镶边纵联砌置。桥面呈弧形，石栏饰牛、羊、花鸟图案浮雕。桥两头各有石阶梯20级，桥拱正面有"光绪二十二年叶作文建"和"赐福桥"铭。1983年12月列为铜鼓县第一批重点文物保护单位。

金鸡桥 位于大塅镇公益村与修水县境交界处。元至元年间荣姓人建。传说因许旌阳挥剑劈开铜鼓石，内有金鸡飞出至此稍停，故名。此桥为单孔桥，全部用花岗岩条石砌成，长7.1米，宽4.2米，高6.3米。桥面两端至地面铺有踏步6级，每级高23厘米，宽36厘米。清同治十一年（1872）《义宁州志》载："金鸡桥在武乡二十七都，跨武乡山坑水，路通浏阳，其地幽僻，四无人居"。

罗婆桥 位于三都镇枫槎村下坑口自然村。宋代江东提举张公景和其妻罗氏守制时所建。明嘉靖二十四年（1545）重修。红石构筑，单孔石拱桥。拱券纵联砌置。长10米，宽3.5米，拱跨8米，桥西端右侧立有《重修罗婆桥碑记》。罗婆桥石刻竖立桥两头左墩，高1.2米，宽0.3米，花岗岩阴刻，楷体，字径20厘米。

万 载 县

◎ 重点介绍

康乐桥

　　康乐桥位于万载县城东北5500米处，又名毓英桥、丁田桥，横跨龙江。该桥4墩5拱，由麻条石砌筑，砖块栏墙，单向舟形墩高3.5米，拱券跨径15米，拱券由9道单券磋列而成。桥头有石狮1对。元至正七年（1347），僧人片云募款，龙昫建造，以康乐侯灵运命名，学士欧阳玄书额。明万历初年（1573），郡守郑惮典檄修，知县陈士廷将其易名为"毓英桥"。明万历四十六年（1618），知县姚继舜率邑人砥石为墩，培高两尺多，架长材构楼于桥上，置官田为修葺费。明朝知县陈士廷在《万载康乐桥记》中云："万载，古康乐也。距城七里，为丁田渡。丁田有桥，亦名康乐，盖晋时谢灵运封康乐侯于此，故名。其源有二，一自金钟、王居洞诸水合流，环抱于县之后；一自石洞、白沙诸水合流，襟带于左。皆汇入于龙江，而注此以达上高，盖为县之水口焉。"龙昫建此桥时，"垒石为址，架木为梁"，桥"高八丈，广一丈六尺，长三十丈有奇"，同时"结屋覆之"，"屋二十八间，凡一百八楹。中亭有楼，岿然飞阁，无异浮鼋没鹊，历三百余年无窥。"万历丙子年（1396）夏季，洪水暴涨，冲毁北岸。万载县令徐一唯"拯民于溺"，号召民众修桥，"蓄日鸠工，伐石购材悉捐赀以终事……以畚以筑，以石易木，仍屋覆之，爰足其楹，修广崇高皆如旧制。"此次修桥"始事于丙子夏六年，讫工于戊寅秋七月"，自此，"渡者不喧，涉者不濡，冯然翼然，一方称奇杰之观。"为记载此桥的建成，当时的江西巡抚、谢灵运的后裔谢旻还亲自撰写了《重建康乐桥碑记》。

　　崇祯八年（1635），知县韦明杰增置地田于桥附近，每年收租各三十八石为修桥之费用。崇祯十七年（1644）桥毁墩存，易舟以渡。清雍正五年（1727年），万载知县许松佶见"春夏雨水暴涨，横流急湍，津渡维艰，民不便之"，于是邀集乡绅们"劝输重建"，"贡生高应谦，诸生龙言各出五百金为首倡，从而乐助者或百金，或数十金以至数金者，若干人皆知向义"，最后"得金万余"。"兴工于雍正六年八月十一日，讫工于八年

六月三十日，为袤三十丈，为广一丈六尺，下为洞五，桥既成。”另外,此桥还在道光三十年（1850）、同治八年（1869）进行过多次修缮。为纪念谢灵运，桥旁原建有谢公祠。据传，北桥头原有一株苍劲挺拔的古柏，下段枝叶繁茂，树顶枯枝如根。人说这株柏树是观音娘娘倒栽而成，树活则桥存，树死则桥垮。所幸的是这株柏树终于成活，康乐桥也在神话中成长为数百年不倒的现实。明邑人邓继耀倾情赋诗《康乐桥》：“谢家春草赋江东，此地津梁驷马通。百丈虹光亘地轴，千层锦浪蹴天风。帆归小市官亭驿，幡拂灵祠古柏丛。烟路牛羊喧渡口，回澜犹颂济川功。”明朝庠生张绍渠也作诗“两岸青山拥石矶，长桥跨水锁江扉”，予以称颂。

1974年冬，桥面铺成柏油路面。1986年又做了改造，修缮了栏墙，两边各添加1米多宽的水泥人行道。康乐桥是万载至宜丰、铜鼓的必经之桥，每日有数百辆汽车往来，且常有载重数十吨的大型货车驶过却巍然不垮，显示了古代劳动人民高超的造桥技术。2004年，芳溪至万载公路改建后，新建了公路桥，康乐桥从此通车极少。

龙河桥

龙河桥位于万载县城北文昌阁下（现旧酿酒厂后），地处县城北青石甲路。明正德年间，万载知县张邦谷为抵御外敌，也为商贾行人往来，在城门口修建了城墙，在龙河上建起龙河桥。由于此处是龙河流经万载古城的出处，成为万载龙河“全流出口”，所以龙河桥有“南浦（南门）、龙河（北门）二桥，为上、下锁钥”之称。但桥未建成，知县奉命调离。

明嘉靖元年（1522），知县卢秉章继承未了事业，将没有造好的龙河桥修改为3孔石桥，其长为20米，宽为7米，俗称为“新桥”。

知县卢秉章将3孔龙河桥建成不久，遂为洪水冲毁，后由邑人谭钺独资修建。但总因水患，其桥总毁，后谭钺之子谭登龙重举其颓。直到明万历四年（1576）五月，“龙河水横流，环邑怀壤，桥亦荡没无遗。”谭登龙之子谭熄为了把龙河桥早点修好，毅然将其母常氏纺绩的数千缗，以及先君遗资全部捐献，修葺了龙河桥。期间，其家“工匠饮食若流，夫妻子母无愠色。”经过众人的努力，龙河桥的修建工作历时5个月，才告落成，并建亭5间，两侧还建有栏杆。万历三十七年（1609）夏六月，因天降淫雨，时达一旬。到24日，大水再次冲坏了龙河桥。这时，谭熄的两个儿子谭嘉猷、谭嘉模又出资重建龙河桥。万历四十四年（1616），龙河桥“块石圮零，不复修补，渐次颓坏，三桥管制剥落波心且过半，而桥面之留而未剥蚀者，仅如鸟道盘空，一失足便碎，童叟相戒，凛乎危惧。"谭铖第四孙，即谭嘉猷之子谭经济再次倡议修葺，耗资七百余金，"改三洞为一洞，复加广厚，使桥焕然一新"。到了清嘉庆年间（1796—1820），由邑人辛守身募集资金，邑众捐款再次修建龙河桥，并加做石桥栏杆，这时的龙河桥才至臻完善。古人曾写诗记之："泛舟下龙河，长桥驾横空。河边几万竹，并作桥间风。悠扬读书韵，来自桂花丛。听之忘返棹，山回夕照中。"

龙河桥桥面以砖砌栏杆，高达0.9米。桥孔内圈由九行长方形条石弯曲而成圆孔，拱的跨度为10米，东西两端桥台高8米。由于是单孔石桥，由麻石叠砌而成，并在石逢中以灰浆浇灌，因此，每逢洪水季节，龙河水虽汹涌而至，直泄桥孔，而桥身却安然无恙。此处曾为"万载八景"之一的"龙河晚渡"。邑人邓斯沂举人，曾赋七律诗一首，赞叹龙河桥畔的"龙河晚渡"之景："夕阳斜映绿杨红，唤渡人来识短蓬。一棹水痕城郭外，半江烟景画图中。渔翁罢钓归新浦，骚客沽春醉晚风。古寺钟声催月上，匆忙影散各西东。"1963年万载县人民政府公布龙河桥为县级文物保护单位。

龙江桥

龙江桥俗称鹏程桥，位于万载县城东北1公里处，横跨蜀江河面。龙江桥结构为四墩五拱，高8.7米，宽6米，长93米，桥面两侧有高0.9米的青石板栏杆，单向舟形墩高3米，拱券跨径17米，拱券由九道单券磋列而成。桥墩向上设三十级石阶。此桥架于一水之上，气势非凡，雄伟壮观，为万载境内第二大石桥。

据旧志载，此地原为龙河渡，凭借舟渡联络两岸。清乾隆十六年（1751），曾任杭州税课大使的万载县人辛琸，目睹舟渡繁忙、拥挤不堪的状况，素善义行的他毅然捐资建桥，易舟渡为石桥，结果未成而卒，卒年83岁。其子辛衢（字鹏程）例授州吏目，性格豪爽，义声四溢，他秉承父志，亲率艺匠苦干5年，于乾隆二十年（1755），大桥方始告成。其孙辛尚勤后又加修两旁石栏，于乾隆四十五年（1780）始告全部竣工。为修此桥，辛氏祖孙三代出资逾万，田产几尽，然矢志不悔，历经30载终于功德圆满。因辛衢字鹏程，所以龙江桥至今俗称鹏程桥。除龙江桥之外，辛琸兄弟还修了楮树江桥，辛衢还修了安乐桥及虎塘王家山桥等。

后人曾在龙江桥端的刘家屋墙上描下了辛氏父子的画像，以缅怀他们的业绩。清嘉庆年间任吏部侍郎的万载县进士辛从益在画像下挥笔题诗："毁家利民涉，吾宗德种迈。初像今何存，行人当下拜"，表达了人们对辛氏祖孙的崇敬之情。国子监祭酒法式善也在龙江桥图卷上题诗："龙江桥下江云飞，龙江桥上行人归。行人称羡桥营缉，三十年中祖孙及。孝孙敬奉桥图来，未述祖德先悲哀。我对丹黄心独喜，载诵新诗叹观止。匡庐石气鄱阳风，生平概想柴桑翁。青原峡雨澹秋梦，洞底猿声江上送。推窗延月照画图，万峰苍翠松涛呼。夕阳在山红满湖，晚风猎猎吹萩芦。寻诗人至不下驴，担者荷者渔樵徒。指点江上辛公庐，辛公子孙能读书。"法式善对新桥建成后人来人往的景象不但进行了生动的描述，还对辛氏祖孙的善举赞赏有加。

时光如流，龙江桥虽经250多年的风雨剥蚀、洪水冲刷，依然似一道巨龙稳当当地横跨在龙江之上，为南北两岸人民造福。

1983年10月，万载县人民政府公布龙江桥为县级文物保护单位。

阳澄桥

阳澄桥又名六一桥，坐落在万载县白水乡东南300米，距县城西北56公里。此桥建于明嘉靖丁酉年（1537）。清康熙十三年（1674）和康熙六十年（1721）先后两次倾倒。嘉庆六年（1801），欧阳澄后裔欧阳泰重加修造。该桥横跨白水河，曾一度成为白水河两岸百姓互通往来的重要交通枢纽。1983年10月被万载县人民政府列为文物保护单位。

南宋建炎年间，欧阳氏由庐陵迁入白水乡佃居，以山湾建村。欧阳氏世代崇尚文化，亦耕亦读。明万历年间，欧阳澄任广西太平府知府，位从四品。其间，白水商贸繁荣，来往客商甚多。明嘉靖年间，欧阳澄告老还乡，一次见山洪冲垮了木桥，给乡民的生产生活带来极大不便。众人提议再造，于是纷纷上山伐木架桥。"年年涨水，洪水冲毁了桥，年年伐木，年年建桥，不如不架。"有人感叹。架桥的领头人好不生气，说"莫说得轻巧，不架木桥，这七八丈宽的河面总不能跳过去呀。年年伐木年年架桥，我们也厌烦呀，但没得法子呀。"欧阳澄恰巧路过，听得此话，认真地说："要不大家看能不能这样，我出钱，大家帮忙建座石桥如何？"众人一听，都回头久久地望着欧阳澄。有人说："好呀，真要是修建了一座亘古千秋的石拱桥，你就是大家的恩人，给你立一块与石桥一样亘古千秋的功德碑。"阳澄见众人附和，眼神放射出亮光，说："我不要功德碑，我只想方便乡亲。我是欧阳人氏，'六一'之郡，这桥建成后就叫六一桥吧。"于是，他感念族人对其的崇敬之情，派人勘测地势水位，请来行家设计桥的型制，调来能工巧匠，砌墩拱券，刻碑雕兽，各司其职。此桥建造得到乡邻积极参与，纷纷凿石搬运，大力支持，特别是欧阳姓氏族人，不劳形赅，不计报酬，投工协助，仅年余时间，建成此桥。桥名虽为"六一桥"，但乡民为纪念欧阳澄之功德，传唤为"阳澄桥"。

阳澄桥是一座二墩三拱的石桥，它全长29米，宽5米，通高5.6米，拱顶由7行长方形条石砌成，采用纵联分节列砌置法。桥面中间为车行道，两侧为人行道。筑有石栏，凿有滴水孔。两端桥台高6米，基础厚达2米，均用长0.8米、宽3米的青石叠砌而成。单向舟形墩高3.26米，拱顶由九道单券磋列而成。桥两端各有踏步11级。桥墩迎水面呈锥状挺的分水金刚墙，有效地减缓了流水的冲击力，发挥着桥基的自我保护功能。

阳澄桥自建成以来，曾一度成为白水乡与白水河两岸群众互通往来的重要交通枢纽。它见证了白水一方水土竹木、纸业的兴衰。而今，它随着时代的更迭，不再是人们往米的重要途径，石陵砖缝中已生长出杂草，但它历经沧桑，古老的色彩依旧香浓。每当人们凝望阳澄桥，心中总会对建桥者产生几分敬慕。乡村树梢艳丽的朝晖里，村野苍茫的暮色中，阳澄桥傲然而立，让清丽晶莹的落珠，让碧绿清香的野草，放飞几许幽梦与呢喃。它虽然曾经倒塌，但欧阳澄的后人与乡邻一道，用爱心用挚愿再次搀扶起了它不屈的身躯。桥下的河水日复一日、年复一年的潺潺流淌，不紧不慢地向山外奔去，没人知道她要到哪儿去，途中要经过多少急弯与险滩，但人们知道她与桥一样，都在合唱着一首动听的恬情歌谣。人们在河中砌坝拦水，灌溉稻田，河水映照出了阳澄桥雄健的身影。阳澄桥尽管饱经风霜，但它在人们的心中永远年轻。数百年来的风雨岁月里，它是白水乡美丽的风景。人们从桥上轻轻走过，或者从桥旁的小道上经过，偶尔一回头，远远地看，那桥那人都是一幅绝妙的风景画。

◎ 古桥名录

万岁桥　位于万载县城北十五里云峰岭，今三兴镇万岁村，谢溪、白良之水经注其下。全桥为二墩三拱，用麻石叠筑，砌缝紧密，长46.4米，宽5米，高8米，附桥长19.3米。单向舟形墩高5米，拱券由七道券磋列而成。桥面两侧由石柱、石板穿结栏杆，保存完整，两端桥台各有一对高1.8米的石狮，雌狮怀抱小狮，雄狮足踩石球，雕刻精致。

万岁桥始建于元至正年间，初为石墩木梁桥。明万历年间圮废，邑人张鳞重修。清康熙五十年（1711），邑人郭钟成、张登魁、李之华募修，将木梁换成石梁。此后几次倾圮修复。清嘉庆二十二年（1817）被洪水冲毁，县邑首士郭锦圜、宋采云、张惠荣、张明春、韩斯来等人募集资金将桥移建于距旧址约二十丈之处（今址），历时10年才将桥建成，用青条石砌成。现为万载龙江河上造型完美、保存较好的一座古石桥。

1983年10月，万载县人民政府公布其为县级文物保护单位。

上饶市

信 州 区

◎ 古桥名录

观音桥 　又名楮溪桥，位于信州区龙潭奎文塔西，跨龙潭溪（又名楮溪）。建于宋绍兴年间。拱桥，由红石砌成。桥头东侧原供有观音菩萨像，故名。1952年重修，桥面和两侧栏杆用混凝土浇筑。现长55米，宽5米，可载重8吨。观音桥位置荒僻，年久失修，桥面石板松动，整座桥老化严重。后维修时桥面全部改铺沥青。现桥墩还是红石，已无观音菩萨像。

广 丰 区

◎ 古桥名录

叶家桥 位于嵩峰乡十都村，清康熙《广永丰县志》载："叶家桥，在十都，县东四十里。"传为明朝后期当地叶姓士民集资兴建，双墩三孔石拱桥，长30多米，宽5米，现桥体完好，两头引桥及道路被山洪冲毁，无人通行。

龙江桥 位于东阳乡龙溪村，横跨发源于盘山的龙溪，古称翼云桥，因桥墩一端各雕有"辟水兽"，站立于碧波之上，故名龙江桥。建于清乾隆四十六年（1781）。该桥东西向，为三孔石拱桥，长16米，宽6米，两边有石砌护栏，桥头建有"水仙阁观音殿"，由当地士民捐资兴建。桥体坚固，沿用至今。

松溪桥 位于排山镇天街山下，横跨排山溪，古名松溪桥，今称南山桥。建于南宋淳熙元年（1174），明正德年间重修。该桥为双墩石拱桥，长12米，宽5米，由当地民众修建。古代从浙西进入江西的主要驿道要从该桥上经过。在桥上可以眺望被游客誉为"江东第一洞天的灵鹫十景"之一天桂岩，所以又称"望仙桥"。历经800多年，除桥面稍有踏损，桥身、桥体坚固，沿用至今。

黄沙桥 位于五都镇澄村黄沙岭底，又称黄沙岭桥。清代建，同治《广丰县志》载："黄沙桥，在四十二都，河东石桥，都人吕兆宝建。"该桥南北向，独拱石券桥，长12米，宽4米，现桥体坚固，为当地严家垄村民出入的必经通道。

观音桥 位于洋口镇长春街东端、都门桥下游、赵塘溪入丰溪河的交汇处。桥西南头附近建有观音阁，故名观音桥。清乾隆五年（1740）所建。该桥为二孔石拱桥，长20米，宽5米，桥两侧建有石刻护栏，由当时广丰知县詹广誉倡建。桥体坚固，20世纪50—90年代通行汽车，90年代后另建公路桥，观音桥改为步行桥，沿用至今。

虎头桥 位于丰溪街道金墀居委会，横跨发源于桐溪坝的大石溪之上，又名大石虎头桥。清顺治年间建造。该桥为东西向，单孔石拱桥，约长17米，宽2米，由当地士民刘日进个人捐资，九仙山农民起义军领袖杨文建造，青石砌成，至今坚实美观，通行人车络绎不绝，为县级文物保护单位。

都门桥 位于洋口镇中山街，古代洋口为廿九都，桥建于都门赵塘溪之上，横跨南北，故名都门桥，今谐音为东门桥。清乾隆五年（1740）所建。该桥为二孔石拱桥，长20米，宽5米，由当时广丰知县詹广誉倡建。桥上有廊，两边有雕花护栏、石凳，古色古香，桥南有金刚庵，桥北有李将军庙。桥体坚固，沿用至今。

苏溪桥 位于东阳乡苏溪村。清乾隆五年（1740）所建，同治《广丰县志》载："苏溪桥，在县三十九都，石桥。"该桥为独拱石券桥，长12米，宽4米，由当时广丰知县詹广誉倡建。现桥体坚固，沿用至今。

智仁桥 位于嵩峰乡十都村，建于清乾隆丙子年（1756）。该桥为三孔石拱桥，长22米，宽7米，从桥墩到桥栅皆为条石结构，由当地乡民修建。桥处十都港上游，古为浙西廿八都入赣之偏道所经过，桥体坚固，沿用至今。

上 饶 县

◎ 古桥名录

章宅桥 位于煌固镇章宅桥村，清同治《上饶县志》载：此桥系明成化元年（1465）村民章敬端捐建。桥横跨章宅溪，东北、西南走向，为单孔石拱桥，拱为圆弧形，长18.5米，宽5.3米，高7.5米。历经500余年，除桥面石栏已毁外，桥身保存完好，是上饶县至今发现的最古老的石拱桥。

路川桥 位于望仙乡祝狮村新路自然村旁，跨灵山北麓溪流。明嘉靖十五年（1536）由村民胡仕连捐造。单孔石拱桥，长15米，宽3.5米，高10米。东西走向。桥有石砌护栏，高1米，稍有损坏，桥身保存完好。

映虹桥 位于花厅镇枫林村金塘坞。据《徐氏族谱》载，隋仁寿四年（604）徐氏祖先迁至花厅湖边定居，后陆续有外地人迁至花厅居住，形成村落。历元、明两朝，形成村镇。映虹桥四周环境优美，南北走向，建于明代，属于薄墩薄拱形单孔石拱桥，拱为半圆形，两侧踏阶上桥，形成驼峰拱。桥东镶嵌一石碑，上刻"映虹桥"三字。桥长35米，宽5.3米，高8.5米。

安定桥 位于华坛山镇姜村。桥跨饶北河，西南东北走向，建于明代。桥身硕大，气势宏伟，属于薄墩薄拱形单孔石拱桥，拱为圆弧形，两端踏阶上桥。桥面有护栏，护栏最后一根望柱前端置一抱鼓石，望柱无雕饰。桥长17米，宽6米，高10米，护栏高1米。

碧霞桥 位于湖村乡碧霞村，桥跨碧霞溪，东西走向，属薄墩薄拱形单孔石拱桥，拱为圆弧形，一端踏阶上桥，两侧护栏最后一根望柱前端置一抱鼓石。清雍正八年（1730）建。桥长19米，宽4米，高6米，石砌护栏高1.2米。现桥面石块稍有缺损，其余完好。据传村人集资建桥，有一富户拒不捐钱，声明若能建成，他终身不过此桥。桥成，举行通桥典礼，那富人居然乘轿过桥，村民拦轿，逼那富人从桥下涉水过溪，因此取名"逼下桥"，谐音"碧霞桥"，该村、溪也因此得名。

永福桥 位于望仙乡方村，跨山间小溪。清乾隆四十三年（1778）方村刘联钟集各方资助建造。系单孔石拱桥，由花岗岩砌成。南北走向，长20米，宽5.5米，高12米。桥面有0.9米高的石护栏，桥头有建桥记事碑。今保存完好。

挽澜桥 位于石人乡青山村桥头自然村，俗称"蛤蟆石桥"（因桥下有一巨石酷似蛤蟆而得名）。南北走向，属于薄墩薄拱形单孔石拱桥，拱为半圆形，两侧踏阶上桥，原桥上有花窗石护栏，年久失修而不复存。清光绪元年（1875）村民陈万禄独资建造。长25米，宽4米，高12米，此桥气势宏伟，是全县最高的单孔古石拱桥。

杨桥 位于湖村乡茗洋杨桥村。建于清代，南北走向，麻石砌成，属于轻型单孔石拱桥，拱为圆弧形，长12.7米，宽3.2米，高6米。桥面较为平坦，可通行独轮花车和双轮平板车。传为清末一杨姓寡妇织麻搓线捐资建造，又名杨婆桥。

塘溪小溪桥 位于罗桥镇横山村塘溪自然村，建于清代，系单孔石拱桥，南北走向，属于薄墩薄拱形单孔石拱桥，拱为圆弧形。两端踏阶上桥，为石砌台阶，台阶中间被长石条块分为两路，桥面顶部平坦。桥长15米，宽5米，高8米。桥现保存完好。

塘溪大溪桥 位于罗桥镇横山村塘溪自然村，建于清代，跨罗桥溪，系红石砌成三孔石拱桥，东西走向。长20米，宽5米，高9米，桥身保存完好。

玉 山 县

◎ 重点介绍

东津桥

　　东津桥位于玉山县城东500米处，跨信江上游金沙溪东西两岸，在20世纪80年代320国道开通以前，此桥是浙赣通道上的一座重要公路桥梁，现今仍然承担着县内繁忙的交通任务。桥长90米，宽8.5米，高10米，荷载量30吨，六墩五拱，青石券砌，横卧在荡漾碧波、婆娑绿树之间，庄重古朴。

　　春秋战国时期，在东津桥处已设渡船济人往来，宋时改为浮桥，桥西建有冰玉亭。明宣德八年（1433），知县林岱始建石墩木梁廊桥，不久毁于水。天顺六年（1462），知县方中重建，仍为浮桥，用船十只，并将冰玉亭改为冰玉楼。成化年间，知县汪滢改建为三拱石桥。万历六年（1578），桥东二拱遭洪水冲塌，知县周日甲、县丞章元缉在旧址上游180步处建六拱石桥，改名石龙桥。崇祯八年（1635）毁于水。清顺治十四年（1657）前后，广丰县博山寺老僧云树率弟子在东津渡口长年往来摆渡，募资修桥，不久又遭水毁。康熙五十八年（1719），知县李生萃移下游数十丈重建。雍正五年（1727）知县杨世正重建，以后累坏累修，县民杨知茂、符达等不惜费数千金。乾隆五十八年（1793）和嘉庆四年（1799），知县丁如玉、陆焘鸿对其进行两次大修。民国三十一年（1942），日军撤离玉山时炸毁东侧第二拱洞。1963年，玉山县政府拨款5万元整修。2013年，玉山县政府为保护这座古桥，投资350万元对该桥进行维修加固，在不破坏外观的前提下，将原拱腔内填料挖除，主拱券拱背增设30厘米厚C30钢筋混凝土拱套，加设防水层，桥墩四周外包15厘米厚钢筋混凝土，荷载达到公路Ⅱ级桥标准。

　　历史上东津桥是连接江西与浙江两省的一座重要桥梁，桥东20千米即为浙江常山县，历来是兵家必争之地。元朝末年，农民起义军陈友谅占领信州，派重兵镇守东津桥，抵御来自浙东的朱元璋部，元至正二十一年（1361），朱元璋部大将胡大海在东津桥大败陈友谅

军，随后收复信州全境，改信州为广信府。清咸丰年间，太平天国农民起义军与清军在东津桥多次隔桥对垒，太平军最终未能取胜，期间，玉山周边各县县城均被太平军攻破过，唯有玉山城独存，东津桥起了重要的作用。

在历代建设东津桥的历史中，留下了不少感人事迹，其中最著名的要算明万历年间县丞章元缙为建桥殉职和清顺治年间僧人云树为筹集修桥资金长年累月在东津桥摆渡这两个事迹。章元缙（生卒年不详），直隶青阳（今安徽省青阳县）人，明万历年间由国子监生任玉山县丞，此人果敢有才，为官清廉，不避艰劳，任职期间曾主持修建了县内黄坂陂、灵湖陂等20余处大小水利工程，深得百姓拥戴。万历六年（1578），玉山发生洪灾，东津桥在凶猛洪水中瞬间化为乌有。东津桥是连接玉（山）常（山）大道的一座桥梁，每日有数以万计的商旅往来其间，而如今通途变天堑，老百姓苦不堪言。时任知县周日甲也是个体恤民间疾苦的好县官，他多方筹资，决心重建东津桥。工程总指挥的重任落在了章元缙的肩上，他与广大民工一道，日夜奋战在建桥工地上，没过几个月新桥就建成了，当大家还沉浸在新桥落成的喜悦之中，没想到又来一场洪水，新桥随之变为一堆乱石。这突然的变故像一把尖刀刺痛着章元缙的心，他整日望着这一堆废墟，以泪洗面，陷入深深的内疚和自责中，"这是全县老百姓的血汗钱啊，我将如何向乡亲父老交代！"周知县没有责怪他，安慰他道："世上没有不成功之事，关键是要总结教训，做好谋划。"长官的宽宏大量让章元缙受到莫大鼓舞，他发誓就算捐躯也要将桥重建成功。他分析了该桥以前累建累垮的原因，认为要达到永远坚固，必须考虑三个因素：第一在于基稳，以前桥基是在淤泥里夯入木桩然后在上面建桥墩，这样就导致基础不稳。第二在于分洞，以前只有三个拱洞，阔则不牢，应将桥洞由三个增加到六个，洞窄牢且易成。第三在于良工，必须请到专业的桥工才能保证施工质量。新建工程再一次展开。他从外地招来几百个能工巧匠，在原来桥址上游180步处掘得石龙，于是在此定基。章元缙日夜在建筑工地上筹措指挥，不避风雨日晒，不嫌污泥水寒，建筑材料短缺了，他走遍乡村去解决，没钱发民工工资了，他将自己的积蓄垫付。由于长期劳累又经常在水中浸泡，他得了严重的水湿病，双脚浮肿腐烂，最终卧病不起，在桥即将完工时，他的病也到了垂危阶段，死前三日，他交代他儿子说："我死后，一定要将我的棺材安放在桥东，我要看到桥建成功才能瞑目。"章元缙死后，在清理他的遗物时，竟没有发现一文钱，知县周日甲用自己的俸禄给他收殓。玉山百姓为缅怀章元缙的事迹，在东津桥头给他立庙塑像，四时祭祀。如今，在东津桥桥西仍然有一座古庙，名叫"必公公庙"，庙里供奉的就是章元缙和清顺治年间为募资修复东津桥而付出毕生心血的僧人云树。

◎　古桥名录

玉虹桥　位于玉山县城南武安山下，横跨冰溪之上。原为舟渡，南宋淳祐年间，知县林缵主持创建，为石墩木板桥，桥上盖有廊房，宰相蔡京题匾"玉虹桥"。元代毁于火，县人詹其远修复。明洪熙年间再毁于火，成化七年（1471）知县蒋悦奉旨在广信五邑募捐重建，改为七孔石拱桥，桥建有石栏，崇祯八年（1635）桥被洪水冲塌。清乾隆三年（1738）知县李泰来主持修复，乾隆六十年（1795）又被洪水冲毁，自此改为联舟浮桥。1994年9月，在浮桥下游30米处修建的钢筋混凝土结构铁路公路立交桥建成通车，仍名"玉虹桥"，原浮桥废止使用。

西济桥　位于玉山县城西文成镇十里山，跨玉琊溪，宽7米，长126米。原为木桥，明万历十九年（1591）知县钱应斗改为石桥，崇祯八年（1635）桥塌。清康熙六年（1667）僧人二音募捐修复。乾隆二十二年（1757）县人符学栋捐银一万余两重建。乾隆五十八年（1793）、道光十年（1830）桥相继倒塌，道光十五年（1835）改为浮桥。民国二十年（1931）因修筑玉山至上饶公路，浮桥改建成11孔料石重力式平板桥，1965年改建成钢筋混凝土桥面公路桥，更名"十里山大桥"。

玉溪桥　位于下镇镇玉马村，建于明万历十九年（1591），系单孔石拱桥，桥长8.45米，宽4.52米，高4米，桥体、桥面用大小不等的青麻石块砌成，桥两边各有"玉溪桥""万历辛卯造"字样，工艺精细，保存完整，现仍为当地居民的步行通道。为县级文物保护单位。

渎口桥　位于下镇镇渎口村，明嘉靖年间，由刑部侍郎詹瀚创建。清末县人张子鸿重修。该桥为6墩7孔石拱桥，全长68.6米，宽5米，东西走向，横跨仓溪河上。桥面原为木板铺设，20世纪60年代改为钢筋混凝土桥面。桥墩由大块青麻石构砌而成，迎水面呈尖棱形，以利削洪，桥墩上有飞鹰构筑物。仍为当地居民主要通行桥梁。

沙川桥　位于六都乡六都村，建于明嘉靖十二年（1533），是一座2墩3孔石拱桥，南北走向，横跨六都溪，桥长18.3米，宽6米，高5米。全桥主要以青麻石构砌而成，桥墩逆水方向用青麻石砌成尖形分水状，两墩顶端饰有大鹏石雕。

四股桥　原名"四姑桥"，位于四股桥乡政府所在地。原是一座红石砌成的单孔拱桥，因坡度大、桥面窄，不适应车辆通行，如今已改建为长27米、宽7米的混凝土结构单孔拱桥。相传清嘉庆年间，这里本没有桥，每遇汛期水涨，两岸的人都苦于涉水之险。有四位过河的姑娘将自己多年织麻积攒下来的一笔钱，捐献出来兴建一座石桥，受四姑娘精神感动的当地群众也纷纷出资出力参加建桥。不久，石桥果然建成了。为使后人不忘四姑娘积善之心，匠工在桥孔内侧竖砌了两块青石碑，一块上镌"四姑桥"，另一块上刻"四股善庆桥"。

镇川桥　位于仙岩镇吴家村，建于清代，是一座两墩三孔石拱桥，横跨于八都溪之上，全桥由长短不一的青石板铺成，桥面长28.9米，宽4米。南、北两端各筑有石阶数级，全桥整体结构较完整，工艺精湛，造型优美，原桥栏杆已毁。1987年3月被列为第二批县级文物保护单位。

松里桥 位于下塘乡新塘村黄沙自然村，始建于清嘉庆三年（1798），清光绪十年（1884）重修，桥身南北走向，长15米，宽3.45米，高约4米，为单孔石拱桥，红石砌成，桥旁分别立有始建、重建的石碑各一通。2010年12月被列为县级文物保护单位。

横 峰 县

◎ 古桥名录

岑港桥 又名"建慧桥"，位于横峰县岑阳镇岑港村叶家村民小组。明万历五年（1577）和尚慧菴始建，是到饶州古驿道上的必经桥，附近设西洋铺驿站。据清同治版《兴安县志》载，大学士郑以伟作碑铭，表彰慧菴建桥的功德。同治年间两次为水所损，生监童可夫、张选、童佐周和尚伍真捐资重建。如今，岑港古桥藤蔓缠绕，桥下流水潺潺，桥边几户农居炊烟袅袅，再现了"小桥流水人家"的田园风光。

德胜桥 又名"石岗桥"，位于葛源镇清湖村蔡家村民小组，是至葛源镇的必经之桥。建于清同治三年（1864），为3墩4孔料石拱桥。

枫林桥 位于葛源镇枫林村，是至葛源镇的必经之桥。建于宋代，为单孔料石拱桥，是葛源镇最早建设的石头桥，桥栏古朴。

蔡坞高桥 位于岑阳镇蔡坞村扬里村民小组，是至葛源镇的必经之桥。清乾隆十二年（1747）始建，1945年被洪水冲垮，1946年集资重修，为3孔料石拱桥。

钱板桥 位于葛源镇葛源村，是至葛源镇的必经之桥。建于清同治二年（1863），为3墩5孔料石拱桥，桥墩石板上刻有"钱板桥"3字，桥栏略有破损。

黄藤桥 位于莲荷乡黄藤村黄藤桥村民小组，是到信州古驿道上的必经之桥，附近设黄藤桥驿站。清康熙四十七年（1708）始建，经费系和尚普明、普璋化缘所得。桥成之后，当地百姓将他们的名字刻在桥上，以示纪念。1957年，经过公路养护部分维修加固后，改建为公路桥，为2孔片石拱桥，长37米，面宽4米，跨径3米，载重20吨，1982年，由于公路改线新建公路桥，此桥已不再通机动车。

七星桥 又名"留恩桥"，位于莲荷乡九甲村五甲村民小组。明万历十五年（1587）始建，清光绪三十年（1904）重修，青石结构。据清同治《兴安县志》载，该桥修建经费系和尚明通所捐"诵经之费"，又由明通及其徒弟真相"独任经理之劳"。为铭记他们做的好事，百姓将此桥起名"留恩桥"。1953年，将公路养护部分进行维修加固后，改建为公路桥，为3孔红石拱桥，长36.4米，面宽7米，跨径8米，载重20吨，是县城到铅山县的必经之桥。

大有桥 位于葛源镇石桥村，是到葛源镇的必经之桥。清康熙四十一年（1702）始建，为2孔料石拱桥。

弋　阳　县

◎　重点介绍

西港桥

西港桥位于弋阳县城西，跨葛溪东西两岸，是弋阳县城通往县境西部的重要桥梁之一。原名"西溪桥"，元朝初年祝清甫首次建造，明永乐年间重修，万历元年（1573）、万历三十八年（1610）、天启二年（1622）及清光绪三十一年（1905）分别再修。1972年改建为钢筋水泥结构，为1墩2孔双拱公路桥。长100米，宽8米，高14.5米，荷载10吨。

说起西溪桥，有一副对联流传至今。上联为"南岩寺寺贴字，雨打字破寺未破"，下联为"西港桥桥晒荞，风吹荞动桥不动"。有关这副对联，还有一则引人入胜的民间故事。传说县城里有一位秀才，自恃才高学斗，目中无人。有一天与几位好友到城西西港桥游玩，这位秀才一时雅兴，望着身边的几位好友说："我出一副上联，你们要能对出下联，今天晚上吃酒我来做东。要是对不出，嘿嘿，你们就得请我。"说完，就开始说出他的上

联："南岩寺，寺贴字，雨打字破，寺未破。"妙联啊！前几天他们几个就去过南岩寺游玩，突然天下暴雨，大家都到寺中避雨，寺庙墙壁上张贴的一些通告单被雨水冲刷，破烂不堪。秀才所出的上联是他们的亲眼所见，事理巧妙，真是一副好联。大家暗自佩服，可绞尽脑汁也对不出个下联。正当这位秀才看着好友抓耳挠腮、狼狈不堪的样子而洋洋得意时，西溪桥边来了一位放牛娃，他对秀才说："这副上联出得不错，我给你对个下联，你听着。'西港桥，桥晒荞，风吹荞动，桥不动'。"巧对呀！众人看着眼前这位不过十三四岁的放牛娃，不禁面面相觑。

◎ 古桥名录

东港桥　位于曹溪镇境内，清乾隆十年（1745）建造，长76米，宽6.1米，高8米，2墩3拱青条石拱桥。桥头耸立6米高、呈八面棱柱体、圆形葫芦顶柱头的佛教经幢。

北门桥　位于城北，横跨葛溪南北两岸，是县城通往县北的要道之一。初建于明成化十五年（1479），清嘉庆十三年（1808）重修，长83米，宽5.3米，高11米。为4墩5孔青条石拱桥，荷载13吨。

莲湖桥　位于清湖乡莲湖村，清康熙二十四年（1685）建，嘉庆二十一年（1816）知县杜宏泰募捐重建。该桥全长96米，宽5.9米，高10米。石拱桥，5孔6墩，全部用青石砌成。

铅 山 县

◎ 重点介绍

澄波桥

澄波桥位于铅山县湖坊镇陈坊河上，连接着湖坊镇河东、河西两个集市。澄波桥始建于唐贞观四年（630），一位名叫澄波的和尚募建，故名"澄波桥"。

澄波桥设计精巧、造型独特、风格别致，是铅山史料记载最早的桥梁之一，也是江西省体量最大和保护最完好的廊桥之一。桥在历史上多有兴废，现状为清同治五年（1866）重建。2000年被列为省级文物保护单位。

该桥为四墩五孔风雨廊桥，全长近70米，东西走向，由桥墩、桥梁桥面和桥廊三部分组成。两岸五跨，由四个麻石垒砌的船形鸡公头桥墩，高约4米，为尖墩，又称之为"分水金刚墙"。形状似舟，尖端逆流，以利避水，以减小水对桥墩的冲击力。所谓"锐前杀后""锐其前，厮杀暴涛，水不能怒，自是无患。"石桥墩之上，各桥墩之间均有6根枫木桥梁，又纵横堆叠7层方条木。桥面铺木板，其上建长廊，通道宽4米，两侧做有板壁，顶部全部盖瓦，挡风避雨。在桥墩部位的上方廊道两旁，加建单层木构房屋，廊内相向设店，全桥共设店铺十二间，正常营业为九间。东西桥头均建有砖石拱门，青石素作门框楣。东首拱门横额为"浪静风恬"，西首门连接着湖坊街市，横额为"河清海晏"。相传为澄波法师所书，西首门墙右下方还镶嵌着两块记载历代县令和地方乡绅首士募捐修桥的事迹的石壁。

南宋淳祐十二年（1252），大水高于城墙，房屋几乎全部被冲毁，澄波桥遭受厄运，县令带领乡绅募捐修建；明万历十九年（1591）夜降大雨，山洪暴涨，澄波桥再遭冲毁，县令唐应诏亲临水毁桥圩，迅速组织乡绅、首士民众自己动手修建；清道光二十四年（1844）县令吴林光倡议集资修复澄波桥，并立碑记示；同治五年（1866），全县各姓首士自发募捐重修澄波桥。

相传隋开皇二年（582），隋文帝降旨在湖坊老虎山下建造寺院，并派京都大兴寺院，高僧澄波前来掌管寺庙建设和法事。寺庙开工建设之时，澄波法师和他的六位师兄弟各献一件宝物以示庆贺，这七件宝物分别是无声木鱼、万宝金丝袋、伏魔袈裟、千珠串、现佛宝塔、万丝明珠和锡杖。寺院建成后一度称"湖山寺"，后朱熹来此讲学，得知寺里藏有七件镇寺之宝，便建议长老将寺名改为"七宝寺"。后来建造澄波桥时，其他桥墩施工都极为顺利，唯有中间的观音墩建造困难，日建夜沉。澄波法师得知此事，取出寺里降妖驱邪的锡杖，将其掷入河中心，顿时深潭变成了沙洲，观音墩顺利建成。桥建好后，为两岸村民带来了方便，村民为纪念澄波法师，遂将此桥命名为"澄波桥"。

大义桥

大义桥位于铅山县永平镇（老县城）北门的铅山河上，又称"北门桥"。为九孔拱桥，南北向跨铅山河，全长193米，宽6米，高9米，造型古朴，结构坚实。

大义桥始建于唐贞元初年，木架结构，取名"思政桥"。南宋乾道八年（1172）思政桥被大水冲毁，邑人赵不适牵头捐资重修，更名为"万安桥"。南宋绍熙三年（1192）又因水毁重修，更名为"大义桥"，一是为了缅怀纪念大义禅师为建此桥作出的贡献；二是以大义福地揭名。后世随圮随修。清乾隆六年（1741）大义桥毁于火，重建时"以石易木"，始建为石拱桥，全部为麻石结构。同治七年（1868），复倾圮于水，知县陶廷菽主持重修。

大义桥分桥基、桥梁、桥亭三部分，桥拱建筑精致、科学，桥身自下而上都由麻石砌成，拱券采用纵联式垒砌法，单薄轻巧，具有南方桥梁的特征。8个桥墩迎水流方向凸出如船头状，古代称之为金刚雁翅式，能有效地缓解湍急的江水对桥墩的冲击。桥面用青石、花岗石铺就，巨大平整，桥栏用青条石砌成。桥面中心建一碑亭，将捐资出力建桥者名单勒石铭刻，永世纪念。如今，大义桥仍然坚固，桥本体大都保持历史风貌，而且保存环境亦好，是连接两岸百姓生产生活的重要交通设施。1986年被列为县级文物保护单位。

明清时期，铅山县是福建北部进入赣、浙的重要咽喉要冲，大义桥是必经之点，因而承载了厚重的历史。无数的货物、人流和独轮车辆都经过了这座古桥。20世纪30年代，河口到石塘简易公路通车，汽车就从大义桥上经过，成为闽赣公路上的重要桥梁。直到1952年永平公路大桥建成，大义桥才摆脱了汽车轮的碾压，但仍为两岸交通要道。1950年，政府曾拨专款加固大义桥。1991年，傅细崽、詹国松等慷慨解囊并四处募集资金，用青石条重铺，使坑洼桥面焕然一新，同时复建桥中的观音亭。近年来，永平镇政府出资装灯修饰，六根灯柱排立桥面的一边，各高挑宫灯一盏，桥两侧的栏杆和拱券以及桥中的观音亭都装上了彩灯。入夜，沿河远眺，桥身遁形，灯光增色，两条光彩流动的平行线连接两岸，中夹九个硕大的七彩旋转光环亮丽夺目，使古桥焕发了青春。

古老的大义桥，传承着历史，更有很多的传说，其中最传神的莫过于大义和尚"掷宝建桥"。"大义"是唐贞元间鹅湖山峰顶寺住持和尚的法号。话说唐贞元年间，永平镇北面的桐木江水面宽阔，县城内外的人们每逢汛期便不能撑船过河，给人们的出行带来极大不便，于是大义就筹集资金建一座桥，当时建的是石墩木架桥，即先建好石桥墩，再在石桥墩上架木梁、铺桥板。桥墩由南而北逐个修建，前七个桥墩建得都很顺利，谁知建最后一个桥墩时却奇了怪，白日里建好的桥墩，过一个晚上就倒塌了，一连三次都是如此，人们百思不得其解，心里诚惶诚恐，便在塌桥处焚香朝拜。这时，一位白须白发的老者飘然而至，念道：桥墩倒塌是鹅湖中的黑鹅精所为，须宝物镇压方能作罢，待人们回过神来，已不知老者去向。经此点化，想起了城西富户任百万因感念大义和尚周济众生，曾将家中的"聚宝盆"捐给了大义和尚。于是人们便前往峰顶山向大义禅师求助，禅师听完人们的述说满口应承，带着宝物同人们一道下山建桥。第八个桥墩经大家努力再一次建好，禅师同人们一道彻夜守护桥墩，天快亮时，只见桥墩有些晃动，说时迟，那时快，禅师迅速将聚宝盆投入水中，只见河里冒出一股黑水，桥墩马上就平稳了。大桥顺利建成。

河口浮桥

河口浮桥位于铅山县河口镇民主街（原二堡街尾肖公庙前）一侧，北接新滩乡的庙湾村，南接河口古镇的明清老街。沿江雄踞着九座赤色狮山，浮桥就架设在为首的狮山侧面，成为河口古镇的标志之一。浮桥全长187米，宽4米，由38艘钢质船和木质桥面用铁链连接而成。桥浮于水，可合可分，是河口镇通往新滩乡及横峰、上饶两县部分乡村的交通要道，每天往来行人数千。

该桥创建于清光绪三十四年（1908），全名为"狮江利涉浮桥"（信江流经河口段别称狮江），横贯信江，南端通棋盘街，北端在江边九狮山主峰"头狮"，即炮台山东麓。全长187米，宽4米，用粗壮的铁链连接牵引42只木船而成。初时设在金家弄码头，后因临街发生了几起大火灾，则将浮桥迁往三堡街尽头的大王渡。抗日战争后期（1945年初），日寇飞机常来河口轰炸，鉴于防空需要，为方便市民疏散到江北乡村，遂决定将浮桥由大王渡移至二堡街头的金家弄码头。此外，在河口商会的倡议下，一些商界知名人士捐船捐款，又在肖公庙前新造了一座浮桥。不到数月，金家弄老浮桥遭敌机炸毁，抗战胜利后两桥合一桥。这样，肖公庙新桥就成了连接河口地区信江两岸的唯一桥梁。

清光绪年间，成立了管理、修缮浮桥的社会公益机构"浮桥会"。由旅河商会南昌会馆、福建会馆、安徽会馆、抚州会馆、建昌会馆五大会馆组成并管理浮桥。轮值时间是一会馆一年，五年一轮转。这是因为五大会馆都有一定的经济实力，可对浮桥的管理、修缮进行经济资助，以保证浮桥资产不受损害，保障浮桥正常通行。

1956年，浮桥正式划归河口镇管理，县政府多次拨款对浮桥进行维修。1998年6月，因铅山遭遇特大洪灾，河口浮桥被彻底冲毁。2004年初，铅山县人民政府决定恢复河口浮桥。由县交通部门建造，总投资50余万元，一座由38艘钢质船和木质桥面板连接的浮桥，于5月底建成。这座中断几年，历经沧桑的河口浮桥，又恢复了正常通行。

◎ 古桥名录

宅田桥 在鹅湖乡（今永平镇），位于县治南一里（500米）许，元至正年间建，久废。

唐伯桥 在鹅湖乡，位于县治南百步（约100米）南处，久废。

后田桥 在鹅湖乡，位于县治南二十里处，久废。

永安桥 在鹅湖乡，位于县治东二百二十步（约220米）处，又名东阳桥。久废。

感惠妙桥 在鹅湖乡，位于县治东，又名彭家桥。久废。

鹅湖桥 在鹅湖乡，位于县治北十里处。又名荷湖桥。久废。

虎头桥 在鹅湖乡，位于县治东三十里处，久废。

西洋桥 在招善乡（今永平镇），位于县治西二百步（约200米）处，久废。

通仙桥 在招善乡，位于县治西一里许处，又名花桥，久废。

高桥 在招善乡，位于县治西二十五里处，久废。

郑家桥 在招善乡，位于县治西北2500米处，久废。

东嶽桥 在招善乡，位于县治西北二十步处，明成化五年（1469）重建，久废。

澴源桥 在布政乡（今鹅湖镇），位于县治北二十里处，明洪武三年（1370）建，久废。

石溪桥 在布政乡，位于县治北三十里处，明洪武三年（1370）建，久废。

宝林桥 在布政乡，位于县治北十五里处，在宝林寺外故名，久废。

黄柏桥 在崇义乡（今稼轩乡），位于县治南三十里处，明永乐十四年（1416）

毁于洪水，宣德四年（1429）重建。弘治元年（1488）复毁。县民蒋资清重建，久废。

归荣桥 在新政乡（今汪二乡）西八十里地,名左村，李尚德捐资创造。桥成，适其弟以学职致政归，郡守金公铣因即事名之。久废。

洪桥 在仁义乡（今河口镇），位于县治西二十五里处，今废。

丁家桥 在清流乡（今河口镇），位于县治西北三十里处，名汭川，久废。

桥亭桥 位于县治西四十里处，南宋绍兴三十年（1160）特奏第一进士黄鸿举建。明洪武年间水冲塌，景泰元年（1450）嗣孙黄瑜、黄绍宗重建，久废。

周公桥 位于铅山县武夷山北麓篁碧乡南2～2.5千米处，为唐贞观年间周姓郎中筹款所建，故名周公桥。此桥是长20米、宽3.5米、高8米、一孔的石拱桥，虽历经一千多年的风雨侵蚀，现该桥依然为两岸来往的行人提供方便。

通济桥 位于永平镇东门外。明景泰年间千户孙胜建，名"永平桥"。久倾圮。

干桥 位于永平镇东门外。水毁。清同治九年（1870），任西庚外室刘氏捐资重建。久废。

长生桥 位于永平镇东35千米大凹。久倾圮。

杨家桥 位于英将口左首。久倾圮。

东山桥 位于永平镇东20千米处。游松达、朱双林、丁怡峰等募建。并置田，田租契据轮流保管，用作修葺费用。久废。

期思桥 位于永平镇东15千米处，原有期思渡，故得名。以后桥圮，仍恢复渡。

紫溪桥 在紫溪驿站前，旧名"太平桥"。明天顺年间建。清乾隆六年（1741），知县郑之侨劝募重修，改为石梁，上建房屋，比以前更为完备，名"集义桥"。后圮。嘉庆年间，王承培及子侄重修，道光二十年（1840）再圮。王化龙重修。咸丰十一年（1861）被兵毁，石梁被洪水冲坏。同治七年（1868），举人李先春、例贡王懋兹、岁贡吴兆麒邀集众人募捐再建，两年后竣工。久废。

祝公桥 位于武夷山镇。此地为闽广要冲，山溪汹涌，建有大小二桥。大桥长近100米，小桥在大桥之北，长60余米。久圮。清康熙二十年（1681），知县潘士瑞重建。道光十三年（1833），大桥被洪水冲塌15米。当地人余攀寿、丁乾举，安徽罗斗南，崇安朱正江四人重修。久废。赣闽公路通车后，此桥改建为公路桥。

万年桥 在河口镇上游10千米螺蛳山下，邹隆先等倡募修建。久废。

状元桥 在柴家埠，费宏建。久废。

鼓楼门桥 在七都鼓楼门，永平镇南10千米处。为江闽交通之要道，民间相传项天官造鼓楼于桥头，故名。横坂吴汝宽之妻祝氏多次对其修建。久废。

闻家桥 在一都，永平镇南5千米处，俗称"门限桥"，为江闽交通之要道。清同治八年（1869）遭水毁，当地人施煦首倡，程鸿炳、詹祥麟、陈向荣、刘廷瑞等积极募集资金重建，改木为石，更名"普济桥"。久废。

汪二桥　在三十九都（今汪二镇），亦名"永济桥"。明代义士万得昭等募建，时为七孔石桥，如彩虹卧于湍急河流之上。清康熙五十五年（1716）遭水毁二孔，老人万其昌首倡修葺。乾隆二年（1737）再次损坏，庠生万日福请县令郑之侨总理，同程、方、陈四姓为首重修。乾隆五十四年（1789）又被水毁，国学生万育请县令冯翊汉捐禄，仍同程、方、陈四姓为首重修。至同治年间，过往行人都要通过这座桥。久废。

斩马桥　在崇义乡（今稼轩乡）。传说陈亮曾经骑马拜访辛弃疾，临近辛弃疾住处，有小桥一座，陈亮三次策马，马却三次跪下而不过，陈亮大怒，拔剑斩马，马首坠于河中，河水倒流。清道光三十年（1850），洪水暴涨，此桥尽圮。同治九年（1870），吴菘生等募资重建，新桥更加高大，桥头增加凉亭一座，供过往行人小憩。久废。

罗家桥　在河口镇内的惠济河上。长约6米，宽约4米，同治前便有。

锁子桥　在四十九都陈坊上街头。初建于清乾隆五十七年（1792），三年后，遭洪水冲毁。众姓募资重建，架以大木，覆以石板，改名"太平桥"。久废。

德 兴 市

◎ 重点介绍

寿元桥

　　寿元桥位于德兴市张村乡界田村中长乐水上，又名"界田桥"。明万历十九年（1591），由余寿元的长子余明章发起募捐，请浙江开化著名石匠余元吉、丘廷春组织村民共同建成。清嘉庆二年（1797）重修。1954年改建成公路桥，加引桥5米，此桥现全长93米，宽8.3米，荷载量13吨。2006年12月被评为江西省重点文物保护单位。

寿元桥是一座由大型麻石砌成的五孔石拱桥。砌桥的石头单块重达二三千斤重。造桥者仅凭着他们熟悉的古建筑营造技巧，将这些巨石拼合成了一座坚实耐用的长桥。寿元桥的桥拱采用了发券的构建方法。一块块横截面近似梯形的石块紧挨着拼接起来，利用它们之间的侧压力，形成了五个具有跨空承重能力的大石拱，撑起了一座近百米长的大桥。400多年过去了，桥身依然保存完好。

寿元桥原长80多米，在古代算是长桥，因此设计者采用了多孔形式，这样每孔的跨度小，桥面坡度平缓，也便于修建。但是，多孔桥也有缺点：桥墩多，既不利于舟船航行，也妨碍洪水宣泄，桥墩长期受水流冲击，天长日久容易塌毁。寿元桥的桥墩被设计成船形，有效地解决了这些问题。桥墩顺着桥身两侧延伸，前头为尖角船形，利于分水，能有效地缓解水流的冲击力，还能减轻船舶撞击对桥身的破坏。同时，因桥墩与河底接触面增大，减小了寿元桥对地层的压力，这使得桥所在处的河床不易下沉，桥身整体结构也变得更加稳固。可见，桥墩被设计为远看如四艘齐头并进的船，并非单纯为了美观。这种设计，在国内保存完好的古桥中是不多见的，它使该桥造型雄伟美观，在古代桥梁建筑史上占有一席之地。

界田桥为何又称为"寿元桥"？传说明万历十九年（1591）大孝子余寿元的母亲身患重病，危在旦夕，郎中开好药方让余寿元速到界田河北岸徐记药店抓药救母。余寿元赶到界田河南岸，正值汛期，山洪暴发，河水咆哮，天色昏暗，隐约望见北岸拴有一小船，大呼渡船却无人理会。他焦急万分，"噗通"一声跪在河边，大哭着对天发誓："若此时有人渡我过河买药，将母亲病治好，有朝一日，我定在此造座石桥，方便行人往来。"话音刚落，突然天色大变，北风乍起，拴住的渡船竟离岸南漂，余寿元成功过河抓药，没几日母亲就康复了。病好后，余母发话，纵使倾其所有，也定把桥造起来。余寿元有八个儿子，由长子余明章带头捐自家财产，再到各村各户募捐，请来浙江开化著名的石匠余元吉、丘廷春，不久便正式开工造桥。

余寿元敬母至孝，言之必行，感动了仙人铁拐李下凡相助。两位造桥师傅为把桥造得坚固耐用，四处寻找硬度适中的山石。一夜，乡亲们看到很远的山上一片火光，第二天到那儿一看，整座山的岩石都是滚烫的，硬度正合造桥要求。之后，他们每天进山采石。三年之后石块打磨完工，开始打桥基建桥。此时石匠、杂工共一百人，而收拾碗筷的人发现，日日只有九十九份碗筷，总有一人没上桌吃饭。几年后，石桥即将竣工，但全桥最后相接处却差了一块石头，石匠千挑万选都找不到合适的石料，大桥无法合拢。最后，烧火的"拐子"献出自己的石凳，搬去放下，不厚不薄、不短不长，竟刚刚好！再寻伙夫，已不见其踪。人们纷纷传说："一定是铁拐李大仙下凡相助，火烧石山也一定是他作的法。"为纪念余寿元一家带头建桥，人们将此桥取名为"寿元桥"。

寿元桥中央原有一丈多高的华表柱，"文化大革命"时期被推倒，现在桥南岸可见到两节断柱，八方形，有阴刻铭文。桥面两侧各有47块护栏石，高70厘米，长约

2米，厚40厘米。东面上游一护栏外侧阴刻"寿元桥"三字。桥南七里有济源岭古道，岭脊处有座砖瓦亭，亭北侧有古庙，据说都是当年用造桥余下的银两修建的。现距桥约500米处有建桥石匠丘廷春之墓。

会源桥

会源桥又名桂湖桥，位于德兴市龙头山乡桂湖村，是一座八字形块石独拱桥，明万历二十三年（1595），由桂湖王姓建造。桥身横跨陈坊与西坑两条源头水的汇合处，架于两山之间，连接南北。桥南曾是古时的驿道，数里外是座大山，树木茂密；桥北立有石径幢和建桥碑，桥东南约2千米处是桂湖村，村内有数十栋清末民初的古宅。

会源桥长18.5米，宽9米，高13米。桥身用花岗岩石料干砌而成，桥体呈"八"字形，桥面南岸有34级台阶，北岸有35级台阶，每一阶梯均设有护堤，桥面两边还有用青灰石做的石栏杆，古朴典雅。桥正中拱额镌行书"会源桥"三字。桥面铺石和两侧护栏石长1～1.6米，宽0.8米，厚0.3米。阶梯护栏采用厚石叠筑法，形成南北对称桥堡，中央桥面采用厚石侧立护栏，使桥面更加优美稳固。建桥初期，这里是德兴县内暖水到李宅的必经之桥，也是德兴通往浙江衢州的大道。

很久以前，这河上没有桥。在枯水季节两岸过往行人脱鞋卷裤涉水而过，然而这里每年都会下暴雨涨大水，雨季行人则必须绕道而行，十分不便。村民多次建木桥，但都被洪水冲毁。直到明万历初年，桂湖村王氏族长决定修建一座石桥，由大户人家出钱，老百姓出工修建。传说桂湖村民修桥的诚意感动了上苍，上天大发慈悲三年不涨水，使得建桥能顺利进行。很快桥基建成，然而工匠们走遍方圆几十里却找不到最后的合龙石。村民坚信这是天意，于是来到了少和山上的少和庙祈祷。村民们焚香烧纸、虔诚叩拜却依旧找不来合龙石。后来，巧遇李宅宗儒村的王姓族长来桂湖做客，他知情后便与桂湖王氏族长一同再去少和庙祈祷。他二人向上天祷告：两村王姓同宗同源无桥过往不便，望上天帮助。二人话音刚落，庙内一不起眼的伙夫说道："桂湖、宗儒同宗同源，血脉相连，桂湖百姓诚意有佳，二位看我这块板凳石如何？"说完，只见他脚踏祥云随风而去。二位族长再看板凳石，果然是一块好料，质地好，大小适中。族长立刻喊来八个大汉，将石头抬至桥中，"咔"一声，大桥合龙了！因这合龙石是两位族长巧相逢共同祈祷而得，又因西坑、大源两河水在此交汇，便将这石桥命名为"会源桥"。桥合龙后，工匠们用18块石碑刻上捐资建桥者名单，立于桥南端，又在桥一侧立了一石经幢雕上龙凤，用来驱邪镇妖。从此，桂湖村风调雨顺，人丁兴旺，诸事吉祥。

花桥

花桥又名华桥，位于德兴市大茅山脚下花桥镇花桥村边的小溪上。明正德年间，由同村卖剪纸花和绣花为生的项氏捐建。花桥两端各栽有一棵大风杨树，桥南侧是山，北侧是泪水河。花桥是座青砖烧制的独拱小桥，桥身长约1.5米，宽约8米，高约1米，拱高约0.6米，跨度约0.8米，造桥的青砖上烧有各式花形，十分别致。

关于花桥的来历，流传着一个传奇故事。在大茅山脚泪水河南岸有个村庄，大茅山涧的水汇成湍急的山溪，流入泪水。很早以前，这儿没有横架山涧的桥梁，也没有渡船。村民们去德兴县城要么绕远路而行，要么必须从急流上跃过，因此常有人落入急流之中。行人都渴望这儿能有一座稳固的桥。

在距离山涧不远处，住着一位姓项的卖花女。她不仅样貌长得美丽，还很勤劳善良。她很小的时候就跟母亲学得一门好手艺，剪出的纸花千奇百样，绣出的花栩栩如生。她的手艺远近闻名，乡亲们都称她"卖花娘子"，经常有外地人慕名来买她的花。

一天，外村有位秀才为娶亲慕名来买花，行至山涧，被急流挡住了去路。同行的书童奋力跃过了急流，然而秀才却一脚滑进急流之中。恰巧卖花娘子路过此处，她急忙和书童一道救出了秀才。秀才对卖花娘子作揖三次以示感激。

回家后卖花娘子立志要在山涧处建一座桥，方便行人过往。不久，她请来石匠和砖瓦工，准备开工建桥。她对砖瓦工提出要求："我剪什么花，你们就在砖上烧出什么花。"砖瓦工和石匠表示："建桥是善事，东家尽管吩咐，我们尽力为之。"一年以后，这儿有了座用各式花砖建成的拱桥。

第三年春天，百花盛开，秀才为儿子过周岁，再次来买花。走至山涧急流处，多了座新桥，而且桥上烧有各种各样的花儿。秀才惊喜万分，站上桥，随口背出解缙的名联："蒲叶、桃叶、葡萄叶，草本木本；梅花、桂花、玫瑰花，秋香春香。"之后，他随手在桥头写上"花桥"二字。从此，人们都称这座桥为"花桥"，斗转星移，连桥边的村庄也被人们称为"花桥"了。

近500年过去了，溪流已无古时那般湍急，溪边也修了大路，而花桥依旧跨在大茅山脚山涧处，倾听泪水淙淙，为偶过的客人行个方便，同岁月一道见证当年那个美丽的传说。

◎ 古桥名录

和丰桥、惠爱桥 和丰桥位于银城街道老一中门口，惠爱桥在其南约200米处。二桥皆由宋县令杨祖尧创建，后重修数次。二桥材质、结构、规模类似，曾为老县衙门口的两座石拱桥，长6米，宽3米，高约3米，因德兴县老城墙在附近，二桥又被称为"老城墙桥"，一直沿用至今。

步云桥 位于皈大乡分水村，为明正统年间建的石拱桥。是从德兴分水登三清山石登古道的起点。由此处登山，步步向上，直入云端，故名"步云桥"。桥旁建有颐乐观，为王祐当年隐居之所。"颐乐"二字是明景泰年间兵部尚书孙原贞的手书。

盘拢桥 位于花桥镇西南的田畈溪上，为明正德年间王必先捐资所建的石拱桥，后由项义庆捐资重修，原是朱家坞与新店村民众互相来往必经之桥。相传两村民众因此桥盘拢才得相往来，故称此桥为"盘拢桥"，又名"盘龙桥"。

衍庆桥 原名"铜坑桥"，在德兴市西。清乾隆二十八年（1763）由练仕达捐资独建，不到一年被洪水冲毁，改木架桥。练仕达之子练光琮继承父志，于乾隆三十一年（1766）捐资重建石拱桥，改名"衍庆桥"。桥高丈有四，长18.33米，宽8米。

潭埠桥 位于泗洲镇潭埠村西北首小溪上。长10米，宽5米，为片石拱砌。载重10吨。建于明嘉靖年间。桥上游潭长千步，故名"潭步桥"。1978年重修，现称为"潭埠桥"。

儒林桥 位于李宅乡宗儒村水口，明景泰元年（1450）由三月村人王清安建。长26.3米，宽5.4米，高8米，为花岗岩干砌而成的单拱石桥，原有桥头碑记被盗毁，现桥整体保存完好。

婺源县

◎ 重点介绍

彩虹桥

彩虹桥位于婺源县清华镇西上街头。因其横跨于碧水汩流的婺水之上，状若彩虹卧波，故名。2006年，被列为全国重点文物保护单位。

唐宋以来，由清华西往浮梁景德镇，须横渡潆绕城垣的婺水。数百年间，河上凭架小木桥勾连两岸交通，每遇洪水桥倒后，来往行旅就只能靠舟船在湍急的水流中摆渡了，危险异常。面对此况，清乾隆年间，里人胡永班（字彬武）在众人捐助下创建石墩廊桥，以便利来往行人。

彩虹桥为石墩木梁式人行廊桥，长140米，桥面宽3.1米；由四个青石叠砌而成的桥墩，形成五个桥洞，建筑体十分简洁，构件与整体组合得非常和谐匀称。桥墩长13.8米，中宽9米，高12米，迎上流筑成利于分水的半截船形，俗称"燕嘴"。桥洞跨径大小不等，均有15米左右；每洞之间架四根大木梁，上密铺杉木板形成桥面。桥上所造之廊跨度较小，为4.5米，而桥墩上前后凸出之廊，跨度却有11.5米，因此墩上和桥上的廊结构分开，各自独立；而且墩上的廊，屋脊明显高于桥上的廊，外观轮廓有起有伏，形成错落感。桥内的空间也因宽窄的变化而不同，桥墩上的廊，向北凸出较大，形成完整的小空间，内设有石桌、石凳，可供人们纳凉歇晌、弈棋品茶。桥的两侧通长设栏杆凳，在此倚栏眺望，南面正对锦屏似的五老峰和云雾缭绕的茱岭；东北烟波连天，渔舟悠然飘过；左岸山岗绿树荫翳，右岸竹丛掩映村落，白粉墙在青翠的竹叶间闪闪而出。在桥的西端，原曾矗立着一座十几米高的"文笔"，"文化大革命"时毁。桥东第二个桥墩的燕嘴上，原有一座经幢，现今无存；墩尾的凸间里是一座神橱，内供奉着"治水有功大夏禹王"筑桥"创始理首胡永班"的神位。桥上多楹联，有"胜地著华川，爱此间长桥卧波，五峰立极；治时兴古镇，尝当年文彭篆字，彦槐对诗""清景明时，彩画辉煌恢古镇；华装淡抹，虹桥掩映小西湖"等。

在彩虹桥上游数十米处的水边石矶上，摩崖刻有长3米、宽1.5米的篆书"小西湖"三字，为明嘉靖年间书画家文彭手迹。清嘉庆二十二年（1817），婺源知县爱新觉罗长庚（满族，生卒不详）为使后人识前贤胜迹，曾就"小西湖"三字原迹，重刻加深。石矶上，另刻有清乾隆丁未年（1787）进士、工部营膳司兼都水司主事胡永焕写的《石桥纳凉杂诗》一首。

桃溪"三十六桥半"

桃溪，今名"坑头"。位于婺源县中云镇北部的鹅峰山下。唐朝末年，原世居福建三山（今福建福州）的潘逢辰，为避兵乱隐来婺源。他择居于此地后，沿溪广植桃树，因取村名为"桃溪"。后来，乡民以村落处在桃溪水的源头，而溪在当地亦叫"坑"，故俗称为"坑头"了。现全村有600多人口。

潘氏建居桃溪后，延至明朝中叶开始兴旺起来。仅明一代，氏族中就有11人登进士第，出任七品以上文武官员者达34人，故时有"一门九进士，六部四尚书"之赞；有"二科六举人，两榜四进士"之颂；有"棠棣四联辉，乔梓一联芳"之誉。明清两代，潘氏宗族还出有57位能诗善文的儒者文士，传世著作达165部。

相传，当时潘氏族人为了炫耀本族的荣华，订下一条规约：凡族中各堂各房中出了一名七品以上文武官员的，可以在村中的溪流上架一座石桥。桃溪"三十六桥半"，即由此而来。"桥"和"轿"谐音，以此来言明这里坐官轿的人家多；而半者，系一名热心公益的富商所为，虽说他的"善行""义举"颇著，然因为社会地位不及，族人仅同意他造半座桥，即桥的一头须搭在岩石上。

今日坑头村，在迤逦穿村而过的溪流上，共保存有明清时期建的桂芳桥、锡元桥、济美桥、留荫桥、五桂桥、柏清桥、泰昌桥、林源桥、庆仁桥、庆义桥、庆德桥、庆丰桥、庆寿桥、泽民桥、登崇桥、逢晨桥、树滋桥、雨济桥、仁盛桥、福庆桥、松雪桥、直源桥等单孔石拱桥29座、石板桥14座。值得称道的是，许多桥的名称点出了其所在地别致的景观。如留荫桥，桥畔是一片郁郁葱葱的大樟树，古木冠盖如云，绿荫蔽地。松雪桥，以桥头有一棵枝如霜雪般的罗汉松而驰名。五桂桥，系因桥旁原植有五棵桂花树得名；该桥由明代村人潘峰建，后中书舍人潘永亨曾重修；桥为单孔石拱，长9.4米，宽4米，高5米；桥拱龙门石上所刻"五桂桥"三字，为柳（公权）体，骨力遒健，结构劲紧，极具神采。古有赞五桂桥诗云："桥头有五桂，月窟移仙根。八月开金粟，清香度几村。"现桥头仍存桂花树一株，八月金秋，花香远溢。

◎ 古桥名录

塔山桥　位于秋口镇李坑村北部塔山下。明景泰二年（1451），本村人李永通建。清咸丰八年（1858），李荣重建。为单孔青石拱桥，长13米，宽4.5米，高4米。桥东、西两头均有8级石阶上桥。桥上原造有桥亭，早毁。现为县级文物保护单位。

天心桥　位于沱川乡理坑村中。建于明代。桥名取"天理良心"之意，告诫子孙做事须不违天道，应本着良善之心做事。为一墩二间式石板桥，长8.36米，宽1.9米，高2米。桥面用6块青石板分两段铺设，其中3块长3.81米，另3块长4.55米，宽0.63米；桥上两侧通长架设石条凳。桥脚用3块长2米、与桥面同宽的长条青石竖立为墩。现为县级文物保护单位。

曹公桥　位于江湾镇汪口村西端。唐龙纪元年（889），本村人曹仲泽凿石券造。岁久倾圮，明弘治八年（1495）仲泽裔孙曹珏、曹俊重造。后又圮，至清康熙年间，曹珏之孙曹鸣远（明崇祯癸未进士）以承祖志复建。为单孔石拱桥，长5米，宽4米，高5米。现为县级文物保护单位。

登云桥　位于清华镇上街头，彩虹桥西端。建于清康熙二十八年（1689），乾隆三十八年（1773）重修。为单孔石拱桥，长6米，宽4.3米，高3.2米。桥两侧分别置有石栏板两块，栏板高0.7米，长4米。

花桥　又名"义芳桥"。位于赋春镇甲路村中。北宋中叶，村人张公组建，上盖廊亭。后张彦仪兄弟、杲果等人曾重修或重造。为单孔石拱廊桥，长8.8米，宽4.7米，高1.8米；桥亭内两侧设有护栏和坐凳。南宋绍兴元年（1131），岳飞领兵征讨李成过此桥时留题："上下街连五里遥，青帘酒肆接花桥。十年争战风光别，满地芊芊草色娇。"现为市级文物保护单位。

居安桥　位于清华镇洪村水口。建于明正德年间。为单孔石拱廊桥，长14米，宽4米，高3.5米。桥上架有亭廊，五开间，穿斗式木构架，顶覆盖小青瓦；桥廊两侧设有围栏和坐凳。桥东端原立有"忠靖祠"和"如来佛柱"一根，现无存。

中书桥　位于秋口镇李坑村水口。宋大观己丑年（1109）进士、中书舍人李侃建，明景泰四年（1453）李永通重修。为单孔砖拱廊桥，长10米，宽3.9米，高3米；砖拱上铺筑青石板成桥面。桥上四开间廊亭，系2002年重造。现为县级文物保护单位。

大夫桥　位于沱川乡篁村水口。始建于宋，明清时均重建，民国十二年（1923）再次大修。为木梁横架，上铺木板的人行廊桥，长15.83米，宽4.17米，高4.43米。桥上造有一座五开间廊亭，廊内两侧设有护栏和坐凳。现为县级文物保护单位。

钟秀桥　位于清华镇诗春村水口。始建于明代，清道光二十九年（1849）重造。为单孔石拱桥，长9米，宽4.5米，高2.5米。桥上原建"四峰亭"，重檐两层，翼角高挑。清嘉庆年间改为"文昌阁"。今桥上所造为两开间亭屋，木柱砖墙，青瓦结顶。现为县级文物保护单位。

通济桥　位于秋口镇李坑村。始建于明代，清乾隆十一年（1746）村人李光宅、良璧、钟岳重修。西北桥基处，另嵌有"信士李庆祥室孙氏帝琇切见桥面损坏舍财重墁"石刻。为单孔石拱桥，长8.2米，宽3.8米，高3.5米。从桥南头登桥有7级石阶，北头登桥有8级石阶。

九间廊桥　位于赋春镇游汀村水口。始建于宋，历代均加以维修。为长廊式人行桥，长27米，宽3.5米，高7.5米。河中一墩用块石砌筑，桥面以木梁搭架，上铺木板形成。桥上造有一座九开间廊亭，每间长3米，宽3米，高4.3米；廊内两侧设有护栏和坐凳。现为县级文物保护单位。

维新桥　位于紫阳镇考水村水口。始建于明代，清康熙十七年（1678）重建。为单孔石拱桥，长16米，宽6米，高6米。桥上造有一座四面砖墙的亭屋。桥亭门联有"桥亭典雅疑别墅""寮阁峥嵘掩村扉"等。桥头院墙嵌有一块《维新桥碑记》。现为县级文物保护单位。

拱龙桥　位于中云镇龙山村水口。明代龙山节妇潘氏建，上造德星亭。清乾隆五十七年（1792）圮，程兼御同村众人捐修；光绪四年（1878）洪水坍尽，裔孙程济美独造，费洋银4000余元。为单孔石拱桥，长13米，宽7米，高7米。今桥上亭屋，已毁。

孝思桥　位于中云镇方村北部。明万历二十六年（1598）本村人方士禧建，后裔孙方仲诰重建。为单孔石拱桥，长5米，宽3米，高2米。现为县级文物保护单位。

仁寿桥　又名"横槎桥"。位于中云镇横槎、碧山村旁两河合口处。元代县人程本中建，后遭洪水冲塌。明成化二十三年（1487），本中裔孙程宗振、宗坝、宗正与县人通判王祺及许叔英重造。清咸丰元年（1851）再次重建。为三墩四孔（每孔跨径15米）式石拱桥，长84米，宽7.5米，高7米。现为市级文物保护单位。

尚义桥　位于赋春镇赋春、冲田两村交界间。明代赋春吴音保孀妻汪氏建。后圮，村人吴裕重建，并于其上盖亭，列肆设义浆、施药饵，便利行旅。又圮，明顺治十年（1653）吴大海同淡斋和尚募劝重造。清乾隆二十四年（1759）桥被洪水冲塌，乾隆三十六年（1771）吴诚炉倡首捐资重建。同治八年（1869）再次修缮一新。为二墩三孔式石拱桥，长20米，宽4米，高4米。现为县级文物保护单位。

继芳桥　原名"永芳桥"。位于赋春镇岩前村水口。明代本村人戴庆瓒建。后圮，众建改"继芳桥"。清乾隆十二年（1747）洪水冲圮，众重建。为二墩三孔式石拱桥，长18米，宽6米，高8米。桥上原置有石栏和建有亭屋，后拆除。

迎秀桥　原名"桂岩桥"。位于赋春镇岩前村东。明代本村人戴仲谋建，其子戴希明重修。后圮，村人重造改名"迎秀桥"。清代村人再次重建。为二墩三孔式石拱桥，长20米，宽5米，高4米。

宝石桥　位于赋春镇长溪村头。建于清乾隆四十三年（1778）。为一墩二间式石板桥，长19.3米，宽2.1米，高6米。桥面以4块长7米、宽1米的青石板分两段铺设而成。中间的桥墩，面宽4.6米。

流芳桥　位于赋春镇甲路村南侧。建于明弘治十四年（1501）。为单孔石拱廊桥，长10米，宽3.5米，高8米。桥上建有砖柱廊亭，木椽青瓦结顶；亭内两侧设有坐凳。现为县级文物保护单位。

树德桥　位于赋春镇下严田村水口。明代本村人李久关建，清代曾重修。为单孔石拱桥，长13米，宽6.5米，高6米。桥拱龙门石上，刻有行书"绕秀"二字。原桥上造有桥亭，已塌。现为县级文物保护单位。

汇秀桥　位于赋春镇巡检司村中。建于清乾隆四十二年（1777）。为二墩三孔式石拱桥，长24米，宽5米，高2.2米。桥上两侧设置有石栏。现为县级文物保护单位。

高道桥　位于赋春镇黄家村北。明代张果启兄弟建。后圮，清雍正三年（1725）照涌、道生二僧募化重建。为单孔石拱廊桥，长20米，宽5米，高10米。桥上造有亭屋，两头为圆形拱门，四面砖墙，木椽青瓦结顶，桥亭内靠墙设有坐凳。现为县级文物保护单位。

题柱桥　位于镇头镇游山村口。明万历二十七年（1599），村人董徽光建。清乾隆三十四年（1769）重修。为单孔石拱廊桥，长9米，宽5米，高5米。桥上设廊亭，五开间，穿斗式木构架；桥廊两侧设有围栏和坐凳。亭廊内有楹联两副：一为"村大龙尤大隐隐稠密人烟，桥高亭更高重重频生财气"；另一为"登高桥远眺儒林赞扬先辈，站幽谷遐思文笔羡慕前徽"。现为县级文物保护单位。

儒林桥　位于镇头镇游山村西头。宋太平兴国年间，游山始迁祖董知仁建。后裔孙董齐重建。为二墩三间式石板桥，长5米，宽2.5米，高2米。溪中两座石墩以块石砌筑，桥面用9块长条大石分三间架设成。现为县级文物保护单位。

茂林桥　位于镇头镇游山村水口。始建于明万历年间，清乾隆十年（1745）重建。为单孔石拱廊桥，长12米，宽5米，高7米。桥上的三开间廊亭，系光绪三十年（1904）重建，四面敞开，木椽青瓦结顶，廊内南北两侧设有护栏和坐凳。

双桂桥　位于许村镇许村西头。明洪武三十一年（1398），本村人许贵安建。为单孔石拱廊桥，长7米，宽4米，高1米。桥上造有一座三开间廊亭，木椽青瓦结顶；廊内两侧设有护栏和坐凳。现为县级文物保护单位。

沣溪桥　位于许村镇上、下汾水村之间。元代本村人吕文珪建，县人礼部员外郎程文有记载。为单孔石拱桥，长12米，宽6米，高8米。桥旁有古柏、桂花树等多株。现为县级文物保护单位。

和睦桥　位于许村镇和睦桥村西侧。始建于明代，清代曾重修。为单孔石拱桥，长

15米，宽5米，高6.5米。桥两头均有10余级石阶上桥。桥旁两岸有粗大的古樟树数棵。现为县级文物保护单位。

长者桥 位于许村镇深渡村西南侧。元代本村人许文福建，县人礼部尚书汪泽民跋。后圮，许氏众人重建。为二墩三孔式石拱桥，长27米，宽5.3米，高8米。桥旁有大樟树一棵。现为县级文物保护单位。

鹤溪桥 位于秋口镇鹤溪村口。元泰定三年（1326）词川村人王德全建，明洪武九年（1376）其子王碧宇造亭于上，弘治六年（1493）其孙王尚威、獬威重修。为单孔砖拱廊桥，长8.8米，宽4.5米，高3.5米。桥上造有一座三开间廊亭，四面敞开，木椽青瓦结顶，廊内两侧设有护栏和坐凳。廊亭最后一次修缮是清光绪二十六年（1900），工师为朱桂林。现为市级文物保护单位。

崇福桥 位于婺源县秋口镇长径村头。明正统七年（1442），义民程宗大建。为单孔石拱桥，长6米，宽3.5米，高2米。桥上造有桥亭。现为县级文物保护单位。

嵩年桥 位于江湾镇下晓起村水口。清康熙八年（1669），里人汪继蕃捐资独建并建亭其上，以祈母寿，故名。为单孔石拱桥，长18米，宽7.5米，高9米。原桥亭早毁，现桥上砖砌茶楼系2001年重造。为县级文物保护单位。

福庆桥 位于段莘乡庆源村口。明代本村人詹仁偕其弟詹义、詹礼、詹柔、詹正同建，邑人户部主事程广［天顺元（1457）年进士］有记载。为单孔石拱桥，长11米，宽7米，高7米。现为县级文物保护单位。

八十桥 位于段莘乡官坑村西。明正统年间，本村人洪文钜建。嘉靖年间，洪坤等重修。为单孔石拱桥，长8米，宽3.3米，高6米。现为县级文物保护单位。

登云桥 位于段莘乡官坑村水口。因桥头原立有"如来佛柱"，故又称"如来桥"。明成化年间，十四都吴世荣建。后官坑洪、汪二姓重修。为一墩二孔式石拱桥，长24米，宽4米，高4.5米。现为县级文物保护单位。

升平桥 位于思口镇枧田王村水口。建于清乾隆十九年（1754）。为单孔石拱桥，长14米，宽4.5米，高5.5米。桥上两侧竖有石板护栏。桥头有古樟两棵，直径1.5米。现为县级文物保护单位。

遗德桥 位于思口镇高枧何家水口。建于清顺治十四年（1657）。为单孔石拱桥，长8.4米，宽4.2米，高5米。桥两头各有一棵大樟树。现为县级文物保护单位。

思溪桥 又名"通济桥"。位于思口镇思溪村内口。明景泰元年（1450），本村人俞宗亨建。清乾隆五十七年（1792）桥被洪水冲毁，村人俞德任捐田三亩倡修，嘉庆九年（1804）竣工。为一墩二间式廊桥，长22米，宽3.8米，高4.2米。桥上木椽青瓦结顶，建成一座8开间的廊亭，廊内两侧设有桥栏靠凳。河中央的桥墩上，西端竖有"如来佛柱"，立于清嘉庆三年（1798）十二月；东端墩尾建有一间河神祠，祠内供奉禹王牌位。现为市级文物保护单位。

成美桥　位于思口镇成美桥村旁。建于清康熙四十二年（1703）。乾隆三十一年（1766）桥被洪水冲圮，乾隆四十二年（1777）由乡人金氏孺人捐资重建。为单孔石拱桥，长14米，宽4米，高4.7米。

通津桥　位于思口镇锁口潭村水口。建于清顺治年间。为单孔石拱桥，长12米，宽5米，高5米。桥下首有"晏公庙"，清光绪十二年（1886）进士、江西审判厅丞江峰青题联云："一潭水影徵明月，两岸山光锁碧桥"。

理源桥　位于沱川乡理坑村水口。明正统年间，村人余杉、余相、余楷建。为单孔石拱桥，长10米，宽5米，高8米。桥上盖有亭屋，四面砖墙，青瓦覆顶。桥亭四门的门额上，分别题"山中邹鲁""理学渊源""闾开阀阅""笔峰兆汉"字样。现为县级文物保护单位。

福济桥　原名"登瀛桥"。位于段莘乡庆源村水口。明初始建。后圮，本村人詹汝烈出资重建。婺源县人户部尚书汪应蛟［万历二年（1574）进士］有记载。民国十六年（1927）最后一次重修。为单孔石拱桥，长8米，宽4米，高2.5米。现为县级文物保护单位。

水南桥　位于大鄣山乡水岚村头。建于清康熙二年（1663）。为单孔石拱桥，长13.6米，宽4.5米，高5米。桥拱龙门石上，刻有阴文楷书"大清康熙癸卯岁冬月吉造"字样。桥东端立有"如来佛柱"一根。现为县级文物保护单位。

百子桥　位于沱川乡理坑村中。建于明代。为二墩三间式石板桥，长10.95米，宽1.1米，高1.6米。桥面用6块长3.65米、厚15～20厘米的青石板，分三段铺设成。两座桥脚分别以两块长1.6米、宽1米的长条青石竖立为墩，迎水面为减小水流对桥脚的冲力，凿磨成刃状。现为县级文物保护单位。

通津桥　位于浙源乡虹关村口。始建于明代。清同治年间桥被洪水冲塌，村人詹元吉出百金复建，3年建成。为单孔石拱桥，长16米，宽4米，高5米。现为县级文物保护单位。

芦田桥　旧名"随缘桥"。位于紫阳镇芦田桥村口。明成化年间，知县丁佑命僧道募建。为单孔石拱桥，长8米，宽4米，高5米。

素心桥　位于中云镇中云村水口，福山书院旧址处。建于明嘉靖年间，为单孔石拱桥，长6.6米，宽3.8米，高2.4米。桥上原建有素心亭，嘉靖十六年（1537）广东增城湛若水讲学福山书院时，有《题福山书院素心亭》诗。

万 年 县

◎ 古桥名录

殷河古桥　位于珠田乡珠田村，系建于康熙年间的青石板古桥。殷河古桥为梁式结构，东西走向，横跨万年珠溪河，全部采用青麻石打磨为方形、条形、三角形后砌制而成，桥面跨度共长100米，桥面至水面高4米，有16桥墩、17孔。分水桥墩为船形，桥面两边共刻有32幅浮雕图案，内容包括福寿禄三星、象、鹿、狮、麒麟、蝴蝶、鱼、棋盘、花卉等图案，古朴典雅，寓意美好，技法娴熟，惟妙惟肖。

余 干 县

◎ 古桥名录

上桥 位于余干县境南古埠镇老街南侧。始建于宋嘉定年间，原名庆元桥。桥南北向，三孔石拱，全用红石砌筑，两墩朝上游方有分水墩，弧跨度9.2米，桥底红石横向排列，桥拱纵向排列。桥长38.2米，宽5.6米，高6米，占地面积213.92平方米。清雍正七年（1729）重修。现桥南边拱已塌，余下二孔桥面完好，仍可人车通行。

中桥 位于古埠镇古埠街南端。三孔石拱桥。长35.8米，宽5.4米，高6.1米。建于宋，明嘉靖年间圮。清雍正七年（1729）、乾隆十九年（1754）均重修。石拱上刻有"中桥"二字。至今保存完好。

转身桥 位于古埠镇境内余古公路上。又名转风桥、卷风桥。相传以前蒋氏兄弟因争夺财产打官司吃尽了苦头，后在此处过渡相遇和好，俗称"转身"，为此首倡捐资于清嘉庆十九年（1814）建此石桥，现改为公路水泥桥。

下漾桥 位于枫港乡弯头卢家南端。三孔石拱桥。桥长25.7米，宽5.31米，高4米。创建年代不详，清乾隆十九年（1754）重修。桥石刻有佛语"华盖名山""三仙真君""江西福主""川仙真君"。至今保存完好。

党公桥 位于境西北石口镇常山村委会汤家村北、武陵山脚下。桥跨余水之上，南北向。始建于清中期。弧形单孔石桥，桥面红石横砌。长9.4米，宽5.7米，高6.3米。20世纪70年代末余石公路硬化，桥面加铺水泥混凝土，保存较好。

重洲桥 位于境西北石口镇湖滨村委会重洲村西南端，横跨泊头湖。始建于清光绪年间。桥为单孔石拱桥，长7.5米，宽4.2米，高5.3米。桥面红石砌筑，桥底部为横向排列，桥拱纵向排列，1982年路面硬化，桥面加铺水泥混凝土。整桥建筑保存较好。

洗马池桥 位于境西北三塘乡松山村委会后张村西南侧，洪崖脚南麓。相传大战鄱阳湖时，朱元璋曾洗马于此，故名。桥始建于清道光年间，红石质单拱，长30米，宽5米，高4米。池水原为鄱阳湖之水，筑康山大堤后变成内湖。1952年在桥西边建一道水泥结构闸口，故又名洪马池闸，形成内桥外闸，桥保存较好。

酌港口桥 位于境东南杨埠乡峡山合港村委会聂家村西北侧。清詹坊人黄国定于道光三年（1823）建。桥因坐落在一小溪入信江水口处，故名。南北向，两墩三孔，长13米，宽1.4米，高11.6米，红石砌筑，桥面石纵向排列，桥底横向排列，每块长4米余。是旧时往来南北的必经之地，历经近二百年，建筑依然牢固。桥两边原有栏杆，现不存。现该桥已废弃未用。

子规桥　位于境西南九龙乡润溪村委会,明成化二十二年(1486),知县王倬及县丞王麓建。因桥建成时恰逢子规鸣叫,故名。桥东西走向,横跨润溪湖,三孔石拱,长15米,宽4.5米,红石砌筑,桥拱纵砌,桥底横砌。现桥面已凹凸不平,人车仍可继续通行。

鄱 阳 县

◎ 古桥名录

大龙桥　位于鄱阳镇镇中心、上士湖之间,梁朝鄱阳王萧恢时建。元朝曾建海会阁于其上,后毁。清康熙时,又建清风阁于其上,旁列二庵,今桥已不存在。

小龙桥　位于鄱阳镇镇中心、下士湖之间,与大龙桥并列,横跨澹津湖,梁天监年造。今桥已不存在。

德化桥　位于鄱阳镇西南解放街西段,宋宣和年间为县人周士全集资建。今桥已不存在。

吉安市

吉 州 区

◎ 古桥名录

螺川浮桥 位于吉州区赣江段，1939年春，南昌沦陷，大批难民涌入吉安，吉安人口由四万余猛增至近二十万，河东亭子下村居住有一万二千余人，发展成"河东街"；后又在河东开办新生纱厂，拥有大批工人。鉴于两岸居民往来频繁，加之常遭空袭，为便于疏散，当局遂于1942年在赣江，即从河西盐码头至河东彭家之间架设一浮桥，称之"螺川浮桥"。原计划用浮船148只架设，后因经费有限，仅用117只浮船，而在江中裸露的沙滩处用17块木板衔接，11月4日开始通行。桥全长444米，浮桥总投资57万余元，通过一次需八九分钟，并征收过检费。行人三角，黄包车、土车每辆加收二角，车辆马车一元。征收几个月后在舆论压力下取消。每逢春夏雨季，浮桥常被冲毁，复又架设，延至1944年9月拆除后再没重架。

习溪桥 原名槠木桥，后改名习溪桥，位于城区后河通往赣江出口处，始建于三国东吴赤乌二年（239），为境内最古老的石拱桥。唐天宝七年（748），庐陵县令吴历下令重修。桥长6.6米，宽9米，1孔。1982年改建，用钢筋混凝土加固加宽。

太平桥 位于城区最南端的后河流入城区的进口处，北宋大中祥符二年（1009）僧人云翯化缘集资修建，横跨吉州区后河，东边跃进路，西接井冈山大道。明洪武十六年（1383）僧人起回重修。桥高6.67米，宽4米，为一孔石拱桥。古时每逢立春日，郡县官会率众经过太平桥前往城隍庙南迎春，桥两侧跪有等候的人，大呼"春到太平"。桥名或来源于此。

1923年12月，邑人康桂林（木材巨商）捐银三千五百元重修。桥长5.8米，高6.43米，宽3.8米。1973年昌赣公路改线取直，此桥通道被堵，桥被荒弃。

2005年，太平桥重修。桥长18.2米，桥宽3.6米，一跨径6米的钢筋混凝土拱桥，桥梁基础为钢筋混凝土，并采用碎石料铺筑垫层，拱桥采用20厘米厚细缮光条石拱券+35厘米厚C30（混凝土标号，下同）混凝土拱券+4厘米厚M10（砂浆标号，下同）砂浆+6厘米厚石桥面层。侧墙M10砂浆砌块石、精缮条石镶面。

北门桥 原名螺冈桥，位于古城北面的嘉禾门外（今北门街口）。宋咸淳年间建。元代，庐陵郡县官员常在此桥迎接圣旨，遂改称迎恩桥，后人习称北门桥。明洪武二十年（1387）道士胡永成重修，并在桥上筑一屋。桥高12.68米，长44.1米。1950年2月，昌吉公路改由吉水三曲滩过渡，经此桥进入市区。1963年公路改线，在该桥西侧500米处另行兴建一座公路木桥，螺冈桥废弃，桥上砖石拆除一空。1965年，由国防部门拨款，市养路队承建，将木桥改建成钢筋混凝土三孔石梁桥，跨径12米，净宽7米，人行道宽0.27米，长40.3米，为昌赣公路进出市区唯一公路桥。1970年井冈山大桥建成后，路线改经井冈山大桥，此桥改为朱北、吉新公路桥。

状元桥 位于北门街，今吉安一中后门出口处，桥南与韶山东路相通，原是通往孔圣殿的必经之地，始建之年无考。南宋宝祐四年（1256）庐陵人文天祥考中状元，吉州人为纪念这一盛事，特将此桥定名为状元桥，沿用至今。桥系一孔砖石拱桥，长3.5米，宽2.5米，南北两端有与桥同宽度的红色甬道，总长80米。桥北为庐陵县学的进士第一堂，堂内原有一方文天祥亲书的广丈余的"魁"字，后被毁。堂后孔庙，20世纪60年代被拆除，唯状元桥及桥两端甬道和粉红矮墙栏杆保存完整。

中山桥 位于后河中段，始建于宋代，始建时间不详，原名市西桥，后改称景福桥，又因桥位于卖丝绒花线的花巷旁，习称花巷桥。元皇庆年间庐陵人李达则重修。清乾隆二十九年（1764）毁于水。次年，吉安知府李沅和庐陵知县汪丙评倡修，经庐陵人罗玉果、周守一等人和商店住户捐银二千六百余两加以修复。1933年扩建道，花巷改名中山路，桥改称中山桥，沿用至今。中华人民共和国成立后多次整修该桥，拆除了桥两侧的商店，加宽了桥面。桥为三孔实腹式石拱桥，孔径8米，长34米，宽10.5米，其中人行道各宽2米，车行道宽6.5米，桥东接沿江路和滨江路，桥西至吉安中心汽车站，与井冈山大道相通，曾是城区内主要交通桥梁之一。2005年中山桥重建，全长31米，桥面宽21米，桥梁的跨径组合为主跨净跨8米等截面圆弧无铰拱桥，边孔为两边各一跨6米等截面圆弧无铰拱，孔拱券厚48厘米，边孔拱券厚45厘米，主孔矢跨比为1∶3，桥下净空2.858米，边孔矢跨比为1∶3，桥下净空2.191米，下部结构为钻孔灌注桩基础。

南湖桥 位于城区后河下游，盐桥以北，始建之年不详，原桥已毁。为二孔红石拱桥。孔径8米，高2米，长84米，宽4.4米，桥两侧建有水泥栏杆，是后河东西两旁居民的主要通道。元泰定四年（1327）由郡史张鼒倡议，吉州人周师望、康秀荣出资修复。清乾隆三十九年（1774）秋，邑人龙大献、刘碧合资重修。1917年，水涨桥没，李杨勋捐钱一千缗（古代一千文为一缗），桥加高三尺余。中华人民共和国成立后，多次整修。

螺湖桥 位于北门街道东门村螺湖水注入赣江出口处，又因地处东门村旁又名东门桥。桥北半里即梅林古渡。元至正年间郭荣甫兴建，宽5.88米，高11.76米，长四十步。明正统年间重建，正德二年（1507）知府任仪鼎建，并筑屋桥上。清康熙二十三年（1684）桥遭洪水冲毁，谢纯莪修复，并在桥旁建广渡庵。乾隆四十四年（1779）重修。1939年，江西公路处迁桥北文山祠后，开行公共汽车，利用此桥往返城区。

螺湖桥现长37米，宽4.8米，拱宽11.5米，桥距水面高8.4米，距分水嘴高5.2米，桥的西面有两分水嘴，分水嘴上各建有一红石质石雕，南边为牛头造型，北为鳌鱼造型，历经百年风雨依旧栩栩如生。

螺湖桥整体建筑结构保存完整，对研究当地的民风、民俗和古代桥梁建筑及装饰工艺具有一定的艺术价值和历史价值。

吟溪桥 位于长塘镇陈家行政村桥南村，由元代一位名叫陈仲芳的长者所建，始建时间不详，跨吟溪水。桥长20米，高3米，宽2.4米，为三孔青砖拱桥，南北走向，单跨最大净跨为5.3米。桥上有亭，翰林滕玉霄书匾，岁久倾圮。明洪武元年（1368），宁国知府（陈仲芳之孙）将亭修葺一新。永乐十二年（1414），桥被大水冲毁。宣德七年（1432），周忱归家，与吉安郡守陈本琛、千户王君时倡修，次年建成，周忱作记。现桥为清同治年间举人胡习孔等再次倡修。桥梁保存尚好，对当地桥梁建筑的研究有一定的价值，目前供当地行人使用。

盐桥 位于城区后河下游，中山桥下首，明永乐二年（1404）修建。永乐十三年（1415）彭永冈修复，为三孔石拱桥，此后又重修三次，并在桥两侧增置石栏杆。清乾隆二十九年（1764）遭洪水冲毁。次年，庐陵人罗玉果等人捐款修复。该桥初建时，桥旁有一福善庵，故名福善桥。后因桥东赣江边辟有专门装卸食盐的盐码头，附近置有盐仓，此桥便改称盐桥，沿留至今。1973年投资2.1万元，加宽人行道。现为三孔实腹式石拱桥，长56米，宽9.8米，孔径8米，人行道各宽1.9米。桥东为沿江路。桥西与主道的文山路、井冈山大道相通，曾是城区主要交通桥梁之一。2003年11月盐桥进行重建，桥梁全长41米，桥梁的跨径组合为主跨10米等截面圆弧无铰拱桥，两边跨为8米的等截面圆弧无铰拱，桥面宽20米，主跨拱厚50厘米。

漓陂桥　位于长塘镇田畔村东面，始建于清中期，始建时间不详。桥跨同江水，南北走向，砖石结构，红米石桥墩，砖砌桥拱的三孔石桥，长36米，宽3.8米，实高6米，建筑占地136.8平方米。桥西南有梭状分水嘴，迎水面上端约1米处铸有铁牛两尊，1986年重修水泥桥面和水泥桥栏杆，分水嘴局部加粉水泥。为典型赣中庐陵建筑风格，有一定的保护价值。

铁佛桥　位于城区以南、太平桥下首，跨后河，南宋淳祐年间僧人志伟化缘集资修建，因桥旁有一铁佛寺而得名。明洪武十五年（1382）重修，清康熙九年（1670）邑人刘君美、肖日唯出资重建。桥长7米，宽6米，为一孔红石拱桥。1915年毁于水后再没修建，故桥名作为街道名保留至今。2003年11月铁佛桥重修，桥梁全长31米，主拱净矢跨比为1∶3，桥下净空4.08米，桥面宽40.5米。桥梁主跨结构形式为一主跨跨径15米等截面圆弧无铰拱桥，边跨为两边各一跨6.5米的桥涵，桥梁上设可供上下桥的踏步，行人可上下桥漫步休闲。

小桥　又名半苏桥，位于吉州区后河上游，铁佛桥以下，宋元丰年间兴建，崇二丈（4.17米），广八尺（18.8米），为一孔红石拱桥。宋绍圣元年（1094）苏轼贬谪惠州（今广东惠阳区），途经庐陵，漫步桥上，时值盛夏，但见澄清河水映衬着亭亭玉立的荷花，两岸垂柳依依，燕飞蝉鸣，其景不亚于半个苏州，便将此桥取名半苏桥。元末苏万户重修，群众习称小桥，沿用至今。1966年，吉安市人民政府投资6000元加宽桥基，1979年投资4.9万元将桥改为一孔实腹式石拱桥，孔径8米，长14米，桥面加宽至12.6米，可通行大型汽车，是城区东西两岸的主要通道。桥东西两侧，曾一度为吉安城区最繁华的农贸市场。2005年3月在原桥址上重建，桥梁全长45米，宽21.5米，桥梁的跨径组合为主跨净跨8米等截面圆弧无铰拱，中边孔为两边各一跨6.472米的等截面圆弧无铰拱，小边孔为两边各一跨4.944米的等截面圆弧无铰拱，下部结构为桩。

王家桥　位于吉州区后河中段，小桥下游，相传此处原属"银凤古团"。桥称"银凤桥"，习称"古小桥"，后以桥东王家巷而取今名。宋大中祥符年间由贾五华所建。明嘉靖十一年（1532）重修。清乾隆三十年（1765）发大水，桥毁；乾隆三十三年（1768）秋，庐陵大学士刘捷魁等十五人倡修。桥原为三孔石梁桥，上铺以长条麻石。1982年3月，政府拨款4.75万元改建成一孔实腹式石拱桥，长22米，宽7米，孔径8米。

桂溪桥　俗称"雷公桥"，位于城郊北面真君山下，始建之年不详，螺湖水经此桥环绕琵琶洲从螺湖桥注入赣江。相传东晋道士许真君于真君山上修道成仙后，常经此桥，故又名"迎仙桥"。桥长21米，宽3.5米，孔径8米，为三孔砖石拱桥。桥仍屹立在螺湖水上，现旁边建一新桥后，此桥便无人行走。

神赐桥　位于城区南端的神岗山东北，濒临赣江。相传宋至和年间建桥时，突有十余根木头顺水漂来，遂以砖石为基，取木筑亭，故名"神赐桥"，又称"神助桥"。桥高2.25米，宽1.88米，长20步，如今桥已废，然以"神助"命名的村名保留至今。

吉塘桥　位于禾埠乡王家村委会渡头村以西的禾水上。宋元交替之际（1270）普济和尚建，桥共15墩，上面有屋，高、宽各2丈，长4丈。明洪武重建。永乐二年（1404）毁于水，仅存12墩。吉塘桥为古代庐陵通往泰和、赣州驿道的必经之地，桥毁后，改用人工摆渡，是为古吉塘渡，延续540余年。抗日战争胜利后，人们往来多改走禾埠过渡，此渡始废，原架设的桥塘已被水下泥沙埋，至今仍依稀可辨其残墩。

拱桥　又名"孔桥"，位于原庐陵通往泰和、赣州古驿道上，今禾埠乡王家村委会邹家村西南300米处的万石湖流入禾河的溪径上。始建年代不详。桥长28.2米，宽4米，高3.8米，跨度9.3米，系一孔红岩石拱桥，当地群众习称"拱桥"。桥至今保存完整，1982年加铺混凝土桥面，是附近农民进城的主要通道。

臻溪桥　位于长塘镇臻溪村，清代建，始建时间不详，民国年间重修，跨臻溪水，东西走向。桥长8.6米，宽3.1米，跨5米，矢高5米，单孔砖砌红石拱桥，建筑占地26.66平方米。

邹家陂桥　位于长塘镇庙背村委会邹家村，清代建，始建时间不详，南北走向，跨臻溪水。桥长24米，宽3米，跨径6米，三孔砖砌红石拱桥，建筑面积72平方米，东北面一分水嘴，北向一孔是供路人遮风避雨的卷棚式翁门。

葛家桥　位于长塘镇田畔村，为清晚期建，青砖砌圆拱桥面无铺装，砖砌重力式墩台，4跨每跨5米，桥长26米，宽2.4米，高5米，保存尚好，目前供当地群众生产、生活使用。

洲家陂桥　位于吉州区长塘镇五里村委邹家村，清代建，具体时间无考，南北走向，跨越臻溪水，原为三孔石桥。1968年改建，改为单跨红岩石拱桥，桥长23米，宽4.7米，高5米，跨径23米，整体建筑架构保存完整，对研究当地古代桥梁建筑及装饰工艺具有一定的艺术和历史价值。1998年加铺混凝土桥面板和铁护栏，保存尚好，目前供当地群众生产、生活使用。

喂奶桥　位于禾埠乡水南村，建于清康熙八年（1669）秋，跨越禾泸水一支溪上。桥长17.5米，宽3.7米，高4米，红岩石拱桥。关于桥名的由来有一个传说，相传桥址附近方圆二三十里的乡民赶圩，都要从桥址通过。可是这里河区狭窄，江深水急，涉水无望，行船不便，乡里人多次讨论集资，然而种种原因未能如愿。当时村里一村妇，深明大义，毅然断了自己遗腹子的奶，去大户家做奶娘，省吃俭用，将做奶娘积攒起来的钱全部捐献，建起了这座石拱桥。从此，车马行人畅通无阻，沟通了南北交通，为乡人办了一件大好事。为纪念这位奶妈，将石拱桥命名为"喂奶桥"，并立碑于桥头，又在石碑上端镌刻一个乳状，令人顾形思义。现石碑已毁，桥保存完好，1996年加固了两侧石挡土墙，目前继续供当地行人使用。

藤桥　位于兴桥镇藤桥村，唐建中年间建，具体时间无考，明洪武二十年（1387）刘仲戬修，1932年再次重修，2004年12月加固桥台两侧挡土墙及红砖桥栏和混凝土桥面。桥长10米，两跨每跨5米，高5米，宽4米，保存尚好。

磨湾桥　位于长塘镇金华村，清道光年间建，始建时间不详。桥长36米，高6米，宽2.2米，为3孔砖砌青砖拱桥，3跨最大跨径11米，保存尚好。

桥边桥　位于长塘镇田畔村，清道光年间建，始建时间不详。桥长20米，高3米，宽2.3米，为单孔砖砌青砖拱桥，单跨最大净跨12米，保存尚好，仍在使用。

善庆桥　位于长塘镇下南塘至冻头公路上，清道光三年（1823）建。桥长48米，宽1.5米，高6米，砖砌圆拱，桥面无铺装，砖砌重力式墩台，3跨每跨16米，保存尚好，仍在使用。

张家桥　位于曲濑镇张家村，清中期建，始建时间不详。桥长12米，宽2.4米，高2米，红岩石砌单孔圆拱，桥面无铺装，最大跨径5米。

冻头桥　位于白塘街道城上村，清道光三年（1823）建，砖砌圆拱，桥面无铺装，砖砌重力式墩台，3跨每跨8米，桥长33米，宽2.4米，高5米。

三江桥　位于长塘镇西四乡联网公路官塘村往樟山方向上，跨越桐江水系。该桥第一跨基上清晰可见红岩石上刻有"清道光三年重建"字样。桥长66米，宽3.5米，高5.5米，红岩石砌圆拱桥，重力式墩台，5跨每跨12米，后加铺混凝土桥面及加设混凝土栏杆等，原桥有一孔，1995年因洪水垮塌，不能通行。1996年11月由吉安市政府投资在该桥北侧建成一混凝土空心板梁桥，下部结构为重力式墩台，桥长58.79米，宽9.6米，高5.65米，4跨跨径总长为48米。

庵漓桥　位于长塘镇双村至长塘公路刘家村往西村方向上，跨越桐江水系，清末修建，具体时间无考。桥长28米，宽3米，高5米，青砖砌拱桥，重力式墩台，3跨每跨8米，后加铺混凝土桥面及加设混凝土栏杆等，保存尚好。

青 原 区

◎ 重点介绍

相公桥

相公桥位于青原区富滩镇古富行政村陈家村，为古代吉水县城通往水南、沙溪、东固等地的官道桥梁。该桥南北走向，跨虎溪（恩江末梢支流）而建，单拱石桥，全长8米，宽1.8米，矢高2.1米，券顶厚0.45米，桥拱用18厘米×55厘米×18厘米的31块麻石横排券成，拱券上用同样石块竖排券盖，飘出拱券25厘米。券盖上砌顽石至桥面。北桥头与地面平齐，南桥头用顽石拱砌4步缓台阶与路面相接。桥拱券石面，刻有南北相对的两行竖排文字，北向文字清晰可辨，为"岁次癸酉咸淳九年正月初六日重修"；南向的文字风化严重，仅可见"四劝资集"等字。字体大小不一，平均约12厘米。该桥保存完整，为宋代官道桥梁的典型代表。2006年列为江西省第五批省级重点文物保护单位。

关于该桥有一个传说：一位才华横溢的相公骑马进京赴考，来到虎溪的桥边，便策马上桥，由于原桥破烂不堪，马行至中段，一脚踏在松动的石块上，跌下丈许深的溪水中。溪底怪石嶙峋，相公重重地撞在乱石上便一命呜呼了。村民闻讯很是悲痛，为不让悲剧重演，村民齐心努力，建成一座石拱桥。为纪念跌死于此的赶考生，将桥取名"相公桥"。后又在桥西面建了相公庙。

◎ 古桥名录

泡泉桥 位于富滩镇古富村，与相公桥相距较近，同跨虎溪而建，虽无纪年字样，建造模式与相公桥一致，建造方法和建造年代与相公桥接近，属宋末建筑，保存完好。桥长5米，高2.2米，跨径2.3米，单孔石拱桥。

待月桥　位于青原山净居寺西侧的青原溪出狮山和象山山口处，又名"谷口桥"，是净居寺通往阳明书院必经之路。桥原是用青原溪两岸古藤和连理村等架设的栈桥，上铺以木板，顶复以草棚，因安隐山高耸其东，月亮晚现而称"待月桥"。清乾隆二十九年（1764）遭洪水冲毁，太守李沉倡修石桥，工将成，又毁于水。乾隆三十九年（1774）秋，净居寺和尚集资修复，并在桥上建一亭，供游人登亭眺望山景和欣赏月色，亭门上有石柱对联一副——"桥因月有诗，名与石俱留"。光绪十年（1884）毁于山洪，后又修复。中华人民共和国成立初期，吉安市人民政府拨款加以整修，两旁置有白色的石栏杆，桥长26.2米，宽4.5米，系一孔石拱桥，跨径9.1米。

学士桥　又名"张公桥"，位于新圩镇坪田高车村下首的富水河上，距高车村约300米，始建于清代，始建时间不详。桥长96米，宽4.5米，系6墩7孔料石拱桥，无栏杆。据传此处原水流湍急，清朝学士张簧士至此轿马难渡，遂令造桥，取名"学士桥"，又名"张公桥"。张簧士为清康熙年间翰林学士，《新圩王江庵桥桥记》乃他所作。历史上，学士桥是吉安至东固大道上的重要桥梁之一。中华人民共和国成立后，在吉安至富田的公路未修通之前，人们步行至东固，此桥仍然是必经之地。

永安桥　位于值下镇马埠村南面，又名"马埠桥"。该桥跨过富水河（原名王江河），是一座古老的料石拱桥。桥西头有座永安亭，亭内墙上碑文记载，该桥始建于清咸丰初年，桥长120米，宽5米，高7.2米，9孔，跨径10米，无人行道、栏杆。1986年由吉安公路段负责整修加固。加固方法是：在原料石拱券上再浇筑1个30厘米厚的200#混凝土拱套，其拱脚设在原拱2/3处，同时在桥面两侧增设0.5米的安全带和栏杆，混凝土桥面，桥面宽4.5米，现在旁边另建了一座混凝土桥梁。

王江庵桥　原名"仁者桥"，又名"羊角庵桥"，位于新圩乡富水河畔城山行政村罗家村的下首，自西向东跨越富水河（原名王江河），桥长107米，桥面净宽5米，高9米，料石拱桥，共7孔，有2孔的跨径为6米，5孔的跨径为10米，无人行道，无栏杆。始建于清康熙三十三年（1693），雍正三年（1726）续修，乾隆十七年（1752）改修石梁，乾隆四十八年（1783）续修此桥东岸，后被洪水冲倒，乾隆五十六年（1791）和嘉庆九年（1804）都曾经重修桥的两岸。1960年凤白线通车时被用作公路桥。青东公路改建时另建了一座新桥。1985年3月南岸第七孔两侧拱券石倒塌，当即堵塞此孔，维持交通。

黄沙桥　原名"龙门桥"，位于东固畲族乡的柏（木岭）南（龙）公路上的黄沙村前，横跨富水河的上游段，是一座5孔料石拱桥。此桥始建于清乾隆年间，始建时间不详。桥长70米，宽4米，无栏杆。1950年修建柏木岭至南龙公路时，用作公路桥。因桥面不宽，又无栏杆，为安全起见，1981年改建古桥上部，加铺钢筋混凝土桥面，增设人行道，两侧均宽0.5米，行车道净宽4.5米。

井冈山市

◎ 古桥名录

雁塔桥　位于黄坳乡黄坳村老街外，跨衙前河上游，南北走向，清光绪三十二年（1906）建。桥长30.2米，宽4.9米，高3.2米，为二孔石拱桥，长方形花岗岩石纵联砌置，东面有一分水嘴，桥西边有高80厘米、厚40厘米的桥护栏。桥墩底部及引桥均用鹅卵石垒砌，保存完好，桥身古藤缠绕。1985年5月14日公布为县级文物保护单位。

盘石桥　位于荷花乡钟屋村村口，南北走向，跨东源水，清道光十六年（1836）乡绅黄玉成建。桥长4米，宽3.8米，矢高2.7米，单孔石桥，五级石阶护坡，有隐护栏。东面桥额毁于"文化大革命"时期，西面桥额为青石质八仙人物纹饰。1927年10月，毛泽东与袁文才在大苍会面后，经此桥同上茅坪。

状元桥　位于龙市镇窑下村南100米，坐落于龙江书院门前的泮池之上，建于清道光二十年（1840），为宁冈、茶陵、炎陵三县客家绅民捐资所建，单孔石拱桥，长6.5米，宽1.75米，拱券采用横向平置法砌成，拱顶两侧镶有青石桥，雕凤、蝶与花卉图案，保存完好。

黄江桥　位于古城镇井背村，为井冈山市内最长的一座古桥。桥长102米，宽2米，高6米，9墩10孔，石墩，木面。清顺治九年（1652），县人谢九官联友首次建桥。后被洪水毁而设渡。渡废后，知县杨晓昀与学博张延槐联全县23人于道光二十二年（1842），各捐约18千文重建木石结构桥，并成立新联黄江桥会，置田20亩为永修之资，数年后水毁桥。光绪十八年（1892），知县郑恭劝捐修复。

定福桥　位于龙市镇石陂村上桥陂下，清乾隆二十五年（1760），树背定溪张学轼之母谢氏捐资修建。全长45米，宽2.5米，高4米，5孔，跨径6米，石墩木面。1976年水毁墩2座。1988年1月，原宁冈县老区建设委员会办公室投资13万元，改建为4孔石拱桥。桥长70米，宽6.5米，宽4米，5孔。

龙津桥　位于茅坪乡马源村左溪，明嘉靖二十五年（1820）修建。桥长19米，宽3.8米，宽5.3米，1孔，石墩，木面，一直沿用至今。

云津桥　位于古城镇古城街后，又名"凝星桥"。清道光年间，当地居民集资修建，石墩，木面。桥长61米，宽3米，高4.5米，7孔，跨径8.5米。1990年6月，原宁冈县老区建设委员会办公室、古城乡人民政府共投资4.24万元整修，桥面改为钢筋水泥结构，两侧设有栏杆，桥头两侧各立碑1块。

纯碬桥　　位于东上乡枫木塘，清咸丰四年（1854）修建。桥长7.4米，宽3米，高2.82米，石墩，木面，1孔，一直沿用至今。

荣题桥　　位于东上乡洽坪村侧，清光绪年间修建。石墩，木面，长12.6米，宽2.5米，高4.75米，1孔，一直沿用至今。

洋木桥　　位于睦村乡腾霞村，清光绪二年（1876）修建。石墩，木面，长9.37米，宽3.15米，高4.25米，1孔，一直沿用至今。

桅印桥　　位于古城镇长溪村，清光绪二十六年（1900）修建。石墩，木面，长11.6米，宽2.5米，高3.9米，一直沿用至今。

报恩桥　　位于茅坪乡马源村左溪，修建时间不详。石墩，木面，长21.0米，宽3.8米，高3.5米，1孔，一直沿用至今。

会通桥　　位于古城乡店前村，建于明万历十年（1582）。单孔拱桥，迄今已400多年，是井冈山市内尚存最早的一座古桥。

行洲桥　　位于茨坪镇朱砂冲村委会行洲村，井冈山茨坪通往遂川的要道上，跨朱砂河，南北走向，清嘉庆年间由监生李士宜倡修。桥长90米，宽3.9米，高3米，为八孔石墩木板桥。1960年，木质桥面及北面的二桥墩被洪水冲毁。

　　行洲桥有个传说：嘉庆年间，龙泉县（1914年改遂川县）石围子村（此村1969年11月由井冈山管辖）人李士宜做木头生意，而木头每天都要从河上用船运输出去。有一天，天色已晚，李士宜背木头经过这里，叫船工撑船过渡，船工故意避而不见。李士宜一气之下许下诺言："我发了财定在河上建桥一座。"他有钱后，真的捐银二百多两建起了此桥。李士宜活到八十三岁，尚有后代。

三多桥　　位于茨坪镇小井村东，跨小井水，东西走向，清光绪七年（1881）建。桥长5米，宽2.5米，矢高2.1米，引桥长3米，为青石板和花岗岩砌成的单孔石拱桥。桥南面阴刻"三多桥""光绪七年"等字的铭文桥额。通公路后，桥废弃路旁不用，现年久失修，桥身荆棘丛生，桥面受损，有两块青石板被挖起搁置一旁。

兔江桥　　位于鹅岭乡上坑村，跨郑溪河，南北走向，道光年间上坑村富绅龙文巽清修建。桥为麻石质两孔石桥，长13米，宽3.2米，矢高3米，两边有浅护栏，阶梯斜坡引桥。桥的西侧，有一大块岩石立在溪边，保存完好。

龙坪桥　　位于茅坪乡茅坪村上街组的东面，跨茅坪河水，南北走向，清代建筑，始建时间不详。桥为单孔麻石质桥，西面有"龙坪桥"桥额。桥长6.3米，宽5.8米，桥南边有宽40厘米的护栏。红军经此桥挑粮上井冈山，保存完好。

长春桥　　位于茅坪乡茅坪村1千米处，跨象山溪流，南北走向，清嘉庆十二年（1807）步云山白云寺僧始建。桥长24米，宽3.4米，矢高2.5米，为单孔石拱桥，桥面用鹅卵石铺砌。清咸丰元年（1851）进行过重修。20世纪60年代，桥西边砌有高80厘米的砖墙围护，保存完好。

会师桥　位于龙市镇，横跨龙江，为县级文物保护单位。1934年秋，由湖南省公路处派员视察公路路线时，在龙市马头上游修建汽车桥一座。松木结构，桥面很宽，现遗址尚存，当时只见木桥建成，未见修筑公路。1940年改砌石墩木面，后被洪水冲毁，改架便桥；1953年再次整修桥面，后又冲垮，只好改渡。1966年修建了一座七孔钢筑混凝土"T"形梁桥，桥长81.4米，桥面净宽7米，两侧人行道均为0.75米。为纪念1928年4月朱德率领的南昌起义部队和毛泽东率领的秋收起义部队在宁冈胜利会师，该桥命名为"会师桥"。1965年7月3日郭沫若来到宁冈，为之亲笔题词"会师桥"。

复新桥　位于茨坪镇罗浮村罗浮自然村中心，跨罗浮水，南北走向，始建于明代，始建时间不详。清光绪年间被洪水冲毁，后由当地农民重新修复，故名"复新桥"。桥长15.4米，宽4米，矢高4米，为单孔石拱桥，由长方形花岗岩砌造，两端各有九级石级，长3米，保存完好。原桥边有一桥碑，现已毁。

高中桥　原名"福寿桥""康王桥""杉山下桥"，位于龙市镇，横跨龙江河，原系石桥木面，为半永久性横板桥。清光绪二年（1876），桥墩被冲毁3座，后以木代替。20世纪50年代，桥面被冲毁，改为便桥；1962年复建横板桥。1976年因水毁严重，由县文教局、财政局、木材加工厂、电厂等单位集资，于12月改建为石墩、钢筋水泥混凝土桥面，由吉安地区水电工程指挥部承建，翌年6月竣工。桥长45米，宽3.5米，两侧人行道均宽0.5米，设有栏杆，可通行汽车。

莲花桥　位于古城镇泌江村莲花寺前，清同治四年（1865），谢孔等8人捐资修建石木结构桥，并置田以作维修费。桥长44.5米，宽2米，高3米，孔跨5～6米。1976年，水毁石墩两座。1977年，县革命老区建设办公室资助1000元，由泌江村承建修复。

万福桥　位于下七乡玉石坪附近，始建时间不详，桥碑文记载：清同治十二年（1873）秋重修，道士谢朋蟾、谢东梅、卢亦照等211人捐资。桥长50米，四墩三孔，宽4米，高8.5米，跨径45米，长条麻石砌成，砂浆促。1961年洪水冲毁一孔，现架木板行走。

水东桥　位于龙市镇桠叉坳至水东路线上，清道光年间修建，为单孔石拱桥，长方麻石砌置，砂浆勾缝。光绪二年（1876）水毁，后改建为石墩、木面横板桥。1976年水毁一桥墩座，1977年修复。

仙佛桥　距茨坪西南5千米，位于茨坪去井冈村、游击洞的小路途中。桥长5米，宽2米，高3米，跨径3米，单孔山石砌成。桥面年久失修，边缘石块有的倒塌，两块石碑脱落水中，碑上记有"仙佛桥，光绪戊申三十四年秋月吉立，罗育吴建造，罗瑞善捐边（银圆）拾元"。桥保存完好。

黄龙桥　位于荷花乡雨露石村北500米，建于清光绪十四年（1888）。桥长18米，高5.3米，单孔石拱桥。据桥拱顶上首侧面的石碑记载："清光绪十四年，由大仓钟光琪所建"。桥保存完好。

康济桥　位于新城镇山下村东北600米，横跨郑溪河中游，建于清光绪五年（1879）。桥长6米，宽4.7米，高7.7米，单孔石拱桥，两端各有12级台阶。桥保存完好，映衬江水，宛如一轮圆月，造型优美。一直沿用至今，为井冈山市内最高的一座古桥。

太平桥　位于新城镇曲石村东南300米，横跨老七溪岭的溪流下游，始建于清代，始建时间不详。桥为4孔石拱桥，拱径5.25米，采用横向平置法砌成，长25米，宽3.05米，太平桥由周王氏建，清道光二十三年（1842）其后裔捐资重修，现保存完好。

洋睦桥　位于睦村乡藤霞村东300米，跨杨桥山水，清光绪十二年（1886）由睦村村民集资合建。桥为石砌单孔拱桥，长10.4米，宽3.15米，拱宽6.3米，保存完好。

龙洲桥　位于黄坳乡光裕村，建于清代，始建时间不详。桥为五墩四孔石拱桥，全长28米。龙洲桥于乾隆年间由监生李世鹏倡修，嘉庆十四年（1809）重修，现桥面残损。

万福桥　位于下七乡光明村，清道光十六年（1836）修建。四墩三孔石拱桥，长45米，宽4米。桥西一拱于1961年被洪水冲塌。

乐善桥　位于罗浮去下茅坪的途中，建于清末民初，始建时间不详。桥为单孔石拱桥，桥形与复兴桥相似。桥长1米，宽2.5米，高3.5米。据当地下茅坪老人介绍：乐善桥是一寡妇捐资修建，故称"乐善桥"。原立有桥碑，1985年冬天被人撬走，只保存一段。

土岭桥　又名"三多桥"，位于井冈山土岭至茨坪途中，距茨坪1千米。清咸丰三年（1853），罗冠钦同妻王氏捐资建造。桥长65米，宽3.5米，高4米，跨径4.5米，为青石砌筑的石拱桥，保存状况一般。

吉 安 县

◎ 古桥名录

什香桥　位于桐坪镇桥头自然村偏南约200米处古代驿道上。建于唐贞观年间，后有维修，桥边30米处有一风雨亭。桥为青砖砌筑，单孔拱桥，拱券厚0.3米，拱券周围侧墙沿拱券边外砌出0.2厘米，长10米，高6米，宽2.1米，桥拱净跨5米，拱券稳固。桥面铺筑鹅卵石，桥面中间竖向连排三块青石板，石板上均有较明显的车辙痕迹。桥两头用卵石混凝土修铺过，桥身四周布满藤蔓，桥左侧有损坏，其余保存完好，沿用至今。什香桥是吉安现存最古老的桥梁，对研究吉安古桥有很高的参考价值。

江背桥 位于安塘乡江背自然村西溪流上，北宋建隆年间，刘希明由安成（安福）从桂里迁来建村，为方便出行建桥。桥为东西走向，用麻石雕凿后砌成，长10.85米，宽0.85米，高3.1米，为石桥梁，中间有两个石墩，两端有台阶。桥面厚0.32米，桥面由6根麻条石两两并排架在桥墩上。桥墩迎水面为锥形，均用麻石雕凿成条状砌成。古桥保存完好。

古江桥 位于安塘乡楼下自然村西禾水河中游的支流上，建于元代，始建时间不详，东北向西南走向。桥长89米，宽6.3米，高10米，为三孔麻石拱桥。桥两边原为台阶上下，因过车辆改为缓坡。相传元初时，安塘村塘洲自然村始祖吴山隐从永新迁来建村，娶本地楼下自然村萧氏为妻，于是两村共建此桥。现从桥的材质来看，石桥应为明代所建。清康熙年间有修茸。古桥保存完好，具有较高的历史价值和科学价值。

大栗三眼桥 位于桐坪镇罗家自然村西南约50米溪流上，明正统年间内阁首辅陈文回乡时建，后有修茸，南北走向。桥长35米，宽3米，高4米，占地面积108.5平方米。青砖、块石以糯米浆拌石灰砌成，十分坚固。三拱，每拱直径2米；桥面中间铺青石板，两边铺鹅卵石；两头有台阶。现保存完好。

淡江兰桥 位于安塘乡淡江自然村东南方约600米溪流上，建于明嘉靖二年（1523），东北向西南走向。桥边有石碑。桥长18米，宽4.4米，跨度为12米，单拱，麻石材质，材料硕大平直，拱形弧度优美。桥两边原为台阶，一边为7级，一边为8级，后为方便车辆通行改成缓坡。今在旁建水泥桥，此桥不用。

黑里桥 位于固江镇阳家自然村东北约500米溪流上。建于明代，始建时间不详，为东南走向。桥长15米，宽3.2米；单拱，其半径为3.46米；红石砌墩，麻条石砌拱。桥原处固江至吉安市区的交通主道上。20世纪30年代，吉安至安福公路通车后，桥为当地村民生产、生活用。2002年，在桥面覆盖一层厚约15厘米的水泥，起到保护作用。

毛家桥 位于固江镇凫滩村毛家自然村东北向约100米溪流上，建于清中期，始建时间不详，南北走向。桥长10米，宽3米，单拱，拱直径5.8米，占地面积30平方米。桥身用麻条石、糯米、石灰浆砌成，十分坚固，保存完好。此桥为毛家通往固江圩镇的交通要道。

淡江佛桥　位于安塘乡淡江自然村西约50米小溪上，笔架山北麓，建于明代，东西走向。桥长12米，宽3.6米，跨度6米，单拱，麻条石材质砌成。原东西两边有台阶，后村民填平为缓坡。2007年村民在桥南建水溪桥，淡江佛桥基本不用。桥上长有植物，桥身略向北倾斜。村民传说此村曾有人在麻石砌的桥墩壁上看到佛像，便称为"佛桥"。

眉寿桥　位于安塘乡广化村江背自然村西溪流上，清代建筑，始建时间不详。旁边建有江背桥，其结构形状与江背桥相同。桥是一座3孔石梁桥，其梁为6根麻石条两两并排。桥长11.95米，宽0.77米，高为3.1米。桥梁条石厚0.33米，桥中央条石上雕刻"眉寿桥"阴文。桥为村中一男性九十大寿——"眉寿"而造，至今仍在使用。

上陈家古桥　位于桐坪镇上陈家（原名瑞溪）自然村西南约200米小溪上，建于明代，后有修葺，东北向西南走向。桥长10.5米，宽4.2米，高6米，占地面积44.1平方米，单拱，青砖、块石用糯米浆拌石灰砌成。明内阁首辅陈文回乡在桥南约100米处建有佛庵一座。此桥为出入佛庵之要道，并在桥头设施粥点，赈济贫苦，故又称此桥为"施粥桥"，保存完好。

枧洲亭古桥　位于浬田乡历山村桥边店自然村边沂水之上，建于清乾隆年间，始建时间不详。桥为东西走向，四墩五拱，石拱桥。桥身和桥墩为青砖糯米浆石灰结构，桥面铺着大小不等的鹅卵石。桥保存完好。枧洲亭古桥曾是吉安商人前往湖南衡阳的必经之路。据传当年桥边有一董姓夫妇在此开店，卖日杂南货。先有桥，后有店，再有村，后来的村子就成了"桥边店村"。当年开店的木板房，一间还在，一间已倒塌。

历山桥　位于浬田乡历山村桥边店自然村边沂水上，东西走向，始建时间不详。桥长47.3米，宽2.8米，四墩五拱，占地面积114平方米。桥身、桥墩为青砖糯米浆石灰结构，桥面铺鹅卵石。桥两边有台阶上桥，台阶中铺青石板，便于车辆上下。东面起二拱已坍塌三分之一，第四、五拱已坍塌。现在桥墩上铺筑水泥板，桥仍在使用。这里曾是上通湖南，下达吉安的要道。清乾隆间有人在小溪桥旁开设饭店，故称"桥边店村"。村以桥名，桥于建村之前就存在，故桥建造时间至少在清乾隆年间之前。

消洲下百桥　位于敖城镇消洲自然村，东西走向，建于清乾隆五十年（1785），近年有修葺。桥长7.5米，宽2.7米，麻条石糯米石灰浆砌成；单拱，桥拱直径4.6米，占地面积12.4平方米。桥周边为农田，是村民去往田间的重要通道。

孙家古石桥　位于官田乡孙家自然村东南约1.5千米的小溪上，建于清乾隆五十一年（1786），与不远的回龙庵同建，东北至西南走向，横亘在官溪上。桥为麻石质石材，用糯米浆拌石灰砌成，宽4米，高5.8米，双拱，单拱长7.3米，中间桥墩宽2.6米。桥两端都有台阶。一端台阶上山坡，一端台阶下田垄。桥面部分坍塌。

下江石桥 位于指阳乡下江自然村边约50米小溪上，建于清代，始建时间不详，东南至西北走向。桥长15.5米，宽4.6米，单拱，拱直径7.45米，两端各有9级台阶上下桥。桥为红石材质，材料均为原先雕凿成，用糯米石灰浆砌成，形态优美。桥拱顶端两侧各嵌一块石碑，上镌"萧敦叙重建"，题款为"石工张乔升"，落款为"大清道光庚子年壬寅九月吉旦"，均楷书阴文。古桥保存完好。

阳陂头桥 位于官田乡阳陂头自然村东南约60米的官溪上，建于清代，始建时间不详，南北走向，为单拱石拱桥。桥长24米，拱跨13米，高7米，宽3.45米，以麻石按设计规格雕凿好，用糯米浆和石灰砌成。拱似彩虹，卧于溪上，弧度优美。桥顶高出地面达3米，桥两边有石防。单拱跨度之长，建造之精，对研究桥梁建筑史有一定的参考价值。古桥保存完好。

流江石拱桥 位于敖城镇流江自然村东南溪流上，建于清代，始建时间不详，东西走向。桥长45米，宽4.6米，3拱2墩。整座桥由含铁较多的凿红石加糯米浆石灰黏合，石质黏合得十分结实，使桥十分牢固。中拱跨度为14米，几成半圆弧形，造型优美，两头拱跨度均为6.35米。古桥保存完好。

鹤洲桥 位于万福镇鹤洲自然村东北约500米的桐江上，为万福通往宜春、分宜的要道。清嘉庆年间鹤洲人、进士王赠芳首建。桥为7孔拱桥，桥墩、桥身均由块石石灰砌成，南北走向，长84米，宽3.9米，高7.1米，占地面积327.6平方米。2006年在桥面浇灌20厘米厚水泥面，并加设人行道栏杆。古桥保存完好。

新屋下拱桥 位于北源乡新屋下自然村西北约150米溪流上有两座拱桥（桥1、桥2）。均建于清代，始建时间不详。桥1东南至西北走向（水往西南流），长17.2米，宽3.6米。桥2东西走向，长17.2米，宽2.63米。两桥均为单拱，青砖石灰结构，上铺鹅卵石，正中铺青石板，弧度优美，形体结实，至今仍在使用。

清溪石桥 位于北源乡青树下自然村前溪流上，建于清代，始建时间不详。桥为南北走向，长20米，宽3.75米，青砖糯米浆石灰砌成，三拱二墩，桥墩迎水面为棱形。桥拱直径为4米，形态优美，结构坚固。后因通汽车桥面加宽1.4米，是当地居民通往市区的主道。

昌源古石桥 位于澧田乡昌源自然村西北约50米小溪上，处于当地通往湖南方向的古道上，以"繁荣昌盛"之意取名。桥建于清代，始建时间不详，长18.5米，宽2.7米，占地面积50平方米。桥为东北至西南走向，3拱，水中有2石墩，先将麻石雕凿成形，再用糯米浆拌石灰砌成。拱底面条石的横截面为梯形，增加了拱的牢固程度。古桥保存完好。

堵下桥 位于澧田乡仙峰村自然村后约20米溪流上，南北走向，建于清中期，始建时间不详。桥共三拱二墩，均由麻石糯米石灰砌成，长20米，宽3.5米，最大拱直径3.1米，占地面积70平方米。桥面为麻石板，为当地前往安福一带的重要通道，保存完好。

英村石拱桥 位于官田乡英村自然村东面约1千米小溪上，东西走向，建于清代，始建时间不详。桥头建有风雨亭。桥长10.5米，宽4.2米，跨度为5.8米，单拱，两边有台阶上下桥。桥为麻石石质，石材经雕凿成形后，在现场用糯米浆拌石灰砌成。

森塘古桥 位于大冲乡桥头自然村的溪流上，建于清代，始建时间不详。桥为东南至西北走向，长17米，宽2米；青砖石灰结构，单拱。桥面铺鹅卵石，基座筑于红石上，桥为"S"形。桥原为森塘一带通往吉安市区的要道，现基本不用。

性田桥 位于大冲乡性田村，清道光年间村里人蔡兰桂独资修建，始建时间不详，已有200年左右的历史。性田桥为五孔拱桥，长20米，宽约6米，主要采用石料、青砖等建造而成，非常坚固，保存完好。桥洞上古藤倒悬犹如一张分布有序的垂帘。据传清道光年间，蔡兰桂在安福开了一家"永裕染布"店，从卖棉布发展到卖绸缎等，渐渐的"永裕染布"店在当地小有名气，蔡兰桂也成了当时安福的大富翁之一。发家后他不忘家乡，出资修桥铺路，这座古石桥便记录了那段历史。

栋头桥 位于登龙乡栋头村老屋场自然村西南约50米田垅中，距龙冈街4.5千米，建造时间不详，东北至西南走向。桥由麻石雕凿成材运至现场砌成，山石结构，单拱。桥长6.9米，宽2米，跨度3.8米，拱顶薄处0.4米，拱桥两侧各有数台阶。桥梁弧度形状优美，坚固结实。桥下溪流已变迁，只剩一水洼。

吉 水 县

古桥名录

南溪桥 位于黄桥镇涩塘村，全长35米，宽3米，高6.6米。桥面廊柱瓦檐高2.6米，面积105平方米，为三孔石桥。

南溪桥因南溪水流经桥下而得名，又名"砥柱桥"，又因桥面为半封闭结构的廊坊，形同民间长瓦房，故又称"屋仔桥"。桥始建于北宋，始建时间不详。初建时，外观结构美观，风格独特，古朴风雅。桥面廊柱间图案装饰奇异精致，顶部为大片屋瓦檐，两边木墩扶手栏杆内为方孔木质菱形图案雕刻装饰。整个桥面为半封闭式廊坊，既可小憩，又可避风遮阳，具有典型的古代风雨桥的艺术特色。明清以来，南溪桥几经修复，大的修建有两次：一次是明嘉靖年间，一次是清嘉庆四年（1799）。重修后的南溪桥，桥面系砖木廊坊结构的廊柱桥，一定程度上保留了原桥的艺术特色。桥面两边各有八墩廊柱，均为外包青砖，内嵌两根粗圆木柱，两墩之间上下各用两根长杉木并行排列，作为扶手栏杆。长木扶手穿凿圆木柱，连成一体，行人可手扶栏杆小憩歇脚。20世纪90年代亭阁上还有青瓦条，现大部分青瓦损坏，墩柱、桁条、列架尚在。桥头建有书院，早已倒塌，遗址可见。1995年8月涩塘村村民对桥和亭阁进行了大修。新修葺的南溪桥，除保存原有桥墩外，桥面按原有桥柱的高、长度与样式，采用仿宋式混砖结构，屋顶装饰有暗红色琉璃瓦，使外观既牢固耐风雨侵蚀，又显得格外壮观雄伟，一定程度上再现了南溪古桥的历史风貌。1986年列为县级文物保护单位。

朱山桥 位于县城以北5千米处，明万历四十三年（1615）由知县孙之益建，为三孔条石拱桥，3孔跨径分别为7.5米、9米、8.5米。桥全长52米，桥面净宽5.5米，结构古朴浑厚。200余年来，历经风雨，现仍供各类车辆行驶。

虾公桥 位于盘谷镇田洲上村黄澄溪支流上，宋代建，明末重修。桥用块石、卵石、桐油、石灰等原料砌成，单券三拱石拱桥，中间低，两头高，形如虾，故名"虾公桥"，保存完好。桥长23米，宽1.2米，高3.1米，拱跨2.9米。以前桥附近高木成林，白鹤栖息，溪水里鱼虾成众。南宋罗大经出生溪旁坛山园村，幼时常至溪头洗砚，见虾食墨，即兴度云："溪边溪砚吞墨，松下烹茗鹤舞烟。"南宝庆二年

（1226）考中进士，后因不习惯仕途钻营而休官归田，专心著述，集一生精力撰写出《鹤林玉露》一书。

火烧桥　位于水南镇华山村，跨越一条流进赣江的小河。桥长60米，宽4米，五跨，跨径6米，为红石石拱桥，保存完好，相传为明代吉水状元刘俨出资修建。火烧桥有个传说：相传此桥原名"泸江桥"。某日，刘俨的母亲过此木桥回娘家探亲，不巧，动了胎气，即将分娩。刘俨的外婆不忍将临产的女儿逐回夫家，但同姓（杨姓）叔伯、兄弟却迷信于"女在娘家滴点血，全族就要殁"的禁忌，个个手持竹鞭逐刘母出门。刘俨的母亲强忍剧痛，冒着风雨，一步一滑地往回走。刘母走过泸江桥，已痛得寸步难行，但杨姓众人仍在后面追来，刘母无奈，对天大喊："老天救我，火烧了这座桥吧，若我生下儿子，他日有出头之时，一定改修一座石桥。"话毕，雷电交加，木桥起火烧毁，阻止了追赶之人。原来，刘母所怀乃"文曲星"，回到夫家，当日便生下了刘俨。明正统七年（1442），刘俨高中状元，京城来人前来报喜，刘母正卧床不起，心里想起修桥还愿一事。刘俨走到母亲跟前跪而问道："儿子今已中了状元，母亲为何不欢？"刘母于是将那修桥许愿一事告诉了刘俨。刘俨当即要母亲放心，答应一定办好此事。几年后，刘俨遵照母命，用自己的俸禄将泸江桥改建成了一座石桥，当地乡民称这一石桥为"火烧桥"，并把桥北的小街称为"火烧桥街"。

黄冈桥　是位于黄桥镇瀚溪上的一座百年古桥。明洪武年间黄桥镇孙氏立基之初，于黄冈傍山临水而居，伐黄冈之木于瀚溪架桥以通途，故名"黄冈桥"。后在桥之南端又建一小亭，供田间劳作及路人躲风避雨。

清光绪十一年（1885），孙氏有女嫁栗山黄氏。黄夫人为报恩故里，捐资百金修桥，将桥、亭合一。桥身为青砖单拱，桥面则是廊亭结构，朱栏石砌，飞檐碧瓦，甚是精致；又将明邹元标（邹元标为孙氏之门生）手书"乐意满怀"四字以青石雕刻，镶嵌于桥之门额上以倡文风。为防山洪冲击，桥之上流百步处筑有挡壁回泷，缓和水势。亭桥之南，则筑一长堤，植柏栽樟护桥亭；亭桥之北，有一小塔，名为"识字亭"，玲珑剔透，雅趣颇多。

亭桥周遭更有天成之奇巧小景，宛然偕趣。溪岸有百年古樟若卧龙横于溪流上，却另有一樟自岸底生出，抵老樟之躯，分丫状而长，成撑托之势，村人谓之"角顶卧龙"。亭桥近处亦有两座小桥，两小桥三步即可跨越，俗称"三步两桥"。

亭桥两岸古樟蔽日，翠柳婆娑，芳草萋萋，野花幽香，最是夏日清凉世界，自成一个小气候。村人多纳凉于亭桥上，更有乐善施者，每至暑热季节，挑来清冽甘泉将桥上所砌水缸灌满，供路人饮用。文人墨客亦好登临，"晨曦观田畴稻浪千层，暮雨望远山苍峦万重""碧水绕堤催烟生，青山排闼送绿来"都是流传至今的佳句。

明清时，黄冈桥为当时之通衢要道。过此桥而南北，远可至分宜、袁州一带。时有商贩将那里的夏布、陶器等特产车推肩挑，销往庐陵、赣州、南安等地，又将那里的凉枕、纸乎、藤器等手工艺品，经由亭桥，销往赣西北。过此桥面东西，阜田、枫江一带的木匠篾匠乃至铁匠补锅匠等手艺人，近则至本县水东走村串户，远则到永丰、乐安的山旮旯里挣钱谋生。年终返家，捎上那里的茶油、笋干、粉丝等山货土物换点盘缠。若是神明节日时，则有香客无数，不分昼夜，经由亭桥而西，远道至安福武功山朝拜进香。常有出门读书求仕者，肩挑行囊，大汗淋漓，驻足亭桥，则清新气爽，劳累顿消。

泰山桥 又名"车头桥"，位于丁江镇丁江村。明成化三年（1467），由诸生肖微赞兴建，该桥为条石拱桥，全长35米，宽3.3米，高4米，虽历经沧桑，但仍坚实牢固。

培元桥 位于阜田圩镇内，清康熙间建木桥，桥台、桥墩为条石砌筑。为改建石桥，嘉庆十一年（1806）成立"缮桥会"，因筹资困难未改建成。道光年间由盐知事曾庭兰建成石拱桥。桥五孔，长81.5米，宽4.2米。1965年省公路管理局吉新公路工程指挥部予以整修加固，并铺筑混凝土桥面和钢筋混凝土加固。1982年夏被洪水冲空桥墩基础，倒塌两孔。1984年在该桥上游50米处另建一座钢筋混凝土人行桥。

枫江桥 位于枫江圩镇东北500米，清嘉庆十三年（1808）建成。全长89.5米，宽3米，为9孔条石拱桥。1970年公路总段拨款整修加固，铺造混凝土桥面，两侧增建钢筋混凝土悬臂人行道（两侧人行道均为0.75米）和栏杆。1975年整治同江河后，河床纵坡增大，流速加快，桥于1977年夏被洪水冲空桥墩基础而倒塌。1977年，由县人民政府主持，地区公路段拨款3万余元，在原桥址上游50米处另建14孔6米径筒支梁木桥一座，恢复交通。1984年9月在原石拱桥下游10米处重建了一座新桥。

栗下廊桥 位于尚贤乡栗下村，始建于清代，始建时间不详，后曾维修。桥长12.1米，宽3.8米，高5米。该桥为单拱石桥，桥面距水面约3米高。桥上建屋宇式廊屋，供行人驻足休息和挡风避雨之用。廊屋为硬山顶，穿斗式梁架，南北桥头各设一拱门，周围墙体为砖砌而成，内外抹白灰。对研究江西桥洞文化提供了很好的实物资料。

沙场桥 位于丁江镇，建于清末，始建时间不详。桥长32米，桥面宽4.1米，为三拱石拱桥，每拱跨径6米，保存较好。

桑园桥 位于水田乡桑园村，建于清代，始建时间不详。桥长20米，桥面宽2.75米，为一跨石拱桥，跨径为10米。桥面几经翻修，保存较好。

寡妇桥 位于乌江镇冻江村，建于清末，始建时间不详，传说该桥为一寡妇修建。桥长10米，桥面宽3米，为一跨砖拱桥，跨径5米，保存较好。桥对面山坡原立有半边大石块，石块上刻有文字，其内容大体意思是：如识此石字，买遍江西省。现此石块早已下落不明。

太平桥 位于乌江镇合水村，建于清末，始建时间不详。桥长12米，桥面宽2.2米，为一跨砖拱，跨径为4米，保存较好。传说有一年涨水，江水泛滥，水势猛涨，正在此时太平桥出来一只金鸡，对着江下游鸣叫几声，江水就立即退却。

胡家桥 位于乌江镇胡家村，建于清末，始建时间不详。桥长10米，桥面宽0.8米，为两跨板桥，每跨跨径为3米，保存较好。

永 丰 县

◎ 重点介绍

恩江桥

恩江桥位于县城南恩江河上，由北边的济川桥和南边的小江桥合一而成，是全县南北交通咽喉。它不仅是江西省第二长的石拱桥，还是全国现存最长的折弯石拱桥。大桥为条石拱结构，水泥桥面，全长355.5米，22孔，北段桥面净宽5.3米，南段净宽4.5米，桥高9.5米，跨径10～13米不等。

大桥原是两段，清乾隆四十六年（1781）前，恩江大桥江面中间有洲，将恩江一分为二，北叫济川河，南叫小江，元世祖至元年间，永丰县富人王辉捐田400亩，首次在济川河上造舟为浮桥，但每当洪水暴发，浮桥即被冲散，交通经常中断。延祐六年（1319），在县人曾达倡议下建成50余节的木桥。至治二年（1322），县人帅祐叔倡建石墩木桥。历经数年，直到元惠宗至元元年（1335），济川石墩木梁桥才基本完成。明正统九年（1444），知县黄永从叠木为梁，建屋57间，长600尺，宽16尺，并建亭于梁上，供行人游憩观赏。后济川石墩木梁桥屡毁屡修。清顺治十六年（1659），县令邓秉恒应人民之请，再次力倡建石桥，并自捐薪俸首建第一拱，县人为之感动，纷纷响应。有和尚智元闻之建桥，慨然响应，并断一臂以示决心。县人深为感动，解囊者云从。募化3月，积成巨金，顺治十七年（1660）济川古石拱桥建成。济川古石拱桥建成后，县人念智元功德，建"宏济庵"于桥头北，并塑像其中，以志不忘。

平政桥

平政桥始建于明。初济川桥南面沙洲处的小江上有木梁（独木桥），称小江桥，为最早的平政桥。嗣后，历经水患，小江渐渐变宽，水也渐渐变深。明万历十七年（1589），知县吴期照于修复济川桥的同时，在小江上建成木桥。清乾隆四十六年（1781）遭遇特大洪水，沙洲冲决，小江与济川河合而为一。为方便出行，乾隆四十八年（1783）该县民众将平政木桥延伸30多米，与济川桥相接，但由于江宽桥长，加上木质易朽，木质的平政桥经常遭遇洪水冲毁。咸丰三年（1853）双岭刘绍书父子独筹资金，改平政木桥为石桥，历经八载，咸丰十年（1860）平政石拱桥建成，有11拱，长160米，宽4.5米，且与济川石桥相接，两桥合一，乃名恩江桥。由于原来两桥的中轴线不在同一直线上，以致形成折状。

1933年永丰至藤田公路修成并通车后，恩江桥成为公路桥。1956—1986年间，政府拨出专款，先后对恩江桥修整了5次。两翼护以水泥栏杆，上装华灯，日月辉映，煞是好看。尤其别具一格的是，大桥中央新设置了一个既可供让车又可供游人观景的三角台，为一般公路大桥所罕见，已成为当地一独特景观。1988年7月在大桥下游500米处建成1座新型的钢筋混凝土钢架拱桥——永丰大桥，供公路机动车辆行驶。恩江大桥从此成了人行和人们游憩观赏的古迹，2000年7月25日列为江西省第四批省级重点文物保护单位。在2010年夏季的一场百年一遇的洪灾中，恩江桥被洪水冲毁了多个岩石垒砌成的桥墩。2011年，永丰县投资600多万元对恩江桥进行大修。

◎ 古桥名录

六一桥　位于县城小西门口，横跨葛溪水上，是城内通往城外闹市的重要桥梁。南宋绍兴四年（1134）县人黄德广建，系石墩木面桥，为纪念乡贤欧阳文忠公，以其号"六一居士"命名"六一桥"。桥头原有欧阳文忠公祠及六一书院，

早已无存。南宋民族英雄文天祥起兵抗元，路过永丰城，曾手书"六一桥"三字，现亦无存。

元大德七年（1303），县人贡生傅跃鲤建屋六间于其上。明洪武二十八年（1395）至清康熙四十五年（1706）先后六次进行过修理与重建。乾隆四十三年（1778）北坊州同知徐泳川捐资重修，以石易木。嘉庆元年（1796），龙上村监生陈廷焜以青石墁面，使该桥成为4墩3孔的石拱桥。桥长38.8米，宽4.53米，高4米。桥东面有六一亭，现已毁。六一桥保存完好，1983年1月列为县级文物保护单位。

葛溪桥 又名"驼背桥""仙源桥"，位于县城大西门口，跨恩江支流葛溪水上。元至元年间，县令何仲温倡建，架木为梁，上建桥楼7间。明洪武元年（1368）至崇祯末年（1644）先后5次毁、修。清康熙二十一年（1682）知县李巽臣砌石为梁。乾隆四十三年（1778）建成麻条石拱桥，4墩3孔。北坊州同知徐泳川捐资在桥面铺设红石板。嘉庆十六年（1811）县人程飞涛增修两边石栏杆，又在桥面铺设鹅卵石。桥全长54.2米，桥面宽5.45米。桥拱一高二低，傍城墙第一孔拱高7.58米，其余二孔拱各高4.73米。桥面最高处与最低处落差2.85米，形同人的驼背，故俗称"驼背桥"。当时，水运是永丰对外交通方式，恩江是永丰主要航道，葛溪桥上游水深浪静，是天然良港。每年出入葛溪桥的船只特别多，为了让帆船不卸桅杆可以出入，故将第一拱修高。葛溪桥保存完好，2003年列为县级文物保护单位。

浑元桥 原名"万岁桥""藤田桥"，位于县藤田街与老圩之间的藤田河上；是永丰县城通往石马、沙溪、龙冈等地的重要桥梁，也是永丰第二座长石拱桥。

据传，浑元桥最早为木桥，始建于唐，始建时间不详。每当洪水暴涨，桥常被冲毁。一直到清雍正年间才改建成石墩木板桥，两侧有栏杆。1918年地方集资建成石拱桥，10墩9孔，麻条石拱桥，跨径7米，桥面宽4米，全长97米，两旁条石砌栏。1934年后，此桥成为永丰至兴国县古龙冈上的公路桥。

1979年县人民政府拨专款修理，桥身加宽加固，两旁各增建1.5米人行道，两旁原麻条石栏杆拆除，换成钢筋混凝土栏杆，人、车分道并行。

泷冈桥 位于沙溪圩南街口沙溪河上，原名"沙溪桥"，据传清康熙三年（1664）已有木桥，常被洪水冲毁。清嘉庆五年（1800）建成石墩木板桥。1922年艾家脑普云庵怗道士倡建石桥。桥于1923年动工，1926年建成，青条石砌拱，8墩7孔，跨径10.2米，青石板铺面，青条石砌栏杆。桥长94米，宽4.5米，高10米，是永丰第三座长石拱桥。

沙溪是先贤欧阳修故里，泷冈又是欧阳修《泷冈阡表碑》所在地，后人将沙溪桥改名"泷冈桥"，以示怀念。

桥下桥 位于八江乡茶口村小组，建于明成化十四年（1478），为4墩3孔石拱桥，红条石砌拱，桥面为鹅卵石铺成，南北向跨桥下江。桥长41.9米，宽3.2米。中孔跨度8.6米，矢高3.7米，两边孔跨度7.3米。南面桥拱下一石上有铭文"大明成化戊戌渠县知□□捐修"。整桥保存完好，年代久远，具有重要的文物价值。

据史料载：渠县知县袁袭安（1376—1464），八江乡茶口村人，由品行兼优推重邑候举，任四川渠县知县。明弘治二年（1489）奉恩典赠文林郎。

遇源桥 古名"继善桥"，位于遇源村北500米。始建于清乾隆乙亥年（1755），清末桥毁失修。1974年重建，桥长80米，高8米，宽7.5米，水泥块石结构，空腹式双曲拱式桥，负荷15吨。

集贤桥 位于瑶田镇梁坊村松山峡龙门江上，俗称梁坊桥，始建于明弘治年间，由藤田老圩宁集贤建，明万历年间永丰知县吴期绍重建。桥是由花岗岩条石与灰浆砌成的4墩3孔拱桥，长50米，宽5米，高6米，至20世纪30年代早期，是永丰南北交通的主要桥梁之一，保存完好，至今还能通行小车。

水东桥 原名"七星桥",位于沿溪镇水东村境内,始建于清乾隆六十年(1795),是一座砖砌古式7跨拱桥。桥长59米,宽3.1米,高5米,跨径为6.6米。桥基为麻石条石砌筑砖砌,桥墩为船形分水尖形,拱券为双层青砖砌筑。1928年曾维修一次,现桥面为1963年在原有基础上加了钢筋混凝土桥面,保存完好。

五老桥 位于治陂镇水东村,建于清嘉庆十年(1805),与水东桥结构造型材料相同,且同跨一条河,相距300米。桥为五孔青砖拌石灰相混砌筑的拱桥,桥墩为青砖船形分水尖形。桥长45米,高5米,宽3米,跨径5.3米,在第五孔拱券1/4处和1/5处发现两块青砖上用同一字体刻有"嘉庆十年邹锦中兄弟修"的字样,清晰可辨。桥梁结构完整,工艺高超,保存完好,是一座有明确纪年的清代砖拱古桥。体现了清代较高的砖拱桥建造工艺,在庐陵郡地实属罕见。

三乐桥 位于治陂镇下塘村,建于清嘉庆十一年(1806),曾轶淳倡修。桥长30米,宽2.9米,高5米,跨径5.1米,三孔砖拱桥。拱券为双层青砖。桥基为麻石条砌筑直接砌在石板基底上。桥墩为船形分水尖,上桥有11个石砌台阶,下桥有砖砌台阶,桥面鹅卵石铺切,中间铺有石板桥梁结构完整,保存完好。

捍星桥 又名"锁龙桥",位于沿陂镇炉下村,跨李山水,为炉下村通往赵家的桥梁。清代建筑,始建时间不详。桥长62米,宽3.1米,高4米,跨径6.6米,为7孔砖石拱结构,保存极好。

返步桥 位于南坑圩南18千米龙溪村境内,始建于明代,始建时间不详。传说明代清官邹元标为惩罚宁都县高塘作恶多端的钟员外,命他在此建桥。桥建成,适逢新娘下轿返步回娘家,即请她试桥剪彩,故名。原桥已倒塌。1984年在古桥右侧建立新桥一座。1985年新桥建成通车后,仍以"返步"名。

仙人桥 位于潭城乡水边村西北1千米,始建于明代,始建时间不详。桥长7米,宽5米,为双墩单孔石拱桥,用厚薄不均的红石块叠嵌而成,没用灰泥粘砌,严密坚固。桥旁建有仙人塔。桥梁整体结构完整,保存完好。

双溪桥 位于恩江镇聂家村西,跨越葛溪,连通县城和潭城乡,始建于明永乐七年(1409)。明正统七年(1442)、嘉靖二十四年(1545)两次重修,明末复毁。清顺治十五年(1658)改建石拱桥,清道光二十七年(1847)重修。现保存完好。

永宁桥 旧名"积善桥",位于佐龙乡水东村,跨越滁溪河,连通县城和罗铺,始建于元延祐年间。明洪武元年(1368)、正统十一年(1446)、万历十八年(1590)、清乾隆元年(1736)、嘉庆元年(1796)先后5次重修。

黄竹溪桥 位于潭城乡龙洲村前,跨越白水门水,连通龙州和潭城,元至元元年(1264)始建。桥长30米,宽3.5米,为4孔砖拱结构,每孔长4.8米,保存完好。

习溪桥 位于潭城乡长泷下村,连通江下村和县城,跨越白水门水,始建年代不详。清康熙十四年(1675)重修,改造为石桥并建一亭于桥头。桥为三孔砖拱结构,长23米，宽3米，每孔长4米，保存完整。桥台记有"长泷习启元堂建修　皇清嘉庆二十一年岁次丙子孟冬月"等374字铭文及三枚印章。

沙湖桥　位于潭城乡龙洲村委黄竹溪上村，连通黄竹溪村和县城，跨越白水门水，始建年代不详。清康熙二十年（1681）乡人习所显重修。现为单孔砖结构拱桥，长8米，宽2.5米，高2.5米，单孔跨径2.5米，现河床改道，无水流。

复兴桥　位于潭城乡村前村，连通峡江古道，跨越潭城水，始建年代不详。清嘉庆十七年（1812）重建。2010年倒塌，现存2个桥台，桥台上刻有铭文。

双江桥　位于潭城乡村前村，连通峡江古道，跨越潭城水，始建年代不详。原为木桥，清乾隆元年（1736）改为石墩木梁。嘉庆十七年（1812）改建为石拱桥。现桥石拱结构，长9米，宽3米，高3.5米，单孔跨径5米。小巷水和白泥岭水在桥前汇合。

平成桥　位于县城北门，跨越葛溪河，清代监生聂存理建，始建时间不详。桥为单孔石砌拱桥，桥中间高两头低，桥长12米，高2米，宽3.5米，孔径为8米。桥梁结构完整，造型美观，保存完好。

南木桥　位于潭城乡龙洲村旁，为清代建筑，始建时间不详。桥为单孔砖结构拱桥，长8米，宽3米，高2.5米，单孔跨径2.5米，保存较好。

破屯桥　位于鹿冈乡鹿冈村，在鹿冈通往乐安的古道上，始建于清乾隆四年（1739）。桥长27米，宽3米，高4.5米，为1孔条石拱结构，跨径长6.5米，保存较好。

迎仙桥　位于瑶田镇三龙村，跨藤八河支流三龙水，明弘治九年（1496）宁集贤建。桥长6米，宽2米，高2.5米，为单孔条石拱结构，跨径3.5米。桥台上刻有"迎仙桥弘治丙辰宁集贤冬月日"等字。

绳武桥　位于鹿冈乡鹿冈村，连通江口圩，跨越贯前河，始建于宋代，始建时间不详，重修于清康熙二十年（1681）。桥长43米，宽4.4米，高5米，为3孔拱桥，每孔长9.5米，保存完好。

水口桥　位于鹿冈乡青山村水口，连通禹山，清代建筑，始建年代不详。桥长27米，宽3米，高4米，为3孔条石拱结构，每孔长7米，保存较好。

何陂桥　位于潭城乡辋川，连通峡江古道，跨越潭城水，建于清咸丰年间，由周陂人周严桂所建。桥原为3孔砖结构拱桥，长26米，宽3米，高5米，每孔跨径5米，2012年7月被洪水冲毁一孔，现修建后改为公路桥。

周陂桥　位于潭城乡辋川周陂，连峡江古道，跨越潭城水，为清代建筑，始建年代不详。桥长21米，宽3米，高5米，为2孔砖结构拱桥，1孔跨径6米，1孔跨径8米，保存完好。

长安桥　位于潭城乡辋川周陂，连通峡江古道，跨越潭城水支流，始建于清嘉庆五年（1800）。桥长9米，宽2米，高3米，为1孔砖结构拱桥，跨径5米。桥台刻有"长安桥上命周陂造主　王芳传一人修　弟习传　皇清嘉庆五年冬月日立"，保存完好。

大石桥　位于潭城乡西塘，连通峡江古道，跨越潭城水，为清代州同知胡树所建，始建时间不详。桥长10米，宽3米，高4.2米，为1孔砖结构拱桥，跨径5米，保存完好。

万春桥　位于石马镇南坑村江边，跨恩江河上游，清代建筑，始建时间不详。桥长32米，宽5.3米，高11米，为单孔条石拱结构，跨径17.1米，保存完好，仍为通往乐安金竹的公路桥。

瑶溪桥　位于藤田镇老圩，跨藤八河，藤田人宁集贤建于明弘治年间，始建时间不详。桥长27米，宽4米，高4.6米，为3孔条石拱结构，每孔跨径5.1米。

龙下桥　位于中村乡记上村，跨恩江河上游，清代建筑，始建时间不详。桥长15米，宽3.8米，高5.1米，为单孔条石拱结构，跨径11米，现为通往记上村的公路桥。

杨梅坑桥　位于中村乡中村，跨恩江河上游，清代建筑，始建时间不详。桥长41.6米，宽6米，高7.2米，为2孔条石拱结构，每孔跨径10.4米，保存完好。

高段桥　位于龙冈畲族乡龙云村，跨龙云水。桥长19米，宽4米，高6.5米，条石拱结构，1孔跨径11米。谢福清建，清代建筑，始建时间不详，保存完好。

石井桥　位于龙冈畲族乡龙云村，跨龙云水，清代建筑，始建时间不详。桥为1孔条石拱结构，长19米，宽4米，高6.5米，跨径7米。保存完好。

伏马桥　位于龙冈畲族乡龙云村，跨龙云水，清代建筑，始建时间不详。桥长8.5米，宽3.2米，高3米，为1孔条石拱结构，跨径6米，保存完好。该桥位于龙冈至兴国良村的路上，桥前道上有一崖石伸出，形成半石洞，骑马无法通过，必须伏在马上或下马才能通行。桥出口为一洲，名为"伏马洲"。

小别桥　又名"大拱桥"，位于君埠乡小别村与龙冈畲族乡交界处，跨空坑水，建于清代，始建时间不详。桥长28.6米，宽4.5米，高6米，两孔条石拱结构，每孔跨径为8米，保存完好。第一次反"围剿"第一枪在这打响，张辉瓒被活捉。毛泽东写下了《渔家傲·反第一次"围剿"》这一壮丽诗篇。

新 干 县

◎ 重点介绍

惠政桥

惠政桥位于金川镇惠政路北端的老湄湘河上，俗称"大石桥"。桥为三拱石

桥，长48.05米，宽7.13米，矢高1.82米，面积144平方米，拱长3.2米，两侧筑有栏杆。桥址原为木桥，始建时间不详。由于春夏河水暴涨，不能及时泄洪，桥很容易损毁，北宋元祐八年（1093）改建为石桥，桥高47尺，阔28尺，长21丈。桥上建有凉亭，桥两侧建有栏杆。据桥中拱石上刻字记载，北宋元祐八年（1093）六月改建此桥，绍圣三年（1096）中秋竣工。元符三年（1100），宋代大文豪苏轼从儋州（今海南省）遇赦北归复职，建中靖国元年（1101）春，与新淦（今新干县）籍文友谢民师相约，途径新淦，新淦县令张古特邀苏轼题书桥名。苏轼当即乘舟于中拱石上亲书"惠政"二字。后历代多次重修，现存桥身为清乾隆四十年（1775）秋重修，桥身基本完好，大部分保持原状，唯长亭和栏杆不复存在。20世纪70年代桥面改为水泥路面，桥两侧边沿各竖17根高0.96米和3根高3米的钢筋水泥柱。惠政桥一直是新干县历史上南来北往的重要桥梁，有较高的历史、艺术、科学价值。2006年12月列为第五批省级文物保护单位。

◎ 古桥名录

维摩桥 又名"姨婆桥"，位于桃溪乡城头行政村城头村东1千米处，始建于清乾隆二十三年（1758），横跨于拜石下溪与条溪的汇合处，为三孔两墩拱券石桥。桥长30米，宽3.7米，高5.28米，北端引桥8米，南端引桥100米。桥面用长1.3米、宽0.33米、厚0.14米的红岩石与石灰泥浆黏合垒砌，中间以条石铺设，在条石与红岩石之间又纵设条石各一块。三桥孔跨度各为12米，分别用长1.4米、宽0.33米、厚0.33米的长方形红岩石卷砌而成，两墩均呈船形状，东端略尖。桥北端还砌有一米见方的溢洪涵洞，整桥较稳固，1984年3月列为县级文物保护单位。

通津桥 位于界埠镇长排行政村长排村，为三孔石桥，始建于明天顺六年（1462），成化元年（1465）十一月竣工，其后历有维修。桥长28米，宽4.38米，高4.45米。桥身用长0.7米、宽0.4米、厚0.22米的长方形麻石重垒相贯，中间建有两个石墩以破水势。该桥历史悠久，对研究该村的交通、经济、农业有一定的参考价值。1984年3月列为县级文物保护单位。

坑口桥 位于界埠镇坑口行政村坑口村，横跨在一条宽约24米的坑里溪上，南北向，明天启七年（1627）修建，初为木桥，清道光四年（1824）改修石拱桥。桥长26米，宽4米，高2.2米，面积106平方米。清咸丰七年（1857）重修桥面，铺以长方石板。该桥历为新干县城过赣江往荷浦、三湖的必经之道。1984年3月列为县级文物保护单位。

通远桥 位于金川镇惠政路中段的新湄湘河上，俗称"小石桥"，始建于明天顺元年（1457），后两次被洪水冲毁，改设木桥以维交通。嘉靖元年（1522）改修石桥。清乾隆四十八年（1783）春又被洪水冲毁。嘉庆元年（1796）又重修。桥长17.5米，宽5.8米，高15.2米。桥面均用长0.82米、宽0.35米的麻石板铺成。中华人民共和国成立后几经整修，现铺设水泥桥面。

陈家桥 是一座青石柱架桥，位于大洋洲镇程家行政村陈家村，跨陈家渠而建，位于通往清江的古道上，修建于清代，东南向西北走向。桥全长19.88米，宽1.3米，矢高4.2米，六跨石板桥，面积26平方米。桥面由三块石板并排铺设，共用18块（两块青石板中间夹一块麻石板平铺），每块青石长3.07米，宽0.43～0.47米不等，厚0.12米，麻石宽0.35米。桥面石板衔接处，用青石板托垫，共用5块，略宽出桥面各约0.4米，桥柱三根成"/—\"形，共计15根，其入水部分直接卡于水中松树上。桥两侧用多块青石板垒砌成蹾。西北侧桥柱刻有"乾隆十七年壬申岁冬月濂溪重修"字；桥头略偏左侧修建有三元亭凉亭供路人休憩。整桥简单稳固，采用榫卯结构修建，有确切纪年，境内鲜见。桥梁建筑工艺独特，有一定的研究价值。

上庙桥 位于大洋洲镇邓家陂行政村邓家陂村，跨邓家渠而建，建于清代，东西走向，是通往清江之道。桥长12.4米，宽1.2米，高4.1米，面积15平方米。桥面由三块石板并排铺设，共用15块。单体条石长宽不均，托垫搁板共计4块，各宽出桥面0.32米不等。桥柱8根，中间有3根为麻石，余为青石。两侧桥墩用青石板垒砌。全桥采用榫卯结构修建，横亘于背后渠上。桥体较稳固，保存尚好，其修建工艺独特，对古桥史研究有一定的价值。

城田廊桥 位于七琴镇城田行政村城田村，跨城田渠而建，是通往七琴街之道，建于清代，为三拱廊桥，南北走向。瓦顶，砖柱8根，2个船形墩，岩石垒砌。桥全长24.7米，宽4.43米，通高8米，建筑面积110平方米。桥面以水泥铺垫。桥拱净跨为5.8米。桥两侧均设拱形门，宽1.46米。整体较稳固，桥体部分进行过改建。

筠水桥 位于城上乡竹溪行政村竹溪村，跨竹溪陂而建，是出村之道，为廊式砖木结构桥，始建于清乾隆二十一年（1756），东西走向。桥长44.8米，宽3.5米，高7.5米，建筑面积157平方米。4个石墩用红质巨石砌成，每墩长6.5米，宽1.8米，高5.7米，墩上部如鲫鱼背状。桥面以木板平铺，桥上建有木质长亭阁，似水上长廊。

溧江桥 位于溧江镇溧江街南的溧江河上，长58.8米，宽4.6米。清乾隆四十八年（1783），李芝华、李芝芳捐资重修。嘉庆庚申（1800）贡生节嘉栋捐修，道光三年（1823），合乡重修。1973年12月，新干县拨款重修。

桃溪桥 位于金川镇东北25千米的桃溪街旁的溧江河支流上，原名"镇江桥"，长27米，宽4.1米。清康熙五十四年（1715），郑攸庆倡修。1959年新干县人民政府拨款重修，1969年又经整修。

曾家陂桥 位于潭丘乡曾家陂村东的沂江河上，始建时间不详，清嘉庆五年（1800），举人陈日芳倡修重建，桥为块石浆砌石拱桥，遭洪水冲毁后桥面搭有跳板木板。1966年重建。

湄湘桥 位于神政桥乡南部的金川河支流上，始建时间不详。桥为双孔石拱桥，长22.8米，宽5.2米，几经整修，现桥面铺设水泥。

界埠桥 原名"大桥"，位于界埠镇界埠村西北面1千米的坑口溪上，始建时间不详。桥为块石浆砌单孔石拱桥，长15.3米，宽5.2米。1977年重修。

丰乐桥 位于县城上乡北面、丰乐村境内的沂江河上游。始建时间不详，很早以前就有人于河上垒石而起六墩，架木以渡行人。清道光十二年（1832）正式建桥，以能往丰（城）、乐（安）两县得名，亦有依谐音写成"枫落桥"的。1976年在此桥下游30米处建浆砌石拱桥。原桥废。现桥长34米，宽5米。

坝上桥 位于溧江镇黎溪村委坎上村，南北跨龙溪河而建，始建于清代，始建时间不详。桥为四跨青石板平桥，整个桥体桥柱都由青条石以榫卯结构修筑。桥面由三块条石并排铺就，共计12块条石，每块条石长3.5米，宽0.35米。桥柱为10块青石，其底脚嵌于龙溪河中松树上；柱上托石略宽出桥面0.4米。桥长为15米，宽1.3米，矢高3米，建筑面积20平方米，结构简单稳固，建筑工艺较为独特，为出村的主要通道。

路溪桥 位于溧江镇桃湾村委会路溪村，东南略偏西北走向，跨路溪陂而建，是路溪通往成堆村的主要通道。建于清代，始建时间不详。桥为三孔石拱桥，船形墩，略宽出桥面1.5米，起分洪泄流的作用。桥面由红条石砌成，长26.7米，宽2.9米，矢高3.2米，建筑面积77平方米。桥拱长3.36米，矢高3.2米，桥的整体构造较稳定，保存状况一般。

下白路口桥　位于溧江镇桃湾村委下白路口村,跨小渠水而建,建于清代晚期,南北向,是连接倾溪与溧江的古道。桥长6.9米,宽2.1米,矢高2米,净宽为2.4米,面积14平方米。桥墩与拱均由青砖绵砌而成。桥面铺有青条石,整体较稳固,保存状况一般。

成堆桥　位于溧江镇桃湾村委成堆村,东西向横亘于懒人陂上,建于清代,始建时间不详,是成堆通往清江的古道。桥面用两条青石铺成,两侧桥墩用青砖绵砌,长7米,宽0.8米,桥墩高约4米,面积6平方米。整桥结构较好,跨石板保存状况一般。桥东左侧有一棵古樟树。

枫林里桥　位于桃溪乡黎家村委枫林里村,桥体东西向横亘于大陂溪上,建于清代,始建时间不详。桥为单拱石拱桥,以红岩石垒砌而成,桥面原为条石铺就,现杂草丛生。桥长9米,宽2米,矢高2.3米,拱孔净跨为4.2米,建筑面积18平方米,整体结构尚稳,保存状况一般。

太里桥　位于桃溪乡岭背村委太里村,横跨于池陂之上,是进村之道,建于清代,始建时间不详。桥为单孔石拱桥,以麻石垒砌而成。桥面原为青石板铺就,现为土路面,维修加宽1.5米,现桥长8.9米,宽4.6米,面积41平方米,整体较稳固,保存状况一般。

淳丰桥　位于溧江镇堆背村委淳丰村,南北向跨村前渠而建,是出村之道,建于清代,具体时间无考。桥为四跨石板桥,桥面由两块石板并排铺设,共计8块,石质不一,有青石、麻石、红岩石等;搁板4块,柱脚为木柱。桥长9.4米,宽0.79米,面积7平方米。全桥结构较稳固,保存状况一般。

老居桥　位于荷浦乡垅头村委老居村,东西向横跨于老居渠上,西向为博家河,是通往荷浦的通道,建于清代,始建时间不详。桥为单拱石桥,均用麻石、岩石垒砌而成。桥面原以岩石铺设,现毁,仅现土路。桥长14.9米,宽3米,面积45平方米,结构较稳,保存状况一般。

垅头桥　位于荷浦乡垅头村委垅头村,南北跨垅头渠而建,建于清代,始建时间不详。桥为三孔石拱桥,桥体石质不一,有红、灰、麻石等垒砌而成。桥全长32米,宽3米,矢高4米,面积96平方米。桥面长约26米,中间竖铺条石,两侧横铺,以红岩铺设边缘。两头桥面有台阶可拾级而上。桥体北侧村人取土填河护堤,致4个船形石墩毁弃2个,南面两拱尚存于水中。拱净跨为5米,以红岩石垒砌,上垒一层麻石。原桥两端均条石铺设,从村里一直通至新余境内,现毁。桥体较稳固,保存状况一般。

陈家桥　位于神政桥乡玉桥村委陈家村,南北跨陈家陂而建,是出村之道,建于清代,始建时间不详。桥长9米,宽3.8米,单拱,由红岩石垒砌而成,面积34平方米。桥拱净跨3.2米,矢高2.2米。桥面土质,现桥体东侧桥面加宽约1米。桥体较稳固,保存状况一般。

罗星桥　位于神政桥乡庄上村委竹城村,东西跨竹城溪而建,是出村必经之路,始建于清代,始建时间不详。桥长22.6米,宽4米,矢高3.3米,单拱,由麻石垒砌,面积90

平方米。桥面铺设麻石，有台阶。桥拱净跨为5米。桥体较稳固，保存状况一般。

田北桥　位于神政桥乡湖田村委田北村，南北横跨于田北渠上，是出村的通道，始建于清代，始建时间不详。桥长10.6米，宽3.1米，矢高3米，单拱，由麻石垒砌，面积33平方米。桥面铺设麻石。桥拱净跨为3.8米。桥整体结构保存较差。

庙边桥　位于潭丘乡大塘村委木源村，跨庙边陂，清光绪九年（1883）建，是出村之路。桥全长22米，面积约33平方米。桥原为单拱桥，以岩石垒砌。有铭文"光绪九年"修建，后有加建铭文"光绪二十四年"。整桥尚稳，保存状况一般。

庙边桥　位于七琴镇龙文村委水口村，东西向跨龙渠而建，是去七琴街的通道，建于清代，始建时间不详。桥为二跨石板桥，由红条石四块平铺，单条石长3.75米，宽0.33米，厚0.2米，共计8块。柱体由石柱两根作支撑。桥长9.3米，宽1.4米，高2.3米，建筑面积13平方米。桥体较稳，保存状况一般。

社下桥　位于七琴镇龙文村委社下村，东北向跨田头渠而建，是通往七琴街之通道，建于清代，始建时间不详。桥为单拱麻石垒砌拱桥。桥长10米，宽3米，矢高3米，建筑面积30平方米。桥拱净跨5.4米。两侧引桥各有10米，以卵石垒砌。桥面现改为水泥铺设。整体结构较稳，保存状况一般。

石溪一桥　位于潭丘乡蔡家村委石溪村，东北向建于石渠上，建于清代，始建时间不详，是出村之通道。桥上原有亭，现毁。桥长7米，宽2.9米，矢高3.3米，单孔红石拱桥，桥拱净跨4.1米，红岩石垒就，建筑面积20平方米。桥面由岩石铺就，整体结构较稳，保存状况一般。

石溪二桥　位于潭丘乡蔡家村委石溪村，东北向跨田边渠，建于清代，始建时间不详，是出村之通道。桥长7.7米，宽4.1米，矢高2米，单拱，拱长4米，红岩石垒就，建筑面积32平方米。桥面由麻石铺就，整体结构较稳，保存状况一般。

古丘桥　位于潭丘乡蔡家村委石溪村，东北向跨老上渠而建，是出村之道，建于清代，始建时间不详。桥长6.2米，宽1.4米，矢高1.6米，单拱砖砌，桥拱净跨4米，建筑面积9平方米。桥面由麻石铺就，整体结构较稳，保存状况一般。

下曾桥　位于潭丘乡曾家陂村委下曾村，东西向跨河陂而建，是出村之道，建于明代，始建时间不详。桥为单拱砖砌，长5.4米，宽2米，矢高2米，面积11平方米。桥拱净跨2米。桥面以青砖铺设，现青砖不存，改为土质。桥整体结构较稳，保存状况一般。

璜陂桥　位于潭丘乡璜陂村委璜陂村，东西向跨璜渠之上，是古时璜陂通往拿阜的通道。建于清代，具体时间无考。桥体为三拱，石质，船形墩2个，被毁1个。两侧有台阶，桥面三合土筑就。桥长26米，宽2.7米，矢高5米，建筑面积70平方米。桥拱净宽为5.6米。桥东侧左首有一小记事碑："嘉庆二十三年宋人径偕子字儒、家传、家□、家□、孙□仝立"。整体结构较稳，保存状况一般。

杨梅桥　位于麦斜镇上麦斜村委麦斜村，南北向跨杨梅溪而建，是出村之道。据传该桥已有四五百年。桥为单拱石拱桥，麻石垒砌。桥面麻石铺成，拱上有两层。桥上有字，但模糊不清。桥长6.5米，宽3.6米，矢高2米，桥拱净跨为2米，面积23平方米。

大湖桥 位于麦斜镇上麦斜村委大湖村，东西向跨太湖溪而建，是出村之道，建于清代，始建时间不详。桥为三跨石板桥，有四个船形墩。桥面由三块花岗岩石并排铺设，共计九块。单块条石长5.5米，宽0.36米，厚0.22米。整桥长20.9米，宽1.07米，高4米，建筑面积22平方米，整体结构较稳，保存状况一般。

口前桥 位于麦斜镇新街上村委口前村，东西向跨门前渠而建，是出村之道，建于清代，始建时间不详。桥为单拱红岩垒砌。桥长14.5米，宽3.5米，高3米，建筑面积51平方米。桥拱净跨4.6米。桥面铺青石，有台阶，边沿青石刻有"大清乾隆丙辰年八十寿□朱元桢□□□氏□□□"铭文。周边已用水泥加固。桥体较稳固，保存状况一般。

岗上桥 位于城上乡岗上村委岗上村，南北向横跨于湾里渠上，是出村之道，建于清代，始建时间不详。桥为单拱石桥岩石垒砌，桥面也以岩石铺就。桥长7.4米，宽2.6米，高3.2米，建筑面积19平方米。桥拱净跨3.7米。整桥较稳固，保存状况一般。

大坑桥 位于城上乡大坑村委大坑村，南北向跨大坑河而建，是出村之道，建于清代，始建时间不详。桥长36.1米，宽3.85米，高3.5米，建筑面积139平方米。桥面以岩石铺设。桥南侧有旗杆石。桥共三拱，红岩垒砌，桥南侧拱形略小，净跨为5.6米，其余拱净跨6.3米。整桥较稳固，保存状况一般。

金联桥 位于七琴镇金联村委金联村，东西向跨小渠而建，是进出村之通道，建于清代，始建时间不详。桥为单拱麻石垒砌。桥长35.1米，宽4.25米，矢高5.8米，面积149平方米。桥净跨7.4米。桥体较稳固，保存状况一般。2008年桥面铺水泥，并设护桥墩。

福城桥 位于七琴镇金联村委金联村，跨琴河而建，是出村之道，建于清代，始建时间不详。桥为三拱廊桥，有两以岩石垒砌的船形墩。桥面中间竖铺条石，两边横铺条石。桥两头原有圆拱门。桥长28.6米，宽4.65米，矢高5米，西北侧引桥16米，东南侧有改修亭位计5.8米，引桥7米，面积267平方米。桥体较稳固，保存状况一般。现用12根水泥柱对桥体进行加固，并用水泥对旧桥体勾缝。

庐岭桥 位于七琴镇井下村委庐岭村，跨田边渠而建，是出村之道。建于清代，始建时间不详。桥长12米，宽3.6米，矢高2.8米，单拱，以岩石垒砌，面积43平方米。桥面铺以青石。桥东南侧右边有一石碑铭。桥体较稳固，保存状况一般。

沙坑廊桥 位于七琴镇沙坑村委沙坑村，跨沙坑渠而建，是出村之道，建于清代，始建时间不详。桥为瓦顶砖砌单孔廊桥。有四砖柱，拱形门。桥长10.7米，宽3.9米，矢高3.4米，面积42平方米。桥拱净跨4.3米，桥面乱石铺垫，部分残铺水泥。桥体两端已变形，保存状况较差。

桁桥 位于金川镇桁桥村委观坑村，跨小陂而建，是出村之道，建于清代，始建时间不详。桥为两跨板梁桥，花岗岩垒砌方形墩3个。桥面并排铺3块长条石，共用6块，中间部位横搁一条石衔接桥面。条石长2.8米，宽0.37米，厚0.16米。桥长12.6米，宽1.05米，高2米，面积13平方米。桥体较稳固，保存状况一般。

南溪桥　位于沂江乡大洲村委大洲村，跨南溪渠而建，是出村之道，建于清代，始建时间不详。桥为单孔石质拱桥，整体麻石砌成，长6.13米，宽4米，矢高3.5米，面积25平方米。

太上桥　位于沂江乡大洲村委大洲村，建在大洲村农田间的太上溪上，是出村之道，建于清代，始建时间不详。桥为单拱麻石桥，长8米，宽3.1米，矢高5米，面积25平方米。桥面及桥身长满小树及杂草，桥墩已有裂缝。

大步桥　位于沂江乡廖家村委上保村，跨上保河而建，是出村之道，始建于清代，始建时间不详。桥为石质结构，三跨，中间有两个船形墩。桥长17米，宽3米，高4.5米，面积51平方米。桥面由花岗岩质条形石铺就，原为4块并排铺设，共计12块，现仅存6块。

历米桥　位于沂江乡浒岗村委浒岗村，跨历米河而建，是出村之道，始建于清代，始建时间不详。桥面长11.4米，宽0.75米，矢高4.5米，为二孔石拱桥，面积9平方米。桥墩船形，麻石质，宽3米。桥面由2块条形花岗岩石并排铺设，共有4块。

马湖桥　位于三湖镇白马村委白马村，跨白马河而建，是出村之道，始建于清代，始建时间不详。桥长6米，宽5米，单拱石质桥，面积30平方米。拱桥两侧均有"皇清同治八年重修"字样。1991年又进行重修。现桥面为水泥路面，并设有铁栏杆，桥墩加有护坡。

中曾桥　位于麦斜镇麦斜村委王坑村，跨中曾河而建，是出村之道，始建于清同治年间，始建时间不详。桥为砖石结构的三拱石拱桥，有4个船形桥墩。桥长36.4米，宽4米，矢高8米，面积146平方米。桥现改为水泥桥面。

峡 江 县

◎ 重点介绍

宫门桥

宫门桥位于玉笥山三会峰南麓，福民乡娄屋得行政村王家村东1千米处，南北向跨于王家溪上，建于南宋嘉定九年（1216），是峡江县现存古桥中历史最久远的古桥。桥长6.3米，宽4.85米，拱矢2米，桥孔跨径3米，11列花岗石并排筑砌，列与列之间用生铁铸成铁拉杆扣紧。底部刻有"宫门桥"三字。

该桥因地处道教圣地——万寿承天宫前而得名。现桥下游3列已错位裂缝15厘米之多，上游2列错位裂缝5厘米有余。2000年7月25日被列为第四批省级文物保护单位，亟待维修。

◎ 古桥名录

峡江浮桥 位于县城东门，即现在县航运站轮船码头处，横跨赣江水面。明嘉靖三十七年（1558），峡江知县杨贾倡建。桥长约850米，由铁链连缀而成，中间铺有木板，两边设有铁链栏杆。清康熙三十年（1691），浮桥被洪水冲毁。1939年国民党政府为战争需要，重新建造浮桥，用铁链贯木栅一万余根横排于江中。1942年被洪水冲毁，未曾重建。

五眼桥 位于戈坪乡汪家村西南200米处，横卧于盘龙江上。明泰昌元年（1620）广州府通判李廷标（今峡江县戈坪乡芳洲村人）捐资兴建。桥全长72米，宽3.5米，高7米，块石结构拱桥，6墩5孔，每孔跨径8米余。桥面铺有条块青石。桥上部由浆砌块石砌筑，下部桥墩中间由乱石垒成，弧形拱肋由规则条石砌筑，平面作舟形，迎水一面伸出桥面2米余，砌成三角分水尖。桥自建成以来未曾修过，但结构完整，桥貌如故。桥面石板辙深达6厘米，可见车马往来之频繁。1984年7月4日被列为第一批县级重点文物保护单位。

福惠桥 位于峡江县水边镇政府东北100米处沂江上，东西向，清雍正三年（1725）曾志锐建。桥长24米，宽2米，4墩3孔，水中两墩嵌铁蟾蜍各1只。原桥面铺设木板，两旁有木栏杆，20世纪60年代木均朽，改水泥铺设，其余保存完好。1984年7月4日被列为第一批县级重点文物保护单位。

百花亭桥 位于峡江县水边镇何君村委何君村玉笥山云腾飚驭祠山门前，始建于宋代。明代吉水才子罗洪先于桥梦百花亭，因而得名。现亭不存在，但该桥保护完好。整桥为隧道式，东西向，长7.5米，宽28米，高2.5米，单孔，跨径4米，花岗石错缝筑砌，不施膏灰。因之为江西省罕见的隧道式长石桥，2002年3月1日被列为峡江县第二批县级重点文物保护单位。

两眼桥 位于巴邱镇洲上村委蛟岭村，始建于清康熙三十一年（1692），南北向跨于一无名溪水上，为戈坪乡芳洲村李师白修造。桥原为两拱，后全桥坍塌，重修时改为三拱，仍称“两眼桥”。全长39.6米，宽3.6米，砖石结构，北岸一拱因倒塌而以沙石堆合，现仍存二孔。桥中拱高6米，跨径9.7米，下部桥台、桥墩为条石结构，拱券为砖石砌筑，上部由乱石砌成，青色麻石铺面。剩下两拱保存较好，仍在使用。2002年3月1日被列为第二批县级重点文物保护单位。

下首桥 位于戈坪乡芳洲村，距行政村2千米，南北向跨一无名小溪上。清乾隆元年（1736）李必佑建，保存完好。桥长17米，宽3.6米，拱高6米，跨径9.3米。单孔（桥孔呈蛋形），花岗岩石块错缝砌成，无碑记。

土桥 位于马埠镇芦溪村委城上村西约1千米处，横跨芦溪河上。桥长27米，宽3.2米，跨径3.6米，拱券矢高3.6米，2墩3孔，砖石结构。桥面平直，两侧小灌木、藤萝丛生。桥东塊南面镶嵌40厘米×60厘米青石碑一通。碑额横刻“土桥”二字，自右至左，直刻“皇清光绪元年乙亥仲秋月吉日凤洲袁敕人堂建修”字样，保存完好。

淑惠桥 位于金江乡金滩行政村坑里村，长18.7米，宽2.18米，高3.35米，跨度5.4米，单孔石拱桥，块石砌成，东西向跨一无名小溪上。桥正中刻有“淑惠桥”三字，属清代建筑。此桥基本结构及原貌保存状况一般，仍可使用。

军民桥 又名“西阳桥”，位于仁和镇仁和村东北100米，建于清代，始建时间不详。桥长18米，宽3米，单孔拱桥，用麻石砌筑，现两侧改建一渡水槽，保存完好。

水口桥 位于罗田镇桂林村车闰寺下，建于清顺治七年（1650）。桥长3.5米，桥宽4米，桥高2米，单孔拱桥，用麻石砌筑，保存完好。

松林桥 位于罗田镇新江村委泉井村东南约1公里的松林洲，此桥系明初礼部尚书、大学士金幼孜的夫人屠氏于明宣德年间建造。桥长40.7米，宽5.84米，高2.17米，跨径7.55米。桥由整齐的花岗石砌筑，保存完好。

平梁桥 又名“马桥”，位于仁和镇彭家村委彭家村东面约200米处，东西向。桥用整块红石砌筑4个桥墩，分水尖伸出桥墩约1米。桥长13.2米，宽2.7米，高2.1米。该桥约建于1910年，为村中彭操新建造，保存完好，目前仍在使用。

芦溪桥 位于马埠镇芦溪村委芦溪村东南，东西向，建于清晚期，始建时间不详。桥长33米，宽2.9米，3墩4孔，拱矢高4.02米，跨径5.8米。整桥用长方形花岗石错缝砌筑，桥墩迎水面筑成三角分水尖。桥两端荆棘、藤萝丛生，部分构件已错位、脱落。此桥上游约300米处新建一座水泥桥后，就已弃之不用，保存尚完整。

西汉桥　位于马埠镇朱家村委西汉村口，南北向跨于芦溪河上，建于清晚期，始建时间不详。桥2墩3孔，桥墩迎水面筑成分水尖。桥长33.8米，面宽3.3米，拱券矢高4米，跨径3.8米。桥由长方形花岗石错缝砌筑，桥面铺设青石板，石板多已破碎。

大睦桥　位于马埠镇凰洲村委凰洲村西北约1千米处，南北向跨于芦溪河上，清代所建，始建时间不详。桥为砖石结构，2墩3孔，长27米，宽2.9米，拱券矢高2.9米，跨径4.8米。整桥已被矮小灌木和藤萝所覆盖，早已废弃不用，保存尚完整。

吉阳桥　位于桐林乡庙口村委庙口村口，东西向，建于清中晚期，始建时间不详。桥为单孔砖石结构。长10米，宽2.5米，跨径5.3米，拱券矢高3.4米。桥整体为藤萝、小灌木覆盖，桥堍（桥头靠近平地的地方）已坍塌，已废弃不用，保存尚完整。

双溪桥　位于桐林乡流源村委流源村北，东西向，始建时间不详。清乾隆二十二年（1757），流源刘氏重修。桥长18.8米，宽3.2米，拱券矢高3.7米，跨径6米，单孔，块石错缝砌筑，保存完好。

太溪桥　位于桐林乡流源村委流源村中，东西向，始建时间不详。长11.6米，宽3.2米，拱券矢高3.1米，跨径6米，一孔单券，块石错缝砌筑。此桥与村北双溪桥形制一致，应是清早期建筑，保存完好。

聚龙桥　位于水边镇湖洲村委湖洲村村东，南北向跨无名溪水，溪水入沂江，始建年代不详，现存建筑清代时曾维修。桥为三拱，青石错缝铺砌。桥长26.3米，宽2.2米，矢高2.6米，拱跨度5米，保存较好。

石马桥　位于水边镇颖溪村委利田村，清代建筑，具体建造时间不详。桥为单孔花岗石结构，长22.4米，宽2.85米，高5.8米，跨径9.9米，东西向跨于一无名小溪上。桥面块石上有车辙，深5.6厘米，最宽处有11厘米。该桥呈蛋形，桥堍的坡度约30度。此桥为璃田附近各村农民前往水边墟的必经之路。1992年此桥在原桥边新建水泥桥后基本不用，保存较好。

二浪溪桥　位于水边镇佩贝村委佩贝村，南北向跨于一无名小溪上，明宣德年间建。桥为单孔青石结构，长10.9米，宽2.9米，拱高3米，跨径6.2米。桥面上有车辙痕迹，保存完好。

接栈桥　位于水边镇北龙村委严溪村，南北向跨于一无名小溪上。清光绪四年（1878）周兴仪倡修。桥为3孔2墩，砖石结构，桥拱外卷突出，外卷内凹，分水尖另砌。桥长17.3米，宽2.8米，中孔矢高3.9米，跨径3.7米。桥东堍嵌碑记2方，右一方横刻"接栈桥"，从右至左刻"清光绪戊寅四年八月"及捐款人名单及捐款数额，左一方为捐款人及数额。桥造型独特、工艺美观，保存完好。

水溪桥　位于福民乡小枥村委小枥村东2千米，南北向跨于一无名小溪上，属清末建筑，具体建造时间不详。桥为单孔青石砌筑，长12米，宽3.7米，拱高4.2米，跨径3.5米。上游桥堍呈弧形，较长，现桥面石有松动。

庙背桥 位于福民乡郭下村委郭下村北2千米，跨于一无名小溪上，属清代建筑，具体建造时间不详。桥为单孔青石结构，长12.6米，宽3米，拱高2.95米，跨径5.1米，保存完好。

湖洲桥 位于水边镇湖洲村委湖洲村，南北向跨于一无名小溪上，清代建筑，具体建造时间不详。桥为单孔，块石错缝砌成，长19米，宽2.2米，高2.2米，跨径4.3米，保存状况一般，目前仍可使用。

下痕桥 位于水边镇下痕村委下痕村，南北向跨于一无名小溪上，清代建筑，具体建造时间不详。桥为单孔，块石结构，长10米，宽2.2米，高1.5米。桥面石块中心有车辙，深约3厘米，保存状况一般。

武溪桥 位于水边镇颖溪村委武溪村西北面500米处，东西向跨于村外一小溪上，清代建筑，具体建造时间不详。桥为单孔、块石结构，长7.2米，宽1.8米，拱矢高2.3米。保存完好。

万寿宫桥 位于仁和镇仁和村防洪堤外，东临赣江20米左右，东西向跨于一无名小溪上，属清代建筑，具体建造时间不详。桥为单拱，均由大块花岗石错缝而建。桥长27.2米，宽为3.4米，跨径4.2米左右。桥面厚60厘米左右，铺有大青石面，其分布面积92.82平方米，是通往轮渡（现已撤除）的主要道路，保存完好。

庙仔下桥 位于仁和镇大田村委庙仔下村东500米处，南北向跨于一小溪上，属清代建筑，具体建造时间不详。桥为单孔，块石结构，跨径为2.6米，长7.2米，宽2.1米。此桥为村中农民农耕的主要通道，保存完好。

景顺桥 位于仁和镇仁和村防洪堤处，东临赣江，南北向跨于一无名小溪上，周边为开阔地，旁边有百年古樟。此桥始建于明朝，具体建造时间不详，后由仁和胡家村胡奎（时任浙江府尹）出钱重修。桥为单拱石拱桥，跨径约7.6米，均由大整块花岗石错缝砌筑，长48米，宽10.6米。此桥规模大，结构严谨，保存尚好。

冯家桥 位于仁和镇仁和村东南防洪堤内，东临赣江100米处，东西向跨于一无名小溪上，属清代建筑，具体建造时间不详。桥为单拱，均由花岗石错缝砌筑，跨径3.2米，桥面宽约2.5米，长13.5米。桥梁整体稳固，但桥梁四周布满杂草、藤蔓、荆棘等野生植物，保存完好，是通往赣江边的主要通道。

鲊江桥 位于砚溪镇鲊江村东北300米处。清康熙年间山东历城知县、邑人李师白倡建。桥为二孔石拱桥，长24米，宽3米，高5米。桥拱以花岗石纵联砌筑，桥墩、桥面均为花岗石构造，保存完好。

五庵桥 位于砚溪镇坪头村委茶头村东1千米处，南北向跨于一小溪上，属清代建筑，具体建造时间不详。桥为单孔石拱桥，花岗石错缝砌筑，跨径为4.5米，长8米，宽2.5米，拱矢高3.3米，保存完好。此桥为农民进行农耕等生产、生活的主要通道之一。

岭背桥 位于砚溪镇坪头村委新建村东面500米处，南北向跨一无名小溪上，属清代建筑，具体建造时间不详。桥为3墩4孔，石拱桥花岗石错缝砌筑，桥长34.6米，宽

4.7米，拱矢高5.7米，每孔跨径9米，1978年桥面重修，改为水泥桥面，是通往村外的主要通道。其基本结构未破坏，保存较好。

老虎陂桥　位于砚溪镇灼溪村委灼溪村西北1千米处，南北向跨于一无名小溪上，属清代建筑，具体建造时间不详。桥为单孔石拱桥，花岗石错缝砌筑，长19米，宽4.5米，拱矢高5米，跨径6.2米，此桥为村中通往外界及农耕生产生活的必经之路。此桥依然保持原结构，桥两头路面已损坏，现已铺上了水泥。桥身及四周布满杂草、藤蔓、荆棘等野生植物。

溪溪桥　位于砚溪镇灼溪村委灼溪村东南1千米处，南北向横跨一无名小溪上，属清代建筑，具体建造时间不详。桥为单孔石拱桥，花岗石错缝砌筑，长20.5米，宽3.9米，拱矢高4.3米，跨径6.3米，为村民农耕及其他生产生活必经的主要通道之一。此桥依然保持原结构，桥两头路面已破坏，桥两边均为农田，桥墩上布满杂草，藤蔓、荆棘等野生植物。

平梁桥　位于砚溪镇虹桥村委虹桥村东北1.5千米处，东西向横跨于一无名小溪上，属清代建筑，具体建造时间不详。桥为六墩五拱，桥面由15块大小相同的青石（每三块为一段）铺成，故又称"平梁桥"。每块青石长为3.87米，宽约36厘米。桥总长35米，宽3.6米。此桥两头引桥路面已破坏，桥两边均为农田，桥墩上布满杂草、藤蔓、荆棘等野生植物，但依然保持原结构，为村民生产劳作的主要通道。

金家桥　位于砚溪镇鹏溪村委会金家村东南500米处，南北向跨于一无名溪上，是村中通往砚溪镇的主要通道，属清代建筑，具体建造时间不详。桥为单孔，块石结构，跨径5.4米，拱矢高3.9米。桥长13.6米，宽2.5米，占地面积34平方米。现基本结构保存完整，桥面铺了一层很薄的水泥面，桥下长满了水草，桥边有三株古树。

蜈蚣桥　位于金江乡城上村委下北坑村，南北向跨于一无名小溪上。清代建筑，具体建造时间不详。桥长10米，宽2.9米，跨径3.8米，块石结构，基本结构保存完整。

丰田桥　位于金江乡城上村委小木山村，南北向跨于一无名溪上，清代建筑，具体建造时间不详。桥原有三孔，现只存二孔，有分水嘴2个，伸出桥面约1.5米，呈鸟形起翘状。桥长25.8米，高3.1米，宽3米，跨径7米，块石结构。桥面中心处，刻有"丰田桥"3字。此桥基本结构保存完整，桥身长满藤蔓、荆棘。

观音桥　位于金江乡新溪村委梅元村，东西向跨于一无名小溪上，清代建筑，具体建造时间不详。桥为单孔石拱桥，块石结构。桥长12米，宽2.8米，高3.2米，跨径3.3米。此桥基本结构及原貌未变，周边长满野生植物。

梅元一桥　位于金江乡新溪村委梅元村，东西向跨于一无名小溪上，清代建筑，具体建造时间不详。桥为单孔石拱桥，花岗石结构。桥长10.6米，宽2.8米，高3米，跨径4.7米。此桥基本结构及原貌未变，周边长满野生植物。

梅元二桥 位于金江乡新溪村委梅元村，东西向横跨于一无名小溪上。桥为单孔石拱桥，块石结构。桥长18.8米，宽2.8米，高3米，跨径4.1米。桥基本结构保存完整，周边长满野生植物。

梅元三桥 位于金江乡新溪村委梅元村，东西向跨于一无名小溪上，清代建筑，具体建造时间不详。桥为单孔石拱桥，块石结构。桥长9米，宽2米，高2.1米，跨径3.6米。此桥基本结构及原貌保存完整。

麻溪一桥 位于金江乡黑虎村委麻溪村，东西向跨于一无名小溪上，清代建筑，具体建造时间不详。桥为单孔石拱桥，块石砌成。桥长15米，宽4米，高4.6米，跨径5.6米，此桥基本结构及原貌未变，周边长满野生植物。

麻溪二桥 位于金江乡黑虎村委麻溪村，南北向跨于一无名小溪上，清代建筑，具体建造时间不详。桥为单孔石拱桥，蛋形块石结构，长8米，宽2.8米，高3米，跨径3.5米，该桥就地取材，以块石、乱石砌成。此桥基本结构及原貌基本未变。

同心桥 位于金江乡黑虎村委刀石村，南北向跨于一无名溪上，清代建筑，具体建造时间不详。桥为蛋形单孔拱桥，块石结构。桥上有圆形八卦图，直径20厘米。桥长12.3米，宽2.2米，高3.1米，跨径2.2米。此桥基本结构及面貌保存原样，桥侧松动，桥身长满藤蔓、荆棘等。

东坑桥 位于金江乡庙前村委东坑村边，东西向跨于一无名小溪上，为原东坑等村通往巴邱镇必经之路，清代建筑，具体建造时间不详。桥为单孔石拱桥，麻石砌成，长11.8米，宽2.6米，高3.5米，跨度3.6米。此桥基本结构保存完整，仍可使用。

磨下桥 位于金江乡金滩村，南北向跨于一无名小溪上，属清代建筑，具体建造时间不详。桥为单孔石拱桥，麻石砌成，桥块石上有八卦图形。桥长11.8米，宽2.6米，高3.2米，跨度4米。此桥基本结构及原貌保存完好。

莱公桥 位于巴邱镇北门社区（现为城区中心），始建于宋代，始建时间不详，南北向跨于一无名溪水上。桥为单孔拱桥，呈蛋形，块石砌筑。桥长10.65米，宽4.3米，高3.7米，跨径4.4米。此桥依然跨于小江上，基本结构未变。桥面已堆积一层厚厚的泥土，桥下布满水草、荆棘等，桥墩有些破损。

东溪桥 位于巴邱镇陂庙村西南50米，东西向跨于无名溪水上，属清代建筑，具体建造时间不详。桥为一孔石拱桥，花岗石错缝砌筑。桥长7.8米，宽2.7米，高2.7米，跨径3.8米。桥墩侧面以四块弧形花岗石砌面，石缝整齐平直，未见松动之感。整桥造型美观，结构非常牢固，依然保持原有风貌。

松树下桥 位于巴邱镇油陂庙村委赖家村，跨于一无名小溪上，属清代建筑，具体建造时间不详。桥为块石筑砌石拱桥，长7.4米，宽2.4米，高2.8米，跨径4.4米。此桥基本结构保存完整，桥面破损严重，现仍为村民生产生活的通道。

娄家桥　位于巴邱镇油陂庙村委娄家村前之田垅中，距村约300米，东西向跨于一无名溪水上。属清代建筑，具体建造时间不详。桥为花岗石砌筑，单孔石拱桥，建造工艺美观大方。桥长7.2米，宽1.9米，高2.3米，跨径2米，属人行桥。此桥基本结构保存完整，仍为村民生产生活的主要通道。

溪头桥　位于罗田镇新江村委何魁村，东西向跨于一无名水溪上，属清代建筑，具体建造时间不详。桥为单孔，块石筑砌。桥长5.5米，宽1.7米，高2.3米，跨径2.3米。该桥现只用于村民上山砍柴及往返农田运输肥料。桥面有些大鹅卵石被搬走，桥两头均被破坏，四周杂草、荆棘丛生。

枥溪桥　位于罗田镇东梅村委郭家村，为清中期建筑，具体建造时间不详。桥为单孔石拱桥，花岗石筑砌，长25.8米，高3.8米，宽2.6米，跨径6米。该桥离村约1千米，现为村民生产生活的通道。桥梁基本完好，周边长满杂草、藤蔓等野生植物。桥面布满杂草，部分被破坏。

水口桥　位于罗田镇桂林村委巷里村，跨于一无名溪上，清末建筑，具体建造时间不详。桥为单孔石拱桥，青块石砌筑。桥长8.8米，宽3.5米，拱矢高2.3米，跨径3.8米。桥距东平寺2千米，曾是通往东平寺的必经之路。此桥已被杂草、荆棘掩盖，桥的表面积土很厚，但整体保存完好。

五子桥　位于罗田镇桂林村委桂林村，南北向跨于一无名小溪上，属清代建筑，具体建造时间不详。桥为隧道式单孔石拱桥，麻石错缝砌筑，造型独特。桥长2.8米，宽34.6米，高1.7米，跨径2.8米。因处村边山脚下，用于排水、灌溉及防山体滑坡和人畜安全而修建。此桥基本结构保存完好，桥下淤泥很多。

桐木桥　位于罗田镇审林村委桐木村，属清代建筑，具体建造时间不详。桥为块石筑砌单孔石拱桥，桥面青石铺砌，长13.6米，宽3米，矢高3.2米，拱跨6米。此桥基本结构保存完整，桥面青石块留有车辙痕迹。车辙宽度13厘米，最深处5厘米，现为村民通往公路的必经之路。

树下桥　位于罗田镇官洲村脑背村西500米，南北向跨于一无名小溪上，清末建筑，具体建造时间无考。桥长7.5米，宽2.2米，高1.7米，单孔石拱桥，青石筑砌。桥头两边的鹅卵石铺石已大部分毁坏，桥周围长满杂草。桥保存完好，仍是村民生产生活的通道。

遂 川 县

◎ 重点介绍

清定桥

清定桥位于遂川县南部边缘的禾源镇小黄坑村黄溪渡口处，清乾隆四十九年（1784）乡民为保风水而建，历时近八载告竣。"清定"寓意纯净坚定。该桥建在左狮、右象（形似）两座石山之间，人称"左狮右象把水口"。桥全长32.4米，宽4.1米，高9.7米，东西走向，条石结构，两拱。原桥身两侧青砖平砌空"十"字眼墙，凉亭由木梁架成，硬山瓦顶，两端竣拱门，门首硬山顶楼阁高3.4米，亭内四周木梁绘有花鸟走兽，釉以彩漆，十分美观。

人们在桥上游览憩息时，可放眼四周秀美景色。该处百仞峭壁，直立不动，峭壁间冉冉升起色彩错综的雾气。溪的上流，两溪合浦，飞泻如瀑，然后似白绢飘飘而来。这坚定不移的山、飘然而走的水，用"清定"二字概括，既生动形象，又十分贴切；又因过往行人喜欢在亭内乘凉歇脚，故又称"水口凉桥"。

该凉桥是"黄溪八景"之一，名曰：溪桥月夜。古人题咏者不少。

◎ 古桥名录

乐善桥 位于遂川县西40千米的大汾圩旁，建于清光绪三十一年（1905），是连接大汾圩的重要通道。此桥通用麻石条平砌而成，长37米，宽4.4米，高8米。桥为三孔石拱桥，在中孔的拱券上首中横镶一块青石碑。碑上刻有"乐善桥"三个苍劲有力的楷书大字。桥墩呈船形状。桥面两边砌有一米高的三合土拌卵石的护墙，护墙两端设有枪眼。1958年被辟作公路桥梁，1982年在其下首百米处新建一座水泥公路桥，该桥便较少有车辆通行。

阳关滩桥 位于泉江镇四农村阳关组，距离县城西1.5千米右溪河口"天子地"脚下，南北走向。此处原为县西及湖南郴州、广西各地来遂川县城的重要通道，古为阳关渡。明崇祯八年（1635）设置渡船，后因过渡客人多，渡船经常应待不及，每遇洪水便成天堑。1917年冬，邑人陈桂芳等倡导募捐修建石拱桥，历时五载，于1921年夏告竣。全长86米，宽6米，高9米，上部构造为五孔实腹式干砌石拱板，下部构造为干砌条石重力式船形墩台。1944年冬，日本侵略军入侵遂川县前夕，县政府和驻军破坏部分桥体，抗战胜利后修复。中华人民共和国成立后，人民政府几次整修加固，成为县城至上坑公路桥。

云衢桥　即圳口老石桥，位于草林圩上游1.5千米处，距遂井公路15米，建于清光绪二十年（1894），由黄礼艺、佑良、郭照吾等倡导募捐万元银圆创建。桥长77.4米，宽5.4米，高7.56米，五孔石拱桥，麻石条砌成，桥两边有约1米高夯土护栏。此桥为通往县西南各地和湖南、井冈山市的道路要冲。1958年用作公路桥。1968年在该桥上游兴建双曲拱桥后，用作人行桥，保存完好。

三眼桥　原名"三朋桥"，位于草林镇唐虞村。由黄溪叶虞栗、庵下李安候、唐虞村洪融三人捐资，建于清乾隆十三年（1748），后于原址改建成三孔石拱桥，易现名。1958年改作公路桥，1969年镶宽加固。桥历两百余年，完好无损。

印埠桥　位于雩田镇任溪村印埠岭下，古名"落马桥"，最早为木桥。清乾隆四十六年（1781），刘嘉栩捐银1600两，改建为石桥。桥长66米，宽4米，高10米余，并捐租40担作为守桥人员工资、伙食。清嘉庆二十一年（1816），桥倾两墩，同治初年又倾两墩，乡里人均及时修复。1934年修筑南昌至赣州公路时改为公路桥。1970年镶宽加固为双车道桥，今犹存完好，是遂川县南北运输的重要枢纽。

百岁桥 位于禾源镇三溪村水口，建于清道光十五年（1835）。全长14米，宽4.3米，高10米，南北走向，单拱，麻石条结构，鹅卵石铺面。此桥系村妇王善英（吴章武妻）年届百岁时捐资所建并得名。桥建成后，不但方便村民的生产、生活，而且是禾源乡民通往赣州上犹县紫阳乡的必经桥梁。现仍完好，人来车往畅通无阻。

桐古桥 位于营盘圩乡桐古村石屋牛头坳，是连接湖南炎陵县水口至营盘圩古道的单拱石桥，南北走向，东低西高。该桥已有200多年历史，当地人习惯称为"老石桥"。桥长9米，宽2米，高4.5米，单孔拱桥，石拱跨度5米。桥拱砌成内外拱状，内拱用厚实的麻石条垒砌，外拱比内拱稍凸，用稍薄的石条平铺。老石桥虽不长，但因建在两山的山涧岩石上，涧深水急，也颇费匠心。1927年毛泽东同志率秋收起义部队上井冈山时，曾从此桥上经过。桥保存完好。

景云桥 位于珠田乡达溪村水口，桥头山上有一庵，故又称"庵桥"。清乾隆三十一年（1766）十月，由村人王元谋倡捐修建，自捐银八十两，始建时桥中建有楼阁，后倒塌。此桥为单孔半圆条石拱桥。1940年间进行维修，拆除楼阁残迹，改建成栏墙。该桥主体今完好，现为机耕道桥梁。

广济桥 位于巾石乡东坑村境内，建于元（后）至元二年（1336），古代为县城经黄土关至南康、赣州、两广（广东、广西）官道上的重要桥梁之一。桥在两峡峙之中建成，三墩二拱麻石桥，东西走向。始为木桥，后历经洪水，多次毁坏、修复。清道光十八年（1838）毁于水，王静轩捐资重建，用花岗岩石筑成双孔半圆拱桥。传说该桥重建时屡塌,后遇一过路乞丐说要用三块豆腐砌桥才能建成。桥长31米,宽4.3米,高5.8米,中间墩呈船形状。

桥西山腰处一条小道往北通往县城,桥东山势陡峭,险无立足之处。此桥的建成,充分显示了古代工匠的聪明才智。

乐善桥 位于县城东郊,跨越泉江,建于清代,始建时间不详,为石拱桥,是当时遂川城乡的主要桥梁。1951年6月,乐善桥被洪水冲毁。1954年省委、省政府决定重建此桥,取名为"遂川大桥",为混凝土悬臂梁桥。1955年5月建成,为吉安市首座钢筋混凝土大桥。

金盘桥 位于草林镇车源村,建于1911年,自北向南横跨于左溪河上。桥长90米,宽5.6米,高9.5米,由花岗石叠砌。桥为五墩四孔石拱桥,拱跨14.5米,高7米。桥中部三墩呈船形,两端桥堍南长北短,桥面两侧筑有70厘米高的护墙。桥梁保存完好,雄伟壮观。

狮下桥 位于大汾镇大汾村狮下自然村,东西走向,建于清康熙六十一年(1722)。传说为一寡妇建造,又称"寡妇桥"。当时这寡妇不但出资建造了这座桥,而且在东桥头建了一座46平方米的凉亭。桥为一矶二孔石拱桥,桥墩呈船形状,为麻石条结构。桥长21米,宽4.4米,高8米。此桥历经风雨,东拱、西拱在1960年被洪水冲毁,现只剩下北面一米多高的桥面。凉亭现在也只剩下残墙。

黄源桥 位于西溪乡黄源村,南北走向。建于清朝中期,始建时间不详。桥长5米,宽1.5米,高约3米,青麻石单拱桥。桥两边河岸遍布小青竹,茂密、繁盛。桥北是新建民居,南边紧邻通村公路。拱桥保存完好,是当地村民前往西溪、黄坑的交通要道。

冲溪桥 位于左安镇冲溪村金坑口自然村,东西走向,建造时间不详。桥面长5.7米,宽2.8米,高3米,为单孔石拱桥。桥面为二级阶梯,村道紧邻桥的东边穿行而过。河水由北向南蜿蜒流淌,南面流水由高至低,形成落差约为高7米的小瀑布,水流湍急。桥保存完好。

冲肚桥 位于左安镇冲溪村右边,始建于清朝中期,始建时间不详,南北走向。桥面长7米,宽3.1米,高7米,单拱砖砌拱桥。桥经两次维修加固,水泥盖面,保存虽较好,但原貌已破坏。

汤湖桥 位于汤湖镇汤湖村上角自然村,建于民国初期,南北走向。桥长77米,宽3.7米,高7米,6孔石拱桥,桥下有5个船形桥墩。桥面现为水泥铺面,两侧为70厘米高的水泥柱栏杆,保护相当完好。此桥是迎接国民党新八军第八团营长毕占云率部投诚的纪念桥。1928年9月毕占云部与红四军在大汾左安一带相遇。朱德、陈毅以老乡身份联名写信劝其投诚。1928年10月26日毕占云率126人参加红军,陈毅到汤湖桥迎接投诚队伍。

来喜桥 位于汤湖镇汤湖村自然村，东西走向，建于清末，始建时间不详。桥为单拱，全为麻石构建，在桥拱中镶嵌着一块"喜来桥"三字标志牌。桥长40米，高13米，桥面宽6.5米，两边桥引各为18米，桥拱面为麻石条铺坪。在桥面北端有2米高的三合土残墙护栏，桥仍为村民过往的重要通道，保护完好。

桥头桥 位于营盘圩乡桥头村香苏坪燕子岩，建于清末，始建时间不详。桥长18米，宽3米，单拱，由麻石条砌成，东西走向，南低北高。该桥已有200余年的历史，分3次才将桥建成。桥墩建在两山突起的岩石上，桥下潭深不见底，水流湍急。该桥是连接戴家埔乡和营盘圩乡的桥梁。1960年，该桥遭水灾桥面被毁，1961年修复，并在桥面砌石为栏。桥头原有建桥碑，现无存。桥保存较好。

福善桥 位于五斗江乡五斗江村水溪自然村，建于清代，始建时间不详。桥长14米，宽4米，高6米，是水溪和潘屋自然村通往庄坑口的一座青石桥。桥中央石碑上刻有"福善桥"三字。桥下有一个很深的水坛，水坛旁有一个狮子岩一直通往五斗江街。整座桥都是用长条形青石板筑成，保存完好。红军在五斗江战斗时途经此桥。

丰禄桥 位于五斗江乡丰禄村下洲自然村大片稻田中间，南北走向，始建时间不详。桥长7米，宽3米，距水面高4.5米，单拱石拱桥。桥面按原貌保存，从桥头上二级台阶至主桥面。桥上生长着大量藤蔓植物，隐约露出单拱，小桥流水，景色迷人。在村路未维修前为下洲村民往来五斗江乡圩镇的交通要道。

石坑桥 位于新江乡石坑村，东西走向，始建于清末民初，始建时间不详。桥长4米，宽2.7米，距水面高1.7米，单孔砖拱桥。经维修翻新桥面铺设黄白色鹅卵石。拱桥是当年石坑村村民经往新江圩镇的交通要道，保存完好。

石坑拱桥 位于新江乡石坑村，小桥东西走向，建于清末，始建时间不详。桥为单拱青石拱桥，长3米，距水面高2米，保存完好，是当年村民经石坑往新江圩镇的交通要道。

双溪桥 位于双桥乡新街自然村的东街，始建时间不详。桥为单拱青石条结构，长15米（包括引桥），宽3米，高4.5米。桥面青石条铺面，两边护栏为青石条打孔斗榫。两桥头引桥有7个台阶。溪水由北向南从桥下涓涓流过，桥的这种护栏结构在吉安还是第一座，而且桥孔结构坚固如初。

马埠桥 位于双桥乡马埠村燕里自然村，南北走向，建于清代，始建时间不详。桥长9米，宽3米，高4米，单拱，青石结构。由于紧挨拱桥西面建有一座水泥桥梁，此桥闲置。桥面长满了芦苇，保存较完整。

横岭百岁桥 又称"街口桥",位于雩田镇横岭村庙前自然村,东西走向,建于清末民初,始建时间不详。桥为二拱麻石结构,全长21米,宽4.5米,高5米。桥南面有鱼头形桥墩,桥东拱边镶嵌着一块阴刻"百岁桥"三字的石碑。桥面全为麻石和青石铺面,保存完整。

金潭桥 位于雩田镇盘溪村桥背自然村,东西走向,建于清代,始建时间不详。桥为三拱麻石结构,长35米,宽4.2米,高6米。桥面由青石、红皮石和麻石块铺面,结构坚固、完整,保存完好。

三元桥 位于巾石乡新安村西丘仔河下,南北走向,跨近仔河,始建于1935年,是巾石新安通往万安夏造古道上的桥梁。桥长29米,宽3.9米,高4.5米,三拱式麻石古桥,拱宽7.2米。桥中间二墩砌成截尾船形关。桥拱顶麻石上刻"三元桥""民国乙亥年"两行字样。

福星桥 位于巾石乡界溪村口背堀自然村,建于清代,始建时间不详。桥长13.5米,宽3米,高6米,麻石结构,二拱石拱桥,东西走向。桥西头护陂各为5.5米。桥拱中央镶置着一块麻石碑,阴刻"福星桥"三个苍劲有力的楷书大字。1999年,桥面两边加建1.2米高的混凝土护栏,保存完好。

界溪瓦桥 位于巾石乡界溪村高丘自然村,建于清乾隆年间,始建时间不详,南北走向。桥长38米,宽3.8米,高5.5米,麻石结构,二孔拱桥。桥头护陂各6.9米,有13个台阶。背面桥拱下砌有一块麻石碑,记载着这座桥的建造年代,但已模糊不清。桥保存完好。

东坑桥 位于巾石乡东坑村西侧塔步寺,距105国道约50米,建于清朝末年,始建时间不详,东西走向,是在两峡峙之中建成的三墩二拱麻石桥。桥长31米,宽4.3米,距水面高5.8米,中间一墩呈船形,桥下河水由南向北流过。传说该桥初建时屡塌,后遇一乞丐经过说要用三块豆腐砌桥才修建成。桥西山脚处一条小道往北通县城,桥东山势陡峭,险无立足之处,在此将桥建成,充分显示古代工匠的聪明才智。现桥面铺设水泥,砌有桥栏,改为公路桥。

黄溪桥 位于禾源镇黄村新庆自然村的双棋桥,东西走向,建于清中末期,始建时间不详。桥全长26米,宽4米,高5米,2孔石拱桥。桥南面有一船形桥墩,桥面全用鹅卵石铺就。桥保存完好。

珠田庵桥 位于珠田乡达溪村,建于清代,始建时间不详。桥长26.6米,宽4.2米,高9米,1孔麻石拱桥,东西走向。桥两边有泥砌护栏,桥西端建一凉亭,现只剩下残墙。桥保存完好。

云古桥 位于珠田乡良洲村地上自然村,南北走向,建于清代,始建时间不详。桥为红皮石结构斗拱桥,全长14.8米,宽3.5米,高7米,桥面有1米高护栏。桥地处遂川小路通往井冈山、桂东等周边的要道上,古为官道。现因交通要道的改变,已闲置。

赤坑善桥 又称"善桥",位于遂川县大坑乡赤坑村竹山自然村,南北走向,始建时间不详。桥长8.6米，宽3米，高7米，麻石块结构平拱石桥，两边引桥各3.4米，桥面青石铺面。1920年重修，桥北边有一块桥碑记载重修情况。整桥保护完整，杂草丛生。

龙口桥　位于黄坑乡龙口村中希自然村大片稻田中间，东西走向，建于清末，始建时间不详。桥长19米，宽3米，距水面高8米。桥两头分别有5组石阶上主桥面，保存完好。

木岗桥　位于泉江镇木岗村，建于清末，始建时间不详。桥为单拱桥，拱高4米，整座桥用石片和红粉石相砌而成，东西走向。桥长11米，宽2米，整体完好。该桥主要通往五里和南溪。

长洪桥　位于堆子前镇堆子前村两条小河流的交汇处，建于清末，始建时间不详。桥长32.3米，宽3.2米，双拱折弯拱桥，拱高5.2米，单拱跨径达9.3米，整座桥用石片砌成。一座桥同跨两条小河并建成折弯拱桥在吉安属罕见。桥梁整体保存完好，工艺精湛。

移山桥　位于堆子前镇移山村，始建于清代，始建时间不详。桥长24米，宽1.3米，高4米，跨径达8米。桥多次被洪水冲毁，现用木梁和木板在原有的桥墩上架起一座便桥给人员通行。

游度桥　位于黄坑乡，古称"万兴桥"，建于清嘉庆十三年（1808），后被水毁。1968年，遂桂公路工程处利用老桥残存墩座石桥，建造条石双曲拱桥，以条石为横肋，乱石为拱坡。现桥长53.4米，宽7.5米，高8.67米，为单孔空段22曲拱桥，是遂桂公路主要桥梁之一。

中渡浮桥　古名"济川桥"，位于遂川县城，创建于北宋景祐年间，该桥初名"遂江桥"。历史上，桥或因山洪冲毁，或被战乱破坏，进行过多次修复、重建，曾修为石座（墩）木面桥、木排桩木面板桥、浮桥等。1973年，泉江大桥建成后其被撤除。

　　清乾隆九年（1744）以来，县内士民200余名捐银20两，集为桥会，雇工看守，及时启合，方便行人。咸丰八年（1858）重修时，在两岸建立渡亭并建桥房一所，名"利涉亭"，供守护桥工住宿，并买田租百余担为守护修葺基金。以后又有人捐献田产，至民国时期该桥有田租4000余石，设有中渡浮桥管理委员会，其所收租谷除正常开支，仍大有盈余，被劣绅豪富鲸吞。

雩田浮桥　古名东垣桥，位于雩田圩，建于清道光四年（1824）至同治十二年（1873）间。浮桥长280余米，是该圩镇通往碧洲、枚江等地及万安县的交通要冲。1990年雩田大桥建成后其被撤除。

　　中华人民共和国成立以前有桥会，名"慈航会"。有田租2000担，南岸上首有桥房一所，供守护人居住。每年农历三月二十日为桥会日，宴请乡绅敬神、祭祀、清算收支账目、议决桥务事项。

草林浮桥　古名"乐善浮桥"，清同治二年（1863）邑绅黄云龙等禀请邑令颁发印簿劝捐创建。桥长50余米，创建以来由桥会管理，田租300多担。中华人民共和国成立后，由草林乡政府接管，设专职管理人员1人，另有4人在洪水期间协助管理，经费在乡财政中列支。草林圩是县内大圩镇之一，草林浮桥连贯南北，为上坑、大坑等地来往要道。1985年冬，动工修建了一座3米宽的钢筋水泥拱桥以替代浮桥。

大坑浮桥　1966年以前为渡口，有渡船一只。1967年上海华东勘察设计院地质勘测队到该地勘测大坑水电站时改为浮桥，由4艘木船和数驳木板桥构成。全长50余米，桥面狭窄，仅能单人通过。另有渡船一只，以备洪水开桥时渡运。由大坑、九田二村各派一人管理，经费由两村负担。1990年动工修建了一座钢筋水泥拱桥以替代浮桥。

安 福 县

◎ 古桥名录

凤林桥　位于安福县城北，横跨泸水河，是安福至吉安、分宜的必经之路，为安福古代三大名桥之首。北宋元丰年间，知县上官颖初建浮桥。此后县令上官洽、韩邦光、徐辉、施广厚等先后重修。元末毁于水，改设渡。明嘉靖年间，县令俞夑复建。万历十四年（1586），邑绅邹德薄继修，邹匡明独捐千金。崇祯三年（1630），知县陈禼虞以石覆面。崇祯十三年（1640），知县叶子发、孝廉邹世祚捐金400两，建成桥栏。桥长183.3米，宽6.67米，共11孔。清乾隆三十六年（1771）六月，武功山山洪暴发，冲塌9孔，国子监生颜学极捐千金倡修。乾隆四十一年（1776）七月动工，次年冬竣工。当时南北两岸各建有一亭，南岸亭名为"万安亭"，北岸亭名为"百福亭"，亭早已毁。同治八年（1869），邑民集资整修桥中孔。1932年，修建吉福公路，凤林桥被利用为公路桥。1953年修复永安分公路时整修了凤林桥，1962年2月，洪水将桥墩基础冲空，由省公路局投资，吉安公路总段施工，于1963年初修复。1968年浇筑混凝土桥面，整修栏杆和拱券，桥貌焕然一新。1981年再次整修基础。现桥长162米，宽6.7米，11孔，跨径11.8米，用石灰糯米浆砌条石拱券和条石墩台，该桥已列为安福县县级文物保护单位。现在古桥设为步行桥，东向并排新建一座新桥，供车辆、行人通行。

灌溪廊桥 位于竹江乡灌溪村，建于清道光二年（1822）。桥全长16.8米，宽3米，高3.1米。桥面由6块青石板并列铺设，石块宽40厘米。桥面上建有桥屋，形同走廊，廊高4.1米。桥为四跨，跨径不等，最大跨径为3.4米。桥墩为船形三角尖，三墩二台，砖砌，每个桥墩台上砖砌两根廊柱，共十根。桥两侧有木质护栏，顶覆青瓦。廊两头有方形门，门上方嵌有"溪上观赏"碑扁。廊中两柱左右各镶有一块石碑，石碑上刻有"修桥乐助碑"和"道光二年岁次壬午孟夏月"字样。桥边有一座惜字塔和一棵古柏树，形成了一处独特的人文景观，保存完好。1984年被列为县级文物保护单位。

大桥 位于洋溪镇泾塘村大桥自然村西约500米处，长35.8米，宽6米，高5.4米。为砖石三拱石桥。桥上嵌碑石，刻有"大桥"二字。建于明嘉靖年间，清光绪年间重修。古为通莲花、吉安必经之桥。为安福县第一批重点文物保护单位。

溪徙桥 位于金田乡峡陂村村北，始建于元末，由该村村民捐资兴建，始建时间不详，清嘉庆年间重修。桥长25米，宽1.7米，4墩5孔砖石桥，卵石铺地面，保存较完整，工艺精湛，为安福县文物保护单位。

花门桥 又叫"吴家桥"，位于洲湖镇花门村旧屋自然村，建于清光绪年间，始建时间不详。桥长26米，桥引6米，桥宽1.9米，矢高5米，5拱，砖石结构，东西走向，横跨花门小江。桥拱青砖砌筑，桥面用鹅卵石铺"人"字形图案。据说花门桥与小江弯曲构成搭箭弓射图形，箭头直指西向白虎山头，为地理堪舆和风水结合的代表之作。桥已列为安福县重点文物保护单位。

坦陂桥 位于山庄乡新背村坦陂自然村，建于明万历年间，始建时间不详，距今已有430多年。桥长39.6米，桥面宽3.2米，石拱桥，3墩4孔，净拱高7.6米。该桥是明朝著名理学家、教育家邹守益的三个孙子（邹德涌、邹德涵、邹德溥三进士）合筹资金而建。此地也为邹氏的祖属地。该桥的建成极大方便了安福县与宜春边界地区百姓出行。坦陂桥具有一定的历史价值、艺术价值，为研究明代建桥工艺提供了资料，为安福县重点文物保护单位。

范蠡桥 位于瓜畲乡里湖（古称蠡湖）行政村桥头自然村，东西走向，三拱。桥身全部采用打凿成长方形的大型红石拌石灰与桐油垒砌而成。桥长37.8米，宽3.05米，矢高7.6米，建筑面积115.29平方米。桥南正中顶部嵌有阴刻楷体铭文石刻一块，刻有"范蠡桥，清同治八年蠡湖村修"几字。桥墩呈长角形，尖角处朝北。桥面平铺鹅卵石，中间主道两侧铺设平整打磨的红石块。东西面桥头一端原立有"蠡江销鏣"四字石刻，现已转移存放。整座桥恢宏壮观，古朴典雅，充分显示了江南民间建筑艺术特色，保存较完整。相传春秋时期，名人范蠡携家人曾从大于江逆水而上，经泸水河至安福枫田附近上岸，一路往北跨溪水，步小径而至蠡湖村，因临傍晚，便在村中借宿。第二天见村口溪旁民众靠用大树架成的独木桥过江，致数人落水，便立即施予巨资并监工，建成一座石桥。石桥建成后，当地村民一再追问恩公姓名，以便铭记恩德。范蠡的随从告之真相，该村便更名为"蠡湖村"。该桥虽经历代重修，材质更替，但一直称为"范蠡桥"，是范蠡曾在吉安停留布施的一例有力证据，在历史文化等方面有重要的研究价值。该桥已列为县级重点文物保护单位。

留田桥 位于章庄乡留田村坪埠自然村的小江口上，始建于清嘉庆十二年（1807）。桥长20米，宽4.6米，高6.2米，单孔跨度14米，东西走向。留田村是安福最边远的一个行政村，古时交通不便，是安福到宜春的交通要道。古桥保存完好，为安福县重点文物保护单位。

西溪桥 位于安福县金田乡双溪村村口，建于清乾隆年间，始建时间不详，由本村村民捐建。桥长33米，宽1.8米，高5米，4孔，砖拱桥。该桥工艺精湛，保存完整，有一定的文化内涵和历史价值，为安福县重点文物保护单位。

竹下桥 位于金田乡寨上村西下组，由寨上村民集资倡建，建于清朝中晚期，始建时间不详。桥为青石结构，2墩3拱，跨度34米，矢高5.5米。桥面用青石板平铺。桥拱用砖石砌成，工艺精湛，严丝合缝，虽经多年冲刷，仍然坚固完整，为寨上村民出行提供条件。竹下桥为研究地方建桥艺术提供了实物资料，是县级重点文物保护单位。

东庵桥 位于洋门乡上街村街上自然村街口，南北走向，横跨龙源江，建于明正德年间，始建时间不详。桥长12米，宽4.2米，高3.8米，砖石结构，单拱。桥拱青砖砌筑。拱砖28块，上面刻有"正德□□冬□□"等字样。东庵桥系安福县保存较罕见的、有明确纪年的明代桥梁建筑。现古道南北方向仍残存1公里长鹅卵石路面。东庵桥保存好，为县级重点文物保护单位。

颜前桥 位于山庄乡溆溪村颜前自然村，在山庄乡通安福至吉安的古道上，建于明代，始建时间不详。桥长31米，宽3.3米，矢高6米，青石结构，3拱，南北走向，横跨下江边。桥拱采用青石、麻石拌糯米、桐油和石灰垒砌成券。桥面用鹅卵石、桐油、糯米浇注。相传此桥为明朝状元彭时、会元彭华捐建，为县级文物保护单位。

安永桥 位于洋门乡槎江村，是周边村民通往永新的必经之地，原名"彩虹桥"，横跨陈山河，始建于明万历丁未年（1607）六月十六日。官民协力，耗资一千四百两建造。桥长65米，宽3米，高6米，西引桥16米，东引桥8.5米，5墩6拱，拱径8.1米，砖石结构。北面桥引嵌有两块石刻，分别刻有铭文"乾隆辛卯重修""乾隆乙酉八老人佣门重修"，为县级文物保护单位。

继志桥　位于严田镇杨梅村上团自然村，大致建于清康熙至乾隆年间，始建时间不详。桥长15.2米，宽3.72米，高4米，建筑面积56.54平方米，由花岗岩块石、石灰、糯米、桐油砌成，南北走向。桥面青石板铺就，北孔跨度为5.05米，南孔跨度5米，中间为1.4米破水墩。继志桥工艺精湛，历史悠久，造型优美，是研究安福桥梁史不可多得的历史建筑。

楠木桥　位于严田镇楠桥村，东西走向，横跨南溪上，始建时间不详。古为楠木之桥，明万历年间改为花岗岩桥。桥长19.7米，宽3米，高5米，石质结构，单拱跨度6.85米，建筑面积59.7平方米。楠木桥是安福至莲花、湘东地区古驿道上重要交通桥梁，是沟通东西交通的要津，保存完好。

窑家桥　位于洋溪镇窑家村大桥自然村的松江上，东西走向，始建于明嘉靖年间，始建时间不详。桥长28.8米，宽5.65米，2墩3孔石桥。窑家大桥是沟通安福至莲花、湖广的交通要道，是陈水下泄泸水的必经之路，也是安福县有确切纪年的最早、最大的石拱桥，保存完好。

瀛桥　位于寮塘乡荆山村字江新屋自然村，始建时间不详，南北走向，横跨长龙江。桥长143米，宽2.1米，高3米，砖木结构，15拱。20世纪60年代修复中段（约49米长）。此桥是安福县现存古桥中最长的一座。

印下桥　位于枫田镇双园村塘里自然村，东西走向，横跨桃溪，始建于清道光年间，始建时间不详。桥长12.6米，宽0.6米，高3米，4碇3孔，砖木结构，上用6根长2.7米、宽0.3米、厚0.3米的青条石覆盖作桥面。桥地面有一土堆，像印台，名"印台山"。不远处有惜字塔（已毁），象征文风。桥碇用石灰、砖石、沙、糯米浇灌而成。自东向西，第一孔距1.6米，厚1.3米；第二孔距4.1米，厚1.2米；第三孔距2米，厚0.8米，保存完好。

草鞋耙桥　位于山庄乡双田村，桥全长32.8米。该桥是吉安唯一一座拱桥与板桥相连的折弯古桥，在全省也属罕见。桥梁由两部分组成，该桥为青石糯米浆拌石灰砌成的2孔石拱桥，长为15.4米，跨径为5.2米，桥面宽为2.9米，拱券厚为0.3米。上桥有个坡度，桥面铺有鹅卵石和青石板，工艺美观，十分坚固。桥台河岸边还用青条石砌筑长约3米挡土墙。桥梁有个30度角的折弯与另一部分石板桥相连，板桥长17.4米，桥面宽2.2米，3孔，跨径3.5米。桥石为青石条石，每跨6块排列。

　　草鞋耙桥是安福通往袁州古驿道上的主要桥梁，当时交通量较大，建于清代，始建时间不详。石拱桥先建，后因山洪暴发，把石拱桥对岸冲了个决口，后越冲越大，主河流改道，当地又在新冲成的河道上建了一座石板桥。考虑驿道走向，故建成折弯桥。

官道古桥　位于洲湖镇三湖村街上组，为古代官道上的砖石桥，始建时间不详。桥长7.6米，宽2.6米，双拱，保存较完整。2007—2008年，县文物部门拨款维修加固。

西江古桥　位于金田乡欧田村殊坪自然村，始建时间不详。单拱，跨距19米，矢高5.5米，均由打凿成型的石块垒砌而成。桥面用青石条铺成。桥沿嵌石刻"同治十一年壬申冬月立　金田□□山第王国祚重建"，保存完整。

山头桥　原名浴沂桥，位于平都镇江南村上头自然村，始建于明隆庆元年（1567）。桥长6.4米，宽2.9米，高4.3米，砖石结构，单拱桥，保存较好。

马仔桥　位于平都镇上里村，始建于清代，始建时间不详。原名"马子桥"，现易名"马仔桥"。桥长9.6米，宽2.3米，高3米，系砖石双拱桥。

田心瓦桥　位于竹江田心夹山村，建于民国年代，始建时间不详。桥长5.8米，宽3米，高2.5米，砖石单拱廊桥，顶上盖瓦。

龙虎桥　位于寮塘老屋村和岗口村之间溪上，建于明代，始建时间不详，清道光元年（1821）重修。桥为砖石结构单拱桥，长12米，宽2米，高4.5米。桥中两侧各嵌有碑石一块，刻有"龙虎桥"三字，保存完好。

门成桥　位于洲湖镇大亨村西南面，建于明成化年间。桥长4米，宽1.5米，高2.5米，砖石结构，单拱桥，保存完好。

诸村桥　位于洲湖镇桥上村，始建时间不详。明隆庆年间复修，崇祯七年（1634）重修。桥长46米，宽2.8米，高7.5米，砖石结构，5拱桥，保存完好。

东荫桥　位于金田乡金田村东北面200米处。始建时间不详，清顺治十八年（1661）重修。桥长55米，宽2.4米，高6.5米，砖石结构，7拱桥，保存完好。

官桥　位于金田乡路口村西南约一里，建于明成化年间。桥长5米，宽2米，高4米，砖石结构，单拱桥，保存完好。

禾路桥　位于金田乡逢田村东南面，始建于清乾隆年间，始建时间不详，因是逢田村民农作割禾必经之桥而得名，桥长33米，宽2米，高4米，为砖石结构，4拱桥，保存完好。

龙洲桥　位于洋门乡西北面，近龙洲村，因村得名，东靠陈山公路。清乾隆年间，刘秀楷、刘秀桧捐千金倡建。桥长48米，宽2.8米，高4米，为砖石结构5拱石桥，1960年重修。

湖嗣桥　位于洋门乡石溪湖湾村，始建时间不详，古为永新通庐陵之桥。桥长12.6米，宽1.2米，高2.2米，为砖石结构双拱桥。桥端有碑石，刻有"湖嗣桥　雍正冬月"等字，保存完好。

新背桥　位于山庄乡连村新背自然村，以村得名，建于清代，始建时间不详。桥长34米，宽3.4米，高约3米，为砖石结构3拱石桥，保存完好。

高桥　位于山庄乡连村江下村，建于明嘉靖年间，始建时间不详。桥长28米，宽4.2米，高约4米，为砖石，3拱石桥，保存完好。

集仙桥　位于城区北，现安成路北段。一名"市桥"，又名"吊桥"，跨越原护城河，是县城安成路通往凤林桥的必经之路，始建时间不详。桥长13.3米，桥面宽

5.9米，高3.45米，双拱石桥，负荷五吨。墩下有四铁牛，水涸可全见。1983年浇筑混凝土桥面，利用其作街道桥梁。2003年12月重建。相传有人夜间在桥上笙歌。到了白天，人们看见桥柱上书有"吕洞宾"三字，因此改名"集仙桥"。

寅陂桥　位于横龙镇枫塘村，是安福古代三大名桥之一。北宋治平元年（1064），县令黄中庸、县丞赵师日横截泸水，浚港筑堤坝名为寅陂（实是土坝）。古桥即建于陂下，因陂而得名。桥长150米，宽9.3米，高4米。明崇祯十年（1637），邑人颜欲昌倡导，僧悟旨募捐修建。清顺治十八年（1661）五月，为洪水冲毁。僧悟旨又募捐重建，知县焦荣独捐百金助成。清康熙五十二年（1713），邑人颜会易倡捐复修。乾隆元年（1736）僧梓昌、颜仲享续修。乾隆三十六年（1771）夏天，山洪暴发，桥又被冲毁。知县李慧君倡导重修，县内绅士俱踊跃资助，周嘉乐、欧阳廷等捐重金相助。乾隆四十一年（1776）四月动工，十二月竣工。工料费计白银一千七百余两。道光六年（1826）又被洪水所毁。桑园庵僧人募化一千金倡导重修。咸丰三年（1853），山洪将桥推毁几尽，又经修复，后终为水毁而废。1984年枫塘村民自筹资金十万元，县财政拨款两万元，地、县交通部门资助四万元兴建大桥。井头、全村村民以劳力支援重建。现桥长97.5米，桥面净宽7米，两侧人行道宽均为1.25米，2孔，跨径34米，为空腹式悬链线片石拱桥，改名为"枫塘大桥"。

通济桥　位于寮塘乡寮塘村，宋代刘洪范建，始建时间不详。横跨修水，安福古代名桥之一，后水毁。明万历元年（1573），郡侯彭吉川独力重建，后彭世均曾维修。清康熙年间，僧哲达双进行过整修。雍正八年（1730）重修。同治五年（1866），彭思会复修。1932年，国民党为了进剿井冈山工农红军，在寮塘抢架公路便桥。1942年，公路便桥与县境其他公路桥梁同时被国民党下令破坏。1946年经安福县参议会决议安永线列为县道，因县年度收入有限，支出繁多，一直未能动工。1954年，在通济桥上游约一百米处，建成一座临时公路木桥，旧石桥后因失修倾倒而废。

溪边桥　位于严田镇杨梅村山溪自然村的芦水江上，东西走向，建于清道光年间，始建时间不详。桥为单孔拱桥，以花岗岩、桐油、糯米、石灰垒砌拱券而成。桥长13.8米，宽3.55米，高3.6米，跨度6.4米，面积48.99平方米。溪边桥虽小，但保存尚完整。今离桥上游25米处建有一新桥。

下土桥　位于严田镇土桥村的神园水库下，建造时间不详。桥为花岗岩质双孔拱桥，东西横跨神水上，与楠木桥相距1千米。桥长22.8米，宽3.4米，高3.4米，西孔底径5.3米，东孔底径5.7米。下土桥是古驿道沟通安福至莲花、湖南的主要桥梁之一，保存完好。

炀岗岭桥　位于严田镇严田村老屋组对面的炀岗岭下。建于清咸丰年间，东南至西北走向，横跨雅江上。桥为双孔石结构，长39.5米，宽4.4米，高4米，桥面厚0.4米，拱跨度为7.6米。炀岗岭桥虽历经风雨侵袭，结构尚完整。现河水改道，此桥已成旱桥，无人通行。

古上桥 位于严田镇横屋村车田自然村，又名"车田桥"，建于清初，始建时间不详，东西走向，横跨古安成郡的护城河上，为石拱券桥。桥长10.8米，宽2.35米，高2.35米，桥面厚0.3米，拱跨5.1米。古上桥是古安成郡城遗址的标志物之一，对城址位置的确定和发掘，具有重要的参考价值。古安成县废邑为市，废市为村。此桥是沟通东西交通的重要桥梁，保存完好。

东来桥 位于洋溪镇枧田村老居自然村，始建时间不详。清道光九年（1829）重修，东西走向，横跨下岸江。桥为单孔拱桥，由花岗岩及糯米汁、桐油、石灰砌筑而成。桥长8.6米，宽2.9米，桥面厚0.55米，拱跨度5.5米，高度4米，面积24.94平方米；青石板平铺桥面。桥上有"东来桥""大清道光九年重修"字样。东来桥是安福至莲花、湖南的古驿道桥，保存完好，尚存卵石铺就的路面。

松江桥 位于洋溪镇枧田村老居自然村，横跨沥江之上，始建于清道光年间。桥为单孔麻石结构，由糯米汁、桐油、石灰、细沙砌筑而成。桥面用青石铺就。桥长12.3米，宽3.6米，高3.8米，面积44.28平方米。桥铭被古藤包裹，但依稀可辨"松江桥""大清道□□□"等字样。该桥与东来桥、西归桥二桥属同一时间段建筑，因靠近居民生活区，至今仍发挥重要作用。

西归桥 位于洋溪镇枧田村老居自然村，南北走向，横跨大潭江上，始建时间不详，清道光年间重修。桥为单孔青石质，由糯米汁、石灰、桐油、细沙砌筑而成，是研究清中期桥梁建造工艺的标本。桥铭依稀可辨"西归桥""道光□年重修"字样。桥长14.6米，宽3.1米，高4.7米，总面积45.26平方米，保存完好。

绵箕桥 位于洋溪镇田里村田里自然村，建于清同治年间，始建时间不详，为单孔石质结构。桥长9.6米，宽2.6米，高2.5米，桥面厚0.35米，跨度为4.7米，上有"绵箕桥"三字，相传为名叫彭翰林的村民所建造。桥旁有一棵百年老樟树。绵箕桥位于古代驿道之上，是古驿道上的重要交通设施和研究清代桥梁的历史建筑，保存完好。

太滩桥 位于洋溪镇田里村冷水塘自然村，东西走向，始建于清咸丰年间，始建时间不详，由本地的彭氏等居民捐资兴建。桥为双孔石质结构，长12米，宽2.4米，桥面厚0.45米，高2.4米，西拱跨度为3.5米，东拱跨度为4.6米。太滩桥至今仍是种田劳作的重要交通桥梁，保存完好。

白云桥 位于章庄乡白云自然村的白元江上，南北走向，东西走向，建造时间不详。桥为单拱石结构，主要由本地的花岗岩垒券而成。桥长13.6米，宽3米，高4米，面积40.8平方米。是白云村通往外界的主要交通通道，保存完好。

钟秀桥 位于浒坑镇瓦楼村黄田自然村。东北至西南走向，始建于清同治年间。桥为花岗岩质，单拱，长15.9米，桥面宽4米，高2.9米，跨距6米。桥上有桥铭及石刻镇水兽、八卦图。古为小溪上的交通要津，现因河改道无人通行。

石陂桥 位于甘洛乡石陂村刘家自然村，建于明代，始建时间不详。桥长13.5米，宽3.8米，矢高4米，为砖石质板桥结构。桥面由三条长青石板平铺而成，现仅存石板1

块，桥墩保存较完整。

雅泽桥　位于寮塘乡龙佳村雅泽自然村，南北走向，始建于清代。桥长7.1米，宽2.3米，矢高2.6米，单拱砖石结构。桥面鹅卵石铺就。该桥砌拱工艺精湛，为研究清代农村桥梁建筑工艺等方面提供了实物依据，保存完好。

河上洲桥　位于寮塘乡沥塘村山里自然村，南北走向，建造时间不详。桥为砖石结构三拱桥，由青砖砌筑成券，长15.3米，宽2.4米，矢高3.5米，拱宽2.7米。桥面由鹅卵石铺就，横跨沥塘小江。

板兵桥　位于寮塘乡官田村岭背自然村，东西走向，横跨中渠小溪，建于明代，始建时间不详。桥为三拱砖石结构，每拱由青砖砌筑成券。桥用糯米、砂、石灰夯筑护坡。桥长9.6米，宽1.5米，矢高2.6米。桥中一拱塌毁后改用水泥板通行，保存较为完整。

钦村桥　位于金田乡村道往洋门乌桥、洲湖塘边等村庄，跨陈山河，建造时间不详。桥为5孔砖石结构，跨度57米，矢高7米，是陈山河上最长的石拱桥。整座桥用青砖对缝，用糯米汁拌石灰浆砌成。钦村桥跨度长，工艺精湛，保存完整。

东荫桥　位于金田乡园背村六房自然村，东西走向，建于清代。桥为7拱砖石结构，长43.6米，宽2.3米，矢高5.2米。桥面中铺青石板，两边鹅卵石砌筑，规模宏大，工艺精良，保存较完整。东荫桥是清至民国洲湖至金田官道上的连接主桥。由当地士绅和大户联合捐建。

沿沛桥　位于金田乡沿沛村，建于清末。桥长52.6米，宽2.9米，矢高5.2米，7拱砖桥。现已维修桥面，加水泥护栏。

西江桥　坐落于金田乡欧田村殊坪自然组，始建时间不详，清同治十一年（1872）重建。桥为单拱石桥，跨度19米，矢高5.5米，整座桥用石块垒砌而成。桥地面用青石条板铺就，桥引及桥拱用大小不同石块砌成。桥东沿有石刻铭文："同治十一年王申冬月立　金田一山弟王国祚重建"20个字，整桥保存较好。

里湖桥　位于瓜畲乡里湖村桥头自然村，东西走向，建造时间不详，桥为单拱红石结构，长19.1米，宽2.8米，高3.5米，桥拱用红石块拌石灰、桐油、糯米垒砌成券，桥用青石板平铺，引桥用鹅卵石铺成，占地面积53.48平方米。

乐善桥　位于洋门乡洋汴村牛角自然村，横跨永新河，东西走向，建于清代，始建时间不详。桥为5拱砖结构，长43米，宽2.4米，矢高5.8米，占地面积103.2平方米。

犁陂桥　位于寮塘乡，建于清同治八年（1869）。桥为二墩三孔砖石拱桥，长21米，宽1.8米，卵石铺面。桥身两端有分洪孔，正中嵌有一通净土庵复修记事石碑，僧春秀立，保存完好。

浴沂桥　又名"山头桥"，位于平都镇山头村西，安福中学东侧。明隆庆年间建。桥长6.4米，宽2.6米，高4.3米，单孔砖石拱桥，保存完好。

下狮桥　位于洋门乡槎江村，建于清同治年间。桥长87米，宽3米，高7米，为六孔石拱桥，单孔跨径为11米。1963年槎江村对桥墩、桥面进行了维修，保存完好。

沙桥 位于洲湖镇诸桥村，建于清代，始建时间不详。桥长30米，宽5米，高4.5米，5孔砖拱桥，单孔跨径为7米。1960年诸桥村对该桥进行了维修加固，保存完好。

虎昌桥 位于瓜畲乡前村，建于清同治年间，始建时间不详。桥长32米，宽4.5米，高4.8米，3孔石拱桥，单孔跨径为7米，保存较好。

潼桥 位于赤谷乡赤谷村，建于元代，始建时间不详。桥长33米，宽6.7米，高5.4米，单孔石拱桥，跨径为8.3米。1971年县交通局对该桥进行了维修加固。2004年县交通局公路站再次对该桥的桥墩、台侧墙进行了维修，保存完好。

安门前桥 位于洲湖镇花车村枣山自然村，建于清代，始建时间不详，南北走向，横跨安门江。桥长7.3米，单拱砖石拱桥，桥引3米，矢高3.3米。桥墩由青砖、糯米、石灰浆砌筑。桥面青砖平铺。

陂上桥 位于横龙镇盆形村施家自然村田垄中，南北走向，建于清末，始建时间不详。桥长7.1米，宽1.1米，高1.5米，单拱砖石结构，横跨施家水陂。桥拱由青砖砌筑。桥面由青砖、鹅卵石砌筑。桥保存完好。

步云桥 位于钱山乡油市村油店自然村泸水河上游，南北走向，建于清代，始建时间不详。桥为5拱麻石结构，长53.5米，宽5.9米，高8.6米。桥为钱山乡、湖南、萍乡等信徒去武功山朝香的主要交通要道。桥身南面第二拱门石刻"安澜"二字，第三拱门雕刻人物图案，第四拱门上石刻"步云桥"三字。桥拱由麻石块磨沿对缝拌石灰、糯米浆砌筑而成，保存完好。

水口桥 位于洋门乡高洲村槎昌自然村，南北走向，横跨槎昌小江，建于清代，始建时间不详。桥为3拱砖拱桥，长32米，宽2.2米，矢高5米，占地面积70.4平方米。桥面青砖平铺，保存完好。

慈云庵桥 位于洋门乡坊下村北棠自然村，东南走向，始建于清末，具体时间不详。桥长9米，宽3米，高2.5米，单孔，保存完好。

多福桥 位于瓜畲乡里湖村戴家自然村，南北走向，建于清代，具体时间不详。桥为砖石结构单拱石拱桥，长15.2米，宽2.8米，矢高3.5米，建筑占地面积为42.56平方米。桥拱采用青砖拌石灰、糯米砌筑成券。桥面由石块平铺，保存完好。

高丘桥 位于山庄乡高丘自然村，南北走向，建于清代，具体时间不详。桥长28.6米，宽3.8米，矢高5.5米，3拱石桥。桥拱由磨石花岗岩石质拌糯米、石灰垒砌成券。桥面青石板平铺，保存较完整。

古高桥 位于洲湖镇樟洲村颜家自然村，东西走向，建于清代，具体时间不详。桥长9.7米，宽1.5米，矢高3.6米，保存尚好。

官道桥 位于洲湖镇，在古代官道上，连接洲湖街与王屯曾家，横跨小江，建于清代，始建时间不详。桥长7.6米，宽2.6米，双拱，砖木结构，保存较完整。

老樟桥 位于瓜畲乡诚门村田心自然村，从对江村通往田门至吉安油田的官道上，建于清代，始建时间不详。桥为石质单拱桥，长14.8米，宽2.4米，矢高2.5米。桥拱由麻石块花岗石（打凿成型）拌石灰、桐油垒砌成券。桥面青石板平铺。桥引用鹅卵石砌筑，保存完好。

官山桥　位于山庄乡的官山与大智、桐山自然村的通道口，横跨上坑溪流，东西走向，建于清代，始建时间不详。桥长18米，宽2.5米，单拱石拱桥，用打凿成方形的麻石垒砌成券。桥引用大型麻石垒砌。拱宽4米，矢高3米，保存完好。

荷下桥　位于洲湖镇百丈村下百丈荷下垅，东西走向，横跨荷下江，始建于清代，始建时间不详。桥长18.4米，宽2.45米，矢高4.1米，3墩2孔，砖石结构。桥拱由砖石、糯米拌石灰砌筑。桥面残存鹅卵石铺就路面。现经过维修，保存完好。

南田桥　位于横龙镇南田村南田自然村田垄中，南北走向，横跨南田江，建于清代，始建时间不详。桥长9米，宽3.2米，高2.5米，单拱砖石结构，占地面积28.8平方米。桥拱用青砖拌石灰、糯米浆砌筑而成。桥面由青石板平铺，保存完好。

前头江桥　位于寮塘乡口塘村潭背自然村，南北走向，横跨前头江，建于清代，始建时间不详。桥长17米，桥面宽1.6米，矢高2.8米，2拱石桥，桥拱宽3.1米，占地面积27.2平方米。桥身青砖拌石灰砌筑，桥墩由青石质石块垒砌，桥面鹅卵石砌筑，保存完好。

泉水井中桥　位于洲湖镇汶源村街上自然村，东西走向，横跨圳江。建于清代，始建时间不详。桥长3.8米，宽2.5米，高2.3米，青砖单拱，鹅卵石铺面。桥阶用青砖竖砌，内有大麻石，保存完好。

沙洲高桥　位于洲湖镇王屯村沙洲自然村，建于清代，始建时间不详。桥长8.3米，宽2.05米，矢高2.6米，单拱砖石结构。桥身为长弧形，桥面用鹅卵石铺面，引桥结合处用青砖竖砌成8级台阶，坚固耐用，保存完好。

山头桥　位于平都镇山头村山头自然村，东西走向，横跨南北走向的小溪之上，建于清代，始建时间不详。桥长17米，宽3米，高4.9米，单拱青石质结构。桥面厚0.55米，跨度为8.6米，保存尚好。

社边桥　位于山庄乡东合村社边自然村，始建于明代，始建时间不详，清代重修。桥长22.3米，宽2.3米，矢高3.2米，3拱砖石结构。桥面用鹅卵石砌筑，桥拱用青砖、糯米拌石灰砌筑成券，保存完好。

石陂桥　位于甘洛乡石陂村刘家自然村，建于明代，始建时间不详。桥长13.5米，宽3.8米，矢高4米，砖石质板桥结构。桥面由三条长青石板平铺而成，现存石板1块，桥墩保存较完整。

石林桥　位于洲湖镇汶源村西头自然村塘台洲，跨石林江，建于清代，始建时间不详。桥为单拱砖石结构，长16.2米，宽2.3米，高3.2米，保存完好。

松江桥　位于洋溪镇枧田村老居自然村，始建于清道光年间，麻石结构，由糯米汁、桐油、石灰、细沙作黏合剂。桥面青石铺就。单孔，3.8米高，保存完好。

田心桥　位于洋门乡高洲村田心自然村，横跨田心小江，建于清代，始建时间不详。桥为2拱青砖结构，长15.2米，宽2.1米，矢高5米，南北走向。桥面用鹅卵石条形状布局砌筑，保存完好。

西边桥　位于彭坊乡理坊村理坊自然村，东西走向，横跨陈山河，建于清初，始建时间不详。桥为青石质单拱，长19.1米，宽4.8米，矢高6.3米。桥拱石块、石灰、糯米砌筑。东西各设桥引共17级台阶，踏跺均采用青石条平铺。桥面青石条铺就，保存完好。

溪边桥　位于严田镇杨梅村山溪自然村的芦水江上，东西走向，建于清道光年间。桥长13.8米，宽3.55米，高3.6米，单孔，跨度为6.4米，面积48.99平方米，保存完好。

下里桥　位于洋门乡加溪村加溪自然村，建于清代，始建时间不详。桥长56米，宽2.6米，拱宽5.65米，砖石结构，5拱桥。桥墩由石块砌筑，宽3.3米，保存完好。

下湾桥　位于洲湖镇百丈村下百丈自然村，处百丈大江下游，东西走向。建于清代，始建时间不详。桥面鹅卵石铺就。桥长18.2米，宽2.6米，矢高4.75米，3墩2孔砖石结构，青砖拌糯米浆石灰砌筑。桥整体保存一般。

小岭桥　位于山庄乡新背村小岭自然村，在安福至分宜、宜春的古道上。东西走向，始建于明代，始建时间不详。桥为青石质单拱石桥，长7.3米，桥面宽2.12米，矢高3.5米，拱宽为3.1米。桥拱由青石块拌糯米、石灰垒砌成券，桥面由青石块砌筑。

新桥　位于洲湖镇诸桥村塔边自然村，东西走向，建于清代，始建时间不详。桥为4拱砖石结构，长33米，宽2.25米，矢高4.2米。此桥连接塔边至槎源，横跨诸桥江。桥面由鹅卵石砌筑，桥拱由青砖砌筑。保存完好。

城江桥　位于泰山乡新水村城边自然村的城江上，始建于明崇祯年间，为沥江刘氏迁入该村时建造，始建时间不详。桥为单孔拱桥，长16.4米，宽3米，高3.7米，拱底宽5米，保存完好。

东溪桥　位于三湖村瑶前自然村田野中，跨潇山江，建于清代，始建时间不详。桥为单拱砖石结构，跨度2.83米，矢高5米，保存完整。整座桥用青砖磨沿对缝，用石灰拌糯米汁勾缝砌筑。

旱禾田桥　位于山庄乡禾田村旱禾田自然村，南北走向，横跨旱禾田小江，建于清代，始建时间不详。桥为单拱砖石结构，桥拱由砖石砌筑。桥长8.9米，桥面宽2.8米，拱宽3.4米，矢高3.7米，占地面积30.2平方米。保存完好。

阮家桥　位于山庄乡阮家村，跨越伊溪河，建于清代，始建时间不详。桥长28米，5跨，跨径3.5米。石墩迎水面为船形墩三角形，原为石墩木面。现桥面改为水泥钢筋混凝土板面，桥面宽1.5米。2011年在桥边新建一座钢筋混凝土桥。

屋场桥　位于山庄乡东头村，清代建筑，具体建造时间不详。桥长8.5米，宽2.8米，高3米，跨径4.8米，为石砌单拱拱桥，保存较好。20世纪80年代，在桥边另建造一座石拱桥，通机动车，屋场桥停用。

护城桥　位于城区，建在原安福古城护城河上。清代建筑，始建时间不详。桥为2跨石板桥，长10.3米，宽1.3米，桥梁净跨3.8米，中墩为船形墩。桥面为6块石块3块3排排列，保存完好。

管家桥　位于平都镇管家村，建于清代，始建时间不详。桥为砖砌单孔砖拱桥，长8.5米，宽3米，高3.2米。桥孔净跨为3.5米，桥面铺有三块并列的青石板，桥四周布满杂草、藤蔓等野生植物。保存完好。

洋村桥　位于金田乡钦村村洋村自然村，在竹洋公路至洋村路线上，跨越陈山河，建于清代，始建时间不详。桥为青砖拱桥，长64米，6孔，桥跨为8.8米，宽2.6米，桥净空为3.6米。桥面已铺筑混凝土。保存完好。

孟江桥　位于金田乡钦村村洋村自然村，跨越孟江河，建于清代，始建时间不详。桥为青砖拱桥，长9米，宽2米，2孔，桥跨为4米，桥净空为2米。桥面现已铺筑混凝土。保存完好。

六房桥　位于金田乡园背村六房自然村，在六房至东溪路线上，跨越柘田河，建于清代，始建时间不详。桥为3孔青砖拱桥，长53米，桥拱跨径6米，宽2.2米，桥净空为2.6米，桥面已铺筑混凝土，保存完好。

白桥　位于金田乡高源村寨脚下自然村，在高源至柘溪路线上，跨越溪江河，建于清代，始建时间不详。桥长8米，桥跨为6米，宽为2米，桥净空2.6米，单孔青砖拱桥，桥面已铺筑混凝土，保存完好。

高源老桥　位于金田乡高源村路口组，在百丈至高源路线上，跨越高源河，建于清代，始建时间不详。全长11米，2孔，桥拱跨为4.5米，宽为2米，桥净空为3.5米，青砖拱桥，桥面已铺筑混凝土，保存完好。

竹下桥　位于金田乡寨上村，跨越柘田河，建于清代，始建时间不详。全长34米，3孔，桥跨为7.8米，宽为3米，青砖拱桥，桥净空为4.8米，桥面已铺筑混凝土，保存完好。

西江桥　位于金田乡欧田村茹坪自然村，在欧田至上山路线上，跨越欧田河，建于清代，始建时间不详。全长64米，6孔，桥拱跨为8.8米，宽为2.6米，桥净空为3.6米，青砖拱桥，桥面已铺筑水泥，保存完好。

槎江桥　位于洋门乡槎江村院前自然村，在上城至槎江路线上，跨越陈山河，建于清代，始建时间不详。全长84米，6孔，桥跨为7.5米，宽为2.8米，桥净空为6米，青砖拱桥，桥面已铺筑混凝土，保存完好。

敬老院桥　位于安福县洋门乡上城村，在金里线至敬老院路线上，跨越农田，建于清代，始建时间不详。全长69米，桥拱跨为8.5米，宽为3.5米，桥净空为5米，5孔青砖拱桥，桥面已铺筑混凝土，保存完好。

牛角丘桥　位于洋门乡彭山村牛角丘自然村，在洋门村至彭山村路线上，跨越陈山河，建于清代，始建时间不详。全长43米，桥拱跨为7米，宽为2.3米，桥净空为

4.3米，5孔青砖拱桥，桥面已铺筑混凝土，保存完好。

王母桥　位于洲湖镇花车村谭家自然村，在谭家至王母仙宫路线上，跨越花车河，建于清代，始建时间不详。全长17米，桥跨为3米，宽为2米，桥净空为3.8米，3孔青砖拱桥，桥面已铺筑混凝土，保存完好。

吴家桥　位于洲湖镇花门村旧屋自然村，跨越花门河，建于清代，始建时间不详。全长29米，桥跨为3米，宽为2米，桥净空为2.8米，3孔青砖拱桥，桥面已铺筑混凝土，保存完好。

婆子桥　位于洲湖镇毛田村，跨越毛田河，建于清代，始建时间不详。全长30米，桥跨为3.6米，宽为1.5米，6孔青砖拱桥，桥净空为1.8米，桥面已铺混凝土，保存完好。

冷水塘桥　位于洋溪镇田里村水塘自然村，在安莲路至冷水塘路线上，跨越田里河，建于清代，始建时间不详。全长9米，桥跨为4.3米，宽为2米，桥净空为2米，2孔青砖拱桥，桥面已铺混凝土，保存完好。

桥仔上桥　位于洋溪镇田里村田里组，跨越田里河，建于清代，始建时间不详。全长8米，桥跨为6米，宽为2米，桥净空为2米，单孔青砖拱桥，桥面已铺混凝土，保存完好。

大桥桥　位于洋溪镇窑家村，在安莲路至家山路线上，跨越泸水河，建于清代，始建时间不详。全长32米，桥跨为8米，宽为5.5米，桥净空为5.5米，3孔青砖拱桥，桥面已铺混凝土，保存完好。

瀑水岩桥　位于钱山乡南山村，在南山至大岭路线上，跨越瀑水岩溪，建于清代，始建时间不详。全长12米，桥跨为7米，宽为3.5米，桥净空为7.5米，单孔青砖拱桥，桥面已铺混凝土，保存完好。

步云桥　位于钱山乡油市村，在油市至湘吉弯路线上，跨越泸水河，建于清代，始建时间不详。全长53米，桥跨为8.3米，宽为5.5米，桥净空为5米，5孔青砖拱桥，桥面已铺混凝土，保存完好。

高桥　位于山庄乡高丘村，在高丘至井头路线上，跨越牌泉河，建于清代，始建时间不详。全长26米，桥跨为5.5米，宽为3.5米，桥净空为3米，5孔青石石拱桥，保存完好。

新背老桥　位于山庄乡新背村新背岭组，在连村至新背路线上，跨越新背河，建于清代，始建时间不详。全长26米，4孔，桥跨为5米，宽为3.5米，青石石拱桥，桥净空为2.8米，保存完好。

老屋桥　位于山庄乡边村老屋组，在连村至连岭路线上，跨越连村河，建于清代，始建时间不详。全长7米，桥跨为5米，宽为2米，单孔青石石拱桥，桥净空为2.5米，保存完好。

西头一桥　位于山庄乡连村八组，在连岭至下沙路线上，跨越连岭河，建于清代，始建时间不详。全长6米，桥跨为4.5米，宽为4米，单孔青石石拱桥，桥净空为2.3米，保存完好。

西头二桥　位于山庄乡连村八组，在连岭至下沙路线上，跨越连岭河，建于清代，始建时间不详。全长7米，桥跨为5米，宽为3米，单孔青石石拱桥，桥净空为3米，保存完好。

湖南棚一桥　位于山庄乡连村十组，在安分公路至连岭路线上，跨越连岭河，建于清代，始建时间不详。全长5米，桥跨为3米，宽为2.5米，单孔青石石拱桥，桥净空为2米，保存完好。

湖南棚二桥　位于山庄乡连村十组，在安分公路至连岭路线上，跨越连岭河，建于清代，始建时间不详。全长5米，桥跨为3米，宽为2.5米，单孔青石石拱桥，桥净空为2米，保存完好。

社边桥　位于山庄乡东合村二组，在新背至东合路线上，跨越社边江，建于清代，始建时间不详。全长20米，桥跨为3.5米，宽为2.5米，3孔砖砌石拱桥，桥净空为2.5米，保存完好。

井头桥　位于山庄乡东合村井头组，在远家至东合路线上，跨越井头江，建于清代，始建时间不详。全长20米，桥跨为3.5米，宽为2.5米，3孔砖砌石拱桥，桥净空为2.5米，保存完好。

虎昌桥　位于山庄乡瓜畲乡前村罗家山组，在前村至罗家山路线上，跨越井头江，建于清代，始建时间不详。全长22.5米，桥跨为6.5米，宽为2.8米，3孔石拱桥，桥净空为3米，保存完好。

泰　和　县

◎ 古桥名录

望仙桥　又名"迎仙桥"，位于澄江镇东门快阁东面"望仙门"下。据传晋代王子瑶、唐代匡智叔侄在东面王山成仙，站在桥上可望见此山而得名。桥东西向，横跨护城河，为隋唐至清代东达吉州、西至龙泉（万安、遂川）的必经桥。北宋熙宁年间泰和县邑民萧平野重建，清康熙、乾隆年间修。桥单孔单拱，由粉红石并列错缝砌成，长8.3米，宽3.33米，高3米，桥面铺青条石。它的保存有助于对古建筑技艺和桥梁的研究。1984年列为县级文物保护单位。

南门浮桥　位于澄江镇南门洲旁，横跨赣江。1939年，为适应战时交通需要修建，当年11月动工，次年1月8日建成。两端为木桥，中间为浮桥，宽2.3米，是当时县内最大的一座人行浮桥，后为洪水冲毁。

南无桥　位于沿溪镇激溪村委江畔村西南侧。始建于清光绪元年（1875），桥为3孔拱桥，拱与拱之间建有三角形的护桥墩。桥面铺石，两边立有青石栏杆，栏杆上阴刻"光绪元年洪秋吉日建"和"南无阿弥陀佛"等字。桥长38米，高3.5米。1984年列为县级文物保护单位。

飞锡桥　位于碧溪镇江边村西北约1千米处的泰井公路旁，因桥西北建有"飞锡阁"而得名。南宋嘉熙年间江边村李氏建，历代重修。桥跨六七河，3孔单拱，用岩石并列砌置，互相扣锁而成。桥面铺条石，桥拱之间附砌三角形的护桥墩。桥长28米，宽3.5米，高5米。1984年列为县级文物保护单位。

上宏桥　位于苏溪乡上宏村，跨蜀水，始建于南宋淳祐十年（1250）。泰和县民郭公倾其所有资财捐建，僧人县发朝夕为之督工，文天祥为之著《桥说》，后被水毁。桥长100米，宽6.6米，高7米，7孔，其中1孔10米，6孔各为10.5米。清乾隆二十六年（1761），当地郭、刘二姓合力重建。1933年修筑泰遂公路时利用为公路桥，现仍保存完好。1983年，昌赣公路改线，另建上宏桥，原桥已不用作公路桥。

乐善桥　位于苑前镇玉田村玉田组，建于清乾隆二十五年（1760），为该村村民捐资兴建。全桥为8孔石拱桥，全长84米，由主桥与长引桥相连，其中：主桥长48米，3孔，桥宽4.35米，跨径10.8米，矢高4米，引桥桥面比主桥桥面低一米多，为5孔，桥长40米，桥宽2.2米，跨径为4米。全桥桥拱由大块红米石构筑（约250公斤一块），上用混凝土砖筑有21个台阶。主桥有2个船形墩，墩上放有2个石牛，栩栩如生，中间1墩已用混凝土修缮。主桥桥头还有一座风雨亭，圆形正门上尚有"消暑"二字，左墙中圆形门上尚有"解渴"二字，字迹清晰可见，字体秀丽。亭内墙上嵌有两块石碑，分别长1米，高2米，碑上刻有修桥、捐款人姓名，非常珍贵。保存完好，在吉安实属罕见，有一定的历史研究价值。

遇仙桥　又名"仙人桥"，位于苑前镇王山村，王山村位于泰和县苑前镇紫瑶山脚下，仙槎河边，自后唐明宗天成元年（836）开基建村距今已有1200多年。文溪河从紫瑶山中流出，在王山村过境2千米。河水清澈见底，游鱼戏水，树影倒挂，不乏一道风景。20世纪80年代以前，绝大多数村民都是饮用这条河中的水。自古就有"王山村，水穿心，养出女子赛观音"的美谈。遇仙桥跨越文溪河，建于宋代，始建时间不详。桥长5米，净跨4米，桥宽2.5米，高2.8米，为单孔砖拱桥。桥的用料极为讲究，石料均为青砖，表面较为平整，均用石灰拌桐油为浆砌筑。虽经千百年的风侵雨蚀，却非常坚固，保存完好，对于村史的考证和古桥的研究有一定的价值。

关于遇仙桥当地还有一个传说：遇仙桥为文溪第一桥。建桥时，用条木搭一便桥，供村民生产、生活用。一天，一位道士从此经过，当时村民及工匠劝其走便桥，以确保安全，并端茶递水，盛情接待，但道士执意要从建桥处过河。村民及工匠见力劝不止，便让该道士过桥。道士踏上桥后，施展轻功，稳健舒缓过桥，但因建桥之期，泥浆未干，仍留道士脚印。过桥后，道士感谢村民及工匠热情接待，顺口说道："此桥许烂不许倒，许跌不许伤。"说罢，施展轻功，飘然而去。后来才知，此道人便是张天师。自张天师仙口开后，应验至今，该桥只烂不倒，也有人从桥上掉下河里，但从未有人受伤，因而，此桥取名"遇仙桥"。

忠义桥 位于苑前镇王山村，跨越文溪河，建于明代，始建时间不详。桥长7.6米，净宽3.9米，宽2.9米，高2.5米，单孔砖拱桥，拱券用青砖一横一竖排列，砌筑工艺精湛。桥的用料极为讲究，石料均为青砖，表面较为平整。古时没有水泥，均用石灰拌桐油为浆砌筑，非常坚固。桥拱脚边有块刻有"阿弥陀佛"的石碑嵌入桥墙。桥边还可看到用鹅卵石铺筑的古道，桥旁有3株古樟，古时在桥头还建有古亭。因古桥坡度较大，不方便村民推车，20世纪70年代当地村民在古桥边建了一座混凝土板桥。古桥现无人行走，桥身四周布满杂草、藤蔓，虽经千百年的风侵雨蚀，仍保存完好，对于其村史的考证和古桥的研究有一定的价值。

关于忠义桥还有一个传说：因村民耕作，无桥过河，实为不便。一老翁见状，修善积德，个人捐资建桥。建桥毗邻处，因明哲公（文天祥私塾老师萧明哲）精忠爱国的壮举，官府建忠义坊（现已毁），由此名为"忠义桥"。

精忠桥 位于苑前镇王山村，跨越文溪河，建于宋代，始建时间不详。桥长6.2米，净跨4米，桥宽2.6米，高2.5米，单孔砖拱桥，桥的用料极为讲究，青砖砌筑，石料均为2寸×4寸×8寸的青砖，表面较为平整，均用石灰拌桐油为浆砌筑。虽经千百年的风侵雨蚀，却非常坚固，保存完好。

关于精忠桥当地有一个传说：精忠桥和遇仙桥、正气桥同建于南宋。因桥临东水萧氏宗祠，建成后取名为"东水桥"。后因本村明哲公在文天祥被捕后，不计安危，只身来到元营，愿替换文天祥。元军食言，残忍地将文天祥和明哲公一并杀害。此事传到朝廷，震惊朝野，端宗皇帝下诏敕封明哲公隶属的东水萧氏宗祠为"精忠堂"，以表扬明哲公精忠报国的大爱精神。自此，该桥随之更名为"精忠桥"。

崇孝桥 又名"新门桥"，位于苑前镇王山村，跨越文溪河，建于明代，由一老翁捐资修建，始建时间不详。桥长4米，净跨3米，宽2.6米，高2.1米，单孔砖拱桥。桥的用料极为讲究，青砖砌筑，表面较为平整。均用石灰拌桐油为浆砌筑，很坚固。虽经千百年的风侵雨蚀，保存完好。

武溪桥 又名"五金桥"，位于苑前镇王山村，跨越文溪河，建于元代，始建时间不详。王山村村民受萧明哲精忠爱国热情的熏陶，踊跃习武，一心精忠报国，因习武村民常往此桥出入，遂将"五金桥"改名"武溪桥"。桥长6.6米，宽3.2米，高2.4米，净跨3.8米，单孔砖拱桥，上桥有4个踏步，踏步为混凝土作面。桥的用料极为讲究，石料均为青砖，表面较为平整，用石灰拌桐油为浆砌筑，虽经千百年的风侵雨蚀，仍保存完好。

正气桥 又名"太宗桥"，位于苑前镇王山村，跨越文溪河，建于宋代，始建时间不详。20世纪70年代修古竹公路时进行过改造，现桥长5.4米，净跨4米，宽3.9米，高2.7米。桥基还是利用原老桥砖砌桥基，拱券改为用乱石拱，保存较好，仍作为公路桥。南宋端宗皇帝为褒扬萧明哲的爱国壮举，启迪激发后人的爱国之心，敕命诏封王山萧氏宗祠"太宗祠"为"正气堂"，因而该桥也由"太宗桥"更名为"正气桥"。

文汇桥 位于苑前镇王山村，跨越文溪河，建于元代，始建时间不详。桥长7.2米，净空3米，宽2.8米，高2.4米，单孔砖拱桥。桥的用料为青砖，用石灰拌桐油为浆砌筑，极为坚固。虽经千百年的风侵雨蚀，仍保存完好。该桥为方圆百里的交通要道，学子进京赴考，商贾贸易交往，必经此桥。王山总祠原成立了文汇，依托农田出租及村民捐助，储蓄资金，专项救助无资上学的学子求学。后资金逐步充盈，也救助由此地赴考的无资学子。为纪念和继承发扬这种助学精神，特将桥名取为"文汇桥"。

蛟腾桥 现名"三派桥"，位于螺溪乡三派村，跨越四二江，建于清康熙年间，始建时间不详。桥为石梁桥结构，长33米。1974年改为公路桥。

光裕桥 位于桥头乡华陵渡村，跨越泹水河，建于清康熙年间，始建时间不详，毁废于清末。桥为条石砌筑拱桥，长40米。

妙缘桥 现名"固坡北桥"，位于苑前乡固坡圩村跨越洞源溪，始建于清嘉庆年间，始建时间不详。桥为3孔条石砌筑拱桥，长20米。20世纪70年代重建为公路桥，现桥长为26.3米。

广德桥 位于苑前镇玉田村，跨云亭河，始建于清康熙四十四年（1705）。桥为3孔拱桥，长29米，宽4.28米，矢高3米，红米石桥墩。桥头一边有凉亭，名"来远亭""近悦亭"。亭顶大部分损毁，墙体保存较好，墙基为红米石板、青砖墙体。另一边有一"康爷庙"，已倒塌重建，内有"功德碑"一通和《重修广德石桥碑记》碑一通，落款时间为"康熙四十四年岁次季春月"，供奉皇门太保康天君神位。2005年桥面重修，用水泥加筑。

固陂桥 位于苑前乡固陂圩北50米，建于明末，始建时间不详。桥为8墩7孔石拱桥，长80米，宽4米，红石并列砌置，桥面铺青石条。现改为公路桥。

鲤鱼桥 位于万合镇竹山村，建于明代，始建时间不详，原有碑记，现遗失。桥长21.4米，宽2.9米，高2.9米，矢高0.8米，红米石构筑，位于竹山村主通道上。

东村桥 位于碧溪镇东村村委东村农田中，位于进村要道，建造时间不详。桥为石拱桥，红条石砌成，长11米，矢高2米，宽3米。桥不远处还有一座古塔。现桥四周布满杂草、藤蔓、荆棘，看不清桥梁全貌。桥梁较稳固，保存较好。

老张家桥　位于石山乡老张家村，建造时间不详。桥长5米，宽2米，高7米，矢高4米，单孔石拱桥，红米石料筑建。桥四周布满杂草、藤蔓、荆棘，看不清桥梁全貌。桥梁整体较稳固，保存较好。

太锡桥　位于碧溪镇太湖村委太锡村，建造时间不详。桥长16米，宽3.3米，离水面4.9米，矢高3米，单孔石桥，麻石砌筑，青石砌成，青石块铺就台阶。桥原貌基本保留，无破坏。

秋岭桥　位于螺溪镇爵誉村委秋岭村，始建时间不详。桥为单拱砖结构，拱上有小拱，造型别具一格。桥长5.3米，宽2.6米，矢高2米。桥边石碑2块，已倒地。碑记为"乾隆壬午年冬月吉旦重修"。现桥侧墙有裂缝。

石桥　位于苑前镇王山村，跨越东溪河，建于明代，始建时间不详。桥为青石板桥，长5米，净跨3米，宽2.5米，高2.6米，后因修建洞口、潞溪至百记公路而拆除。

青水桥　位于苑前镇王山村，跨越东溪河，建于宋代，始建时间不详。桥长5.2米，净跨3.2米，宽2.4米，高2.6米，单孔砖拱桥。桥的用料极为讲究，青砖砌筑，石料均为2寸×4寸×8寸的青砖，表面较为平整，均用石灰拌桐油为浆砌筑，非常坚固。传说是为汇聚紫瑶龙脉及仙槎河水而特建此桥。古桥保存完好。

东溪桥　位于苑前镇王山村，跨越东溪河，建于元代，始建时间不详。桥长5.5米，净跨3.5米，宽2.6米，高2.9米，单孔砖拱桥。桥的用料极为讲究，青砖砌筑，石料均为2寸×4寸×8寸的青砖，表面较为平整，均用石灰拌桐油为浆砌筑，十分坚固。传说该桥为王子瑶从玉山炼丹池取水上义山炼丹的必经桥梁。

万灵山桥　位于上模乡灵溪村，建于元天历年间。桥为砖砌单孔拱桥，长8米，宽3米，周围长满野草，保存完整。

曰亿堂桥　位于上模乡灵溪村，又称"夫妻桥"，建于元泰定年间。桥为砖砌单孔拱桥，长9米，宽3.2米。现桥面用混凝土铺筑，保存较好。

关于曰亿堂桥有一个传说：相传灵溪村曰亿堂对面大山中有修道一千年的蛇妖，曾与万灵山的菩萨（玄天上帝）较过劲。菩萨为了民众利益，不让蛇妖祸害于人，就佯装凡人指点当地名人建三座石拱桥镇压蛇妖。在曰亿堂旁建桥既可方便人们的出行，又能镇住蛇妖的祸害，人人都赞美不已，个个都想踊跃捐资。哪知在当年有一位未满三十而失去丈夫的少妇，斩钉截铁地说，这座桥的一切费用由她出。人们一时既为她的胸怀感动，但又不忍心，于是长辈们劝慰她，让大家一起分担费用，可长辈们怎么劝说都改变不了她的心。最后那名妇女说了一句："我建这座桥就是为了思念已故的丈夫，我认为桥在，就是丈夫在，桥倒了就是丈夫故。"所以后来人们将该桥称之为"夫妻桥"。至今当地的青年男女婚配一定要经过这座夫妻桥，意味着夫妻恩爱情深。

国渡浮桥　位于禾市镇固陂村旁，跨泡水。宋末义士胡国秀为支援文天祥部义军抗击元军，率领村民伐竹修建，桥长约百米。为纪念胡国秀的义举，村民特将"郭渡浮桥"易名"国渡浮桥"。

万　安　县

◎ 古桥名录

船形三眼桥　建于宋代，坐落在万安县南部弹前乡上路行政村（现属枧头镇蕉源村）。桥的北岸有一座小山，现该山已挖建房，几乎与桥相接。小山像船，故称"船形三眼桥"。桥长52米，宽4.45米，占地面积231.4平方米。

据传，宋初财主郭日和为了方便收租，修了这座桥，连接南北两岸。桥由青、红麻石拌石灰桐油浇砌成，因年久失修，南岸一桥墩有损坏。2006年弹前乡政府对其进行维修。船形三眼拱桥结构古朴大方，对研究江南桥梁构造具有重要意义，有较高的文物研究价值。

通津桥　位于韶口通津村，北宋绍圣年间建造，始建时间不详。明洪武初年及清康熙九年（1670）进行过重修。1952年被山洪冲毁，改为人渡。1958年该桥从通津村右边50米处移至东南面300米处，由万安水电工程局设计绘图施工兴建钢筋混凝土块石结构拱桥。全长71米，宽6.2米，高12.5米。2008年杨村至万安公路升级改造，在其下游2米处扩建，扩建的通津桥长66.58米，宽5米，为钢筋混凝土预应力箱梁结构。

七驳桥　位于弹前乡旺坑行政村下湾山村小组，建筑年代不详，东北、西南走向，麻石料砌成。桥长49米，宽1.05米，有2个引桥墩和4个桥墩，桥墩似船形。桥面由长66米、宽0.35米的麻石条组成，原来桥面有4根麻石条按段铺面，现在每段只剩下3根铺面。该桥结构完整。

田心桥　位于潞田镇田心行政村与乃排自然村的交界处，跨田心溪，据建村的历史和村民讲述，推断该桥为明代建造，始建时间不详。桥南北走向，长33米，宽5米，高5米，占地165平方米，为半圆形3孔拱桥，用红米、糯米浇浆垒砌而成。桥是当年通往田心村、上弹村的必经之路，现因修建了水泥路而废弃。桥的二孔现已干枯，只有北面桥孔有流水。

弹前三眼桥　建于清初，始建时间不详，位于弹前乡旺坑村下湾山村小组。桥长21米，宽4.1米，青、红麻石条垒砌，3孔半拱形桥，占地面积86.1平方米，因年久失修，南岸一桥墩有损坏。2006年弹前乡政府对其进行维修。弹前三眼拱桥结构古朴大方，对研究江南桥梁构造具有重要意义，有较高的文物研究价值。

南门桥　原名"庆元桥"，位于县城建国路南端，临赣江惶恐滩，架于龙溪河之上。明洪武三年（1370）修建，后被河水冲毁。明成化年间改建砖石桥。1952年被蕉源山洪冲毁。1953年由万安县人民政府投资7900元，以民办公助形式重修。1978年万安水电站复工，为工程需要，由万安水电站投资修建为钢筋水泥混凝土桥。桥全长60米，宽12米。

北门桥 　原名"朝天桥""迎恩桥"，位于万安县城。明弘治四年（1491）重修,红色双拱砖石桥。1953年万安县人民政府投资5420元，以民办公助形式改为麻条石块浆砌双拱桥，全长27米，宽6米。1985年修建加宽为钢筋水泥混凝土石块拱桥,加宽为18米，改名"红旗桥"。1993年将桥面加宽到37米，为混凝土石拱桥。

永济桥 　位于棉津乡寨下村。桥长14.9米，宽3.3米，高5米，单孔花岗石拱形桥。1920年后修，有碑文一块，现存网江村头渠道上。碑文长134厘米，宽69厘米，厚67厘米。碑文上刻有捐资名单及数目，并刻有"大总统赠银二百多元"字样，保存完好。1990年万安县电站蓄水发电，永济桥淹没。

长桥 　位于沙坪镇东面9千米长桥村正南方，建于明代，始建时间不详，由附近村民捐资修建，因桥身较长而名。桥长55米，宽5.5米，5孔石拱桥。1990年万安电站蓄水前清理航道，长桥处于淹没区，为确保沙坪库区安全而炸毁。

柏岩桥 　位于夏造镇潭屋村东面200米，明代建为木板桥，清代改为土石结构的石拱桥，1945年被洪水冲塌，以地而名。1972年重建为钢筋水泥结构的3孔桥，桥长25米，宽8米，2002年对其基础加固。

新桥 　位于弹前新桥村，通赣县要津，石拱桥建于清乾隆三十四年（1769）。桥长26米，宽5米，面积130平方米，3孔石拱桥，花岗石垒砌，保存完好。

大蓼桥 　位于武术乡大蓼村，建于明代，始建时间不详。桥长4米，宽2米，面积8平方米，单孔石拱桥，花岗石砌筑。1990年8月万安电站蓄水发电，大蓼桥被水淹没。

大蓼一桥 　位于武术乡小蓼村，建于明代，是连接武术乡的要津。桥长6米，宽5米，面积30平方米，为单孔石拱桥。1990年8月万安电站蓄水发电，大蓼一桥被水淹没。

石田桥 　位于涧田乡石田村，跨里仁溪流，建于明代，始建时间不详。桥长8米，宽4米，面积32平方米，单孔石拱桥，花岗石砌筑。1990年8月万安电站蓄水发电，石田桥被水淹没。

大坪桥 　位于顺峰乡陂头村朱家前村，是高坪通往东坑的要道，建于清初，始建时间不详。桥长6米，宽3米，面积18平方米，单孔石桥，花岗石砌筑，现保存完好。

石灰桥 　位于罗塘乡罗塘村背附近，建于清代，始建时间不详，桥长21米，宽4.1米，桥面面积86.1平方米，2孔拱桥，红石砌筑。

上坪桥 　位于枫林乡蕉源上坪村，建于明末，始建时间不详。桥长14米，宽4米，桥面面积56平方米，单孔石拱桥，花岗石（石灰成分多）砌筑，保存完好。

象湖桥 　位于高陂镇象湖村，南北走向，跨象湖溪水，建于清代，始建时间不详。桥长20米，宽3.3米，高5.2米，1拱，红米条石砌成，桥面呈拱形，结实大方，保存完好。由于该桥承载能力差，现已闲置。

灵溪桥 　位于潞田镇下石村灵溪自然村的东北端，跨灵溪水，建于清代，始建时间不详。桥长16米，宽3.8米，高4.2米，2孔石拱桥，西南至东北走向，由麻石条砌成。西南端从引桥至桥面现存4级阶梯，东北端3级阶梯，引桥上铺有鹅卵石。石拱桥古朴大方，精美结实，保存较好。

塘背一桥 位于顺峰乡高坪村塘背村，南北走向，跨高坪溪水，建于清嘉庆年间。桥长9.4米，宽3.3米，矢高4.1米，麻石、块石混合结构，1拱。桥北端有九级台阶上桥面，南端设斜坡面下桥，风格特别，保存完好。

塘背二桥 位于顺峰乡高坪村塘背村，建于清代，始建时间不详。东西走向，跨塘背溪水。桥长7.2米，宽2.5米，矢高2.5米，1拱，三合土混合结构，古朴大方，具有地方特色。因公路改道，桥已闲置。

南阳桥 位于沙坪镇南阳村，建于清代，始建时间不详。20世纪60年代末，石桥改建为钢筋水泥结构，东北、西南走向，跨南阳河，中间1个桥墩。桥曾是连接万安、沙坪、夏造、弹前、赣州、广东的主要桥梁，现基本闲置。

墩桥 位于弹前乡街头，建于清初，始建时间不详，跨新桥至昆仑溪流。桥长10米，占地面积10平方米，青麻条石垒砌，4墩5驳，现存完好。

永 新 县

◎ 重点介绍

龙源口桥

龙源口桥原名"久大桥"，位于永新县龙源口村西南200米处，新七溪岭脚下。清道光十七年（1837）义士吴文毅建。桥长33米，高9.2米，宽2.5米，单孔青石结构拱桥。桥两端侧岸各立有两根高1米、直径0.2米的铁柱，上端嵌有石碑一块，镌刻"久大桥"，下首同样嵌有石碑一块，匾书"龙源口桥"，桥的两端各筑有14级石阶。

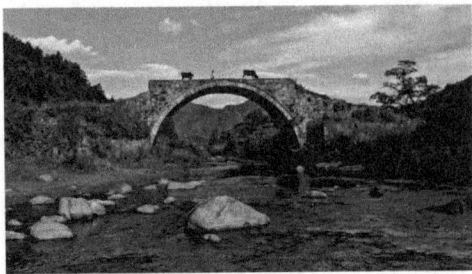

1928年6月中旬，国民党军对井冈山根据地发动第四次"围剿"。在龙源口和新老七溪岭地区，红军歼敌一个团，击溃敌两个团，缴枪千余支，取得了井冈山革命根据地创建以来的最辉煌的胜利。为纪念"龙源口大捷"，中华人民共和国成立初期，把龙源口桥作为1953年发行的叁元面值人民币的正面图案。1959年11月30日列为江西省第一批省级文物保护单位，2006年6月列为全国重点文物保护单位。

◎ 古桥名录

清河桥　位于曲白乡院下村桥上组，曾经是永新县城通往井冈山的交通要道，离永夏公路50米。桥身保存完好，桥墩稍有破损。此桥建于清乾隆二十年（1755），砖石结构，2孔拱桥。桥长20米（包括引桥），桥面宽2.7米，高5.4米，桥头立有镶刻"鳌龟乾坤"图腾的青石碑一块，上有"清河桥碑为乾隆二十年乙亥仲□月"款记。1983年列为县级文物保护单位。

清风桥　位于禾川镇长塘楼村。桥长5.45米，宽3.95米，高2.8米。清风桥是一座以青条石作桥墩，青砖拱砌单孔桥。距桥上首约150米处原有宋代建造的东山寺1座，僧非空于明永乐年间集资建桥以通该寺，学士解缙题匾。隆庆年间桥坍塌，尚书尹台出资倡众，委僧成纪重修，至清雍正间又一次重修。后东山寺废，但桥仍为老百姓所用。1983年列为县级文物保护单位。

古樟桥　位于芦溪乡樟桥村，始建于明成化年间，刘广达建，始建时间不详。清乾隆五十三年（1788）由钦授儒林郎候选州知刘邦灿携其弟重修。桥长14米，宽2.63米，高5米，青石结构，2拱，东西向横跨芦溪水。据传该桥原为樟木架设，因而得名。1983年列为县级文物保护单位。

聚星桥　位于文竹镇城江村，清咸丰五年（1855）刘藻兆等建，东西向横跨于禾水支流的文江上，是古代文竹通往永新县城的重要桥梁。桥为3孔拱桥。长27米，高5米，宽4米，拱券为公母榫，两端引桥铺有青石台阶上桥面。桥的中孔侧面嵌有一块石碑，刻有"聚星桥"，落款为"咸丰五年建"。桥墩稳固，桥面保存较好，桥两侧长满杂草。1983年列为县级文物保护单位。

宿水桥　位于文竹镇大崅村洲上自然村东北向100米处，建于清咸丰十一年（1861），系青石4拱桥，拱券为公母榫。桥长40米，宽3.8米，高6.1米。此桥是大崅八景之一，是梅花、石市等地通往里田、永新县城的交通要道。2001年村民集资对桥进行整修，把原青石块桥面铺成水泥桥面，并加筑护栏，但桥身和桥墩仍保留了原貌。1983年列为县级文物保护单位。

长春桥　位于高溪乡高溪村方向100米处，东西跨向，清嘉庆三年（1798）段姓人氏建。桥长30米，宽3.7米，横跨桃溪水，是一座联拱3孔、由青麻条石砌、拱券公母榫结构的石桥。中拱孔跨较两侧拱孔更大，中拱孔高为6米，两侧拱孔高为4米。桥两头各有斜坡附堤长2米。离桥约百米远的地方，原有桥断碑，上留有"清嘉庆三年戊戌高溪建"的字迹。1983年列为县级文物保护单位。

青龙桥　位于石桥镇樟枧村境内，建于明嘉靖年间，始建时间不详。桥长36米，宽3.3米，高6米，联拱，3孔砖石结构。桥重修于清道光年间。1983年列为县级文物保护单位。

明嘉靖年间，该村二十三世孙刘孔愚，经魁后任祁门知县。在他回乡探亲期间，碰上桥毁人亡的悲剧。孔愚见此状况，带头捐款，动员群众修建永久性的砖拱桥。孔愚学识渊博，著有《衡汀集》，他自己绘制桥梁设计图，并根据"长岭长如龙，溪水青见底"的寓意，命名为"青龙桥"。青龙桥为县级文物保护单位。

青龙桥有三个桥拱，传说在修建第二个桥墩时，由于淤泥深不可测，导致工程无法施工。而樟枧村有位在四川峨眉山修道的高僧——同平，盘座静禅，忽心血来潮，屈指一算，知家中修桥受阻，即将一部经书发送桥墩基下，桥即顺利建成。该桥长36米，宽3.3米，高6米，上七下八共十五个台阶，该台阶寓意"同平"。令人奇怪的是，同平所放经书的桥墩下，至今无蚊蝇出没，每到夏天人们常在桥拱中纳凉闲聊。

青龙桥由于年久失修，破败不堪。清道光年间，族人重新整修。20世纪80年代，在青龙桥下端建了一座钢筋水泥结构的新青龙桥以满足日益频繁的交通需要。

境福桥　位于曲白乡中村村。据传建于南宋末年，始建时间不详，当地居民集资所造。桥身及桥墩用青石块叠砌，桥面铺以青石板，石板大小为长1.1米，宽约0.7米；边沿石块长0.37米，宽0.67米。桥全长20.1米，宽2.95米，高9.2米，单拱石桥，南北横跨于中村溪上。下游方向桥身中央阴刻"境福桥"三字。桥中央浮雕太极图，两侧各浮雕一只蜈蚣，左右对称，栩栩如生。桥头樟柏古树参天，百根横贯桥身。苏区时期，中村曾设过红军造纸厂和兵工厂，境福桥也就成为军民同乐的好地方。据说此地为山区，时有山洪暴发，传说中此乃蛟龙所致，而蛟龙惧怕蜈蚣，所以建桥者把蜈蚣及象征阴阳平衡的太极图浮雕于桥上，镇住蛟龙，以保桥梁不被山洪冲垮。为县级文物保护单位。

龙凤桥　位于高溪九陂村田南的神岭脚下，建于明万历年间，始建时间不详。桥长21米，宽4.5米，高4米，单拱石桥，东西横跨于田南溪上。桥的上游方向刻有"龙凤桥"三字，两端桥头都有雕花石板，分别为浮雕八仙图及八宝图，图案栩栩如生，精美绝伦。桥身完好，其建造风格与当地现有的古桥不同。龙凤桥造型优美，做工精细，四周古樟环绕，遮天蔽日，清幽静雅。1927年9月，毛泽东率秋收起义部队途经龙凤桥，在九陂村休息后，到达三湾。桥为县级文物保护单位。

龙凤桥有一个传说：龙凤桥的两端分别雕有"龙凤呈祥"和"仙人飞舞"图案，据说，这是村民为了纪念建桥人景德公而雕。400多年前，田南村只是一个小山村，村头有一条小河，河上的木桥几乎年年都被山洪冲走，有时还殃及人畜。为了建一座稳固的石桥，族长请来了北乡芦溪的桥王景德公。据说，桥王年轻时因拾金不昧，失主便收他为徒，带他经商。几十年后，他富甲一方。然而他最爱建桥，不仅亲自设计，亲手动工，还慷慨解囊，捐助资金。在邻近几县建桥70多座，朝廷为表彰他的善举，皇帝钦赐"乐善好施"石匾，还封了官衔。从此他就被人誉为"桥王"。桥建了三个月，竣工之日，天下暴雨，桥王便上桥验收。他刚走到桥上，就被狂风卷到桥下不见了。传说，河神被桥王的精神感动了，将他的事禀报给了天帝，天帝就将他羽化成仙了。

栖凤桥 位于莲洲乡光明村（原名双溪村）陈家自然村东南面约500米处。桥长32米，宽3米，高5.7米，桥墩宽5.05米，红石质地3孔拱桥，东西向横跨于土陂江上，原是湖南茶陵及永新里田、沙市通往怀忠、吉安等地的必经之地。栖凤桥建于清嘉庆十六年（1811），由陈家村儒林郎陈肇星出资建造。据传风水先生称陈家村旁的虎形岭，对陈家村发展不利，故在虎形岭东约100米处建栖凤塔为箭，栖凤桥似弓射死对面的"虎"，以期陈家兴旺发达，子孙后代人才辈出。

龙安桥 位于才丰乡龙安村，为大小两座桥组成，两桥连为一体。大桥两侧引桥分别长5.9米、9.4米，正桥长11.5米，桥面宽3.7米，高5.3米，朝南跨向。小桥总跨度长19.5米，桥面宽3.5米，高3.2米。大小桥面由鹅卵石铺成，红条石镶边。桥墩由青砖砌成，两桥均为双拱桥。桥前方有一株百年古樟，荫盖桥面，交相辉映，蔚为壮观。龙安桥建于明崇祯末年，重修于清雍正年间，为永新南乡人民去往永新县城的必经之地。

螺星桥 位于高溪乡石市村蒋家自然村，原为永新通往莲花、湖南茶陵县商旅的必经之地，现只为附近的村民生产时来往。桥面用红粉石板铺就，南北横跨梅溪水。全长36米，桥面宽3.5米，3拱石拱桥。桥边有座古塔，桥碑记为"民国二十四年重修"。

枧田桥 位于里田镇枧田村北约20米处，建于清光绪二十年（1894），枧田村李子叶出资建造，南北横跨枧田江上。桥长68米，桥面宽2.9米，高4.7米，桥拱跨宽5米，7孔拱桥，青砖质地，东西砌有避水坡。该桥现仍在使用。

清源桥 位于永新县石桥镇樟枧村。该桥始建于明正统十一年（1446），东西向横跨于清源河上，桥长11米，宽2米，桥拱3.6米，为青砖质地。刘善与侄儿刘敷回家探亲期间，见汪源河木桥朽损，便捐资用块石奠基，用桐油石灰、青砖砌成，取名"清源桥"。2012年列入永新县不可移动文物保护名录。

康济桥 位于龙田乡潞江村，建于清末，始建时间不详。桥联拱5孔，长51.4米，青条石结构。桥面全部铺有条块石。桥梁整体稳固，保存完好，现供行人行走。2012年7月列入县不可移动文物保护名录。

聚秀桥 位于龙门镇黄岗村东南方向100米处，东西向横跨于黄江之上，两岸各有一村落，都名"黄岗村"，建于清咸丰十年（1860），保存完好。聚秀桥为5孔拱桥，长48米，高5米，宽2.56米，砖石结构，除桥的两端避水坡是由青采石砌成外，其余均为青砖砌就。桥的第三拱的上游正面嵌有"聚秀桥"三字的石碑，其落款为"咸丰庚申年秋月建"，下游款有刻"中流锁月"四字石碑。聚秀桥一直沿用至今，现在仍是黄岗村民出入必经之路，有一定的历史价值和实用价值。1983年列为县级文物保护单位。

报母桥 位于里田镇合田村，本村李文杰为庆母寿建，始建时间不详。原桥联拱2孔，后永新公路管理部门分别于1964年和1988年维修改建为4孔桥。桥长20米，高4米，宽6米。

桥名由来有个传说：古时候，里田枧田村有一对夫妇，因没能生个孩子而苦恼不已。于是他们到处寻医找药，求神拜佛。有一天，一个菩萨扮成算命先生，暗示他俩要好好服侍自己的老娘，便可生一男半女。但夫妇俩依然不知行孝。一天老娘在给里田干活的儿子送午饭时，被河水淹死了。儿子悔恨不已。后来，夫妇俩又遇到了那位算命先生，算命先生要他们弥补过错，行善积德。从此，夫妇俩像变了样，乐善好施，扶贫济困。两人常常到河边帮助男女老幼过河，风雨无阻，寒暑不断。其爱心感化了世人，善举感动了上天，一天晚上，一条巨龙从天而降，变成一座石拱桥。这座桥就取名为"报母桥"（又称"保母桥"）。那天晚上，媳妇生下一子，取名李森，后来考取了功名，成了朝廷的重臣。

绿野桥 位于沙市镇沙市老街，横跨楠溪水，清康熙年间厚田秀才周土陶建，始建时间不详。桥原为石条公母榫结构联拱五孔石桥。1982年6月17日被百年罕见的洪水冲塌3孔，仅存2孔。同年经县人民政府拨款整修，在原石桥上改建铁桥梁。桥长20米，宽3米，高6米，比原桥更为坚固。

题名桥 位于永新县高溪乡高溪村东北方向约500米处。横跨东山溪水，是一座青石公母榫结构的联拱三孔石桥。中孔上端嵌有"题名桥"石碑一块。桥长13.45米，中孔高3.3米，两侧孔桥高2.8米，桥宽2.8米。桥系清嘉庆三年（1798）高溪段姓人氏建。现桥身保存完整，是高溪、卸坪两地交通要道。据当地群众反映，此桥与长春桥同时建造。

古日辉桥 位于石桥镇石桥村东北方向100米处。桥长36米，宽3.3米，高4.5米，砖石结构，联拱3孔。始建年代不详。清同治十一年（1872）合族重修（即环浒尹姓重修）。桥身完整，前临禾水，背倚石桥街道，环浒溪水绕村过后流经桥下汇入禾水。以前梅田石灰全部在此装船运销吉安等地，因此又名"石灰桥"。

天水桥 位于怀忠镇厚溪村。建于明代，始建时间不详，东西向跨于楼西水上。桥长18米，宽2.6米，始为单拱桥，随着河流面加宽又增加1拱、2孔，用青砖叠砌、糯米勾缝。桥拱大小不一，大拱高3.3米，小拱高4.3米。桥面中央部分青砖铺就，引桥部分用青石铺成。从两拱大小不一及桥面砖的砌法不同，可以看出桥应是分两次砌成。

尊祖桥 位于龙门镇六团村上冲自然村。上冲村背靠大山（名三千峰），一小溪从大山脚下（北面）沿村庄东边一直往南再向西绵延，常年流淌。上冲村为方便当地村民生活生产，在小溪上修建了七座小拱桥。依次桥名是：位于祠堂前的取名为尊祖桥，接下来的是积德桥、厚德桥。当地取桥名很有讲究，又显文化底蕴。其他四座桥名为：洲上桥、下对门桥、庙冲桥、小冲俚桥，这些桥名与桥所在位置有关。桥梁用料讲究，均为青砖、糯米浆拌石灰砌筑，十分坚固。尊祖桥全长5米，宽3.2米，桥高3.2米，净跨3米，单孔，砖砌拱桥。

下埠桥 位于莲洲乡钱溪村下埠桥自然村，横跨杨桥河之上，系一座砖石结构联拱七孔桥。清同治年间邑人义士贺家馨建。桥长50米，宽2.7米，高8米。桥碑载"宣统辛亥八月重修，民国元年七月立"。

鹭溪桥 位于石桥镇白鹭村西北方向约500米处，联拱3孔，红条石结构。桥长20.5米，宽4米，高7米，桥碑载该桥为清同治十二年（1873）白鹭村人建。桥是白鹭村民出行必经之道，现除两边桥墩稍有损坏外，桥身尚完整。

戴家桥 位于高市乡戴家村，建于清中期，始建时间不详，原名"席溪桥"，现以驻地得名。桥长45米，高5.8米，宽1.5米，为块石桥墩，青砖面5孔拱桥。横跨铁井水。中华人民共和国成立后，做过多次维修，保存较好。

风雨桥 位于怀忠镇市田村，清光绪四年（1878）由村民捐资而建。桥为单孔桥，青砖砌筑，保存良好。

湖邱桥 位于芦溪乡炎村，建于明末清初。桥为联拱4孔石拱桥，青石桥墩。桥面重修于2008年。桥头古樟参天，为路人避荫纳凉的绝好去处，现保存良好。

步月桥 位于怀忠镇新居村，建于清道光元年（1821），为1孔青砖结构桥。桥头古柏耸立，桥下水清见底。

大石桥 位于莲洲乡胡家村，建于清道光年间，为3孔红条石结构石拱桥。此桥横跨天龙水，藤蔓密布，饱经沧桑。两桥头侧墙有损坏，桥身保持完好。

古桥 位于烟阁乡厚湖村桥头自然村，始建于明代，始建时间不详，1931年大修。桥长29米，高3.7米，宽2.8米，3孔。桥墩用石料砌成，桥身用料为青砖，桥面用鹅卵石铺成。拱券上嵌有一块石匾，上所刻"古桥"两字清晰可见。

乐善桥 位于曲白乡上坪村左家自然村，建于清同治三年（1864），单孔青石结构。桥身中央嵌"乐善桥"石匾，桥头立有功德牌，记载着建桥年月和捐资人。

莲坊大桥 位于怀忠镇坛溪村。建于明末清初，为3孔青砖结构桥。

莲坊枧桥 位于怀忠镇寨屋村，横跨繁荣、丰源水，建于明末清初，为4孔青石桥。

陇仙桥 位于高溪乡梅花村巷下自然村，建于清同治三年（1864），为单孔红石条结构。桥身嵌有"陇仙桥同治三年立"石匾。

马家屋桥 位于象形乡谭塘村大塘自然村，建于清宣统年间，青砖结构，2孔。据传为象形乡人贺元和出资兴建。

梅仙桥 位于高溪乡梅花南边自然村，建于清咸丰十年（1860），为3孔红石结构。桥身嵌有"梅仙桥大清咸丰庚申捐建"和太极图案石匾。

南木桥 位于怀忠镇双溪自然村。族人刘天开建于清光绪十五年（1889），为青砖6孔桥。

南新桥 位于龙源口镇横溪村，建于清道光二十五年（1845）。为单孔、青条石结构桥。

沙合沅桥 位于台岭乡六合村，青砖双孔桥，朱文泮于清道光二十五年（1845）修建。

上沅桥 位于怀忠镇市田村，建于清咸丰二年（1852），为双孔桥，由芦溪曾家族人捐资修建而成。

市江桥 位于高桥楼镇拿溪村龙家自然村，建于清初，单孔青砖结构。

铜古桥 位于龙源口镇谭杞村，5孔石砖桥，建于清初，是通往道南书院的要道。2002年桥面倒塌，2006年重修木质桥面。

进士桥 位于台岭乡高汶村，建于清光绪年间。

问梅桥 位于高溪乡梅花村温塘自然村，为3孔石桥，罗御天于清乾隆五十七年（1792）兴建。

五桂桥 又名"虹桥"，位于芦溪乡神江村，6孔桥，据传为明代所建。桥身布满木瓜青藤，似帷幔倒悬于水中。

下新屋桥 位于里田镇枧田村，建于清光绪二十年（1894）。桥长68米，联拱7孔，青砖结构。

仙鹅桥 位于里田镇田味村西，禾山、秋山两水汇合处，建于清乾隆二十五年（1760）。1979年永新县政府拨款加固扩建，该村对桥面进行过维修。现桥长57米，宽4米。

源厚桥 位于龙源口柞坑村。青砖结构，单孔桥，建于清光绪十五年（1889）。

状元桥 位于龙源口镇四教小学校园内。状元桥由枧渡增贡生张辉捐建于清道光二十三年（1843），期间经过几次修葺，至今已有160多年。

箭市桥 位于里田镇东偏北2千米处，建于明朝中叶，始建时间不详。桥长57米，宽2米，高4.5米，石质拱桥。因桥在箭市村前，故名。

城江桥　位于文竹公社文竹村东北3千米处，建于清光绪年间，始建时间不详。桥长32米，宽4米，高4.5米，为石质3孔拱桥。桥位于城江村，故名。

高川桥　位于埠前村东北3.6千米的汶水河上，桥跨荄川（即今高川），故名，原系木桥。1960年改建，现桥长60米，桥宽7米。

五板桥　位于曲江乡曲江村右边。清同治年间创建，原系一座4墩5板木桥，故名"五板桥"。该桥地处高山峻岭的山谷之中，每逢特大山洪暴发，桥板则被冲失，但桥墩坚固，很少破损。虽然桥板多次冲失，但都能旋失旋修。目前该桥仅存四个桥墩，桥梁、桥板于1974年被洪水冲走后，至今未再架设。1958年曲（江）白（沙）公路大桥修通以后，连贯了永新、泰和、井冈山市的往来交通，行人也多不从此桥经过。

洲上桥　位于龙门镇六团村委上冲自然村，跨城小溪，建于清代，始建时间不详。桥长4.8米，宽3米，高3.3米，净宽3米，单孔砖拱，青砖用糯米浆拌石灰砌成。桥面铺有光滑的鹅卵石。桥整体稳固，保存完好。

下对门桥　位于龙门镇六团村委上冲自然村，跨城小溪，建于清代，始建时间不详，单孔砖拱，青砖用糯米浆拌石灰砌成。桥长4.5米，宽2.8米，高3.3米，净宽3米，桥面铺有光滑的鹅卵石。桥整体稳固，保存完好。

庙冲俚桥　位于龙门镇六团村委上冲自然村，跨城小溪，建于清代，始建时间不详，单孔砖拱，青砖用糯米浆拌石灰砌成。桥长4.6米，宽2.7米，高3.3米，净宽3米，桥面铺有光滑的鹅卵石。桥整体稳固，保存完好。

小冲俚桥　位于龙门镇六团村委上冲自然村，跨城小溪，建于清代，始建时间不详，单孔砖拱，青砖用糯米浆拌石灰砌成。桥长4.8米，宽3米，高3.3米，净宽3米，桥面铺有光滑的鹅卵石。桥整体稳固，保存完好。

东门浮桥　位于县城东门，横跨禾水，历来是永新县城东西向交通要道。浮桥长117米，宽2米，由21艘小船用铁链连接铺以木板而成。每艘船长5米，宽2.3米。两岸各有高出地面1.5米的桩一根，用以系铁链固定浮桥。东门浮桥始建于南宋乾道二年（1166），原为石墩木板桥，由邑人张钢所建，屡遭洪水冲毁。明嘉靖二十七年（1548）年改为浮桥，明清两代各重建5次，每次重建或由县令倡修，或由邑绅和民众捐资。清咸丰九年（1859），知县周祖茂劝众重建，邑人尹正寅捐田为修葺资金，嗣后每有损坏，辄资缮田租息整修。民国时期，均由县城东街商店募捐众修。中华人民共和国成立后，浮桥由县人民政府拨款整修。1982年6月17日，永新遭受洪水灾害，浮桥船只荡然无存，县人民政府拨款重修。1989年东门大桥建成后，浮桥被拆除。

东关浮桥　南宋乾道二年（1166）初建，历代多次整修，今被拆除。

洋埠浮桥　位于在中乡排形村，建于清末，曾几次整修，后毁，1962年重建。1998年洋湖大桥建成后被拆除。

石桥浮桥　原名"对江浮桥"，位于高桥楼镇和平村对江自然村，是高桥楼镇各村通往石桥镇的重要通道。1990年，有浮桥船只14艘，日渡量1000余人次，另配有30客位钢质机动船一艘。今被拆除。

文星浮桥　位于县城南门外禾水河，历来是永新县的南北交通要道。明代由义士龙须理始建，久而倾圮，后设义渡。清道光四年（1824）南乡秀才史上挺倡众建浮桥。名曰"文星浮桥"。清同治十二年（1873）因禾川门（即城南门）已改上游，南乡绅民倡众移建，1945年改建为石墩木桥。1968年改建成永久性公路大桥。现称"南关桥"。

龙田浮桥　又名"龙溪桥"，位于龙田镇。邑人贺士贵建石桥，后圮。清咸丰四年（1854）四月改建浮桥，横跨于禾水河上游。桥全长64米，宽2米，15只小舟浮江，铁链固定桥身，两岸树有石桩，高出地面1.5米。1978年改建为石拱公路大桥。

对江浮桥　位于石桥镇，连接高桥楼镇和平村，横跨禾水河，建于清道光二十四年（1844）。自建桥以来，历经整修。进入20世纪90年代有浮桥船14只，日渡量1000人次，另配有30客位钢质机动船一艘。2009年因对江公路大桥通车而拆除，这是吉安最晚拆除的浮桥。吉安境内延续一千余年的浮桥，至此全部退出历史舞台。

抚州市

南 城 县

◎ 重点介绍

万年桥

万年桥位于南城县城东北方向3千米处的武岗山麓，横跨旴江，是206国道重要桥梁之一。该桥为江西今存最长之石拱古桥，始建于明末。桥长411米，24墩，23孔，孔跨径14米，桥高10米，桥面宽6.3米。桥基坚实，桥身轻巧。自下而上用青石发券砌成。拱券采用纵联式卷砌法，前墩尖而高昂，后墩方而低矮，有昂首挺胸迎水之势。桥面中间原有一亭。两旁有石栏杆，精美雅致，古朴清爽。

南宋咸淳七年（1271）在桥古址歇羊渡设舟三十二艘架浮桥，后毁。明成化二年（1466）邑人雷显忠在此设义渡，不久也毁坏。

明崇祯七年（1634）湖东道副使、邑人吴麟瑞倡议建石桥，由五县捐资兴建。"划十四垒，延石九层。墩如太平桥，峭其上。以厚石为之，坚以整。旁周石为栏，其上不屋，以防为灾。"历时十四载，到清顺治四年（1647）竣工。相传修建第21孔时，桥墩就是建不好，白天建好，晚上又塌。原来这里伏着一只神牛，它每天晚上起来吃草，一翻身就把桥墩掀翻了。有一天，一个放鸭的小孩赶着一群鸭子，提个破鸭食盆路过这里，抓了一把草放在鸭食盆中丢了下去，然后告诉修桥的工匠，"明天不会塌了。"果然，第二天桥墩稳稳当当，原来这个放鸭人就是麻姑仙子，她从瑶池赶来助他们一臂之力。那鸭食盆是个聚宝盆，一把草放在里面，神牛永远也吃不完，神牛不动桥墩也就不塌了。

清雍正二年（1724）万年桥遭水患，中墩毁坏，两孔倒塌，改用舟渡过河，常发生翻船事故。建昌府太守李朝柱召集五县绅士共商筹资重新修复万年桥，工程从当年四月二十二日开始，至十二月十五日完工，满城百姓前往观看大桥修复竣工庆典。万年桥在乾隆、嘉庆年间也曾维修过。光绪十三年（1887）该桥冲毁严重，历时五年才得以修复。

1941年日军飞机炸毁万年桥第19、20、21孔，后国民政府用木板架桥修复。1949年5月，国民党军队败退前，烧毁木架桥面。

中华人民共和国成立后，1953年8月，该县对万年桥进行全面整修，建桥墩4个，拱券5孔，1955年2月1日正式通车。该桥是江西省现存最长的石拱古桥，1957年列为省级文物保护单位。

2013年3月，该桥被列为全国重点文物保护单位。为更好地对其进行保护，现古桥两端已封，禁止车辆通行。在古桥平行相距1千米处新建一座现代水泥桥，用于连接两岸交通。

太平桥

太平桥位于南城县东门外盱江上，为半圆形石拱桥。全长205米，高10米，宽6米，有单曲大拱12孔，双曲小拱1孔，每大拱跨度为14米。迄今已有一千一百多年，历代被誉为南城"东廓虹桥"盱江十景之首。太平桥是盱江两岸的交通枢纽，也是沟通赣东与闽西地区的重要桥梁，建成后数百年来对两岸人民生产生活和相互往来，促进经济、文化交流起着非常重要的作用。是抚州市现存较完整且年代较早的古桥梁之一。

该桥始建于唐乾符年间。太平桥在东川门外。旧为浮桥。宋嘉祐五年（1060）"郡守丰有俊创立石桥……国朝顺治乙酉毁于火。丙申郡守刘公道著、邑令李公正蔚复建"。嘉定五年（1212年），又建浮桥，始名"万寿桥"。嘉定十三年（1220）毁于水患，遂改以木架石为桥。

元至元十九年（1282）募建，改名为"太平桥"。

明万历八年（1580）桥毁，明益藩捐金首倡重建，"往来称快"，改名"东郭虹桥""虹桥"（明罗汝芳《太平桥记》："庚辰（万历八年）腊月桥北民舍灾，延及桥……事闻益藩潢南殿下，捐金首倡。"）。清康熙《南城县志》卷一"形胜"："东郭虹桥即太平桥，在郡东门外江之上……县东北五里乌龙潭"。明嘉靖、万历年间，益府诸王对太平桥迭圮迭修，"厚帑藏以助"地方"佐驾太平之桥"，使得南城东江诸桥皆"朱家造就"。专家考证，此实为明益藩江东"洪门"茔山墓事而为。虹、红、洪声同韵通，太平桥一名"虹桥"，与天地会簿"红桥""洪桥"音通，揭示了南城"太平"桥与明益藩"洪门"墓事及天地会簿"洪桥—洪门"之间的微妙关系和史学百年之谜。

太平桥后屡毁屡修，清顺治二年（1645）、康熙元年（1662）迭毁于火。至康熙三年（1664）又改垒石架木为桥，康熙十一年（1672）复被水毁。第二年，邑人为永保交通畅通，于是又捐资聚工，拦河锁江，垒石为瓮，横石为梁，飞架石质拱形大桥，更名为"太平桥"。同治二年（1863）全邑捐资修复，改名为"留衣桥"。至此，古桥还给后人留下一段佳话。据光绪五年（1879）补版的《建昌府志》载：咸丰十年（1860）山东乐安人隋藏珠任建昌知府。他廉洁严厉，生活俭朴；对上级不送礼，对下级不收馈赠；禁止民间铺张浪费；勤政爱民，亲自审理诉讼。他既廉洁又有能力，郡民称颂他为"百年来所仅见也"。他在端正民风、敦促教化方面，也"美不胜书"。任职不到一年，政声卓著。离任的那一天，郡人拦道挽留。隋知府于是在太平桥解下衣裳给郡人留作纪念，太平桥遂改名"留衣桥"。

1949年5月10日，解放军在太平桥东头与守敌展开激战，最后攻克南城。中华人民共和国成立后，该县政府投资数十万元，先后两次对该桥进行了整修，大桥焕然一新，更为雄伟壮观。1983年被南城县人民政府公布为县级重点文物保护单位。后列为江西省文物保护单位。

太平桥是中国古代建筑艺术的珍贵遗产，具有很高的历史、科学和艺术价值。虽历经百年沧桑，依然坚固地飞架在盱江之上。桥体外形雄伟壮观，结构严谨科学，桥基建造精工坚固，桥墩全用大麻条石砌成，前墩尖而仰，每一墩尖各雕昂头兽首，姿态生动，栩栩如生，大有昂首挺胸迎水之势。桥身自上而下，全用青石发卷砌成。桥拱的施工技术，采用类似赵州桥的纵向并列砌圈法砌成，桥身除砌十二个半圆弧形单曲拱券之外，桥身两端最后一孔则为双曲拱券，减轻了桥基压力，又可泄水排洪，以减弱激流对桥身的冲击。桥面全敷青石板，上建屋六十四间，中建一亭，名曰："广生亭"，两旁设木板为凳以便行人休息，桥头两端各建桥门，紧靠桥门两端，皆用青石砌成百尺阶梯作引桥，以利行人上下通行。

◎ 古桥名录

龙门桥 位于麻姑山龙门峡谷之上，建于清道光元年（1821），为青石砌成的单拱石桥。桥长6.6米，宽3.5米，高4.2米。

湖桥 位于北门外路南端，又称江日桥，古称大石浮，长4米，宽6.5米，高3米，承重16吨。建于唐广德二年（764），殷家源水穿城出北水关，经此流东坝入旴。

麻桥　位于城南门外500米处，原名迎仙桥，清乾隆十四年（1749）重建为麻条石拱桥，现为秋水园村来往县城人行桥。

活水亭桥　位于上唐镇源头村，横跨于活水河之上。该桥始建于宋中期，清代重修。桥全长27.7米，宽4.6米，高4.9米，有三拱两墩。桥身均用青麻石砌成，桥面用红石条横铺，上建有木结构长亭，雕梁画栋，甚是精美。桥栏杆栏板上雕刻有栩栩如生的缠枝卷草云纹。古桥至今保存完好。

金水桥　位于城西南隅，现在县幼儿园内，为明代益王府建筑一重要组成部分。始建于明弘治五年（1492），与王城、城内宫殿以及省级文物保护单位十柱坊共同组成规模宏伟、富丽豪华的益王府建筑群。该桥是由三座结构、质地、大小相同的桥组成，为单拱石桥。桥长8.5米，桥面宽3.25米，高2.8米，拱券最大跨度为2.7米，桥身自上而下，均用红石条、砂浆座砌而成，桥拱采用纵向并列砌圈法。现保存完好。

大德桥 位于建昌镇东南部，横跨于干港河上，俗称干港桥。红条石巷拱3孔，全长76米，桥高3.5米，宽4.2米，承重量16吨。明弘治十五年（1502）兴建，名普济桥。嘉靖二十六年（1547），改名平桥。其间，易名大德。原桥面铺石板，两旁为石砌栏杆，桥中间建一亭，亭上石刻"大德桥"三字，亭内两边设石凳，以便过往行人憩息。1965年拆除桥亭，改铺水泥桥面，两边设钢筋水泥栏杆。现为县城至上唐之间主要公路桥之一。

龙吉桥 位于建昌镇西南2000米处，南宋淳祐年间郑起先建，乾隆间邑人李相妻崔氏捐资修建。清道光年间称龙吉桥，易名回龙桥。1968年3月重修，横跨麻港，长20米，高2米，为三孔钢筋水泥桥。

曾潭桥 位于里塔镇都军大队都军村西南三千米处，横跨水南河（清道光《南城县志》）三十一都曾潭桥，南七十里，知县罗端常建。明崇祯元年（1628）及清雍正戊申年（1728）先后重建。1969年9月，重建，原桥废。现桥长68.5米，高7.5米，为四孔钢筋混凝土桥，因桥附近的盱江边有一深潭，称曾潭，故名。

云口桥 位于里塔镇都军大队云口桥村边，故名。二十四都云口桥有茶庵，南五十五里，都军之西，宋嘉祐知军事杨仪建，清嘉庆年间重建。1972年9月改建，横跨中云河，长45米，高7.5米，承重13吨，为空腹式钢筋混凝土曲拱桥。

兜江桥 位于里塔镇欧坊大队梅潭村西南2000米，宋咸淳年间建，元末毁，明永乐年间重建，万历年间毁。清康熙二十二年（1683）及雍正十三年（1735）先后重建。1969年1月又重修，长19.7米，高6米，为三孔钢筋水泥桥。

渭水桥 位于徐家乡郑家村。据正德《建昌府志》载，明初里人单率性等建，称利水桥，跨韩溪，今名渭水桥。清乾隆、嘉庆年间修复两次，长14米，高5米。原为两孔石拱桥，1975年重修时改为钢筋混凝土桥。1933年10月，工农红军与国民党二十四师曾在此进行著名的渭水桥阻击战。

道士桥 位于徐家乡芦思窠村，跨邹家港，长8米，高4米，石砌拱形结构，可通汽车。清道光《南城县志》记载该桥为遇仙桥，东北十里，近郭仙峰下，道士胡古崖于此遇仙。

水口桥 位于珀干镇水口村，横跨芦河。清道光《南城县志》记载水口桥在封源，邑人雷昱建，桥高5米，长32米，宽6米，为单孔浆砌片石拱农用桥。1980年7月修建。

五魁桥 位于新民港西侧，高2米，长3.2米，宽2米，为石拱桥。明正德志有宁道立、肖元吉、夏泉、夏良胜魁元，人以为兆于桥，故名。

矶桥 位于城南4千米城于公路上，又名乌锥桥。南宋淳祐七年（1247）建，原为双孔石桥。1964年改建为钢筋混凝土Ⅱ式梁桥，全长13.2米，宽7米，高3米，2孔，跨径6.2米，载重16吨。

临 川 区

◎ 重点介绍

文昌桥

文昌桥位于抚州市中心城区，跨抚河东西两岸，是一座古老的大石桥，系通往省会南昌、沟通赣闽重要交通桥梁。此桥现长255.4余米，高约13米，宽约11米，荷载量13吨，13座桥墩昂首挺立，12座水门豁若天开，回澜来湍，畅通舟楫，宛如长龙出水，彩虹卧波，为抚州城增添了不少美色，是其一处重要名胜古迹。

文昌桥始建于南宋乾道初年（1165），迄今已有840多年的历史。初为浮桥，至嘉泰年间改建为石梁桥，明嘉靖年间，改建为石拱桥，这几代桥梁，屡遭水毁，早已成为历史陈迹。现在的桥体为清嘉庆八年至十八年（1803—1813）重建而成，费银十七万多两。桥建成时，桥上两侧皆有店铺，"上梦下宇，其脊渠渠；重檐直栏，其翼舒舒。"小商小贩，百业俱全；人来人往，热闹非凡。桥中有座观音阁，飞檐画栋，轻巧绮丽，内塑有观音菩萨，亦有僧侣居住，侍奉香火。每逢观音生日，善男信女朝阁进香，熙熙攘攘。至1933年因修筑南（昌）临（川）及临（川）南（丰）两公路，将桥上店铺拆除，改建成混凝土桥面，并于桥南侧另修一木质桥为人行道，建有引桥，使之成为南（昌）临（川）线上重要的公路桥，通行汽车。1942年被日本侵略军炸毁4孔，至1946年方才修复。中华人民共和国成立后，为了保护这座桥梁，政府先后于1960年、1983年进行维修和扩建。2002年，当地政

府再次又花巨资重修大桥，每个桥墩上均设一尊十二生肖，并重新加固大桥。该桥既古老又华美。每到夏日的夜晚，桥上游人，络绎不绝，清风徐来，暑气全消。仰望天空，明月当头，繁星点点；俯看流水，月影如璧，银波荡漾。

文昌桥初名"通济桥"。南宋宝庆二年（1226），以抚郡地应文昌星，桥东联文昌堰，西属文昌堂，故亦名"文昌桥"。1933年改名为"行易桥"。1949年抚州解放后，改名为解放桥。1983年，市人民政府考虑到"文昌"二字体现了临川才子之乡（抚州原为临川县城）文化昌盛的特点，复名"文昌桥"。1959年，著名桥梁专家罗英对同治年间重建文昌桥时使用的"干修法"（即围堰作柜排干水，挖尽泥沙下基础）进行了高度评价，并指出重建文昌桥用"干修"代替"水修"，"实为我国桥梁工程的一大进步。"

文昌桥有许多美好的传说。传说明万历年间，抚州府临川县城里有陈（际泰）、罗（万藻）、章（世纯）、艾（南英）四大才子。某年，有一知府到抚州上任，欲过文昌桥进城，只见四个男子坦胸露腹横卧桥上挡道，身旁放有一只陈旧的篓，装着几株艾子。知府知道是陈、罗、章、艾四位才子要出对联考他，随即吩咐衙役叫才子们报出上联来。四个才子一听要上联，立刻翻身跃起，随口吟道："上文章下文章，文章桥上晒文章。"原来这"上文章"是指他们自己有满腹文章，而"下文章"则是借用抚州方言"文昌"与"文章"谐音的特点，暗指他们身下躺着的文昌桥。四才子坦腹仰面朝天，阳光晒着他们的肚皮，正好形成"文章桥上晒文章"的绝妙构意。知府一听是这么一个绝对，憋得目瞪口呆怎么也无法对出下联，于是吩咐衙役从原路退回。黄昏时，知府来到一个渡口，见有一个石碑，上面刻着"黄昏渡"三个篆体大字。知府询问摆渡人，摆渡人指着对岸前后两个村子说："前村名前黄昏，后村名后黄昏，故而此渡名'黄昏渡'。"知府一听这话，猛然受到启发，终于想好一句下联。立即传令打轿进城。谁知轿子回到文昌桥，四位才子叫一书童送来一个纸卷。知府拆开纸卷一看，只见上面写着："前黄昏后黄昏，黄昏渡前度黄昏"。知府这时才知陈、罗、章、艾四个才子果然不是等闲之辈，于是在任职间，尽量体恤民情，造福一方百姓，传为佳话。"文昌桥上看文章，文昌桥上赏文章，文昌桥上析文章"即来源于此。此外，著名的墨池就在文昌桥桥头。

另有说法，抚州古时是才子之乡，自古

就有"临川才子"的美名。既然是才子之乡，很多衣锦还乡的风流才子们，必然常常出入于勾栏瓦肆之间，而文昌桥由于其地理位置较好，交通便利，即成为勾栏瓦肆集中之地，久而久之，得名"文娼桥"，即为文人嫖娼之地。后来，民国时期禁绝娼妓，名"文娼桥"不雅，即改名为"文昌"，即今日之文昌桥。

◎ 古桥名录

孝义桥　位于临川区孝桥镇，是一座麻石单孔石拱桥，建于清宣统三年（1911）。因晋太保（官名）王祥曾定居于孝义桥孝义寺处，后世百姓追慕王祥的孝义，就此修建寺院和桥梁，均以"孝义"命名。桥长28.8米，宽5.2米，高4.5米。桥两侧原先造有石柱雕栏，上面刻着飞禽走兽、花草鱼虫。池畔原有"晋王祥卧冰池"石碑一块。孝义桥屡经兴废，曾重新修建，故得以保存至今。

黎 川 县

◎ 古桥名录

飞源桥　位于厚村乡飞源村，又名"飞鸢桥"，由上桥和下桥两座相隔62米的石拱廊桥组成，为赣闽两省间边境村镇咽喉要道上的桥梁。建于南宋嘉定元年（1208）前后。飞鸢桥上桥为一墩二孔，桥长12米，宽4.7米，水面离桥3.8米，廊屋高4米；下桥长12米，宽5米，廊屋高与上桥同。两桥廊屋均为瓦顶、木柱、木构梁檩，两侧皆双行立柱，靠外每行六柱，靠内每行四柱。廊屋中段靠下游一侧设有神龛，上桥供奉观音大士，下桥供奉真武祖师。桥面全以花岗条石铺垫，桥两端各有五、六级石阶衔接地面。桥廊两侧搭有横枋木，可供行人休闲歇坐。现保存尚好。

双溪桥 位于樟溪乡境内，始为露天木架简便桥。南宋末年（1279），始改建为石墩木梁，上覆瓦顶木棚之廊桥。该桥为石砌二墩三孔，全长26米，宽5米，离水面4.3米。清光绪年间，为廊屋两旁增设靠背坐椅。经多次维修重建，均保持原貌。旧时桥头廊柱上曾悬挂一副对联"临河仰观星辰觉宇宙之宏伟，登桥俯视山川思乾坤极广深"。现保存完好。

新丰桥 位于城老街南津街段与县城南郊篁竹村北口之间。原为木构便桥，明弘治中期（1497年前后）改建为砌石五墩六孔，排木架梁，条石铺面，上覆瓦顶棚屋之长廊桥。全长90余米，宽约5米，两端设桥头堡。桥中段一侧曾置小室作河神坛，坛堂门两旁悬有对联"远近青山无墨画，潺湲流水有声诗"。该桥经历多次毁塌和重修再建。

横港桥 位于城篁竹村，社苹河水汇入黎滩河处。原为渡口，宋代建为木质便桥，清乾隆十五年（1750）改为石拱桥。系二墩三孔石拱桥，长40.5米，宽4.8米。桥中段置有长方形廊亭，瓦顶木梁砖壁，长16米，宽5米。桥亭两端门额，为光绪十六年（1890）重修时由县籍书法家陶思侃书写"横港桥"三字。现存完好。

白羊桥 位于湖坊乡妙法村之千年古刹妙法禅寺前侧，横跨庙前白羊河。始建于唐贞观二年（628）。桥高约13米，桥面宽约6米，为长条石块砌卷的石拱桥。桥两端各有20级石阶衔接道路。桥面中段嵌有正方形雕有太极图案之大石块。该桥现存完好。

南 丰 县

◎ 古桥名录

仙人桥 位于洽湾乡加津村，是明嘉靖晚期建造的石桥。桥为2孔，红石拱形结构，长19米，宽5米。桥上端两拱之间的桥基为三角形，与桥孔并列，造型独特，具有明代建筑风格。三角菱形的桥基，便于排除洪水冲击。该桥现存完好。

开源石桥　位于紫霄镇明阳村开源堡前，远眺像堆怪石，近观桥分为两座，两桥相望，约5丈，上祀许真君。桥下两巨石，形似狮象，又称狮象桥。两桥一体，全长约16米，造型独特，为明代风格。虽久经涧水冲刷，至今仍牢固壮观。

乐 安 县

◎ 古桥名录

石陂口桥　位于湖坪乡善和村石陂口，故名石陂口桥。元皇庆元年（1312）兴建。为三拱廊亭式石拱桥，拱以截面呈长方形条石抹白灰勾缝砌成，桥墩呈锥形，用条石堆砌。桥体全长38米，宽3.5米，拱高5.3米。桥面置长廊式风雨亭，亭内隔为五间，人字形屋架。现存桥体系清代所建。

参陂石拱桥　位于湖坪乡参陂村，始建于清代。为三拱三伏石桥，拱用截面呈长方形麻条石砌成，白灰勾缝。基座用呈船形条石叠砌。拱高3.4米，拱厚0.27米，拱宽2.9米，伏厚0.12米，每拱跨度4.4米。桥面跨度19.2米，宽3.15米，桥面两侧有石质护栏，望柱（石质）高70厘米，柱头呈宝珠状；护栏板为130厘米×33厘米×10厘米的长方形，镶嵌于望柱之间。东岸有7级石阶。该桥较单薄、轻巧、典雅、美观，具有江南水乡石桥风格。

登仙桥　位于谷岗乡登仙桥村。始建于北宋天宝年间，清代晚期重修。登仙桥原名洪门桥，据传宋嘉定年间有仙人在此登天，故改名"登仙桥"。民国元年（1912），因山洪暴发，桥被冲毁。民国十一年（1922），于距原址半里左右的现址重建。该桥为亭式单孔拱桥，拱券高10.5米，厚0.52米，跨度15米。桥面用长条石铺砌，全长17.5米，宽5.5米，桥墩嵌入岩石中，上建有将军庙。1933年2月，中央红军在登仙桥一带粉碎了国民党第四次"围剿"。

红卫桥 位于城鳌溪镇桥背街站前路北端鳌河上，名"金鳌桥"，易名广平桥。历史上也曾叫通四桥、南津桥、安浦桥、鳌溪桥等桥名。始建于明万历四年（1576），清康熙八年（1669）冲毁，仅存石墩。为三孔石拱桥，全长51.45米，两跨均宽18米，两侧附1米宽的人行道。1969年6月29日被洪水冲毁，1970年5月重建。1972年改名为红卫桥。

定远桥 位于招携镇坪上村，建于清代晚期。为单拱廊亭式石拱桥，桥面全长16.4米，宽3.8米，拱嵌跨度5.6米，拱嵌高3.4米。南北入口均为拱形门，南岸门楣上凹入面墨书"定远桥"，门框两侧书"定堪驰骋通车马，远望依稀渡女牛"。廊亭为悬山顶，穿斗式构架，桥面两侧设木护栏。桥的南岸建一方形门楼，名"信城门"，门楣两侧墨书"信宿桥笃高憩是，城阴绿树下垂桥"。二层高，内墙横向贯五棵楼枋，南向山墙开一圆形瞭望孔。硬山顶，"人"字形屋架。该桥保存较完整。

青里石拱桥 位于招携镇青里村高桥水电站旁，建于清代晚期。桥全长23米，桥面宽6.2米，拱嵌跨度13米，拱嵌厚0.48米，单拱单伏石拱桥。该桥两端矮，中间高，形如半圆形月亮，造型优美典雅。现存完好。

下胡家石拱桥 位于万崇镇坪背村下胡家村小组，清代建造。为一伏一拱，桥长9.1米，宽2.9米。拱高4.8米，宽7米，拱券厚25厘米，伏厚8厘米，桥面铺麻条石。该桥造型优美、单薄、轻巧。现存较好。

坪背石拱桥 位于万崇镇坪背村，清代建筑。桥为一伏一拱，拱宽（跨度）7米，高4.8米，拱券厚25厘米，伏厚8厘米，以长条麻石砌成，白灰勾缝。桥面铺砌厚15厘米条石。东岸七级台阶，西岸十三级石阶。通长9.1米，宽2.9米。该桥轻巧、单薄，历经风雨雪霜现仍可通行。

上胡家石拱桥 位于万崇镇坪背村上胡家村，建于清代中晚期。桥为单拱单伏，拱高2.5米，宽4.2米，伏厚8厘米，拱厚20厘米，通长5.8米。桥面铺条石，桥拱以平石错缝砌成，白灰勾缝。现仍可通行。

航桥砖拱桥 位于山砀镇航桥村，始建于清朝晚期。原为三拱桥，砖构，现残剩一拱。拱用30厘米×15厘米×6.5厘米青砖抹白灰泥勾缝砌成，共三层。拱嵌高2.5米，宽4.1米，每层厚0.15米，拱跨度5.1米。

曾家石拱桥 位于戴坊镇沙堆村曾家村，始建于清代。桥面上由麻条石、红色石砌成，长23.6米，宽3.5米，石拱高3.3米，宽5米，石块厚度达0.3米，桥墩2.5米。该桥造型较优美，保存较完整。

跃龙桥 位于戴坊镇戴坊村，建于清咸丰九年（1859）。为三拱石拱桥。现桥体有裂缝，两头坡度极陡，原有台阶。该桥保存较完整。

召尾石拱桥 位于大马头乡召尾村，清代建造，石拱桥，坐西朝东。始由召尾人陈氏房宗发起修桥，后于清代黄氏修完，有3个石拱桥墩，墩上刻有犀牛图案，壮观精美。

世昌桥 位于南罗山村口，据桥头《罗山曾氏重修世昌桥记》载：明天启三年（1623）重建，清乾隆四十五年（1780）重修。为青麻石砌成的单孔拱桥，桥拱宽1.6丈，桥身高1丈余，长2丈，宽1.3丈。该桥造型美观，桥身至今保存完好。

宜 黄 县

◎ 古桥名录

丰乐桥 位于城北面曹水和宜黄水汇合交口处，始建于宋末，原为木柱木板桥，迄今已有一千多年。明嘉靖二十七年（1548）重修，取名"来苏桥"，习惯叫"丰乐桥"。古时桥中有亭，桥东面建"迎恩馆"。清康熙二十年（1681），被洪水冲毁，重建因资金不足，均用木头架墩，桥上用黄泥沙石铺面。1912年壬子年间，木桥被冲毁。1941年，新建一座三孔石拱桥，名为"慈恩桥"。1956年改建为八字撑架式木桥，长48.25米，净宽4.4米。1971年改建为钢筋混凝土双曲拱桥，长64米，桥面净宽7米，两侧人行道均宽0.75米，标高9.5米，载重量13吨，复称丰乐桥。

宜黄大桥 位于城东面的宜水、黄水汇合下游百余米处,始建于明万历四十四年(1616)。为9孔石墩木板面桥,横贯两岸,势若长虹,因名贯虹桥。民国元年(1912)桥被洪水冲毁,旋即修复。1959年改建为石墩"八"字撑架木面桥,更名为解放桥。1965年8月,改建为石拱混凝土面桥,长156.5米,桥面宽5.7米,标高10.28米,载重13吨。1985年更名为河东桥。1996年再次改建,为9孔石拱混凝土面桥,全长156米,桥面宽9米,跨径14米,净空10.2米,更名为解放大桥。2007年10月,在原址拆旧建新。长166米,桥面宽24.5米,共8跨,更名为宜黄大桥。

潭坊桥 位于潭坊村口三元古塔旁,原名万福桥,始建于明万历年间,为8孔石墩木板面桥。民国元年(1912),被洪水冲毁,即修复。1958年修为10孔石墩"八"字撑架式桥。1983年在该桥下游30米处新建5孔空腹式石拱桥,桥长163米,桥面净宽7米,两侧人行道均宽0.75米,标高12.84米,名潭坊桥。

通济桥 位于城横街附东村头，始建于康熙年间。以原黄华桥改建成10孔石拱桥，因通过捐资兴建而名通济桥。1972年升高加宽为钢筋水泥桥面，长113米，宽5.8米，载重13吨。2007年在该桥下游约180米处建成一座新通济大桥，桥梁长146.62米，引道长度36.8米。

附东桥 位于城附东村头，原名顾民桥，始建于明万历年间。清乾隆甲辰年（1747）改建为9孔石墩木板桥，因通向附东习称附东桥。1978年升高加宽，铺设水泥桥面，全长134米，宽4.2米，载重13吨。

大福桥 位于潭坊乡沿坪村，建于清乾隆年间。为石砌单拱形结构，长12.2米，面宽5.5米，高6米。整桥保存完好，坚固结实。

黄陂桥　位于凤冈镇北关村黄陂桥村，原为简易小木桥。明嘉靖十四年（1535），改建为石桥。1967年改建为钢筋水泥桥，桥长50米，宽6米，载重12吨。2009年，在该桥旁建了一座新黄陂桥，该桥停止使用。

永兴桥　位于棠阴镇南永兴桥村，始建于明洪武年间。原为三孔石拱，桥长46.8米，宽5米。中华人民共和国成立后，增修栏杆，水泥桥面，载重13吨，属主干公路桥。

金 溪 县

◎ 古桥名录

青田桥　位于陆坊乡桥上村（古称青田），是跨越青田水（又名高坊河）的最主要石桥，1985年被批准为县级文物保护单位。古称广济桥、万福桥。南宋景炎元年（1276）初建，此后屡毁屡修。现该石桥基本保持道光年间重修时全石构造原貌。全桥有11墩12孔，长60米，桥面宽1.67米，为长条青石铺砌，无栏杆。

后车桥　位于左坊镇后车村，明洪武年间建造，至今保存完好。桥长22米，宽1.2米，高约5米，共设桥墩3个，桥墩由大石砌成。桥面铺砌12块长条青石，其中9块厚40厘米，宽40厘米，长5米；桥西3块长7米。

合市石拱桥　位于合市镇合市村，建于明万历庚子年（1600）十月。2墩3孔，为长条石及砖石砌结构，全长30米，桥面宽4米，拱券跨度7米，石质呈赭色。桥首立一石柱，呈方形，葫芦顶，刻有建桥时间及首倡者姓名。

林坊桥　位于合市后林坊村，古名石新桥。清康熙辛丑年（1721）重修，为5墩6孔平板石桥，桥身东西走向，全长33米，高7米，宽3.4米。两边设有石栏杆，中心石墩立两旁，分别蹲立着一对石雕犀牛，高1.3米，昂首挺身。桥东有石质桥柱一根，出土高4.2米，方形，顶端雕成葫芦形，石柱上刻有建桥时间。清代学者蔡上翔撰写有《石新桥记》。

岐山桥　位于陈坊积乡岐山村，建于清嘉庆五年（1800）。桥身四孔如虹，飞跨河身，长33米，宽2.5米，每个孔圈跨度8米，用坚硬的青石板和乱石组成。桥头立一石柱，记有建桥时间。

资 溪 县

◎ 古桥名录

接龙桥　位于城北部，明天启元年（1621）始在此修桥，以后屡毁屡造。清嘉庆十七年（1812），建造石拱桥墩7座，每座高2丈，阔2丈，墩上铺木板而行，木板上建有瓦屋。同治七年（1868），在原墩上加券石拱，修成石拱桥，名"接龙桥"。中华人民共和国成立后，改名为"解放桥"。1956年、1984年、2000年先后3次进行整修拓宽。现桥长85.2米，宽15米，为6孔石拱桥。2000年复原名"接龙桥"，为县级文物保护单位。

东 乡 县

◎ 重点介绍

何家渡桥

　　何家渡桥坐落于东乡县瑶圩乡河渡村委会张家自然村，又名"寡妇桥"。横跨村前一条40余米宽的瑶河，桥身为四墩五孔青板麻石拱桥，桥墩以船形为主，高7米，正桥长43.73米，外加引桥24.8米（两引桥分别长12.3米、12.5米），合计68.53米，宽3.8米，孔净跨5米，原为村庄与外界的必经通道，是东乡县境内古老的桥梁之一。

　　此桥所属张家村，位于瑶圩乡南端，距县城36千米。全村40余户200余人。桥四周遍布各种野生树木以及灌木丛，风景秀丽，四季雨量充沛，河面开阔，河水清澈，野生的小鱼儿不时地上下游弋。自然环境基本保持原生态。

　　同治《东乡县志》记名"节妇桥"，系明代当地人林文赞之妻洪氏捐资独建。后塌毁。清代，同乡吴居澳倡众重修。1954年县拨款维修。2010年3月，因桥头部分坍塌，瑶圩乡政府再次修缮。同年，乡政府在离此桥60米远处再建一现代桥梁，人们大都行走于新桥。老桥仍可过行人和人力车，但基本作为古迹被保存参观。

　　据1988年版《东乡县志》记载：明代，这里未建桥之前，来往群众很不方便。离此不远的新田村，有一个妇女洪氏，年轻时丈夫林文赞去世了，留下个遗腹子，守寡度日。

　　这年正月，她打发十来岁的孩子去外公家拜年，小孩走到河边上，渡工不知哪里去了，空渡船停在岸边，因看外公心情急迫，小孩不等渡工回来，就上船自己撑，可是他不会撑舵，还未到河中间，船就翻了，小孩落水溺死了。

　　事后这位寡母哭得死去活来，想投河自杀，但细细一想，自己的小孩死了，是因为没有桥，要是有桥的话，也许不会发生这种不幸的事了。为了后来过往行人不再发生这种不幸的事情，她决心拿出自己的全部家产，在河上造一座桥。于是她就出钱请来石匠，不分昼夜地干了七七四十九天，终于把桥建起来了。后来，她还在桥头建了一栋房子，伴着这石桥，渡过了自己的余生。

从此以后，南来北往的行人非常方便了，人们为了感谢和纪念这位出资建桥的妇女，就把此桥取名为"寡妇桥"。

◎ 古桥名录

七星桥　位于珀玕乡优胜村委会七星桥村。始建于清朝初期，迄今已有300余年。花岗岩构筑，二墩三孔拱桥，长20米，宽4.4米，主体保持原貌，保存较好。

登科桥　位于黎圩镇浯溪村委会浯溪自然村。清代中期所建，长22米，宽2.66米，拱跨4.6米，桥墩宽2米，为四墩三孔式，呈船头形。桥面两侧为0.3米×0.5米×3.3米的石条，桥面中间为0.5米宽的石板。现保存完好。

侯家桥　位于黎圩镇梧坊村委会侯桥自然村，至今已有760多年的历史。据侯桥村《白氏族谱》记载：此桥始建于宋淳祐年间，为侯桥村白氏第一世始祖明三公出资独建，因明三公本姓白入赘侯姓人家，村人将桥定名为侯桥。明嘉靖二十五年（1546）村人捐资重修。民国十一年（1922）再次修整。桥身为二墩三孔，长16米，宽4.4米，高6米。现存较好。

下篇　古渡

南昌市

南 昌 县

◎ 重点介绍

武阳渡

武阳渡位于南昌县县城莲塘东6.5公里的抚河故道。此处古为南昌通往抚州等地要道。当时，由于抚河阻隔，没有渡船，来往行人只能靠渔船渡河，很不方便。唐宪宗元和年间，时任洪州刺史韦丹见此情景，便拨款开设义渡。韦丹，字文明，唐京兆万年（今陕西西安）人，唐元和二年（807）任洪州刺史，后升任江南西道观察使，封武阳侯。后人感其恩德，遂将渡口取名为"武阳渡"。

清道光二十一年（1841）临川黎树培相邀乡绅姜曾、黄嵩源、李惠然等人募捐续建。时两岸有石砌码头，设渡船6艘、渡夫12人和兼管渡口事宜的工作人员等。并建有风雨亭、渡夫宿舍、商店、真君庙。后因清咸丰之乱，店房被毁，加之清末民国期间屡遭战争，洪水为害，渡口失修，名存实亡。此渡为南昌通往抚州的要道，过往人等全靠民船摆渡，收费高昂，时有为难行人之事发生。有民谣："走遍天下路，难过武阳渡"。1961年，南昌县人民政府拨款，建成武阳大桥，渡口同时废除。

◎ 古渡名录

谢埠渡 位于谢埠街（时为南昌县县城，今属青山湖区罗家镇管辖）东抚河故道。民国七年（1918）建渡。曾设谢埠义渡局，有渡船12艘，分下上渡；有田产500余亩，租谷作义渡经费。过渡免费。1949年5月，解放军即由此渡过抚河，解放南昌。1982年，建成谢埠大桥，渡口废除。

三江渡 位于三江镇老街东面抚河支流（今赣抚平原水利工程总干渠）西岸，东岸为黄马乡，正常河面宽400米，水深5米。1979年改为轮渡，有2车渡木质趸船和汽轮各1艘，往返航时15分钟。1984年兴建三江大桥，轮渡停驶，渡口废除。

北旺渡 位于蒋巷镇北旺村赣江南支北岸，南岸为尤口村（今属高新开发区昌东镇）。正常河面宽400米，水深2米。1979年改为轮渡，有4车渡铁质趸船、汽轮各2艘，往返航时20分钟。1990年10月豫章大桥竣工通车后，轮渡停驶，渡口废除。

东 湖 区

◎ 重点介绍

章江晓渡

章江，也就是赣江。章江渡口，位于南昌市八一桥南端桥头东侧，抚河与赣江交汇处，早在晋朝时便存在，是当时沟通南昌至新建县的主要渡口。因在南昌古城墙章江门外而得名。"吴猛划江""船工胡曹赞智杀洋教士""娄妃投江""朱元璋渡江登城"等关于章江渡的传说很多。

晓渡,清晨过渡之谓也。1927年以前,南昌有城墙,有七座城门,其中三座城门(即章江、广润、惠民三门)外,均有渡口,而以章江门外的为最。广润、惠民二门外的渡口为抚河支流汇入赣江处的渡口。"章江晓渡"一景,指的是章江渡口清晨过渡的情景。1928年南昌城墙被拆除,1936年中正大桥建成,章江渡口开始渐渐淡出人们的视野。中华人民共和国成立以后,章江渡口慢慢消失在旧城改造的进程中,现该渡口功能被八一大桥所取代。

据传,章江渡口有一千多年(甚至更早)的历史,由于赣江水面较为开阔,水流较缓,往来安全,距城内的衙署又最近,故当时这里辟为接官送府的码头。官渡民渡,熙来攘往。每当晨曦初露,浩浩江水波光粼粼,帆影参差。沿江一带,名迹甚多,有江南名楼滕王阁,有南浦亭,以前还有章贡读书楼、涵虚阁等。对岸为沙井,远处有绵延起伏的西山。"湛江晓渡""滕阁秋风""南浦飞云""龙沙夕照"诸景相连,又遥对"西山远翠"一景,恰似一幅美不胜收的风景画长卷。

章江晓渡,古时争渡的情景现在不复存在,唯有南昌港的繁忙,上赣州、下鄱阳湖的船只在此停泊。如今,取代舟渡的八一大桥另有一番景象,夏夜桥上华灯齐放,宛如一长串明珠,与城区辉煌的灯火相互辉映,恰似天上银河落人间。炎夏南昌素有"火炉"之称,赣江边则比较凉快,市民们往往到大桥上歇凉,凭栏远眺,江风送爽,别有一番情趣。20世纪60年代初,郭沫若先生来昌观看赣江风光，曾兴致勃勃地赋诗："八一大桥八一路，东风万里赣江边。"一时传为佳话。

进 贤 县

◎ 古渡名录

李家渡　位于抚河下游东岸，唐贞观年间，李渡兴建码头，码头命名为"清远渡"。因李姓民众较多，遂改名为"李家渡"。集市随即诞生，名"清远乡李家渡市"。北宋，临川县府在李家渡开设"清远驿站"，清远驿站设有驿臣1人。南宋，抚河及其支流多次泛滥成灾，李家渡市下移至李渡大桥龙窟村旧址处（位置在今李家渡镇大桥村委会龙窟村至现抚河河面中线之间的滩涂上）。

师过渡　位于进贤县城北。传说春秋吴国大夫伍子胥奔吴经此，后有追兵，渔父以舟渡过，后子胥带吴兵伐楚也经此地，所以取名师过渡。渡口建有子胥庙并祀渔父，现已毁。

梁家渡　位于进贤县泉岭乡抚河东岸，建于唐代，是抚河航道上的一处重要渡口，各乡客商或是赶考的学子都要从这里搭船而过。

九江市

九 江 县

◎ 古渡名录

官场渡　位于江洲镇官场村。所谓官场，即清光绪三十一年（1905）建的渡口，以此地为停靠官船的场地而得名。起点长江大堤官场段，终点湖口县城。所属长江水域。因人们生产生活需要，必然要到仅一江之隔的湖口县城购物或出卖农副产品，渡口于清初就已设立。初为木质船，每日往返各1趟，每趟载客10人左右，遇大风停渡。中华人民共和国成立后，发展为铁质机帆船。每日往返4次，每次可载客50人。2013年，有机动船1艘，吨位（净）31吨，客位144人，是官场、柳洲、九洲、新洲等地人们出行的重要渡口。

江洲渡　位于江洲镇洲头村。江洲是明朝初期沙积出水成洲。初为一遍荒草洲，至清康熙年间，才有人自驾木船到洲上垦荒种地。光绪元年（1875）后，许多湖北、安徽等地农民自由迁入。从此便出现官场、江洲、蔡洲、团洲、九洲等渡口。江洲渡口，起点洲头村，终点乌石矶，所属水域长江。每日两趟，木帆船，载重一般为一吨，最多载客20人。1963年，江洲客渡改为机帆船，往返于江洲洲头至九江城西门口，每日接送两趟。20世纪80年代，由于汽车业发展迅速，在江洲至新港轮渡基础上建汽车轮渡，1984年9月14日通航，有一艘120匹马力的钢质机驳船，一次可渡标准大卡车3辆，每日往返4班次。人渡机驳船1艘，一次可渡人百余，每日往返4班次。2013年，江洲至新港渡口，有汽渡船、人渡船各2艘，汽渡均为12车渡，人渡分别为238和288客位。全年，接送过客40万人次，渡运汽车4.2万辆次。

团洲渡　位于江洲镇团洲村，因积沙刚成洲时很小，仅一小团，故名。与安徽宿松县仅有一江之隔。团洲人大都是从安徽宿松、桐城迁此。渡口应运而生。所属水域为长江。中华人民共和国成立前后均为木质船。1985年有机驳1艘，3匹马力，1.6吨位。2013年，机船吨位（净）13吨，每日往返4趟，每趟可载客30人。

大树下渡　位于永安乡大树村。起点大树下，终点湖北黄梅县小池镇陆家嘴村。所属水域为长江。中华人民共和国成立前后均为木质渡船，每日两趟，遇大风不渡。1978年后改为机驳船，11吨位，人货均渡。

城子镇渡　位于九江县城子镇城镇村。起点城子镇长江堤段，终点湖北黄梅县龙坪镇。所属水域长江。初为木帆船，20世纪70年代后改为机驳船。20吨位，人货混渡。

舒家埠渡　位于城门乡白合村许家畈。地处九里垅尾，紧挨赛湖。起点舒家埠，终点九江龙开河。所属水域赛湖、七里湖。清末即有舒氏在此摆渡为业。一直是木帆船，载重一般在5吨以内。20世纪90年代，九江龙开河填埋成街道。舒家渡自然取消。

潘湖渡　位于城门乡兴联村赛湖南面山嘴上。清朝末年，原有潘氏在此居住，以摆渡为业，故名。起点潘湖渡，终点九瑞公路16千米处，所属水域为赛湖。初为木质船，每趟可渡10人左右。2013年，改机动船，9吨位，每次可载客30人。

毛沟渡　位于新塘乡紫荆村。起点毛家沟，终点乌鱼嘡。所属水域赛湖九瑞河。清初即有渡口。摆渡一直为毛家人祖业。木质船，载重3吨，每次渡客10人。无固定渡时，来客即渡。

西窑河渡　位于新塘乡西河村。起点西窑河，终点汪家埠，所属水域九瑞长河。木质小吨位帆船，靠人力撑渡，风雨天不渡。服务当地百姓两岸农业生产、生活之需。

瑞 昌 市

◎ 古渡名录

南门渡　位于瑞昌市区南缘渡口河北岸。明正德八年（1513）始建县城，因地处城南门外而得名。南门渡历明、清至中华人民共和国成立初，均属瑞昌内河重要码头，路通九江、德安二县。此处地势平缓，河面宽阔，利于船舶装卸、通行。20世纪50年代，因赛湖筑堤围垦，航道狭窄，河床淤塞，渡口遂废。

码头渡　位于码头镇的长江南岸，与湖北省武穴市对岸通航。明永乐三年（1405）码头街封姓始建船埠，以木帆船运输为主。1957年，以封姓船民为主成立瑞昌县第二木帆船运输合作社，将其转为该社船埠，此后一直为公用渡口。现由瑞昌市第二航运公司经营管理，为专用客运江渡码头。码头渡自古至今为瑞昌的重要渡口之一，其运量最大，影响最大，为瑞昌的商贸发展起到重要的作用。

朱湖渡 又名老鼠尾渡，位于码头镇朱湖村北长江南岸。1949年前，以渡客为主，兼运烟叶、苎麻等农副产品。1949年后，水运码头上移，渡口萧条。进入21世纪，随着沿江城市建设发展而砂石材料需求量增加，该渡货运逐渐增多。现为朱湖村专用码头，有趸船8只，吊机8台，主要水运砂石材料至九江、南京、上海等地。

黄沙渡 位于下巢湖。下巢湖为环形小湖泊，面积约3平方千米，东、西、南三面环山，北与长江相通，渡口建在出口200米处。明永乐八年（1410），黄沙村始建船埠，为董姓专用。1957年，以董姓为主成立瑞昌县第一木帆船运输合作社，船埠转为公用渡口。1998年，黄沙村整体移民搬迁至镇区，渡口废止。

泥湾渡 位于码头镇东泥湾（原称泥湾街）北面江岸。明代泥湾是贸易集散地，商号云集,始建渡口。清代渡口一直繁忙，至民国末年萧条。1949年以后，水运码头上移，至1963年渡口销废。

武 宁 县

◎ 重点介绍

南门渡

南门渡后称东门渡，跨修河，因位于武宁县老城南门故名南门渡（亦称县前渡）。自古为通往靖安等地的驿道，时设官渡、民渡，时置浮桥，或渡、桥并用。南宋嘉定十年（1217）学士程珌著《武宁浮桥记》载："旧有浮梁，人迹所集，千车万夫，日憧憧不止，废不治者，今七年。"知县赵尹修浮桥"凡为梁舟五十二个，藉板八十四丈，冶铁缆二千尺有奇。"毁于元末明初。明嘉靖四十一年（1562）《武宁县志》载："县前渡夫二名，每名银一两五钱。"明万历初，县民张溥捐钱造义渡4艘。万历十二年（1584）县民张溥兄弟费工料钱千贯，兴石柱，两岸砌石成堤，造船64艘，绵亘木板，左右系铁链，环开钮合。万历三十六年（1608），知县周道昌建渡船6艘，浮桥遂废。清道光二十八年（1848），上南乡葛母向氏妯娌置义船二艘，并各捐田租二十五石作为渡工工资及将来维修费用。咸丰四年（1854）邑绅陈澄心、陈新溪等劝捐置船34艘计37丈，上用桥栅，并置田产以田租为后续经费。民国时期，设浮桥局，有浮桥18架，渡船7艘，船工10人，经费从田租中开支。抗日战争时被日军炸毁，民国三十五年（1946）重建，沿用"枯水过桥，洪水过渡"。中华人民共和国成立后，由交通局浮桥组管理。1959年10月，修葺一新。1966年，武宁至罗溪公路建成，在老县城南门增设汽车渡口，配车趸船一艘和渡工8名；1970年县城搬迁时，改为机动轮渡，同年冬架木制简易公路桥。1972年柘林水库蓄水后，浮桥废，保留人渡。1973年10月，柯龙公路通车后，渡口移至东门，汽车与人合渡。1978年起，渡口由县交通局移交公路部门管理，设渡口管理所，人员增至38名，拖轮增至4艘，每艘120匹马力，驳船由6车、8车改为12车全液压操纵跳板。昼夜最大交通量1070车次，为江西五大渡口之一，排名第二。2001年5月30日武宁大桥建成通车，渡口功能被武宁大桥取代。

德 安 县

◎ 重点介绍

驿头渡

驿头渡在德安县境内的博阳河两岸。该渡口两岸宽近150米，枯水期水面宽约50米。据资料记载：该渡口位于县东北一里处（即现在的县城北门口，故也称北门渡），是本县河东各地往来县城所必经之处，甚至远达星子、湖口、都昌以及鄱阳等县的周边客人前往省城时，都必须经过此渡口。有位乡下人，为了方便过往客人，也为了自身生计，开始在此渡口摆渡。摆渡人为了生活，沿着渡口不远处的城门旁放一些托钵，让过往客人用上半年收获的麦子和下半年收获的稻谷作过渡费，摆渡人每年可获取十余石，不足部分只好自己另外打工赚钱，用以贴补家用，因此无法专门在渡口守候过往客人。此时需要过渡的人，只好站在泥沙之中等候，有时要等候很长时间，白天条件并不算恶劣，可是到了晚上，四周一团漆黑，水浪翻滚之声刺耳，寒冷之气刺骨；有时遇到乌云密布、刮风下雪的天气，咫尺之间，博阳河两岸似乎成了长江天堑，恐惧感油然而生；有时遇到生死疾病需要过渡到县城就医时，就是等候一天，也等不来摆渡的人；有时即使遇到竹筏在堤畔边，而摆渡人又不在竹筏旁，为了尽快渡到对岸，只得自己来撑竹筏，由于不懂得撑竿的方法，有人溺死河中。在多次发生这样的惨剧后，本县人燕笙召集大家一起商议，筹措资金，打造渡船，购置田地，雇人耕种，田地所得的租谷和收入，用来供给摆渡的人补贴家用，让摆渡人能够专门在渡口守候过往客人。渡客一般不交过渡费，只是遇红白喜事过渡时，必须要按风俗交礼包。从此以后，再也没有发生过让渡客长时间等候，甚至船毁人亡的悲剧。

这个渡口一直沿用至中华人民共和国成立后。1959年，江西省交通厅在此渡口修建了德安大桥，也称北门大桥，这个渡口就自行消亡了。1959年10月8日，《江西日报》对此桥进行过详细报道，可见此桥影响之大，同时也说明在此处修建大桥取代渡口，彰显出此渡口在德安历史上的作用是多么巨大。

在距这个渡口500米处，曾经发生过一场激烈的抗日阻击战。1938年9月底10月初，在德安境内的万家岭，发生了一场震惊中外的万家岭战役，也称万家岭大捷。在这次战役期间，日军101师团在博阳河东岸准备渡河增援正在万家岭作的日军106师团。为了阻击这支增援的日军部队，中国抗日军队在博阳河西岸进行了英勇的阻击战斗。在激烈的战斗中，日军101师团长伊东正喜被我军的卜福斯山炮击成重伤，致渡河日军指挥失灵，增援失效，从而为万家岭战役的最后胜利奠定了重要基础。时任八路军总参谋长叶剑英在《新华日报》撰文誉之为"南浔以西的伟大胜利"，时任新四军军长叶挺对万家岭大捷也给予了高度评价："挽洪都于垂危，作江汉之保障，并平型关、台儿庄鼎足而三。"这次战役歼灭日寇106师团和101师团6个连队及参战配属部队共计1.7万余人。这次大捷不仅引起日本朝野的震惊和国内外舆论的注意，而且为我国抗日持久战的早日到来作出了重要贡献。

现在这个古渡口虽然早已失去了它昔日的风采，但是经过改革开放几十年的发展，渡口周边的环境发生了巨大变化。在这个渡口旧址处不仅建起了新老两座紧密相连的大桥，而且在河两岸建起了几十里长的景观带，建起了高耸林立的大厦，建起了占地近百亩的万家岭大捷纪念园。昔日的古渡口，今日异彩纷呈，生机盎然。

永 修 县

◎ 重点介绍

张公渡

张公渡位于永修县虬津镇西南6.5千米处的修河北岸。明成化年间，张氏在此河边摆渡，故名。南全（南昌至武宁县全家源）公路未通车以前，此处系修河南北两岸来往，以及武宁、修水、瑞昌、德安、永修县西北山区通往省城必经之渡口。1932年开始兴建汴粤干线公路，渡口日益繁忙。1938年，由于军事上的需要，国民政府曾在张公渡渡口公路干线的修河上建造浮桥，日本侵略军占领永修前被毁。1947年4月，江西省公路处在此建造木横桁梁桥。1948年4月，木排被冲毁。1951—1953年，南全线有少许车辆用木筏船人力渡运通行。1954年5月1日，永（修）武（宁）德（安）公路修复通车。改人力渡为小火轮渡驳。1958年底，在渡口下游1.5千米处建起一座桥，渡口功能被取代。

湖 口 县

◎ 古渡名录

黄茅堤渡口　位于流泗镇永和洲，渡口对岸为流泗集镇，距湖口县城东偏北20千米。黄茅堤临长江一侧有石砌堤壁，全长1.1千米。1925年，由凰村秦鉴吴为首集资筑小堤，次年被洪水冲垮。1931年，群众集资再度修建，时称新坝。1954年又被洪水冲决，当年人民政府拨专款重建，逐年相继加固。黄茅堤至流泗镇渡口宽3千米，历年来为黄茅堤水系内周边群众往来流泗镇的水上要道。

郭家渡口 位于长江南岸凰村乡西山郭自然村。渡口对岸为安徽宿松三洲河口，渡口两岸宽3000余米，自古以来为两岸百姓往来的重要水上通道。20世纪70年代，湖口轮渡建成，人们绕道县城乘轮渡，由此渡江的群众渐少。1998年，县内渡船停渡，现在摆渡的为安徽三洲河口的渡船。

都 昌 县

◎ 古渡名录

南山渡 位于都昌老县城南门外（今污水处理厂），因渡船是通向湖对面的南山故叫南山渡。1959年在小南门处开始修筑到南山的东湖大坝，1960年大坝完工，渡口的交通功能被东湖大坝取代。

土目渡 位于苏山乡土目村，古时通星子、德化（今九江）、马鞍岛。中华人民共和国成立后随着公路交通的发展，通往星子、德化的交通功能由公路代替，通往马鞍岛的渡船随着2011年马鞍大桥的建成通车，最后退出历史舞台。

景德镇市

昌　江　区

◎ 古渡名录

十八渡　位于昌江河西岸，由渡船连接景德镇戴家弄至十八渡之间。据道光版《浮梁县志》载，此渡原名市埠渡，始建于元朝。明清之际，昌江两岸窑厂增多，制瓷原料和陶瓷产品大部分经此渡转运，渡送船只有18艘之多，故名。

吕蒙渡　位于景江区鲇鱼山吕蒙村，旧时为轮渡。据传三国时名将吕蒙曾在此屯兵，故名。1959年建有一座由20艘木船组成的浮桥，浮桥与渡船并用。1974年距离渡口500米处的吕蒙大桥建成通车后，吕蒙渡渐废。

鱼山渡　位于昌江区鲇鱼山镇鱼山村昌江河段，明朝始设渡，舟船往来，上达景德镇，下通鄱阳。1991年西安电影制片厂、台湾太子影业公司在此摄制电影《烧郎红》，建牌坊一座，书"景德镇"名于其上。1985年于渡口上游500米处建成昌江渠化工程——鲇鱼山枢纽工程，并建有公路桥一座，鱼山渡渐废。

三闾庙码头　位于昌江区竟成镇三闾庙村东侧三闾庙正街——清代街道的东端，临昌江西岸，东岸是里市渡码头。码头由长条花岗岩砌成人车双道，人行道为台阶，车行道为坡道。根据相关资料和条石磨损程度推测，约建于明代早中期，以后不断修缮。据《浮梁县志》载，清代康熙间有四艘主船往返于里市渡与三闾庙间。20世纪30年代最繁忙时有十三艘义船往返。直到中华人民共和国成立后，由于公路交通已达九江、鄱阳、

都昌等地，三闾庙的石码头才从繁华喧闹中退出。

观音阁渡　又名旸府渡，位于三闾庙北偏东2公里的昌江河上，清朝设渡。是观音阁至旸府滩（村）的人力渡。1985年以前有人力渡船1人，1985年改为轮渡，有机动渡船1艘，每次可载40人，现由西郊垦殖场旸府滩分场管理。

官庄渡　位于许家岭东南1公里的昌江河上，明初设渡。1979年有渡船1只，由吕蒙乡官庄村委会管理。

渡峰坑渡　别名南山下渡，位于十八渡东偏南2.5公里的南河上，清末设渡。现有渡船1只，由西郊垦殖场十八渡分场管理。

兰田渡　位于鱼山乡北偏西4.5公里的昌江河上，南宋设渡，是金桥、姚家岭至兰田、后冈的人力渡。1979年有渡船1只，由鱼山乡凰冈村委会管理。

吴家渡　位于鱼山乡西偏南2.5公里的昌江河上，南宋设渡，是吴家至鱼山乡的人力渡。1979年有渡船1只，由鱼山乡良港村委会管理。

张家渡　原称良港渡，位于鱼山乡西偏南2.5公里的昌江河上，明代设渡，是良港至义城、鱼山乡的人力渡。1979年有渡船1只，由鱼山乡良港村委会管理。

沙咀头渡　位于鱼山乡西偏南4公里的昌江河上，元朝设渡，是沙咀头至篾匠棚、钟潭等村的人力渡。1979年有渡船1只，由鱼山乡良港村委会管理。

港南渡　有上、下2个渡口，位于鱼山乡西偏北5.5公里的昌江河上，明朝设渡，是石口至港南的人力渡。村上、村下各有渡船1只，1979年由鱼山乡港南村委会管理。

洪家渡　位于鱼山乡以西7公里的昌江河上，明朝设渡，是洪家至丽阳镇的人力渡。1979年有渡船1只，由鱼山乡洪家村委会管理。

关山渡　位于鱼山乡西偏南7.5公里的昌江河上，明朝设渡。村上、村下各有1个渡口，是柴埠至关山的人力渡，1979年有渡船2只，由鱼山乡关山村委会管理。

珠　山　区

◎ 古渡名录

里市渡　旧名李施渡（分里市一、二渡），位于景德镇市区里村西北4.5公里昌江河上。宋朝，李氏寡妇施资兴建，故名李施渡。古时有渡船1只，是由市内去鄱阳、都昌、浮梁西乡和对岸三闾庙的来往渡口。中华人民共和国成立后，渡船增至2只，每次可载77人，此渡由竟成乡三河村委会管理。

青塘渡　又名宝石渡，位于青塘村北偏西0.5公里的昌江河上，明末设渡，是包家至宝石的人力渡。1979年有渡船1只，由竟成乡青塘村委会管理。

浮　梁　县

◎　古渡名录

樊家埠渡　位于石鼓附近昌江河上，有渡船1只。

福港渡　位于广明堂西0.5公里昌江河上，唐末设渡。1979年有渡船1只，由福港乡政府管理。

墩口渡　位于童家坂东北7公里东河上，清初设渡。是许家、东村至墩口的人力渡。1979年有渡船1只，由王港乡墩口村村委会管理。

坑口渡　位于童家坂东北1.5公里的东河上，明代中期设渡。是坑东村至坑西村的人力渡。1979年有渡船1只，由王港乡坑口村村委会管理。

大港渡　位于经公桥北偏东1.5公里杨村河上，唐末设渡。是老屋里至大港的人力渡。1979年有渡船1只，由经公桥村委会管理。

杭口渡　位于经公桥北1.5公里杨村河上，唐初设渡。是青山源、老屋里等村至杭口、经公桥的人力渡。1979年有渡船1只，由经公桥村委会管理。

良溪渡　位于鹅湖以北3公里东河上。原有渡船1只，1973年鹅湖公路桥建成后，渡运停止，但渡口仍存。

楠木田渡　分上、下两个渡口，位于杨家坂西偏南2.5公里杨村河上，唐末设渡。是楠

木田至勒村坞的人力渡。1979年有渡船1只，由勒攻乡查村村委会管理。

勒功街渡 分上、下两个渡口，位于杨村河上。1979年有渡船2只，由勒功乡勒功村委会管理。

新桥滩渡 位于杨村河上，1979年有渡船1只。

石溪渡 位于杨村河上，1979年有渡船2只，分上、下两个渡口。

樟树坑渡 位于东江桥西北6公里昌江河上，是程家坞、王家下等村至樟树坑的人力渡，明初设渡。1979年有渡船1只，由新平乡政府管理。

东门渡 位于东江桥以北2公里的昌江河上，是东江桥至旧城的人力渡。1979年有渡船1只，由新平乡政府管理。

港东渡 又名浩峰渡，位于江村以北3公里的林村河上。清末设渡，是港东、曹家等村至浩峰的人力渡。1979年有渡船1只，由江村乡浩峰村委会管理。

中州渡 位于江村南偏东3.5公里的林村河上，宋初设渡。是六里亭（村）、杨家庄至中州的人力渡。现有渡船1只，1979年由江村乡中州村委会管理。

沽潭渡 位于江村南偏西6公里的杨村河上，明末设渡，是下村至中潭的人力渡，1979年有渡船1只，由江村乡沽潭村委会管理。

招滨渡 又名郑坑渡，位于兴田西北11公里的大北港河上，唐朝设渡。1979年有渡船1只，由黄金山茶场管理。1985年改由市交管站管理。

镇埠渡 位于兴田北偏西3公里的昌江河上，唐朝设渡。1979年有渡船1只，由兴田乡天晓山茶场管理。

传方里渡 位于兴田北偏西4公里的北河上，唐朝设渡。1979年有渡船1只，由兴田乡天晓山茶场管理。

城门渡 位于兴田北偏西6公里的北河上，唐朝设渡，是外式溪、金村段等村至城门的人力渡。1979年有渡船1只，由兴田乡城门村委会管理。

潭下渡 位于兴田北偏西6.5公里的北河上，唐末设渡，是童家埠至潭下的人力渡。1979年有渡船1只，由兴田乡方家坞村委会管理。

港口渡 位于兴田西北9.5公里的北河上，宋朝设渡，是港口至招滨的人力渡。1979年有渡船1只，由兴田乡方家坞村委会管理。

潭口渡 位于兴田西北12公里的大北港上，是冰潭至潭口的人力渡，1979年有渡船1只，由兴田乡潭口村委会管理。

营里渡 位于兴田西北13公里的大北港上，唐朝设渡，是营里至潭口的人力渡。1979年有渡船1只，由兴田乡潭口村委会管理。

龙潭渡 位于峙滩北偏东10公里的杨村河上，唐朝设渡，是洪家至龙潭的人力渡。1979年有渡船1只，由峙滩乡龙潭村委会管理。

红旗渡 又名洪家渡，位于峙滩北偏东9公里的杨村河上，宋朝设渡，是洪家至樟坑的人力渡。1979年有渡船1只，由龙潭村委会管理。

法京渡　位于峙滩北偏东7公里的杨村河上，唐朝设渡，是新江、朱家至法京的人力渡。1979年有渡船1只，由流口村委会管理。

流口渡　位于流口村（即现在光辉生产队）的杨村河上，是车皮至流口的人力渡。1979年有渡船1只，由流口村委会管理。

曲溪渡　位于峙滩东北6.5公里的杨村河上，唐朝设渡，是曲滩至清溪的人力渡。1979年有渡船1只，由峙滩乡清溪村委会管理。

英溪渡　又名胡家渡，位于峙滩东偏北4公里的北河上，是胡家至英溪的人力渡。1979年有渡船1只，由峙滩乡英溪村委会管理。

杨村渡　位于峙滩东北3.5公里的杨村河上，唐朝设渡，是杨村至江峰的人力渡。1979年有渡船1只，由峙滩乡峙滩村委会管理。

上明溪渡　位于峙滩南偏西4公里的北河上，宋末设渡，是东源、下屋村至明溪的人力渡。1979年有渡船1只，由明溪村委会管理。

西里渡　位于峙滩南偏西4.5公里的北河上，清末设渡，是西里至明溪的人力渡。1979年有渡船1只，由长征村委会管理。

毛武渡　位于峙滩南偏西5.5公里的北河上，元末设渡，是毛武至小沂港的人力渡。1979年有渡船1只，由长征村委会管理。

上屋渡　又名小儿港渡，位于梅湖附近1.5公里的北河上，1979年有渡船1只，由峙滩乡小儿港村委会管理。

舍埠渡　又名陈家棚渡，位于广明堂北偏东6.5公里的北河上，清朝设渡，是陈家棚至舍埠、中门的人力渡。1979年有渡船1只，由福港乡舍埠村委会管理。

鲍家坞渡　位于广明堂北偏东5公里的北河上，明初设渡，是绕岭村至鲍家坞的人力渡。1979年有渡船1只，由福港乡舍埠村委会管理。

金家窟渡　又名胜湖渡，位于广明堂以北3公里的北河上。唐末设渡，1979年有渡船1只，由福港乡胜湖村委会管理。

百湖滩渡　位于广明堂东北1公里的北河上。唐末设渡，是百湖滩（村）至语溪的人力渡。1979年有渡船1只，由语溪村委会管理。

建溪渡　位于广明堂西北1公里的北河上。唐末设渡。1979年有渡船1只，由福港乡建溪村委会管理。

涧滩渡　位于广明堂南偏西2公里的北河上。清末设渡。1979年有渡船1只，由福港乡茶场管理。

石鼓渡　位于广明堂东南3公里的北河上，是石鼓至莲花村的人力渡。1979年有渡船1只，由福港乡石鼓村委会管理。

南门渡　位于旧城西南3公里的昌江河上，1958年设渡，因渡口靠近原浮梁县城的南门而得名。是旧城至东江桥的人力渡。1979年有渡船1只，由新平乡政府管理。

大石口渡　位于旧城西南3公里的昌江河上，清代中期设渡。因渡口靠近大石口而得名。1979年有渡船1只，由新平乡政府管理。

郭家洲渡　位于旧城南偏西5公里的昌江河上，清代设渡。是郭家洲、大石口等村至青塘的人力渡，1979年有渡船1只，由新平乡政府管理。

刘家渡　亦称桂坑渡，位于青塘村北刘家村口的昌江河上，明代设渡，是刘家至桂坑的人力渡。1979年有渡船1只，由竟成乡青塘村委会管理。

榔树渡　位于乔麦岭东偏南4公里的南河上，清初设渡，是榔树至门楼下、江家坞等村的人力渡。1979年有渡船1只，由湘湖乡双凤村委会管理。

港口渡　位于港口村附近的东河上，1979年有渡船1只，由王港乡港口村委会管理。因此渡口附近有石板桥1座，洪水渡运，枯水停渡，绕道过桥，为季节性渡口。

萍乡市

安　源　区

◎ 重点介绍

长潭渡

　　长潭渡位于萍乡南五里，崇贤里（今安源区长潭）。始建于明泰昌元年（1620），乾隆三十六年（1771）监生宋希贤置船一。清乾隆四十六年（1781）左仕廷等捐田租十二石。道光年间谢树升等续修。清代末年，萍乡安源已经成为江南有名的产煤区，煤炭远销湖南长沙、衡阳等地。当时没有汽车、火车，煤炭外运，靠的全是船只。长潭渡口一带，煤商

在此设有多个煤站，苦力们用骡马、手推车或人力肩挑，从安源将煤炭送往煤站，再在此集中装载上船运往长沙、衡阳等地，再将长沙、衡阳等地的物产运回萍乡，跑一趟船来回得一个多月。渡口一带、萍水河中，一时船只往来穿梭，船号声声，人来车往，人声鼎沸，好不热闹。1905年，株萍铁路建成后，安源煤炭大量经铁路外运，但船运并未就此停歇，几十年里，船只依然来往穿梭，如昔时兴旺。大船运煤运货，小木船则往返渡口两岸渡人。

中华人民共和国成立后，这里不再有船只往来运送货物了，但渡船还一直在用，2006年5月停止了摆渡。从此，长潭古渡再也见不到渡船来往了。

◎ 古渡名录

新河渡 萍乡南崇贤里，距城十里，一名蓝田渡，原址为南山院（现安源区五陂镇大田村）。清乾隆二十五年（1760）县人陶锡林等置船一只。同治年间胡天赞裔公置船一只。岁贡胡锡侯捐桐潭湾垅中田三百把，计二十四石，备岁修给舟子工食。

芦 溪 县

◎ 古渡名录

林家坊渡 在县东康乐里，距萍乡六十里（今芦溪镇林家坊村）。清康熙十一年（1672）县人林邦顺置船一只。乾隆三十五年（1770）职员林立基置船一只于东岸。

何家圳渡 在萍乡东廷训里，距城七十里（今芦溪县银河镇河下村）。清雍正三年（1724）增贡何之靖等置船一只，后里人公修。

北渚江渡 在萍乡东廷训里，距城六十五里（今芦溪县银河镇敖家村）。清康熙年间县人易三礼置船一只，后县人公修。

永中渡 在萍乡东廷训里，距城六十里（今芦溪县宣风镇中村）。清嘉庆十四年（1809）生员敖楹等劝捐增修船一只，新溪寺僧德首捐田110把（约25把为1亩），雇人专守。

永济渡 在萍乡东廷训里，距城七十里（今芦溪县宣风镇虹桥村）。清康熙年间县人钟观生等置船一只，乾隆二年（1737）孙殿先等修理，乾隆三十五年（1770）钟文彩等再修。

塘湾渡 在萍乡东宣风里，距城八十里（今芦溪县银河镇垅田村）。清乾隆十二年（1747）监生刘飞鹏置船一只，乾隆三十六年（1771）被水毁，监生刘世诚等置修。

湘 东 区

◎ 古渡名录

桐田渡 位于萍乡西永平里，距城十五里（今湘东区麻山镇桐田村）。清乾隆八年（1743）县人吴赞煌等置船一只。乾隆三十五年（1770）周庆霞等维修，后属里人公置。宣统二年（1910）复设接渡，作为修船接济之用。

湘东渡 在萍乡怀信里。清乾隆年间里人置船二只，俱毁。乾隆四十一年（1776）县人丁元龙等置船一只。乾隆四十六年（1781）廖文藻等修船一只。嘉庆八年（1803）里中十六人捐置船一只，改名心传渡。嘉庆十年（1805）里中三十人增置船一只，改名济美渡。

姚江义渡 在萍乡北长平里，距城八十里。清乾隆七年（1742）县人彭龄及萍礼居人置船一只。乾隆三十九年（1774）易建春等复修，并筹资置田。嘉庆八年（1803）萍乡、醴陵二县居人建桥。

莲 花 县

◎ 古渡名录

汤家渡 位于离莲花城3千米的梅州河下。明嘉靖年间，汤子扬造船赈渡，以济行人，子孙世守数百年，众称汤家渡。清乾隆二十一年（1756）至咸丰末年（1861）郭姓曾修建桥梁。同治元年（1862）桥被洪水毁尽，再改为渡。民国初，郭姓修石桥代之。

升坊渡 位于莲花升坊漕仓前。清同治年间有各都65人捐资造船，同时置田76石，用于赈渡。民国初年，曾建浮桥和木桥，均为洪水所坏，于是重新置渡船。1967年3月升坊大桥建成通车，替代了古渡。

新余市

分宜县

◎ 重点介绍

昌山渡

　　昌山渡在分宜老县城以西20里处，古时水陆津要之地，为楚、蜀、滇、黔府之孔道。上有昌峡，山峭水激，滩石峥嵘，舟行者一不小心则撞石破船。峡下则为昌山渡口，渡船往往在江水上涨时，看不见滩石而遭覆翻，屡屡祸及生民，多有溺水遇难事故记载。唐时，宜春令卢萼，曾以龙母神话故事，立阅（悦）城君庙祭祀，以镇水怪，宋时改为孝通庙，远近村民俗称昌山庙，常年有人前来祈祷，盼龙孝母，降福御灾，数届《分宜县志》有记。因此，昌山渡口来往人流甚密。

　　相传，宋、元时期，此地也曾建造浮桥，皆因洪水冲毁而止。后来，县制造渡船一艘，每年设渡夫2人以济。因江水湍急，渡船常被损坏，只好再造新船，或修理维持。明推官徐桂署县时，增置了一条船。清乾隆五十一年（1786）十月，遭遇了一次船覆百余人溺水的事故，远近惊骇。于是，乡人士绅及积极倡议者10多人商议，决定倡捐募资，建造浮桥，首先自己带头捐款，再由张申禄、赵若昂、袁定彬、欧阳欢、袁范金、袁际肇、张友梁、李日发、卢飞熊分头到各乡动员捐资；袁涵元、邹方汉、张申禧、吕振耀、朱定春、吴必逢、邓应魁、刘大文、张友梓、郭人骅负责经办建桥事项。经宣传动员，果然四方响应，众人支持。于乾隆五十二年（1787）秋动工，仅4个月告竣，36条小船联成一座浮桥，面摊木板，边设栅栏，夹铁链，下铁锚，额石坊、甃石为堤岸，既气派又平坦，皆大欢喜。可是，次年忽遭一场大水，船只漂没殆尽。倡建浮桥经办人等，各出重资，又募捐筹钱，重行修造。并以所余资金、材料等项及买田收租谷作为修缮维持费用。

乾隆五十四年（1789）三月十二日，两江总督书麟题名，额曰"袁江锁钥"，并允众所请，为昌峡桥命名，手书"春晖桥"题其柱。"春晖"为正值阳春三月，春日之晖，昭明有融，阳和所敷，也示吉利之意。随即，春晖桥定为三班管理。每年春分时选择忠厚诚实之人立契，以防亏短之弊，并杜绝一切派输馈遗。如遇暴雨洪水冲坏船只，需及时补造修理，在历后二十余年，置有田租800余亩。春晖桥建成之后，维持时间较长，另又制造了一条船，以候涨水备用。后浮桥废，又改用船渡。至今，仍有一艘机动船为来往行人渡河，多为去昌山庙（悦城君庙）游览或进香祈福者。

◎ 古渡名录

高家渡 位于分宜镇芦塘村高家附近的袁河边，为高家和宜春彬江两岸的要津。建于民国之前，在民国版《分宜县志》中即有记载。渡口宽140米，水深1.66米，有路亭1间。原有木质渡船1艘，1987年更新为铁质机动渡船，1993年因年久锈蚀，又改为木质渡船，1999年12月更新为铁质机动渡船。

渝 水 区

◎ 古渡名录

严家渡 位于新余市高新区水西镇严家渡村南面、袁水河北岸，渡口南岸为珠珊镇沙埂村，属人渡类别。据《阮氏族谱》载：传至十九世永叔，于宋隆兴年间，由本邑田南徙此，以严姓始居袁河渡口得名，据村名与渡名推测，最晚在南宋隆兴年间以前，严姓在这里就设渡口，以人船摆渡于袁水两岸，至今已有800余年。严家渡村地理位置比较优越，袁河流经此地，上下游有两个大弯道，呈"W"形，严家渡正好处在河套直平流域其间，这里河宽水深，水流较缓，宜于船渡。如今在渡口上下兴建有袁河大桥数座，严家渡于2010年停渡。

洋津渡 位于袁河南岸，新余市城西南2.5公里处。因地处新余市渝水区珠珊镇洋津村而得名。该渡口为新余至吉安的要津，始建时间不详。清同治年间罗文忠、罗洪俊、宋子繁同造渡船，合约捐田为资，并建避雨盂兰亭于袁河北岸之上。1986年，渡船装上12匹马力挂机，改为木质机动船。2006年，洋津渡口撤销，停止使用。

鹰潭市

贵 溪 市

◎ 重点介绍

贵溪渡

民国二十三年（1934），贵溪至塘湾公路在县城大南门设渡，人工摆运机动车过信江，同时方便人们南来北往。因境内长期少车通行，此渡基本没有使用，处于停用状态，致1958年渐恢复。1959年改人力为96匹马力汽油木质拖头作汽车渡运。1967年该渡口由大南门迁至上坊渡（今贵溪信江大桥东侧），修建了正式的汽车码头、渡口和桥头公路，增配2艘拖头和2艘可载运4辆汽车的木质渡船，日夜摆渡。来回时间平常为15分钟，洪水期为30分钟。日最大渡运能力为昼夜120辆次。1978年，随着贵溪冶炼厂、贵溪发电厂等重点工程相继在县城东郊兴建，贵溪信江大桥动工建造，摆渡东迁至县委党校门口。1980年信江大桥通车，贵溪渡已撤销。

◎ 古渡名录

潭湾渡 位于贵溪城西信江摆渡，古为通省要道。清康熙十年（1671）典史冯时隆捐俸造亭，乾隆四十八年（1783）义渡船多至10只。1982年筹资12000元建南岸码头，配有机动船1艘。今此渡废。

金沙渡　　位于贵溪城西20千米处（水路），今滨江镇境内，古为通省要道。民国二十九年（1940）组设义渡会，由当地士绅和殷实户组成，有渡船2只，载重5000斤，渡夫2人。今此渡废。

赣州市

章 贡 区

◎ 古渡名录

杨梅渡口 位于赣州市中心城区西南2千米的原湖边乡杨梅坑东面章江上，古渡口以通杨梅坑得名，当时有木质机动船1只，属原赣州森林铁路管理处专用渡口。

赣 县

◎ 重点介绍

王母渡

王母渡位于赣县王母渡圩、桃江边。清顺治年间，由黄姓百姓倡捐，置田作渡资。雍正年间，其族孙黄六宣等募资建亭，构建房舍供渡工休息。当时有渡船6艘，其中谢后川捐船1艘，由谢祥林经管；又刘、谢、彭3姓捐船一艘，捐谷12石，由彭五云经管；还有10户村民共捐船1艘，置租谷24石8斗，由首事李志铣等轮流经管；上坑村刘姓捐船1艘，并捐费用，由刘姓轮流经管；彭姓捐船1艘，由彭公会拨出良田1亩，让船工自耕以作为酬资，由彭可作等经管；刘福全捐船1艘，捐钱40串，作渡工酬资用，由首事刘时贵经管。该渡口至20世纪末修建王母渡大桥后，停渡。

相传，几百年前的王母渡圩，还是一片苍茫的樟树林，一条小路穿过树林，延伸到河边。河边有个渡口，摆渡用的是只竹筏，无人过渡时，即停靠岸边。渡口旁有一座佛楼，一年四季，香火不断。佛楼脚下，搭了个草棚，一个孤独的老婆婆住在里面，照看佛楼和渡口，还兼卖茶水。据说，老婆婆泡茶的水，不是桃江河水，而是从树林尽头三塘坑脚下的石缝里渗出来的山泉水。她泡茶的茶叶，也是从离渡口十里远的山坡上采来的"龙脑清茶"。过路人都喜欢喝老婆婆的茶，说："喝了老婆婆的清茶，满口生香，甘彻心脾。"为了给客人防饥，老人还炸米果、豆粑卖。她炸的米果大而甜，咬一口满嘴流油；她煎的豆粑，又香又脆，老少爱吃。

老婆婆姓王，人们都尊称她为王母。王母为人贤德，生活节俭，她把自己省下来的钱，请来石匠和木匠，在渡口修起了一座码头，造了四只木船，每条船还雇了1名船工，给行人过渡。

王母渡有了渡船，人们特地编了一首歌：叮当郎叮当，今日不得闲，明日要赴圩，后日要进城。

这首歌唱出了人们心中的喜悦，过往行人、商贾也被王母为公益事业的忘我精神所感动，许多人捐田、捐粮、捐钱，以作为船工的工钱。从那时起，过渡的人不但不用花船渡钱，而且不论什么时候需要过渡都十分方便。因此，民间流传一句话："走了几千里路，不如王母好过渡！"

过渡方便，来往的人多了，加上有了码头，有人就在这樟树坪上搭起了草棚、板房，做起生意来了。邻近的南康、信丰人，甚至广东人看到这里有利可图，也携家带小，在此定居，兴办商业。渡口逐渐兴旺，慢慢就形成了圩镇。

开圩不久，王母却无声无息地离开了人世。圩上人为了纪念这位善良的老人，便把圩名定为"王母渡"。同时成立了"王母义渡会"，将各地捐田、捐粮、捐钱的人的姓名、数目载入会谱。会谱上还记录了王母渡的来历以及一些文人墨客为王母渡而作的诗。如："王母渡头景色幽，隔山遥看万山秋。渔翁醉卧夕阳下，一叶扁舟任水流。两岸山光接水光，亭亭樟树色苍茫。市场热闹民纯朴，物产丰饶甲贡章。"

圩上人还在码头旁、佛楼脚下分别立了石碑，上刻"王母渡"3个字。

◎ 古渡名录

白涧滩渡 位于储潭镇白涧村，赣江边。清乾隆二十年（1755），郭士周、郭士远、邱思范捐船1艘，渡工租谷三十石，由陈有炯经管。宋家坑的宋明远，清康熙年间捐船1艘，渡工租谷三十石，由黄其松经管。众姓捐船1艘。同治十一年（1872），知县崔国榜倡议大众捐赠租五石零七升，由许时佐经管。大湖江中村百姓捐船1艘，每年收租谷二十二石，由范景魁经管。嗣因佃户瞒田欠租控案，县政府发文拘留瞒田佃户，追出原田，并令补缴旧租钱十千文，发给经管人领造新船。以上共5艘船，每年每船给渡工租谷十二石，水大时停舟不渡。县政府下令每船加谷三石，为水大时加添渡工之费。又因各船年久失修，县政府委托大湖司巡检王锡极劝募，一律造更宽大新船，由巡道文翼筹造渡亭。至今仍有渡船渡人。

水口潭渡　位于储潭镇白涧村。清乾隆年间（具体年代不详）修建。由百姓捐船1艘，捐租十九石，由道事陈祖波经管。谢茂柱捐船1艘，同时捐助渡工工资。现仍有渡船渡人。

大埠墟渡　位于大埠乡圩边。清乾隆年间兴建（具体年代不详）。有渡船3艘。其中，长生灯会捐船1艘，置田收利谷五石，并捐费以济，不敷，由叶文佞等经管；当地百姓捐船1艘，渡工工资等费用由众百姓分摊，由李大化经管；还有聂、韩、黎三姓民众共同捐船1艘，每年收利谷三石七斗五升，并捐费以济，不敷，由聂明湖、韩传诗、黎圣瑚等经管。2005年，大埠将军大桥建成后停渡。

锡洲人渡　位于沙地镇岗上村，赣江北岸，与坑前村隔江相望。以私人的捕鱼小船为引渡工具。建于宋咸熙丙戌年（882）。

攸镇人渡　位于沙地镇攸镇圩旁，赣江北岸。系攸镇通往大湖江的水路要道。建于宋乾德乙丑年（965）。原有2艘木帆渡船，1976年改设机动船1艘，载重9吨，随时引渡。

南 康 区

◎ 古渡名录

坞深井渡口　建于明末清初，位于镜坝乡东部的章江畔，系镜坝乡通往潭口的必经人渡，河面宽，洪水季节宽120米，枯水季节宽80米。原有木船2艘，其乘员定额分别为30人和29人，渡工2人。2007年度改为汽车桥，桥名洋江大桥。

桥头渡口　建于清乾隆十九年（1754）在朱坊乡桥头圩北上犹江畔，距朱坊埠7.5公里，系朱坊乡通往上犹县的重要人渡，有木船1艘，长8米，宽1.6米，于1989年改制为钢质机动渡船，限载乘员30人，有渡工2人。罗边电站大桥建成后，原去上犹方向需经桥头渡口的行人车辆均从罗边电站大桥经过，1996年，桥头渡口停运。

汪背渡口 建于清咸丰六年（1856），位于龙岭镇邱边村章江畔，距樟桥2公里，系樟桥、王村一带至唐江的主要人渡。有木船1艘，长8米，宽1.6米，限载乘员30人，渡工1人。2010年建桥，桥名江背大桥。

围下渡口 始建于清光绪年间，时由饶家陂叶南卿所献，位于潭口圩东北3.5公里的章江畔，系沟通三江、凤岗、潭口等地的重要人渡。有长8米、宽1.9米的木船2艘，乘员定额每船31人，有渡工2人，属三江乡肖边村管理。2007年渡改桥，桥名为围下大桥。

栋梁渡口 建于清光绪七年（1881），位于镜坝镇镜坝村章江畔，距镜坝圩1.5公里，是镜坝往县城的重要人渡。洪水季节河面宽95米，枯水季节河面宽75米。有木船1艘，长8米，宽1.6米，限载乘员27人，渡工1人。洋江桥建成后，原需经栋梁渡口往县城方向的行人均从洋江大桥通行，2007年栋梁渡口停运。

大 余 县

◎ 古渡名录

南安东山大码头 位于大余县城东郊的章江之滨，距梅关大桥约150米，现属牡丹亭景区内。码头始建于唐，至宋臻于完备。码头东、南、北三面临水，河面开阔，地形优越，货场宽阔，可供数艘货船同时装卸，是古代中原通往岭南的重要交通运输埠口与中转码头。现存遗址长约170米，包括河堪、台阶、拴船柱、登船台、牌坊、石柱等。河堪高出河面3～4米，用青砖和鹅卵石片砌筑；台阶每级长23米，宽1.2米，台阶斜坡总长14米；石碑坊立于台阶之上，为赭红石质八面体三门四柱式牌坊，中间两柱高5.5米，外侧两柱高4.5米，柱上有人物与动物浮雕，牌坊楷书阳刻"南安东山大码头"；栓船柱为一个从台阶东面一米宽的石砌平台水平伸向河中的龙头。牌坊左侧立有清嘉庆十年（1805）六月所立"奉巡宪示禁"碑一方，青石质，碑高2.1米，宽0.82米，厚0.13米，碑文所记为明代章江河运的概况。现码头为清代重修，1992年由县人民政府公布为县级文物保护单位。

崇 义 县

◎ 古渡名录

麟潭渡 位于崇义县城西40多公里的麟潭乡独石村，建于明朝。在麟潭乡独石村，麟潭河穿村而过，河宽约40米，因雨量充沛，该河经常涨水，限于条件，不宜架设木桥。而有些村民到麟潭圩必须过河，河两边的村民平时也互有往来，有些还要到对岸耕作。因此，在该处两边村民最方便过往的地方建了这一渡口。

中华人民共和国成立前，为保证渡船能正常开工，两边村庄的村民过河方便，就专门设立了渡会，作为会产部分的山、田的收入，就拿来作渡工的收入及修船的费用。中华人民共和国成立后，县人民政府曾拨款给麟潭渡口，作维修、造船的专款。平时都有1名渡工守着这只渡船，在逢圩日客运量多时可达500多人次。现该渡口已停用。

过埠果木渡 位于崇义县西北20公里处的过埠镇果木村，建于明朝。当时，以果木村为主的部分村民到过埠街赶圩或到县城办事，都要过河（属小江水系，河宽45米），两岸村民平时也互有往来，为此，建了这渡口。

中华人民共和国成立前，该渡口渡工的工资、渡船的购置和维修，都由当地村民捐资获得。中华人民共和国成立后，县人民政府曾拨款制造新船。平时都有渡工1名，渡船1只。日客运量200人次左右。现该渡口已停用。

杰坝长潭渡 位于现在的崇义县城北30公里处的杰坝乡长潭村，建于明朝。该渡口处于崇义县大江水系，河面宽约45米，长潭设有圩场，部分村民赶圩必须过河，两岸村民往来、耕作也要过河，因此，建了该渡口。中华人民共和国成立前，该渡口设有盛关渡会，由山、田等作会产。1957年，修建陡水水库时，将渡口移设至距原渡口约2公里处的上游地段。1984年建起码头和渡亭。平时有渡工1名，渡船1只，日客运量20多人次。现继续在用。

宁 都 县

◎ 古渡名录

长胜渡 明清时期，长胜属宁都县（州）平阳乡，琴江（长胜段）有渡口两处：窑下渡、瓯底渡。至20世纪70年代初，流经宁都县长胜的琴江先后设中江、水枞、和平、新圩、水南、下窑6个渡口，有渡船6只，是琴江（长胜段）两岸群众的交通要道。21世纪以后，随着"渡改桥"项目的实施，渡口的交通作用逐渐消失。

于 都 县

◎ 重点介绍

东门渡口（长征第一渡）

东门渡口位于于都县城东门外，修建于清代，为清代晚期于都河（即贡江）古码头，是当时于都城通往县城南面的主要渡口之一。古时于都河河面宽约600米，水深1～3米，流速达到了1.2米/秒，水流湍急。码头宽5米，台阶由青砖和红麻条石砌筑，共有30余个台阶，台阶宽约60厘米，高约20厘米，现渡口原貌仍依稀可见。

东门渡口是当年中央红军过河开始万里长征的主要渡口之一。1934年10月18日傍晚，毛泽东、周恩来、朱德、博古、张闻天等中央领导，以及中共中央、中央革命军事委员会等中央机关决定从东门渡口架设浮桥，过于都河开始长征。据当地老人讲述，当年为了帮助红军架浮桥，沿河两岸的民船全部停工了，当时汇集了800条大大小小的船只来帮助红军架设浮桥。因为架设浮桥需要大量木材，而当年的于都城区附近无树可砍，所有这些木材都是由于都当地老百姓捐出来的。这些百姓们毫不犹豫拆下了自己家里的门板、床板、店铺门板，把家里能够捐献的木材全部捐献出来。有位年过古稀的曾大爷，当年把他的寿材都送到了架桥现场。中央革命军事委员会主席朱德以及副主席周恩来听到这件事以后，曾深为感慨地说："于都人民真好，苏区人民真亲！"

在红军渡河的4天时间里，他们每天傍晚开始架浮桥，5点钟以后，浮桥架好，红军队伍就马上过河，一直渡到第二天早上5点。天亮了，就停止过河，就地休整。6点以后浮桥全部被拆除，所以白天根本看不到浮桥的影子。之所以这么做，一方面是为了避免国民党的飞机轰炸，另一方面是为了隐蔽红军的战略意图。经过4个整夜，中央领导以及中央机关全部安全顺利地渡过了于都河，开始了举世无双的二万五千里长征。1996年在此兴建了纪念碑及碑园，2004年在碑园东侧新建了中央红军长征出发纪念馆。2006年5月，国务院将其列为全国重点文物保护单位。如今，"长征第一渡"已经成为于都县闻名于世的红色景点和重要的革命传统教育基地。

◎ 古渡名录

攀桂渡口 位于于都县城南薰门外，古时为义渡（即不收取过渡费），台阶由青砖铺成，有百余个台阶，台阶宽约40厘米，高约20厘米，渡口两侧为宋代城墙。明代邑孝廉易学实最初倡导设立，并在河的南岸设立了一座庵堂，用于过往行人渡船前休息等候。为了解决船工的生计问题，易学实还出资购买了数十担农田用于出租，以租金来供养船工的生计。清同治七年（1868）庵堂和渡船均被毁，同治十二年（1873）南乡的廪生张炳、生员李龙章将佛堂、渡船重新修复，一直沿用至中华人民共和国成立后，至20世纪八九十年代，县城河段南北两岸的人员、货物往来仍主要依靠该渡口，渡口的繁忙景象一直延至于都长征大桥修建后才逐渐消失，2002年因修建防洪堤渡口被拆除。

瑞 金 市

◎ 古渡名录

双清柳渡 位于城东北，今处于双清桥地。原处为古渡口，两岸密植垂柳，浓荫蔽日，是"绵江古八景"之一，旧时为瑞金通往长汀、宁化、石城的重要通道。清康熙十一年（1672）邑人朱善卿等募修双清桥。康熙四十九年（1710）邑人刘芳圣等倡建石墩桥。桥成后，渡口荒废。

县前渡 位于城南门外（今上吊桥附近），为官渡，建县时就有，明代架浮桥后渐废。

渔航坝渡 位于城北门外，属积渡，宋代设置，明末废。

武阳围渡 位于武阳镇武阳村，属积渡，宋代设置，明代在此处建武阳围桥后废。

潭屋渡 又名唐渡，位于叶坪乡潭屋，属官渡，同治年间架桥后废。

茅山渡 位于武阳镇茅山，清代袁春蓉建，清末废弃。

水南渡 位于谢坊镇水南村，清代谢坊刘福安子孙捐建，水南桥建成后废弃。

谢坊大埠头渡 位于谢坊大埠头，明代设立，清末废。

石水三坝渡 位于沙洲坝镇石水村，清代朱静俭等人修造。

黄坑口渡 位于瑞林镇安全村，建于清代，2008年渡改桥后改。

宜春市

袁 州 区

◎ 古渡名录

| 文峯渡 | 距城东五里的文笔峯下，州同职李廷谋捐建。
| 南坝渡 | 距城东十二里，位于诏仁乡雷潭。
| 上窑渡 | 距城东十五里。
| 下浦渡 | 距城东二十里，位于下窑。
| 朗下渡 | 距城东二十三里，位于潭头。
| 渥溪渡 | 距城东北二十五里，位于信义乡。
| 白沙渡 | 距城东北二十八里，位于信义乡。
| 石壁渡 | 距城东北三十里，位于信义乡。
| 薑山渡 | 距城东四十里，位于湖溪图，有渡船两艘，一为众建，一为杨登惠独造。
| 鹏津渡 | 距城东四十里，位于湖溪图。
| 江霞濑 | 距城东四十里，位于湖溪图。
| 船坊里渡 | 距城东四十里，位于湖溪图。
| 瓦江渡 | 距城西十里，众募造渡船两艘。
| 五化渡 | 距城西十五里。
| 稠江渡 | 距城西二十五里。
| 硚溪渡 | 距城西三十里，位于化南乡。
| 新安渡 | 距城西三十里，位于化南乡。

| 万福渡 | 距城西三十里，位于化南乡山背。 |

| 洛江渡 | 距城西三十二里，位于淇田。 |

| 樟头渡 | 距城西三十五里，位于荐外乡。 |

| 关圣渡 | 距城西四十里西，位于村下街。 |

| 西村渡 | 距城西四十里西，位于村上街。 |

| 永兴渡 | 距城西四十里，位于西市对岸。 |

| 上石背渡 | 距城西四十五里。 |

| 下石背渡 | 距城西四十五里。 |

| 山口渡 | 位于荐外乡柘桑。 |

| 新溪渡 | 距城西五十里。 |

| 良田渡 | 位于荐外两江桥下游。 |

| 黄沙渡 | 距城西五十里，位于两江桥下游。 |

| 鲁岭渡 | 距城西五十里，位于两江桥下游。 |

| 巉塘渡 | 距城西五十里，位于两江桥下游。 |

| 利济渡 | 位于城西溢州河畔，州贡生周建肇捐田亩田租独造。 |

| 北关渡 | 位于小北门外，州同职李廷谋捐建。 |

| 官渡 | 有渡船二艘，另一艘在北门上水。 |

樟 树 市

◎ 重点介绍

上石埠码头

上石埠码头现称樟树港大码头，位于樟树市共和西路西端，濒赣江东岸。码头全长75.2米，宽27.27米，总面积2050平方米，在赣江东岸。由石阶、垂带、广场、楼台等构成，布局合理，场面宽阔，气势宏伟，为赣江流域现存最大的古码头。扼水陆交通要冲，为义渡，来往货运、客商船只停泊之所。清道光十七年（1837）邑人关荣璧、饶昌、黄士坚等19人募资，以长沙荣湾市为例，创义渡，建码头。初建时规模尚小，道光二十一年（1841）扩建，添造船只，制度设备逐渐完备。自清至今，历经9次维修，并在码头东建拦洪墙，设闸门，上建一楼，可览全港。码头顺江岸而设，岸上建广场，全部用花岗岩铺砌，东西宽12.8米，南北长75.2米，面积962.56平方米。广场正中建望津楼。广场以下依岸建石阶50级，分两层，上层21级，下层29级，上下层之间铺砌3米宽的平面，以作间歇之地。每级宽0.35米，高0.12米。横分4段，以垂带石相隔，带宽0.4米，每段长17.4米。北一段与南一段为往来船只装卸货物和旅客上下之用，北二段为义渡停泊之处。在石阶上层第4、16级，下层第2、20级处，各安装铁环3个；望津楼左右各立石柱一个，铁环和石柱均作系船之用。上下游护岸墙各建2.1米宽的人行道。码头以北附有一小码头，宽2.4米，砌1.8米宽的石阶24级，以备挑水及其他使用。

大码头人渡

　　大码头人渡早在秦始皇二十六年（前221）时就有，原渡口位置在土街（现樟树港务处第一作业区码头），以后逐渐延伸到大德门（今三码头），有渡船1艘，渡工2人，称官渡。清道光二十一年（1842），郡守史麟善筹款建义渡，有渡船10艘。咸丰五年（1855），太平军石达开带兵过樟树，为阻止清军追击，于11月将渡船全部烧毁。咸丰九年（1859），邑令冯木或筹款重建，渡船仍为10艘。中华人民共和国成立后，渡船还保持10艘。1964年9月，由清江造船厂建造煤气机动渡船1艘，40匹马力，核定载客140人，在樟树人渡码头从事渡运工作，这是樟树市第一艘机动渡船，后由波阳造船厂建造1艘木质机动渡船，1985年又由万安造船厂建造铁质单边绞车机动渡船1艘，核定载客150人。现该渡口有机动渡船4艘，总马力170匹，总载客量720人。

丰 城 市

◎ 古渡名录

丰城渡　　位于剑光镇赣江边，即大码头人渡，原大安义渡。2007年末，该渡有机动铁质渡船2艘550个客位，趸船2艘，渡工28人，日渡运量10000人次，二轮摩托车5000辆次。

丰城龙头山渡 位于曲江镇赣江边，2007年底该渡有机动铁质渡船2艘250客位，趸船1艘，渡工16人，日渡运量0.3万人次，二轮摩托车500辆次。

靖　安　县

◎ 古渡名录

北胜渡 即大梓渡，位于宝峰镇周郎村。其东北岸为晒网地自然村，西岸为邹家和余家自然村。河面渡宽130米，设渡主要方便大梓、九房、晒网地、小梓、邹家、余家及过往群众。1993年大梓大桥建成通车后停止摆渡。

举林渡 即宋坊渡，位于宝峰镇周郎村。其东北岸为圹口、宋坊自然村，西南岸为坳上自然村。河面宽100米左右。设渡为方便两边群众过往和学生上学。1993年停止摆渡，1998年特大洪水冲毁圹口大桥后，有几年时间用竹排渡人，谁过谁撑。直至2009年大桥重修后，竹排渡人停止。

直河渡 位于宝峰镇周郎村。其上游为下洋螺，横河东南岸为大横自然村，西北岸为圹口自然村。直河上长约300米，横河宽120余米，设渡主要方便洋螺、大横和圹口的过往群众，是庙前、毗炉、鹿源等地群众去县城的必经之路。1966年靖罗公路通车后停止摆渡。

田津渡 即宝田渡，位于宝峰镇宝田村。东面为宝田、山洼等自然村，南岸为太阳山村坊。河面宽80米，设渡船主要为方便宝田及山洼群众过往。1995年宝田村在下宝田架钢索桥后停止摆渡。1998年特大洪水冲毁钢索桥后，少数群众用竹排过往，多数群众往庙前。

棠港渡 位于仁首镇棠港村，旧双溪十景之一"棠浦秋色"所在地，现位于长灵寺后，河对岸是仁首镇车头余家。20世纪70年代前，仁首公社、街道主要在河北面，棠港村民到仁首街要摆渡过河。仁首大桥竣工后，公社搬到河南面，棠港至河南面仁首街公路修好后，渡船逐渐取消，渡口消失。

茂埠渡 位于仁首镇茂埠村邓家河洲，河对岸是两利陈家。茂埠从渡口到安义县城距离约3公里，到靖安县城近20公里。村民习惯到安义县城购买所需用品。为方便群众，茂埠村在邓家河洲设一渡口，安排专职人员摆渡方便群众出入。2005年12月茂埠大桥开工建设，为渡改桥工程，2007年12月竣工通车，渡口废弃。

周口河渡 位于仁首镇周口村河头，现周口茶园对面竹林，河对岸为象湖沙洲，横跨北潦河北支流，河面宽150余米，宝峰太梓崖经象湖老鼠岩过棠港到安义古驿道必经之地。20世纪80年代，仁首至周口公路通车后，渡口废弃。

陈家畲渡 位于仁首镇周口村陈家畲河埠头，河两岸均属陈家畲。河面宽150余米，现存石条埠头。主要为方便群众过河种庄稼而设，亦是当地群众到仁首、安义的必经地。仁首至周口公路通车后，渡口废弃。

老鼠岩渡 位于仁首镇象湖村，南岸余家河头埠，北岸老鼠岩地段，河面宽200余米，宝峰至仁首古驿道的必经之地。20世纪90年代初，余家大桥修建后，渡口废弃。

奉 新 县

◎ 古渡名录

南津渡 在县南300步，即桥南渡。

富阳津渡 在县城西1里处。

中渡 在县西300米处。

东津冯田渡 在县东2里处。

水沙湾渡 在东津冯田渡下游。

延平观渡 在建康乡（今干洲乡岗前），县东2里处。

三溪渡 在建康乡，县东2里处。

候龙渡 在县西50里之奉新乡（今赤岸乡），相传许旌阳候蛟于此。

唐家湾渡 在北乡（今宋埠乡），县东20里处。

磐山渡 在奉新乡，县西20里处，三国时刘磐驻兵之处。

童家渡 在建康乡，县西5里处。

潭埠渡 在新兴乡（今会埠乡），县西25里处。

张坊渡 在新兴乡，县西27里处。

会埠渡 在新兴乡，县西40里处。

曾坊渡 在新兴乡，县西45里处。

马头渡 在新兴乡，县西50里处。

阴村渡 在进城乡（今罗市乡），县西50里处。

管涌渡 在进城乡，县西50里处。

招宾渡 在进城乡，县西50里处。

罗坊长滩渡 在进城乡，县西60里处。

富溪渡 在奉化乡（今上富、甘坊一带），县西70里处。

干洲义渡 在从善乡（今干洲镇）。

安兴渡 在磐山之河北，县西20里处。

上里渡 在新安乡（今澡下乡），县西25里处。

湖尾刘姓义渡 在法城乡（今会埠水口村），县西50里处。

济川渡 在进城乡，县西60里处。

故县渡 在新兴乡，县西25里处。

小溪渡 在新安乡（今澡下乡），县西25里处。

陈家埠渡 在从善乡洪川围。

遐塘洲上渡 在奉新乡。

石嘴头义渡 在西关外冯川河直上里许。

雅溪义渡 在北乡雅溪。

南岸渡 在进城乡罗坊下市。

葛湖渡 在新安乡，县西25里处。

高 安 市

◎ 重点介绍

高安来苏渡

　　高安来苏渡位于县城锦河南岸，距筠州大桥约300米。据史料记载，宋元丰庚申（1080）年，苏辙因其兄苏轼"乌台诗案"的牵连，被贬谪到筠州（今高安），担任监盐酒税官。他在公务之余，寻访地方贤士。当他得知金沙台的刘平伯"以敦朴持家，以诗书课子，睦族协邻"，便欣然造访，嗣后过往甚密。他在《访平伯翁》一诗中写道："奖崇善类询舆论，过访仁贤棹小舟。契合通家忘异性，情敦同气迈凡流"。元丰甲子年（1084），苏轼从黄州移汝州，特地弃舟取道富川，从陆路到筠州来看苏辙。苏轼在筠州停十日，曾与苏辙一同拜访刘平伯，临别挥笔画了墨竹图以赠，并赋诗一首。苏轼走后，苏辙与刘平伯来往更密切。州衙距刘平伯家大约有2000米的水路。为了方便苏辙停舟登岸，当地人为他建一亭台，苏辙亲笔书写"唤渡江亭"匾额。从此，人们将这个渡口称作"来苏渡"。

铜 鼓 县

◎ 古渡名录

枫槎渡　位于定江河沿岸。

东山牡溪渡　位于定江河沿岸。

东浒工港渡　位于定江河沿岸。

浒村中渡　位于定江河沿岸。

严塅塔下渡　位于定江河沿岸。

严塅温家坝渡　位于定江河沿岸。

葡萄津渡　位于定江河沿岸。

大丘龙溪渡　位于定江河沿岸。

金鸡桥渡　位于定江河沿岸。

观田长埚渡　位于金沙河沿岸。

吴家坝渡　位于金沙河沿岸。

赤洲李溪渡　位于金沙河沿岸。

赤洲渡　位于金沙河沿岸。

水洋坪渡　位于金沙河沿岸。

正港渡　位于金沙河沿岸。

万 载 县

◎ 古渡名录

晏公庙渡　位于双桥镇（原大桥乡）浩石村，因旁有晏公庙而命名。清嘉庆十年（1805）建渡，浩石与昌田两村高、吴、易、黄、江、曾等姓氏人员共同成立渡船会，有田产，每天渡运约160人次，载重1.5吨，1993年建桥后停渡。

上水南渡　位于双桥镇（原大桥乡）水南村。清道光年间吴姓人员建渡，每天渡运约200人次，载重1.5吨，1995年建桥停渡。

下水南渡　位于双桥镇（原大桥乡）水南村。清道光年间吴姓人员建渡，每天渡运约200人次，载重1.5吨，2005年建桥停渡。

黄田渡　位于双桥镇（原大桥乡）绍江村，清道光年间建渡。每天渡运约200人次，载重1.5吨。

车上渡　位于双桥镇（原大桥乡）黄源村，清道光年间建渡。1981年11月设船，每天渡运约100人次，载重1.5吨。

小江渡口　位于双桥镇（原大桥乡）黄源村，清道光年间建渡。1981年11月设船，每天渡运约100人次，载重1.5吨。

横街头渡　位于双桥镇（原大桥乡）尚庄村，清道光年间建渡。1981年停渡。

易家垴渡　位于双桥镇（原大桥乡）尚庄村，清道光年间建渡。2002年6月设钢质渡船，限载15人，每天渡运约300人次。2007年建桥停渡。

蒋家渡　位于高城乡南庙、奇枫村交界处，清道光年间建渡。2003年11月设钢质渡船，限载30人，每天渡运约400人次。2012年建桥停渡。

高城渡　位于高城镇高城、奇枫村，清道光年间建渡。每天渡运约300人次，载重1.5吨。中华人民共和国成立后建桥停渡。

南北吹黎渡　位于高城镇桥溪、联胜村。清嘉庆年间建渡，每天渡运约300人次，载重1.5吨。中华人民共和国成立后建桥停渡。

林家磨渡　位于城龙河门外二里，今康乐街道里泉村辖区，清乾隆四十六年（1781），刘冈募捐重建，鹅峰乡多江村南田王泰与汪抡升、因心堂各助渡田一百把（约4亩）。每天渡运约250人次，载重2吨。中华人民共和国成立后建桥停渡。

新江口渡　位于鹅峰乡长江村，清道光年间建渡。2002年6月设钢质渡船，限载18人，每天渡运约200人次。2010年建桥停渡。

下棚渡 位于鹅峰乡长江村，清道光年间建渡。2003年7月设钢质渡船，限载18人，每天渡运约200人次。2010年建桥停渡。

贯潭庙渡 位于鹅峰乡长江村，清道光年间建渡。2002年6月设钢质渡船，限载18人，每天渡运约200人次。2010年建桥停渡。

沙潭渡 位于三兴乡沙潭村，清道光年间建渡。2004年5月设钢质渡船，限载30人，每天渡运约400人次，至今仍在运渡。

水口渡 位于罗城乡黎明村，清同治年间建渡。每天渡运约300人次，载重1.5吨。20世纪90年代建桥后停渡。

义渡 位于高村镇岐源村万福亭，清咸丰十一年（1861）由职员杨黄云等人募建，置有渡田70把，后增30把，每天渡运约300人次，载重1.5吨。20世纪90年代建桥后停渡。

石杨渡 位于高村镇高村村，以石屏、杨洲两岸名命名，清乾隆年间李士兴、辛惠安、卢云达、僧人双智等人募建，并置有田产。每天渡运约200人次，载重1.5吨。20世纪90年代建桥后停渡。

上饶市

信 州 区

◎ **重点介绍**

南溪义渡

南溪义渡位于信州区城南1.5千米，丰溪河边，距离现代修建的前进桥和胜利大桥均约1千米。渡口两岸分别为滩头村、湖潭头、畴口村，故又名滩头渡、畴口渡。南溪义渡建于清道光二十四年（1844），是饶城最早也是延续时间最长的唯一免费渡。渡船承运南乡（东至四十八都、南至上滩畈、西至昆山茶亭）方圆六七十里的商客、商货以及周边村民往返于广信府。

建南溪义渡，缘于当时南乡一带物产丰富，特别是连史纸、冬笋、笋干等上饶的名特产急需进入广信府集聚外运。畴口是进广信府唯一的一条通衢，所以南乡十几个都的乡绅村民组织募捐，用所募之资建起了南溪义渡。除渡船、码头外，在畴口村内离渡口200米处建有粮仓一栋；在渡口边建有一栋三直的渡船屋，用于船工值班休息；在丰溪河两岸建有避风雨的凉亭3个；还购置良田几十亩，租给佃户耕种，每年所收田租用于发放撑船船工报酬以及每年的渡船维护费，时船工报酬为每人每月两担稻谷。

南溪义渡置3艘渡船，配船工3人。白天2船对开，晚上1船往返，船工晚上轮流值班撑船。中华人民共和国成立后，南溪义渡所有的田亩、房屋、粮仓除三个凉亭外全部分给了当地农户。由市人民政府交通部门管理船工、渡船。每年拨款给畴口村管委会，再由其按月发给船工，每人每月35元。

中华人民共和国成立后，设有渡船1只，渡工1人，归上饶市人民政府建设科管理。1953年，对渡口水位进行测量，结果为低水位3.4米，高水位6.4米。1961年，由市工业与交通运输业局管理，将渡船增为2艘，渡工2人，每艘船限载27人。1988年2月，江西省交通厅与上饶市人民政府共拨款15300元，购置6匹马力的钢质机动渡船1艘，额定载客50人，一般在白天渡运。平水时，每人每次收费0.1元；大水时，每人每次0.2元。时有渡工3人（其中2人经航监部门审验发给执照），每人每年平均工资1080元；渡工工资和渡船维修费用均由市财政每年从农业附加税中拨款专用；渡口归畴口村民委员会具体负责管理。

随着公路、桥梁的建成，远路的商客、村民都坐班车通过老前进桥和龙潭大桥往返饶城，只有畴口周边的村民和赣东北大学（现上饶师范学院）师生过渡进城。改革开放后，畴口渡上游和下游先后建成新前进桥和胜利大桥，畴口附近村

民都骑车过桥往返饶城，只有极少数村民徒步过渡口进城，这样畴口渡就自然而然地慢慢消失了，20世纪90年代末停渡。2010年畴口渡附近的丰溪大桥建成通车。

◎ 古渡名录

花红巷义渡 位于城西花红巷口（今电信局旁），靠信江边。此处一直是饶城南行过信江之要地。历史上设有渡口、浮桥。清道光三十年（1850），广信府（今上饶）郡伯史士良将渡口移至城南门外，在花红巷口设浮桥，清咸丰五年（1855），上饶县令蔡名，将浮桥改至南门外，仍将渡口移回花红巷口河沿岸。中华人民共和国成立初，废除该渡口，在渡口旧址建起第一座横跨信江的大桥（现已改建为信江步行桥）。

龙潭渡 位于西龙潭塔下信江河边。清乾隆年间，由监生杨朝选等倡建；有渡船1只，可西渡楮溪河；设有义田若干亩，以资费用。中华人民共和国成立后，为新建龙潭公路大桥所取代。

广 丰 区

◎ 古渡名录

二渡关渡 位于桐畈镇二渡关村，古名靖安渡。信江源头之一的丰溪河，出自仙霞岭棠岭港，在广丰东南入境的塩坑口，形成"几"字道的河流，从而在闽赣交界处产生两条古渡，每渡约宽120米，中间设关，古称"十四都二渡关"，关门高约2.7米，宽2米，关外为福建省浦城县，关内为广丰县靖隘。民国二十一年（1932），上饶、广丰士商民众修通二上公路，撤去古渡，改建公路桥。现二渡关有渡口村民小组，保留了古渡码头遗址。

和尚渡 位于洋口镇和尚渡村，古名清湖渡，传为明末博山能仁禅寺所设，撑渡船者为该寺和尚道华法师，故名和尚渡。该渡重建于清道光年间，该处溪面宽200余米，日均渡运乘客1000余人次，直至2010年和尚渡大桥建成后，撤去古渡，今保留了码头遗址。

港口渡 位于沙田镇港口村。建于清同治年间，该处溪面渡宽约180米，日均渡运乘客约750人次，2010年前后港口大桥建成后，古渡已撤销，保留了古渡口遗址。

玉　山　县

◎ 古渡名录

儒溪渡 在玉山县怀玉乡后叶村山头店，位于玉琊溪与锦溪水汇合处，为玉山通往徽州、饶州要津。清乾隆戊辰年（1748）由后叶村民王万玉捐银二百余两创设，村民王起湖、童其谟、王友堂共捐田山若干亩为善后渡产。20世纪70年代后期大桥建成后废。

弯溪渡 位于玉山县横街镇仓溪村，为玉琊溪下游要津，路通灵江湖。清乾隆乙未年（1775）由当地村民郑晋华、郑晋芬等捐田置租八十余石设立，并建守渡屋于北岸。20世纪70年代仑溪大桥建成后废。

塘坑渡 在玉山县冰溪镇七里街，为县内南北交通要津。清雍正丙午年（1726）由县人徐永发等设立义渡，舒文达、陈景伯、周世鹏等捐田地三十余亩为赡渡费。1961年玉山大桥建成后废。

南门渡 位于玉山县城南门。宋前创设，历代随玉虹桥的建圮而多次兴废。1934年建成玉山至广丰、玉山至八都公路汽车渡，备船2艘，每艘每次可载两辆汽车，1961年玉山大桥建成后，渡废。

横　峰　县

◎　古渡名录

青山义渡　位于今上畈乡青沙湾，为该乡杨家村村民到对岸铅山县汪二乡洲上村的主要渡口。清乾隆四十三年（1778），李一清、李一柱、李一升等首倡设义渡，置田32亩，逐年收租作为维修渡船费用和撑船人报酬，往来行旅，无论远近，概不收钱。

周公渡　位于今上畈乡占家村。由该村占、范两姓倡首捐造，置田14亩，作为维修渡船费用和撑船人报酬。

青山加造渡　位于今上畈乡义门村。清道光二十二年（1842）兴建，由横峰县义门村与弋阳县朱坑乡上童村共捐田地25亩，置屋一栋，作为维修渡船费用和撑船人报酬。

西溪义渡　位于今上茅坪村岑港河边，由村民合邑捐造，并置有田产善后，作为渡船维修费用和撑船人报酬。以后，由于在河上建了木桥，渡口废圮。

弋　阳　县

◎　古渡名录

永乐渡　位于城大南门外，清嘉庆年间，县人汤池等倡议募捐设渡。民国时期两岸均有红石砌成台阶式码埠。中华人民共和国成立后，两岸改建成水泥砌埠。1965年建成弋阳信江大桥后，渡运终止。

乌矶渡　位于西南城郊乡境内，建于清乾隆年间，因傍乌矶山而得名。

马咀渡　位于东南朱坑乡境内，清乾隆年间建，北岸有渡工房1栋和红石码埠。

德 兴 市

◎ 古渡名录

银港渡 位于海口镇银港村，唐末由安徽休宁县桂花树底吴凤江建村建渡。可通向婺源大路。1969年海口公社兴建银港水电站，在银港河筑有钢筋混凝土滚水坝一座，坝面可行人，银港渡从此消失。

永泰渡 位于黄柏乡永泰村。唐末，安徽歙县吴姓在此建村建渡。宋朝曾在此置永泰市。永泰渡曾是黄柏通往弋阳的大路，由于河床逐年提高，已不设渡，现设有木架板桥。

永济渡 位于德兴县（今德兴市）老县城西门外，横渡洎水河，是通往乐平市南港村的要道。南唐升元二年（938）建德兴县后建此渡。1982年在渡口下游200米处建有洎水大桥，渡运终止。

新营渡 位于新营村头，古时用木渡船横渡洎水河，是通往广信府的大路。1960年在此建造一座石砌墩台，"八"字撑架大面桥，新营渡渡运功能结束。

香屯渡 位于西北9千米的乐安河边，元代设，由木制渡船横渡乐安河，是德兴市通往乐平、浮梁、鄱阳、九江的重要渡口。1969年9月，香屯渡口兴建的五孔大拱桥正式通车，该渡口功能被取代。

柏垣渡 位于乐安河畔柏垣村头。早在南唐建县后，此处便有渡船和渡夫，称为"皇办渡"，是当时德兴通往饶州治所鄱阳的主要渡口。明代乐平兰姓迁入此村称"黄柏渡"，婺源潘姓迁入后称"柏垣渡"。

渔潭渡 位于海口东偏北5千米体泉水河曲北岸田畈上，唐天宝年间设。现渡口功能被新建的大桥取代。

铜埠渡 位于泗洲镇东北部乐安河中游，唐末由胡友谦建。北岸属婺源县境，明清时是县城通往浙江开化驿道的重要渡口。现该渡口功能已被公路取代。

湾头渡 位于潭埠村西北4千米乐安河河曲西北岸。宋宣和年间，婺源县汪利宾在此建村设渡。现该渡址100米处仍残存汪氏宗祠。该渡口功能被新建的湾头大桥取代。

海口渡 位于德兴市海口村头，建于宋代，因渡口水深呈碧绿色，风吹起微波，故又名"碧波渡"。唐乾符年间抚州宜黄县董申迁此定居，宋代其子孙董熠，举进士，撰《救荒活民书》三卷，被进宁宗誉为"南宋第一书"，获赐绢锦，升通议郎。

婺 源 县

◎ 古渡名录

东门渡 位于鲗城东门外。古为邑城东出至徽州府的第一渡口，水面宽120余米。唐宋时名"绣溪渡"，设渡夫2名。元至正年间，知州史宾之建桥船18只，创"绣溪浮桥"。岁久船朽，明成化年间知县丁佑、蓝章相继修造。后改木桥，涨水时仍用渡。1983年，重改木桥为26只渡船的浮桥。延至1990年，钢筋混凝土结构的东门大桥建成后，浮桥、渡口的功能均废。

西门渡 位于鲗城西门外。古为邑城西出至饶州的第一渡口，水面宽200米左右。唐宋时名"瀛洲渡"，设渡夫1名。元至正年间知州史宾之建桥船，创瀛洲浮桥。岁久船朽坏，明成化末年（1487）知县蓝章重造。若干年后，节妇余氏改木桥，名"登瀛桥"。后徐朝钦捐赀继建，并捐田以备日后维修。每遇洪水桥倒，仍济以渡。1969年，空腹式片石结构的星江大桥建成后，木桥、渡口的功能被取代。

汪口渡 位于江湾镇汪口村东头。元代以前为婺源至徽州府的主要渡口之一，水面宽约110米，设渡夫2名。明万历三十二年（1604）创建木桥，知县谭昌言题名"聚星桥"。水涨桥圮，行人往来仍靠摆渡。现该渡口功能已被汪口大桥取代。

前川渡 位于江湾镇中平村。明嘉靖十年（1531），知县曾忏因乡民告请申建，设渡夫1名，每年给工食银三两六钱。曾忏号前川，故名前川渡。后因赴郡通道改线，渡口功能渐废。

太白渡 位于太白镇太白司村南侧。古为婺源丹阳乡新安里三十三、三十四都诸村至德兴县的主要渡口，水面宽120米左右。始建于元代。有渡夫1名，渡船由梅溪村人吴守素捐田造。该渡一直延至1993年，其渡口功能才被太白大桥取代。

镇东渡 位于婺源县江湾镇镇头村首。明代以前为婺源赴浙、闽通衢主要渡口之一，设有渡夫1名。清咸丰八年（1858），皖南都阃赵廷贵驻兵鳙关，倡捐修造"镇东桥"。当时婺东各村亦捐资置租，以作日后修桥之费，同时备为霉水桥圮雇舟济人之资。后废。

铅 山 县

◎ 重点介绍

安洲渡

　　安洲渡又名梅溪渡，位于铅山县永平镇安洲村铅山河东岸，清乾隆八年（1743）前设立，为义渡。距县城河口水路11.5公里，洪水时河面宽600米，水深5.5米，枯水时河面宽200米，水深4米，备有大渡船一只，船长10米，宽约4米，可载30人，日均渡运人1500人次左右。

　　古时，安洲渡是河口去县城永平的必经之道，是入闽之通衢。由于明代禁海，河口镇因其独特且便利的水路交通，明末清初就已经成为一座商业重镇，与景德镇、樟树镇和吴城镇一道称为"江西四大名镇"，作为商品货物集散地，为"八省通衢"。

乾隆四十九年（1784）《铅山县志》记载，清乾隆年间，就在信江河、永平安洲设立了义渡和管理义渡的机构——"万年义渡会"，乾隆七年（1742）铅山知县郑之侨募捐建造石桥，后被洪水冲毁无存。乾隆二十二年（1757），客籍邹隆先建义渡，在四十二都五甲捐田60亩，买冯、刘二姓渡头基地两处，砖封住屋一栋，与渡夫栖宿，并埋石柱以系船。同治二年（1863），都司艾连陛同当地的乡绅一道募捐，购大渡船一只。道光三十年（1850），义渡改由河口镇的旅河商人会馆——南昌会馆、福建会馆、徽州会馆、建昌会馆、抚州会馆五个会馆轮流管理。

中华人民共和国成立后，渡工的工资和渡船的修造费用由当地政府解决。1952年在安洲渡口的上游建起了永平公路大桥，这样就减轻了安洲渡的负担，渡运人次明显减少，主要渡运两岸的村民。2009年9月县交通部门实施渡改桥建设项目，在此建起了安洲大桥，改变了隔河千里的面貌，至此安洲渡完成了历史使命，退出了历史舞台。

在安洲村一带还流传着鲁班先师造安洲渡船的故事。据说乾隆二十二年（1757）春夏之交，铅山县武夷山区淫雨霏霏，山洪暴发。河口镇商人邹隆先因要事去县城永平镇，当他走到铅山河安洲地段，只见河水猛涨，浊浪滔天，桥已倾圮。来往之人阻隔在河的两岸，这时有人说："要有渡船就好了！"又有人说："造渡船要银子呀！"邹隆先听了这话，想起先父家训"见义则为"，于是问"造渡船要多少银子呀？多长时间能造好？"一老人答："买木料、雇工匠要三十两银子，料齐、人多两三天可造成小渡船。"邹隆先说："我出银子，请您老买料雇工造船！"当天下午，老人门前堆满樟木板，十多名造船工匠忙着裁料、拼板、造船。夜里也造船。第二天上午，小渡船已经造好，工匠们忙着给船身塞缝、抹桐油……下午，邹隆先请了两位撑船技术高超的艄公，开始摆渡接送两岸行人。行人都称邹隆先是"好人"，是"菩萨"。后人却说："半天一夜造出了渡船，是鲁班先师帮了忙。"再后来又传说："造船樟木板是飞来的，工匠裁好木板，木板就自动拼成船了……这只有鲁班先师办得到！"最后人们干脆说："是鲁班先师造了安洲渡船。"

◎ 古渡名录

汭口渡 位于今福惠乡汭口村。清乾隆八年（1743）前设。

丰家渡 清乾隆八年（1743）前设。

娄家渡 清乾隆八年（1743）前设。

杨航渡 清乾隆八年（1743）前设。

西乡义渡 清乾隆八年（1743）前设。

界石渡 位于今鹅湖乡中洲村与上饶县界石村之间的信江河上。清乾隆八年（1743）前设。

石溪渡 位于今青溪乡。清乾隆八年（1743）前设。

盖竹义渡 位于今天柱山乡檀合村。清乾隆三十六年（1771）前设。

青山湾义渡 位于今新安埠乡。清乾隆四十一年（1776）前设。

石盘渡 位于今永平镇西南郊。清乾隆四十九年（1784）前设。

燕望渡 清乾隆四十九年（1784）前设。

傍罗渡 位于今傍罗乡傍罗村。清乾隆四十九年（1784）前设。

柴家埠渡 位于今福惠乡柴家埠村。清乾隆四十九年（1784）前设。

官埠头渡 位于今河口镇团结街辖区内。清乾隆四十九年（1784）前设。

万年义渡 共3处，一处位于今铅山县大航渡，一处位于今庙湾，一处位于今河口镇金家弄，均为清乾隆四十九年（1784）前设。

期思渡 位于永平镇东15千米。清嘉庆二年（1797）前设。

利济义渡 位于今傍罗乡节妇庙村。清嘉庆九年（1804）前设。

石碾大港背上下二渡 位于今石塘乡港背村。清嘉庆二十一年（1816）前设。

嵩口渡 清嘉庆二十三年（1818）前设。

塔脚渡 清道光元年（1821）前设。

尤岸义渡 位于铅山县今武夷山场尤岸。清道光三年（1823）前设。

罗家渡 又名下古埠渡。位于今傍罗乡下古埠村。清道光三年（1823）前设。

山前义渡 清道光十三年（1833）前设。

社稷渡 位于今永平镇西北郊。

厚田上下渡 均位于今青溪乡厚田村。

永庆渡 位于现鹅湖乡凤来村。

大脚石渡 位于今新安埠乡。

西乡渡 位于今五铜乡。

芦湾义渡 位于今傍罗乡上古埠村。

陈津渡 又名上古埠渡，位于今傍罗乡上古埠村。

德星义渡 位于今傍罗乡上古埠村。

鸡公湾义渡 位于铅山县今武夷山垦殖场下渠分场鸡公湾。

洋西湾义渡 位于铅山县今武夷山洋西湾。

万 年 县

◎ 古渡名录

| 陈坊渡 | 清康熙十二年（1673）前设。 |

陈坊渡　清康熙十二年（1673）前设。

竹屯渡　清康熙十二年（1673）前设。

吴阐渡　清康熙十二年（1673）前设。

港西渡　清康熙十二年（1673）前设。

玉津渡　清康熙十二年（1673）前设。

赵家渡　清康熙十二年（1673）前设。

崇德渡　清道光四年（1824）前设。

四溪渡　清道光四年（1824）前设。

标林渡　清道光四年（1824）前设。

齐埠渡　清道光四年（1824）前设。

茱萸渡　清道光四年（1824）前设。

金滩渡　清道光四年（1824）前设。

五桂渡　清同治十年（1871）前设。

五桂渡　清同治十年（1871）前设。

娘娘坛渡　清同治十年（1871）前设。

源头渡　清同治十年（1871）前设。

均湖渡　清同治十年（1871）前设。

塔港渡　清同治十年（1871）前设。

白玉渡　清同治十年（1871）前设。

梓埠渡　清同治十年（1871）前设。

上孙渡　清末民初设。

下孙渡　清末民初设。

李家渡　清末民初设。

道港渡　清末民初设。

周湾渡　清末民初设。

下董渡　清末民初设。

余 干 县

◎ 重点介绍

黄金埠渡

黄金埠渡位于余干县黄金埠镇。黄金埠地踞余干县东南部，信江沿街南河岸流过，水陆交通方便，素为江西省重要的驿道所在。黄金埠渡口创建年代不详，据清同治十一年《余干县志》记载，黄金埠渡旧称黄丘渡，由徐、金、刘、齐、宋、程、谬、周等姓始立义渡，以在黄丘埠得名。清同治十年（1871）由梅港乡大岭村众新设义渡，并置晚田23.15亩、房屋2栋以赡渡费。

民国十九年（1930）兴建国道皖赣线，其中的南（南昌）张（张王庙）路段经过黄金埠镇，为此，将该义渡改设成汽车渡口。黄金埠渡口常年水面宽达250米，河床陡，水流急，摆渡比较困难。开始渡河系用木质渡船，专靠20名渡工轮番往返，用竹篙、木橹操渡，一船仅容一辆汽车。因此过河速度较慢，而且不时发生事故，特别是历年洪水为患，冲毁河岸，渡口曾经多次修补，并三次西移，距原渡口远达50余米。1937年12月南京沦陷，国民党军政人员乘车向大后方撤退时经过黄金埠渡口，一时，黄金埠渡口车水马龙，纷繁杂沓，在渡口排队待渡的车辆长达20余里，因上、下渡船互相碰撞，有十多辆汽车先后被挤落入河中。1949年5月初，解放军南下，二野四兵团司令员陈赓将军途径黄金埠渡口，因车马太多，用了一整天的时间部队才全部渡河。陈将军深为感慨地说："将来一定要在这里架一座桥梁，使两岸畅通无阻。"

中华人民共和国成立后，随着黄（黄金埠）鹰（鹰潭）、余（县城）黄（黄金埠）公路先后建成，黄金埠渡口更加热闹和拥挤，尽管那时人力渡已改为机轮渡，但因每昼夜渡运量已激增至500余辆次，两岸排队待渡车辆仍然有如长龙，如遇洪水和大风，渡运更显困难。

1961年秋，我国现代著名画家丰子恺先生途经黄金埠渡口时在速写本上画下风景画《长亭树老阅人多》，该画作以渡口南岸古樟为主题，但没画树的整体，只是画了截梢露根的树干和一些丛生的枝条。树根占画幅的三分之二，露出地面约1～2米。丰子恺把几个小孩点缀于树根之内，运用对比手法，使意境颇深。长亭位于树的左侧，半露半藏，周围有矮小栏杆，画底为凹凸不平的地面，只是寥寥几笔。画中没有渡轮，也没有水，但左角上题写的"长亭树老阅人多"就点出了画的主题是渡头，可谓无画有画，弦外余音，发人联想。现在画中亭、树均已不存。该画现藏于丰子恺幼子丰新枚处，收录在《子恺风景画集》中。

1967年12月，建设黄金埠大桥工程被国家列入基本建设计划，1971年获批开工建设，历时一年多，于1972年8月1日正式建成通车，从此信江南北两岸往来的车辆再也不必等待船渡，黄金埠渡口也因此废停。

马背嘴渡

马背嘴渡位于余干县东南4.2千米的信江上。始建年代不详。马背嘴渡口旧时是余干县东南各乡通往县城乃至上饶、鹰潭及南昌水上往来必经之道，系县城南面最大的一个"咽喉"渡口，往来渡者，络绎不绝。每当春汛来临之际，这里河面宽达240余米，水深15米，河水流速达到2.5米/秒。在河的南岸，原有一座风雨亭和一幢小屋，人们称这屋为"义渡会"，是船主们集会之所，用于协调渡运管理。各船属村也设有义渡会，管理所属渡船事宜，如建造和维修渡船、管理渡田、保管渡粮、发放渡谷和管理渡工等。

民国时期，马背嘴渡口有五艘渡船，渡工是船主在靠河近村雇请的，每月工资一石五斗（75千克）谷，每年在收割过后，渡工就到船主那里去兑取工资谷。过往客人，在平时白天过河一般不收渡钱，只有晚上过河才收取相当于一个鸡蛋价值的渡钱。如遇风雨阻隔，过往行人无法过渡，可在义渡会暂避，渡工们会主动关照他们的生活。骑马坐轿的过河者，会主动支付渡钱；办喜事的过河，也会主动发个红包。凡是经常免费过渡的人们，逢年过节，就会给渡工送些粽子、咸蛋、月饼之类的食品。每年农历正月初一至初十，凡是新年第一次过渡的，都会主动支付相当于二三个鸡蛋的渡钱。通过这些方式，以作对渡工的酬谢。

1956年5月6日，余黄沙石公路通车后，马背嘴渡口的汽车改用钢丝车绞拉，行人则仍然靠传统的民渡过往。1956年以后，随着县境公路逐渐形成网络，各种机动车辆逐年增多，县交通主管部门在此增设了一艘汽车轮渡。1972年黄金埠大桥建成通车后，又从黄金埠渡口调来了一艘大型机轮渡船。到1981年，马背嘴渡口又配有120匹马力钢制拖轮和双轨6车铁驳，还有预备渡船一艘，共有渡工6人，昼夜平均渡运70车次。

1985年，县人民政府具文向省人民政府和国家交通部报告，要求兴建马背嘴大桥。1986年，省计划委员会下达批复，同意新建马背嘴大桥，并确定桥位的具体地点在原汽车渡口上游100米处，连接余黄公路。该桥于1988年正式开工，至1992年正式建成通车，至此马背嘴渡口废停。

◎ 古渡名录

瑞洪渡 又称普济渡，位于瑞洪镇信江上，是沟通余干与进贤两县的要津。建于明代。这里江宽流急，无风起浪，江面宽约800米左右。洪泛期间，江水漫洲，信江与洲上湖泊连成一片，两岸相距更远，航程不下2.5千米。现已废停。

龙津渡 位于城南偏西6.5千米洪家嘴乡龙津村委会龙津村街南侧，信江东北岸。南宋宁宗时，因临龙窟河（信江西大支）设铺经商而得名龙窟铺，明易名龙津。两宋以来，是县南各地通往县城的重要渡口，也是古时官吏、兵家、商贾出入县城的重要通道。中华人民共和国成立后，原有木板渡船8只，渡工10人，每只渡船载重2.5吨，一直为人力撑渡。至2009年龙津大桥建成通车后，该渡废停。

张家港渡 位于县境东南白马桥乡港边村委会江家港村西北侧，信江东岸。建于明初，河道宽约100米，是白马桥乡北部、古埠等地通往县城的往来通道，民国时期和中华人民共和国成立初期靠人力撑渡。1985年后改机动渡船。马背嘴大桥和沙港大桥建成通车后，渡口逐渐废停。

梅港渡 位于县境东南梅港乡梅港老街南端，信江南岸处，梅港水文站边。该渡汉代便有，从山岸至江边有红石铺筑的通道，宽3～4米，长58米，河道宽约120米，是梅港古镇往来黄金埠、余江县域等地的通道，一直为人力撑渡。1972年黄金埠大桥建成通车后，该渡逐渐废停。

透洪渡 位于县境北东塘乡东方村委会透洪村西侧，信江东支岸边。建于清嘉庆年间，河道宽约50米，是东塘、鹭鸶港、乌泥等通往珠湖农场及鄱阳的水上通道，一直靠人力撑渡。2003年珠湖大桥建成通车，透洪渡废停。

江家埠渡 位于县境西南江埠乡江埠村，信江西岸处。河道宽约90米，是江埠乡部分村及禾山、枫港乡等地的水上往来通道。自唐始，至20世纪80年代初，一直靠人力撑渡，1985年改机动渡船，至今仍是该乡通往其他5个村委会、供5万多民众通行的水上通道。

干越渡 位于城西南越溪上。旧置津吏主守，日夜轮值，溪上还设有浮桥。元朝时废停。

鄱 阳 县

◎ 重点介绍

瓦屑坝渡口

瓦屑坝渡口位于鄱阳县莲湖乡。瓦屑坝村由九个自然村组成，有19个姓氏、3500余人。瓦屑坝三面环水，地形呈半岛状。

宋元之后，随着全国经济重心的南移，江西成为全国富省，人口之众也是首屈一指。元末的残酷战争，造成了鄂、皖、豫、川大片土地荒芜，成了百里无人烟的"宽乡"。江西则相对安宁，成了地少人多的"窄乡"。为了恢复经济，明清两代从江西等地移民，瓦屑坝的渡口，便成了首选的移民集散地。明初移民时，官府在瓦屑坝设局驻员。饶州府各县移民沿乐安河、昌江到达瓦屑坝集中，然后发放"川资"编排船只，乘船驶出鄱阳湖到达湖口。顺长江而下，到达安徽各府县；逆长江而上，到达湖北各府县。据《明史》和《中国移民史》专家考究，明洪武年间，江西向湖北、安徽、湖南和江苏的移民共214万，其中从饶州瓦屑坝迁出的就达近百万人。从元末明初到清嘉庆年间的400多年时间里，江西移民一次次在瓦屑坝这个古老的码头集中，通过鄱阳湖入长江，向东进安庆府到桐城、潜山、池州、凤阳……向西入黄州（今黄冈）到麻城、黄安、蕲州……还有被转到四川的也不少。朝廷一纸"禁止回迁"令，无情地斩断了移民回乡的愿望。年长月久，与故乡失去联系的移民逐渐忘记了祖先的具体地点，只记得瓦屑坝这个故乡的符号与标记。

姚公渡遗址

姚公渡遗址位于鄱阳县鄱阳镇架木棚社区饶河北岸，处昌江、乐安、饶河三河交汇处。北向依次分布防洪堤、球场湖、墨湖。遗址占地面积5000平方米，保存有十二层长条石砌成梯形的码头和石砌坡道，左为直斜坡供渡，右为圆弧石阶供泊。《鄱阳县志》载："姚公渡始形成于明永乐十五年，处古县治城郭外，有姚姓艄公摆渡于此，形成地名。"明代鄱阳为府治，辖鄱阳、乐平、余干、万年四隅二十一乡。商贾云集、百货归墟，各省纷纷来鄱设会馆、营商、求学，货栈、商号鳞次栉比，航运、贸易繁荣兴旺，船舶直泊姚公渡码头，为一条重要的水运枢纽。姚公渡遗址是目前鄱阳县保存完好的古渡口遗址，为研究饶河流域历史文化提供了实物资料和历史见证。

◎ 古渡名录

古县渡码头　古县渡镇位于鄱阳县东南部，地处长江中下游南北两岸。古县渡镇在三国吴赤乌八年（245）前，曾一度为古邑鄱阳县治。据古县渡蔡氏明代谱牒所存载的"瓮内清香留李白，许多商贾相邀醉""勒马停骖客门津，渡头酬日迎宾归"诗句中，可以看到古县渡商埠码头在当时的繁荣。

吉安市

吉 州 区

◎ 重点介绍

金牛渡

金牛渡又称兴贤渡，位于今吉州区沿江路南门街口处，渡口傍金牛寺，隔赣江与白鹭洲相望。南宋淳祐元年（1241）白鹭洲书院创立时，因城区与书院隔着赣江，学生上学很不方便，为此在兴贤门外沿江路南门街口处建一渡口，名兴贤渡，意为培养大批英才贤俊而设的渡口。至于兴贤渡为什么又名金牛渡，当地流传着这样一个美丽传说：有一位孤身老艄公为人善良诚实，淳厚勤劳，他常年顶风冒雨，数十年如一日，不辞辛劳地摆渡。他的诚心感动了金牛大仙，在一个风雨交加的冬天夜晚，金牛大仙化作农夫牵了一头大黄牛要上渡船。老艄公见了，不但不嫌弃，反而热情地招呼这位农夫牵牛上船。快靠岸时，农夫说："对不起，我忘了带钱。"就在这时，大黄牛又"啪哒啪哒"地屙了一大堆牛屎，臭气喷鼻。可老艄公见状却毫不生气，而是乐呵呵地帮助农夫牵牛上岸。等老艄公返身打算清扫船上的牛粪时，不料那堆牛粪顷刻变成了一大堆闪闪发光的金子。老艄公喜得千两黄金，一不买田造屋，二不开店经商，只在俯视白鹭洲的赣江两岸，建了一座小巧玲珑、金碧辉煌的寺庙。寺内有一大铜钟，寺旁用赤金铸一头镇水金牛。后人称此寺为金牛寺，将寺旁的渡口称作金牛渡。

为方便过江，后人曾在渡口处架设过浮桥，但洪水期常被冲毁，仍以摆渡为主。1987年7月，白鹭洲大桥建成后，船渡始废。

◎ 古渡名录

凌波渡　位于城区中永叔路站前码头上游，是通往河东的主要渡口，因渡对岸有凌波亭而得名。南唐嗣主李璟诏民造龙船，每年端午在此举行龙舟赛，胜者加以银碗，谓之"打标"。北宋开宝八年（975），将船民组成凌波军（相当于水上民兵），常在此习水战。南宋文学家刘过（1154—1206）曾诗云："三百红妆坠，时开桃叶歌。春风爱吹陌，渔艇学凌波。横黛远山翠，玉颜新霁酡。江平贾客至，一问马嵬坡。"明万历三十六年（1608），周麓松、谭绍等捐造渡船，修缮渡口，明末废。清康熙九年（1670），知府郭景昌、知县于藻新造4船，康熙十五年（1676）废；康熙十七年（1678），又重造3船。康熙五十六年（1717）知府靳治荆捐置田租修缮渡口。此后，历任知府、知县、里人或捐造渡船，或修缮渡口，使此渡得以延续不衰。嘉庆二十年（1815），知府张敦仁明文规定此处渡船永无调差，并刻碑石于渡口处。20世纪20—40年代，为吉安义渡局施行义渡渡口之一。1958年始为吉安市渡口管理所轮渡渡口，并改名为"大码头渡"。

古塘渡　位于城区南面的禾水（今禾埠乡渡头村南），是南北古驿道通往赣南必经之地。北宋元祐五年（1090）曾在此建过桥。明永乐二年（1404）桥毁后，又恢复船渡。20世纪30年代，吉安至赣州公路建成通车后，人们多改走公路，此渡始废。

梅林渡　位于城北白塘文山寺村旁，原为郡县官员出迎恩门（今东门口）至河东迎接圣旨的渡口，也为古南北驿道必经之渡口，因该处多梅树而名之。20世纪30—40年代，为义渡司实施义渡渡口之一。1964年后，渡运集中在新大码头，此处仅靠个人渡运。1970年井冈山大桥建成，此渡遂废弃。

神冈山渡　位于城区南端禾水汇入赣江的余家河旁，因傍神冈山而得名，是通往吉安县永和、白沙等地的渡口。1918年，吉安义渡局接管，实行义渡。中华人民共和国成立后，余家河划归吉安市，但渡口仍由吉安县管理。神冈山渡原为人工摆渡，1971年10月改用机动渡船，1987年改用钢质机动渡船，有渡工2人。人工摆渡时，不收过渡费，改用机动渡船后，收较低的过渡费，方便过往行人过河。

青 原 区

◎ 古渡名录

张家渡 始建年代失考，位于富滩镇张家渡，存在时间较早，是青原区古渡口之一，过赣江连接吉安县永和白沙。中华人民共和国成立前主要是木帆船摆渡，后有机帆渡船一艘进行日常摆渡，15匹马力，50客位，建有长70米、宽2.5米码头，坡度较缓，并建有砖混结构风雨亭一座。

井 冈 山 市

◎ 古渡名录

黄江渡 位于距古城2.5公里的郑溪河面。清康熙年间，县人谢学敏之妻吴氏捐田4.8亩设置。道光二十三年（1843），升乡司崔荣达倡建黄江桥，渡即废。

云津渡 位于古城街后。始设年代不详。清乾隆年间，陈宗宪等人复置船设渡。道光年间，建桥弃渡。

砚溪渡 位于白石砚溪（今砚台）。始建年代失考。清嘉庆二十年（1815），因谢绍钧捐资建三孔石拱桥一座而渡废。

吉 安 县

◎ 古渡名录

敖城渡 位于敖城镇禾水河上,河面宽约190米,是沟通敖城至前岭的主要渡口。清乾隆六十年(1795)由吉安县水南镇王殿管、王星灿、王相因等共捐田二十石以给舟人,并为每年修缮之资。嘉庆十九年(1814)王事天复捐,设义渡。每逢汛期,水大流急,经常停渡。1979年开始机渡,有钢质3车渡船1艘,80匹马力木质旧拖轮1艘。1983年新造1艘钢质拖轮,渡工增至7人。现该渡口功能已被敖城大桥代替。

沂塘渡 位于浬田乡沂塘村泸水河上,河面宽约186米。清嘉庆十五年(1810)由沂塘黄姓捐置义渡,道光四年(1824)浬田刘姓复捐置义渡,俱捐田以给舟人并为久远修造以赀。1975年改为人力木质渡船,每次渡车1辆,有渡工4人,为本县乡村公路上第一个汽车渡口。1987年浬田乡投资8.6万元,新造可载3辆汽车的钢质渡船和钢质拖轮各1艘,实现机渡。现该渡口功能已被浬田大桥代替。

梅塘渡 位于梅塘镇泸水河上,河面宽约162米。清道光年间由后房黄氏敦叙堂捐建,是沟通梅塘与兴桥的要津。原配木质渡船一艘,1985年梅塘行政村利用国家的资助,改配机动渡船一艘,担负行人渡运任务。现该渡口功能已被梅塘大桥代替。

合济渡(锦原渡) 位于永和镇锦原村赣江上,清咸丰十一年(1861)由当地士民捐资设立,是沟通锦原及附近村至河东麻洲匡家等村的渡口,后时断时续。现该渡口功能已被赣江下游永和大桥代替。

横江渡 位于横江镇街西侧禾水河上,河面宽约180米。建于清代,清同治元年(1862)由乡绅周吉士捐资续渡,是沟通横江街至河西各村的交通要道。原为木质渡船,1982年新建机动渡船。现该渡口功能已被横江大桥代替。

溢漳滩渡 位于敦厚镇禾水河上,河面宽约190米。建于清代,是敦厚至曲濑的主要渡口。1981年由义渡演变为大队管理,摆渡由老式木质渡船变为三快板。1982年初配备机动渡船一艘,担负渡运任务。现该渡口功能已被曲濑大桥代替。

古巷渡 位于固江镇古巷村泸水河上,河面宽约160米。清代由古巷朱姓捐建,原为木质渡船摆渡,1985年新建机动渡船1艘,渡运安全、迅速。现该渡口功能已被固江大桥代替。

指阳渡 位于指阳乡泷潭村禾水河上，河面宽约180米。清朝由乡绅龙迁捐建，是沟通指阳至禾河南各村的交通要津。原为木质渡船，1980年改为机动渡船。现该渡功能已被指阳大桥代替。

吉 水 县

◎ 重点介绍

朱山桥渡

朱山桥渡古称双溪渡，位于吉水县城西十五里的赣江东岸。1932年南昌至吉安公路通车时设立车渡，后因抗日战争爆发而中断。1950年2月，南昌至吉安公路改从朱山桥通过，恢复朱山桥渡口，该渡口配员50人，有二车木质趸船4艘、90匹马力木炭引擎汽轮4艘，车辆上下趸船用木架跳板通过。两岸引道各长100余米，用乱石铺成。1962年渡口设备更新，有二车和三车钢质趸船各1艘。1967年，增加三车钢质趸船和30匹马力柴油引擎汽轮各1艘，并开始修建永久式引道。1973年，撤掉木架跳板，换成半自动跳板。1976年，改换六车半自动钢质趸船和80匹马力柴油引擎汽轮各2艘。随着交通运输业的发展，轮渡效率日益提高，1985年，由1981年日平均轮渡35次提高到50次，安全率达100%。

在吉水南门大桥和井冈山大桥未建成以前，朱山桥渡口是南昌至吉安、赣州的主要渡口，每日轮渡的大小汽车均在150辆次以上。1962年朱德和1965年毛泽东重上井冈山时，都曾在此轮渡，成为该渡口历史上光荣的一页。

◎ 古渡名录

龙王庙渡 古称"文江渡"，位于吉水县城北文江门外赣江东岸，因通往河对面金滩镇龙王庙村而得名。初为木帆船，1983年3艘木帆船改小机挂桨，1985年增加到5艘小机挂桨，日渡300人次左右。

峡 江 县

◎ 重点介绍

朝阳渡

　　朝阳渡位于峡江县巴邱镇下河街（原旧县城朝阳门外），故名"朝阳渡"，始建于明代中期。清光绪十七年（1891），由陈金川、金玉声倡设义渡局，专司渡运行人事宜，行人免费过渡。毛世俊为设渡作记。义渡设施和船工工资均在义田租谷中开支。中华人民共和国成立后，义渡局收归人民政府，渡口由交通部门管理。1958年，县城公路渡口建成，行人多在公路渡口过渡，不利交通安全。1961年9月，选址横街东端另建人渡码头。配有12匹马力机帆船1艘，日渡运量450人次。1978年，使用铁壳汽轮过渡。1990年，有汽轮2艘，职工11人，日渡运量1500人次，每渡次8～10分钟。沿袭行人免费过渡的旧制，但板车每渡收费0.3元，自行车0.2元，生猪0.5元，耕牛1元。职工工资，渡运设施维修、更新等费用，均由县财政支付。

◎ 古渡名录

乌口渡 位于巴邱镇乌口村旁，清初设渡。渡口旁建有"云梅盖"亭，亭内有专人烧茶，供来往行人饮用。民国后期，亭毁，无人施茶，枯水期常停渡。1958年，渡口上游建成人行木桥，遂失去其作用而废。

漳口渡 位于水边镇漳口村，建于清代，属私人收费渡口。中华人民共和国成立后，渡口码头曾改建，购置机帆船取代小木船，平均日渡量70人次。

仁和渡 在仁和镇仁和圩，清代建，属私人摆渡，收取过渡费。中华人民共和国成立后，仍为县内行人主要渡口之一。1990年，有机动船两艘，船工4人，平均日渡量80人次。

新 干 县

◎ 重点介绍

新干渡

新干渡又名"金川渡"，古称"界埠渡"。始建于清乾隆五十六年（1791），有义渡木船5只，同治十年（1871）义渡船6只。民国时期，设义渡局，常有义渡船4只。1949年6月渡口设义渡组，有义渡船2只。1962年义渡组改轮渡组，人力渡船改为机动渡船，义渡改为收费渡。1985年轮渡组改为轮渡站，有渡船3艘，核定载客量为396人。其中，南昌五四船厂制造的钢质机动渡船2艘，动力为24匹马力，核载150人，都备有救生衣30件，救生圈20个；另1艘为木质机动船，24匹马力，核载96人。渡口设渡工19名，日渡量为0.7万余人次。现该渡口功能已被新干大桥取代。

◎ 古渡名录

三湖渡 对江处为张家山，古称上沙湖渡，由三湖轮渡组经营，渡址设赣江西岸，有机动木质渡船2只，核载量共120人，设渡工8人，日渡运量平均3000人次。

蒋家渡 古称娄家渡，渡址位于赣江西岸三湖镇蒋家村，对江处为清江县（今樟树市）永泰镇，由蒋家村个体联户经营。现有木质机动船2只，都为12匹马力，核载量共200人，有渡工12名，日渡量平均为100人次。

廖坊渡 对江处为大洋洲杨家，古称大洋洲渡，今渡址设赣江西岸廖坊，由三湖镇廖坊村个体联户经营。现有新干船厂造木质机动渡船2只，核载量135人，有渡工7名，日渡量平均为150人次。

白马渡 对江处为石口，古称石口渡，今渡址设赣江西岸白马，由三湖镇白马村个体联户经营，现有新干船厂造木质机动渡船2只，34匹马力，核载量131人，有渡工5名，日渡量平均200人次。

莒洲渡 古称莒洲渡，分为河东、河西两个渡口；河东渡由莒洲行政村集体经营，有木质机动船1只，12匹马力，核载量45人，有渡工3名，日渡量平均30人次；河西渡为荷浦村个体联户经营，有木质人力渡船1只，核载量23人，有渡工3名，日渡量平均30人次。

车头渡 古称车头渡，对江处为长排，由车头行政村经营。1981年水上安全检查时，因船质不好被封渡。1983年购峡江船厂造木质机动渡船1只，4匹马力，核载量18人，有渡工2名，日渡量平均20人次。

大洲渡 古称杨家渡，由沂江乡大洲行政村经营，有木质鸭婆型人力渡船1只，核载量12人，有渡工1名，日渡量平均80人次。

饶家渡 在三湖街西面4公里的袁河上，是三湖公社老屋饶家通向清江县徐家的人渡。有渡船1只，由老屋饶家村管理。

黄家园渡 在三湖街西南5公里的袁河上，是黄家园通向清江县蠡湖鲁家的人渡。有渡船1只，由黄家园村管理。清代设渡。

滩头渡 在三湖街西南6公里的袁河上，是滩头通往清江县下余的人渡。有渡船1只，由滩头行政村管理。

新干渡 位于金川镇北门关外的赣江上，是连接新干县东西两部分的交通枢纽。有车渡、人渡两种。车渡为新（干）三（湖）公路上的机动车渡口，有1艘拖船和1艘装载六部卡车的趸船，由县公路管理站管理。人渡有机动渡船3艘，由县航运站管理。亦名赣江渡。

泰和县

◎ 重点介绍

沿溪渡

沿溪渡位于泰和县沿溪镇政府驻地东西方向1千米处的赣江江畔，为泰和县古渡之一。该渡连接沿溪山东村与塘州朱家村两地，南宋嘉泰末年（1204）由知县赵汝蕃倡议修建。渡口旧址在今址（沿溪镇古街）上游约一公里处。明成化二十一年（1485），暴雨引发赣江特大洪水，致河床改道，渡口下迁至今址并开埠建市，以沿溪镇名命名为"沿溪渡"。

沿溪渡水面宽500余米，赣江中心有一个沙丘，受限于当时渡船条件，船到赣江中心要步行走过沙丘，再换乘另一条船才能到达对岸，故有俗语称"有钱难过沿溪渡，两边出钱中间走路"，形象地描绘了沿溪古渡的面貌。20世纪90年代因挖沙作业沙丘逐渐降低高度。2013年，石虎塘航电枢纽工程蓄水发电，沙洲已完全淹没水中。该渡是当时陆路交通经今吉安县凤凰镇往吉安必经之路。吉安往来于赣州的大量物资，因陆路不便，大多依靠水路运输。沿溪渡圩镇因建于赣江西岸之滨，水深港阔，利于往来船只停靠，是当时泰和县重要的货运码头，吸引了各地商贾云集，贸易发达，是"江右商帮"的重要货物集结地。清末时期至1929年，在沿溪渡设有厘金卡，向来往船运货主收税，每天有五六十艘船停靠码头上，是当时泰和县税收的主要来源之一。

沿溪渡口岸逐步发展成街市（老街），商贸繁荣，圩不间日，历来为沿溪的政治、经济、文化要地。圩镇有酱园、作坊、糟坊、南杂百货、茶楼酒馆及各行各业手艺店铺近百家，形成一条长达一公里的主街。清末时期设有千秋乡第44都都会，民国时期设沿溪乡乡公所，1930年土地革命战争时期，设有千秋区第五乡苏维埃政府。抗日战争时期，省民生机械厂（现南昌柴油机厂）、省汽车修配厂、省造船厂、一三七后方医院、省立临时第六小学、文化中学等单位内迁至此，圩镇人口增至5000余人，大小商店达150多家，新兴成立客货运交通轮船公司（云飞祥龙轮船公司）等，圩镇的繁荣程度达到清末以来的第二个高峰。中华人民共和国成立后，沿溪渡古街为沿溪乡人民政府驻地（1998年迁址），街市内设有各类职能部门，市场活跃，经济繁荣。1967年，改机渡，至1988年有24匹马力渡船2艘，日渡量700人次。1998年沿溪镇新街建成后，老街逐渐沉静下来。2013年，赣江石虎塘航电枢纽工程建成，航渡基本停止。

◎ 古渡名录

东门人渡　位于县城东郊2公里赣江上。设渡船2艘，为塘洲、冠朝等地通往县城的人渡。原称仙槎古渡、矶头塘渡口、溪口塘渡口。

黄坑人渡　位于樟塘圩西南2公里赣江上，清代设渡。古为县城通往河东地区重要渡口之一。中华人民共和国成立后，随着陆路交通和圩场变迁，渡口已东移至竹山。

大瑞人渡　位于冠朝圩西北7公里珠林江上。冠朝宏冈行政村通往永昌市、县城渡口，古称狗尾渡。已废。

水东人渡　位于冠朝圩东0.5公里珠林江上。冠朝东村行政村至冠朝圩渡，古称冠朝渡，又称冠朝水东渡。已废。

万 安 县

◎ 重点介绍

蛤蟆渡

蛤蟆渡又称"元驹渡"，位于五丰松关南偏西1.5公里赣江西岸，因这里河边有两块大石崖，形状像两只蛤蟆，故名"蛤蟆渡"。水浅时渡口在石挡上，洪水时渡口在公路码头上。渡口每班限制乘员110人，由20匹马力柴油机带动。清初时知州郭天琦于渡口修月眉庵，设茶施渡。清乾隆五十年（1786）城北州同廖云莘独修渡口上下码头。是年众见月眉庵废，茶亭又小，又添造凉亭一所。嘉庆二十一年（1816）嘉湖谢氏改修茶亭施茶。现茶亭已拆毁，除留有一棵老樟树外，已荡然无存。原码头因河沙淤塞，已无使用价值。河东面又称芙蓉门渡口。1996年10月，万安赣江大桥建成通车，该渡口停渡。

百嘉渡

百嘉渡位于距韶口150米的赣江西岸，为官渡，枯水期过渡为一文钱，洪水期过渡为二文钱。现设有汽运渡口和机帆船渡口（人渡），汽运渡口于1976年创设，机关设在韶口，而仍名"百嘉渡"，是万安连接昌赣公路干线的支线渡口之一，日平均交通量达100～190辆/昼，承重60吨。现有员工13人，属省交通厅公路管理局直接领导。

◎ 古渡名录

窑头渡 在窑头西北200米赣江边，因归窑头行政村管理故名，原名窑下渡。洪水期河床宽750米，深8米；枯水期宽350米，深2米；有常年性机船2艘，承重10～15吨，是窑头、星火等地群众来往的重要渡口。清乾隆五十一年（1786），鄢礼忠增造渡舟。

浪桑洲渡 位于高陂北偏西13公里处。渡口东岸是浪桑洲村，西岸是高达百米的悬崖陡壁。该渡为常年性人渡，船载重量2吨。河宽70米，水深4米，为沔坑行政村所管。该渡建于清光绪年间，因所在地为浪桑洲得名。

羊牯下渡 位于高陂西北10公里处，属常年性人渡。洪水期河床宽为90米，水深4米。在正常情况下河床宽为70米，水深3米。约在1900年开渡，有专人引渡。因处于羊牯下村旁而名，归象湖行政村所管。

龙江渡 位于高陂西偏北10.5公里处，属常年性人渡。船载重量2吨。河宽90米，水深4米。清同治年间开渡，以渡建在龙江村前而名。

彭门渡 位于高陂西偏北10公里处，属常年性渡口，是连接蜀水南北岸的重要渡口。河宽90米，水深5米，船载重2吨。清光绪年间设渡，以设在彭门村前面故名。

金滩渡 在罗塘北面1.5公里金滩村后赣江边。属常年性轮渡，水面宽430米，洪水期水深9米，枯水期3米。古名罗塘渡（今罗塘下街），属常年性木船人渡。中华人民共和国成立后改名为金滩渡。

嵩阳渡 位于罗塘东南5.5公里嵩阳村东南300米处遂川江上。洪水期河床宽250～300米，深5米；枯水期河床宽150～200米，深1.5～2米，属常年性渡口。清时就叫嵩阳渡，为木船人渡。渡口对岸建有茶亭，今存。以渡口在嵩阳村前而名。1992年2月，嵩阳大桥建成通车，该渡口停渡。

云洲渡 位于五丰松关西偏北5公里云洲上村遂川江边，因渡口设在云洲村而名，属常年性人渡。清同治年间已设渡，为人工渡舟。1992年2月，嵩阳大桥建成通车，该渡口停渡。

邓林渡 在丁子脑南偏西500米遂川江上，清时为遂兴江七渡之一，属常年性渡口。

原开渡于明朝，为木船人渡。1958年归桂江公社管辖，1972年归邓林行政村所管，以渡口驻地邓林而名。1991年，桂江悬索桥建成通车，该渡口停渡。

白沂渡　位于丁子脑西南6公里遂川江上，清时为遂川江七渡之一，因驻地白沂而名。木船人渡，承重3吨，为常年性渡口。

棉津车渡　位于棉津街北偏西0.5公里，属常年性车渡，承重30吨，装有100匹马力发动机。现有职工8人。渡口水深8米，河床宽36米。该渡设立于清朝以前，为木船人渡。现为万安至沙坪、柏岩公路的要津，改为车渡。1990年，万安水电站建成蓄水淹没，该渡口停渡。

武术渡　位于武术镇北端，以驻地武术而名。清朝设渡，当时是木船人渡。现有轮船一艘，装机一台，20匹马力，有职工3人，属常年性人渡。

皂口渡　位于沙坪东偏北13公里处。清朝以前设立，为官渡，用小木帆船过渡。这里河边有块大石壁，1176年，辛弃疾路过这里时，曾在石壁上题《菩萨蛮·书江西造口壁》一词。

良口渡　位于涧田西南7.5公里处。清朝时设立，具体建设时间无考，初为人渡。1969年改为机渡，装机20匹马力，有职工3人。以地处良口而名。

蒋屋渡　位于弹前东10公里的赣江西岸。属常年性人渡。设渡于民国初年，以驻地而名。

抚州市

南 城 县

◎ 古渡名录

黄狮渡 位于黄狮渡村至金溪县要道之上,距县城30公里处。民国二十四年
(1935),建有木桥,1937年被日军烧毁。此后,改用机动渡轮,以通汽车,是当
时南城、金溪等县通往鹰潭、上海等方向的必经之路,也是鹰潭、资溪等方向通往福
建、广东等地的必经之道。来往车辆至黄狮渡后,将车辆及人、货载于船上,渡水而
行。1964年建成水泥面石拱桥,取代渡轮。

伏牛渡 位于岳口镇伏牛村头，清光绪《建昌府志》记载：伏牛渡，原名莺骨渡，在潮音洞，河宽300米，对岸可通长兴、游家巷村，有可载2吨的木质渡船一只，常年有渡工2人。因伏牛贸易集市历史悠久，且为临川、金溪、南城三县交界处，每天过渡者络绎不绝。

杨家渡 位于万坊乡钟家边大队杨家渡村边，对岸是徐家乡白洲大队。清同治五年（1866）由邑人游昱所造，生员邵馨庭等复造。现由钟家边大队管理。

新丰渡 位于新丰镇码口，对岸为株良公社路东大队路东村。明正德《建昌府志》载，里人吴仲仁造，有渡船，后废。后丁士坦等倡捐增设上下渡船4只，后一度曾设浮桥，被冲废后，至今仍用渡船，常年过往渡客络绎不绝。

圭峰渡 位于建昌镇东面1公里，靠近旴、黎二水合流处，古称龟峰渡。清乾隆年间，由附近乡民捐资兴造渡船4只，现仅剩一只，过河后可通浔溪、洪门等地。清道光《南城县志》载，龟峰下有寺，罗圯（圭峰先生）尝读书其中，后人为纪念罗圭峰易名圭峰渡。

昶口渡 位于徐家乡贺家大队厂口村边，对岸是万坊公社上湖大队古塘村。明朝钟有贤始建，清乾隆年间，吴崇、郑亨又拨租资助。现由贺家大队管理。

临 川 区

◎ 古渡名录

西津渡 位于城西抚北大桥上游20米处，曾经是抚州通向赣西赣北重要渡口，建立时间未知，与南宋张孝祥的事迹密切相关。南宋著名词人张孝祥曾作《去临川书西津渔家》诗："作客临川又一年，却寻旧路浅滩船。宦游到处真聊尔，别恨何须更黯然。夹端此地成留滞，定自从渠有宿缘。"现西津渡不存，遗址仅有几块石头、一堆沙土。1965年10月，在该渡口遗址架设浮桥。

瑶湖渡 位于湖南乡南部抚河旁，是早先人们南上北下的重要渡口。1591年9月，汤显祖曾从瑶湖渡乘船去广东徐闻县任典史，写有《初发瑶湖次宿广溪》诗纪行。

黄昏渡 位于罗针镇黄昏渡自然村，因与临川四大才子有关，所以至今仍家喻户晓。说是明朝中期一位新知府来上任，在文昌桥头遇四大才子，四才子出上联：上文章下文章，文章桥上晒文章。此联除文章与文昌谐音外，还有叠字、顶真等修辞手法。知府对不上，想到来时听说此渡叫黄昏渡，他脑筋一转，赶快打轿回抚州。来到文昌桥头，一个书童递上一张字条。知府拆开一看，见上面写着下联：前黄昏后黄昏，黄昏渡前度黄昏。这正与自己心中要对的下联一样，知府打内心佩服四才子。至今，文昌桥西头还立有陈际泰、罗万藻、章世纯、艾南英在桥头对对联的情景雕塑，使黄昏渡的故事能更久远地传承下去。由于福银高速公路从此处经过，该渡口停用。

上顿渡　位于上顿渡镇，该名字由谭纶取。明嘉靖年间，皇上派兵部尚书谭纶和左都御史邹元标出京南巡。谭纶想顺便回宜黄老家看看，邹元标也想一睹夏布之都宜黄的风采，于是他们在巡察之隙，水路过长江进抚河来到宜黄河。早饭时，他们将船停泊在宜黄河西岸的渡口，来到某酒楼用膳。酒酣耳热之际，邹元标问："司马公，请问这是什么地方？以后我出来一定再来这里品尝美酒佳肴。"谭纶曾经多次路过此地，却从来没听说过这个地方的名字，他突然想到自己与大家一样在渡口边用过上顿饭，便哈哈一笑说："嘿，看我这记性，这个地方说是上顿渡嘛！"谭纶随口取的地名，一传十，十传百，人们就称此地为上顿渡了。上顿渡虽然曾改名为龙津，但老百姓一直把这个地方叫作上顿渡。

编后记

"江西方志文化丛书"是由江西省地方志编纂委员会办公室组织编纂的一套精品文化丛书，从2014年开始由省、市、县（市、区）三级地方志机构合力打造。

《江西古桥古渡》的编纂工作启动之后，省、市、县（市、区）三级地方志工作者倾注了心血，历经稿件撰写、编辑、初审、复审、终审各个环节，最终完成此书。书中重点介绍的桥梁和渡口由县（市、区）地方志办参照"江西方志文化丛书编纂方案"所发样稿和行文规范编纂初稿，经设区市地方志办审核后报送江西省地方志办《江西古桥古渡》编辑部初审和编辑。执行主编郑晓涛，副主编陈超萍、王林水，编辑张志勇对全部稿件进行交叉复审，最后报丛书主编梅宏，副主编周慧、杨志华审定。

《江西古桥古渡》在编纂过程中，得到全省地方志系统工作者的大力支持，他们有的不顾路偏道远，深入实地去探寻桥梁、渡口的保存状况；有的为了完成初稿翻遍手头的资料，在古志和相关文献中寻找只言片语；有的顶着烈日骄阳只为拍出一张满意的照片……他们的艰辛付出让人感佩。武汉大学出版社承担本丛书出版任务的领导和编辑们付出了辛勤的努力，为本丛书增光添色。在此，对所有参与编纂出版工作的同志表示真诚的感谢！

由于时间仓促，加之编纂者水平有限，书中错误在所难免，希望广大读者批评指正，以便再版时能进一步完善。

江西省地方志编纂委员会办公室
2017 年 12 月